Jurisdição e Competência no Novo C.P.C.

Jurisdição e Competência no Novo C.P.C.

COMPETÊNCIA DA JUSTIÇA FEDERAL
E COMPETÊNCIA DA JUSTIÇA ESTADUAL

2019

Artur César de Souza

ALMEDINA

JURISDIÇÃO E COMPETÊNCIA NO NOVO C.P.C.
COMPETÊNCIA DA JUSTIÇA FEDERAL
E COMPETÊNCIA DA JUSTIÇA ESTADUAL

Autor: Artur César de Souza
Diagramação: Almedina
Design de Capa: FBA.

ISBN: 978-85-8493-442-3

Dados Internacionais de Catalogação na Publicação (CIP)
(Câmara Brasileira do Livro, SP, Brasil)

Souza, Artur César de
Jurisdição e competência no novo C.P.C. :
competência da justiça federal e competência da
justiça estadual / Artur César de Souza. --
São Paulo : Almedina, 2019.
Bibliografia.
ISBN 978-85-8493-442-3
1. Competência (Direito judiciário) 2. Competência
(Direito) - Brasil 3. Jurisdição 4. Jurisdição -
Brasil 5. Processo civil - Brasil I. Título.

19-23714 CDU-347.98(81)
-347.9(81)(094.9)

Índices para catálogo sistemático:

1. Brasil : Competência : Processo civil 347.98(81)
2. Brasil : Jurisprudência : Processo civil 347.9(81)(094.9)

Maria Alice Ferreira – Bibliotecária – CRB-8/7964

Este livro segue as regras do novo Acordo Ortográfico da Língua Portuguesa (1990).

Fevereiro, 2019

Editora: Almedina Brasil
Rua José Maria Lisboa, 860, Conj.131 e 132, Jardim Paulista | 01423-001 São Paulo | Brasil
editora@almedina.com.br
www.almedina.com.br

Em memória de meu pai, Artur de Souza, e de minha querida mãe, Maria Aparecida de Souza.

À minha amada esposa Geovania e aos meus queridos filhos, Isis e João Henrique pelo apoio e compreensão.

À minha linda e amada neta, Maria Alice de Souza Guazzi.

Agradeço ao Engenheiro Carlos Pinto, à Sofia Barraca e Carolina Santiago pelo apoio, confiança e pela oportunidade de divulgação deste trabalho na Editora Almedina, bem como a Karen Abuin e Sónia Morgado pela inestimável colaboração na elaboração e divulgação da obra.

ABREVIATURAS

AC TC – Acórdão Tribunal Constitucional
Ac. – Acórdão
ACO – Ação Civil Ordinária
ACP – Ação Civil Pública
ADI-MC – Medida Cautelar em Ação Direta de Inconstitucionalidade
ADI – Ação Direta de Inconstitucionalidade
ADIN – Ação Direta de Inconstitucionalidade
ADPF – Arguição de Descumprimento de Preceito Fundamental
AG – Agravo
Ag.Int. no REsp – Agravo Interno no Recurso Especial
AGRPET – Agravo em Petição
AResp – Agravo em Recurso Especial
AgR – Agravo Regimental
AGRCR – Agravo Regimental em Carta Rogatória
AgREsp – Agravo em Recurso Especial
AGRRE – Agravo em Recurso Extraordinário
AgRg na APn – Agravo Regimental na Ação Penal
AgRg no Ag – Agravo Regimental no Agravo
AgRg no Ag – Agravo Regimental no Agravo
AgRg no AgRg na SLS – Agravo Regimental no Agravo Regimental na Suspensão Liminar de Sentença
AgRg no AREsp – Agravo Regimental no Agravo em Recurso Especial
AgRg no CC – Agravo no Conflito de Competência
AgR-ED-EI – Agravo Regimental nos Embargos de Declaração na Exceção de Incompetência.

AgR-ED-EDV-AGR – Agravo Regimental em Embargos de Declaração em Embargos de Divergência em Agravo Regimental
AgRg no RMS – Agravo Regimental no Recurso em Mandado de Segurança
AgRg nos EREsp – Agravo Regimental nos Embargos em Recurso Especial
AJURIS – Associação dos Juízes do Rio Grande do Sul
AAGU – Advocacia Geral da União
AI – Agravo de Instrumento
AI-QO – Questão de Ordem no Agravo de Instrumento
AL – Alínea
ALI – American Law Institute.
AP – Ação Penal
AR – Ação Rescisória
ARE – Recurso Extraordinário com Agravo.
Art. – Artigo
BACENJUD – Banco Central do Brasil Judiciário
BGB – Código Civil Alemão
C. Pr. Civil – Código de Processo Civil
C.C. – Código Civil
C.C.B. – Código Civil Brasileiro
C.c.b. – Código Civil Brasileiro
CEDH – Convenção Européia sobre Direitos Humanos
C.D.C. – Código de Defesa do Consumidor
C.E. – Constituição Europeia
C.E.F. – Caixa Econômica Federal
C.F. – Constituição Federal
C.J.F. – Conselho da Justiça Federal
CJF-RES – Resolução Conselho da Justiça Federal
C.L.T. – Consolidação das Leis do Trabalho
C.N.J. – Conselho Nacional de Justiça
C.P. – Código Penal
C.P.C. – Código de Processo Civil
C.P.F. – Cadastro de Pessoa Física
C.P.M. – Código Penal Militar
C.P.P. – Código de Processo Penal
C.T.N. – Código Tribunal Nacional
Cass. – Corte de Cassação
CC – Código Civil
CC – Conflito de Competência

CDA – Certidão de Dívida Ativa
CDC – Código de Defesa do Consumidor
CE – Constituição Europeia
CEF – Caixa Econômica Federal
CEJ – Centro de Estudos Judiciários
Com. – Comentários
CONFEA – Conselho Federal de Engenharia e Agronomia
Conv. Eur. Dir. Uomo – Convênio Europeu dos Direitos dos Homens
Coord. – Coordenação
CPC – Código de Processo Civil
CPCC – Código de Processo Civil Comentado
CPMF – Contribuição Provisória sobre Movimentação Financeira
CRC – Conselho Regional de Contabilidade
CREAA – Conselho Regional de Engenharia e Agronomia e Arquitetura
CRM – Conselho Regional de Medicina
CRP – Constituição da República Portuguesa.
C. Rep – Constituição da República
CSLL – Contribuição Social sobre Lucro Líquido
CTN – Código Tributário Nacional
D – Digesto
D.E. – Diário Eletrônico
DARF – Documento de Arrecadação Fiscal
Dec. – Decreto
Desis – Desistência
DF – Distrito Federal
DI – Direito Internacional
Disp. Trans. – Disposições Transitórias
DIVULG – Divulgação
DJ – Diário da Justiça
DJe – Diário da Justiça Eletrônico
DJU – Diário da Justiça da União
DNA – ácido desoxirribonucléico
DOU – Diário da Justiça da União
DR – Diário da República
EAD – Ensino à Distância
EC – Emenda Constitucional
ECA – Estatuto da Criança e do adolescente

ECT	– Empresa de Correios e Telégrafos
ED	– Embargos de Declaração
EDcl	– Embargos de Declaração
EDcl no AgRg no REsp	– Embargos de Declaração no Agravo Regimental no Recurso Especial
EDcl nos EDcl no AgRg na MC.	– Embargos de Declaração nos Embargos de Declaração no Agravo Regimental na Medida Cautelar
EDcl nos EDcl no RHC	– Embargos de Declaração nos Embargos de Declaração no Recurso em Habeas Corpus
EDcl nos EDcl nos EDcl no AgRg na ExSusp	– Embargos de Declaração nos Embargos de Declaração nos Embargos de Declaração no Agravo Regimental na Exceção de Suspeição.
EDcl nos EDcl nos EDcl nos EDcl no AgRg no REsp	– Embargos de declaração nos Embargos de Declaração nos Embargos de Declaração nos Embargos de Declaração no Agravo Regimental no Recurso Especial
EDeclCComp	– Embargos de Declaração em Conflito de Competência.
EDcl no CC	– Embargos de Declaração no Conflito de Competência.
ED-ED-AgR	– Embargos de Declaração em Embargos de Declaração em Agravo Regimental
EDV	– Embargos de Divergência
EMENT	– Ementário
ENFAM	– Escola Nacional de Formação e Aperfeiçoamento da Magistratura
EOA	– Estatuto da Ordem dos Advogados
e-Proc	– Processo Eletrônico
e-STJ	– Processo Eletrônico do Superior Tribunal de Justiça
FGTS	– Fundo de Garantia por Tempo de Serviço
FUNAI	– Fundação Nacional do Índio
GATT	– Acordo Geral sobre Tarifas e Comércio
GRU	– Guia de Recolhimento da União
HC	– Habeas Corpus
ICMS	– Imposto sobre Circulação de Mercadorias e Serviços
INC.	– Inciso
INCRA	– Instituto Nacional de Colonização e Reforma Agrária

INFOJUD – Sistemas de Informação ao Judiciário
INSS – Instituto Nacional de Seguridade Social
IRDR – Incidente de Resolução de Demandas Repetitivas
IRPJ – Imposto de Renda Pessoa Jurídica
J. – julgamento
JEF – Juizados Especiais Federais
L. – Lei.
LACP – Lei da Ação Civil Pública
LEC – Ley Enjuiciamiento Civil
LEF – Lei de Execuções Fiscais
LC – Lei Complementar
LDi – Lei de Divórcio
LICC – Lei de Introdução ao Código Civil brasileiro
LJEF – Lei dos Juizados Especiais Federais
LMS – Lei de Mandado de Segurança
LOMAN – Lei Orgânica da Magistratura Nacional
LOPJ – Lei Orgânica do Poder Judiciária
MC – Medida Cautelar
MC-REF – Referendo Medida Cautelar
MI – Mandado de Injunção
MIN. – Ministro
M.P. – Ministério Público
MP – Medida Provisória
MPF – Ministério Público Federal
MRE/MF – Ministério das Relações Exteriores/Ministério da Fazenda
MS – Mandado de Segurança
N. – número
NCPC – Novo Código de Processo Civil
OAB – Ordem dos Advogados do Brasil
ONG – Organização não Governamental
ONU – Organização das Nações Unidas
ORTN – Obrigações Reajustáveis do Tesouro Nacional.
PET – Petição
PJe – Processo Eletrônico
PIS/PASEP – Programa de Integração Social/Programa de Formação do Patrimônio do Servidor Público
PIDCP – Pacto Internacional sobre Direitos Civis e Políticos
PROJUDI – Processo Judicial

P.U. – Parágrafo Único
PUBLIC – Publicação
QO – Questão de Ordem
R0 – Recurso Ordinário
Rcl – Reclamação
RCD nos EREsp – Reconsideração nos Embargos de Divergência em Recurso Especial
RCDESP – Reconsideração de Despacho
RE – Recurso Extraordinário
RHC – Recurso em Habeas Corpus
Rel. – Relação
Rel. – Relator
RENAJUD – Sistema de Restrições Judiciais sobre Veículos Automotores
REsp – Recurso Especial
Rev. – Revista
RHC – Recurso em Habeas Corpus
RISTF – Regimento Interno do Supremo Tribunal Federal
RISTJ – Regimento Interno do Superior Tribunal de Justiça
RMS – Recurso em Mandado de Segurança
RO – Recurso Originário
RPV – Requisição de Pequeno Valor
RSTJ – Revista do Superior Tribunal de Justiça
RT – Revista dos Tribunais
RTJ – Revista Trimestral de Jurisprudência
S.T.F. – Supremo Tribunal Federal
S.T.J. – Superior Tribunal de Justiça
STJ/GP – Superior Tribunal de Justiça – Gabinete Presidência
SE – Sentença Estrangeira
SEC – Sentença Estrangeira Contestada
SEDEX – Serviço de Encomenda Expressa
SENT. – Sentença
SIMP – Simpósio
SISTCON – Sistema de Conciliação
SRIP – Secretaria de Registro e Informação Processual
SSTC – Sala do Supremo Tribunal Constitucional
STC – Supremo Tribunal Constitucional
STM – Superior Tribunal Militar
STEDH – Sentença do Tribunal Europeu de Direitos Humanos

SUP – Sistema Unificado de Protocolo
TJSP – Tribunal de Justiça de São Paulo
T.C.F. – Tribunal Constitucional Federal
T.C.U. – Tribunal de Contas da União
T.R.Fs. – Tribunais Regionais Federais
T.R.F.1 – Tribunal Regional Federal da 1ª Região
T.R.F.3 – Tribunal Regional Federal da 3ª Região
T.R.F.4 – Tribunal Regional Federal da 4ª Região
T.R.F.5 – Tribunal Regional Federal da 5ª Região
T.R.T. – Tribunal Regional do Trabalho
T.S.E. – Tribunal Superior Eleitoral
T.S.M. – Tribunal Superior Militar
T.S.T. – Tribunal Superior do Trabalho
TEDH – Tribunal Europeu de Direitos Humanos
TFR – Tribunal Federal de Recurso
TJ/CE – Tribunal de Justiça do Ceará
TJ/MG – Tribunal de Justiça de Minas Gerais
TJ/PR – Tribunal de Justiça do Paraná
TJ/RS – Tribunal de Justiça do Rio Grande do Sul
TJ/SC – Tribunal de Justiça de Santa Catarina
TJ/SP – Tribunal de Justiça de São Paulo
TNU – Turma Nacional de Uniformização
TRF 1ª – Tribunal Regional Federal da 1ª Região
TRF4 – Tribunal Regional Federal da 4ª Região.
TR – Turma Recursal
TRT – Tribunal Regional do Trabalho
TRU – Turma Regional de Uniformização
TSE – Tribunal Superior Eleitoral
TST – Tribunal Superior do Trabalho
UERJ – Universidade Estadual do Rio de Janeiro
VOL – Volume

APRESENTAÇÃO

A obra que se apresenta, *Jurisdição e Competência no novo C.P.C. – Justiça Federal e Justiça Estadual* –, é o mais recente trabalho elaborado pelo Juiz e Professor Artur César de Souza, com publicação da renomada editora portuguesa, Editora Almedina.

O autor, além da publicação em 3 volumes do novo *Código de Processo Civil Brasileiro – Anotado, Comentado e Interpretado,* apresenta agora ao público, dentro da *Coleção sobre o novo Código de Processo Civil* – editada também pela Almedina –, o tema relacionado à jurisdição brasileira e à competência nas esferas estadual e federal dos diversos órgãos do Poder Judiciário.

De fato, com bastante profundidade, o autor aborda as diversas questões referentes *à jurisdição e à competência,* matérias correntes no âmbito dos tribunais, especialmente a partir da análise de inúmeros casos concretos e da singularidade interpretativa das normas processuais em relação à aludida temática.

A proposta de Artur César de Souza é no sentido de analisar a jurisdição e a competência dos órgãos do Poder Judiciário brasileiro com base na normatização do novo Código de Processo Civil pátrio, Lei n. 13.105, de 16 de março de 2015, transitando pelas doutrinas nacional e estrangeira, sem descurar da análise jurisprudencial, em especial os precedentes firmados pelo Superior Tribunal de Justiça.

No ponto, como se sabe, o Superior é um Tribunal de superposição, e sua topografia no texto constitucional não deixa margem à dúvida quanto a seu papel de destaque na matéria de resolução dos conflitos de competência, até mesmo entre ramos diferentes de justiça.

O trabalho apresentado é sistemático, de fácil leitura e compreensão tanto para os profissionais da área jurídica quanto para os alunos de cursos de graduação e pós-graduação em direito.

O texto, de maneira concatenada, linguagem simples e coerente, convida o leitor a um mergulho profundo no tema, sendo que o recurso de utilização de exemplos e precedentes contribui decisivamente para tornar mais acessível e palatável a interpretação das normas processuais sobre jurisdição e competência.

O autor inicia seu escrito incursionando por tema que gera grande questionamento e divergência, qual seja a *essência* da natureza jurídica da atividade jurisdicional, muito discutida na doutrina nacional e estrangeira. Após discorrer sobre clássicas e modernas teorias que procuraram tratar da essência da jurisdição, inclina-se o autor por apresentar particularizada concepção, respaldada no princípio constitucional do *acesso à justiça*. Diante dessa concepção, Artur César encontra a essência da atividade jurisdicional no âmbito da Constituição Federal brasileira.

Na sequência, o autor analisa os limites da jurisdição brasileira em confronto com a jurisdição internacional, em especial aquela concorrente e exclusiva nacional, demonstrando sempre o cuidado necessário em fundamentar sua concepção hermenêutica embasada nas novas regras processuais previstas no atual Código de Processo Civil brasileiro.

Em face da particular ligação com o tema do exercício da atividade jurisdicional brasileira, desenvolveu também, no trabalho, uma minuciosa análise da *cooperação jurídica internacional*, tema recorrente diante da globalização e da aproximação dos diversos países em decorrência da tecnologia da informação.

Na segunda parte do trabalho, Artur César de Souza ingressa especificamente no tema da competência interna dos órgãos jurisdicionais brasileiros, em especial na competência em razão do valor, em razão da matéria, em razão do território e em razão da função.

Nesse passo, ao discorrer sobre cada tópico da competência interna, tem a legítima preocupação de se desvencilhar da função de autor, discorrendo sobre o tema numa perspectiva do leitor, apresentando problemas e possíveis soluções decorrentes da interpretação das novas regras processuais brasileiras.

Na terceira fase do trabalho, o autor traz uma particular preocupação com as questões da *modificação da competência*, transitando com propriedade quanto aos efeitos jurídicos da *competência relativa*.

Na quarta, Artur César discorre sobre a *incompetência do juízo*, tema de particular preocupação, em especial pelo fato de que o afastamento da competência de determinado órgão do Poder Judiciário poderá ensejar mácula ao princípio do *juízo natural*.

Por fim, como já o fizera em relação às jurisdições nacional e internacional, o autor passa a analisar a questão da cooperação jurídica nacional dos órgãos do Poder Judiciário, especialmente pelo fato de que uma das críticas mais veementes da sociedade brasileira diz respeito ao excesso de formalismo e à falta de celeridade na realização dos atos processuais.

Obra consistente, em tema muito relevante, com certeza vai marcar o estudo do direito no assunto.

Boa leitura!

Brasília.

Luis Felipe Salomão
Ministro do Superior Tribunal de Justiça

PREFÁCIO

Recebi com rara felicidade o convite para prefaciar o livro sobre Jurisdição e Competência, do amigo Artur César de Souza. Questionei-me sobre os motivos que levaram este qualificado jurista brasileiro, com trabalhos de envergadura nacional publicados, com as mais elevadas titulações acadêmicas e com profundo conhecimento sobre direito processual civil, a convidar um colega de magistratura federal que atua em matéria criminal há mais de cinco anos, a escrever na abertura dessa robusta obra.

Como ensina Helena Kolody,[1] em seu poema *Identificação*:

> Usando as mesmas palavras
> Precisas e limitadas
> Os homens raros se entendem.
> As almas se identificam
> Nas graves coisas profundas,
> Inominadas.

Acredito que aí resida a resposta: na comunhão dos ideais de justiça e na identificação de nossas almas, como diz a poetiza paranaense. Entre nós dois, por certo que o adjetivo de homem raro somente é atribuível ao amigo Artur. Dentre tantas qualidades, destaco a sua invejável capacidade intelectual e a produção científica de incomparável qualidade,[2] da qual

[1] KOLODY, Helena. *Correnteza*. Curitiba: Editora Litero-Técnica, 1977.

[2] http://lattes.cnpq.br/9497782327375287

sobressai, dentre a mais de uma dezena de livros publicados pela editora Almedina,[3] seus Comentários ao Código de Processo Civil brasileiro (obra em três volumes).

Nossos caminhos se juntaram a partir da aprovação no concurso para Promotor de Justiça no Estado do Paraná, em 1989, mas os laços de amizade se estreitaram com o profícuo e fraternal convívio na magistratura federal na cidade de Londrina/PR nos idos de 1994, quando ambos exercemos a jurisdição na 1ª Vara Federal. Tempos difíceis, quando a Justiça Federal ainda tinha incipiente informatização e aproximadamente uma dezena de milhar de processos físicos em tramitação. O saudosismo faz-me recordar passagem extremamente significativa, quando ambos decidimos que deveríamos estudar a legislação e os múltiplos atos normativos do extinto Banco Nacional da Habitação (BNH) e as regras do vigente Sistema Financeiro da Habitação (SFH) para julgar as milhares de ações de mutuários que tínhamos em mãos. Foram semanas de intensos e sistemáticos estudos matinais, quando tive a rara oportunidade de ter verdadeiras aulas particulares com o professor Artur César de Souza.

Essas digressões só fizeram aumentar a responsabilidade trazida com o honroso convite para prefaciar esta obra sobre *"Jurisdição e Competência"*.

Quem pioneiramente escreveu sobre o tema foi professor e Ministro (aposentado) do Superior Tribunal de Justiça Athos Gusmão Carneiro[4], em clássico e didático livro. Desde a primeira edição desta obra até os dias de hoje, poucos foram os autores que se aventuraram a publicar estudos específicos.

A comparação com o célebre estudo sobre jurisdição e competência do Ministro Athos seria inevitável, mas Artur César de Souza enfrentou os desafios e desincumbiu-se com maestria e originalidade aquilo que se propôs. Adotando como marco referencial a legislação brasileira, mas sem se descurar das regras alienígenas e das doutrinas nacional e internacional, o autor produziu texto de alta qualidade e grande utilidade prática.

Em antiga lição, Pontes de Miranda, já na abertura de seus comentários ao Código de Processo Civil, ao versar sobre jurisdição, consignava que

[3] https://www.almedina.com.br/index.php?route=product/author&author_id=2765

[4] CARNEIRO, Athos Gusmão. Jurisdição e Competência: exposição didática: área do direito processual civil. São Paulo: Saraiva, 1981.

> a finalidade preponderante, hoje, do processo é realizar o Direito, o direito objetivo, e não só, menos ainda precipuamente, os direitos subjetivos. (...) O processo não é mais que do que o corretivo da imperfeita realização automática do direito objetivo[5].

Essa visão instrumental do processo ganhou novos contornos na modernidade, compreendendo-se a jurisdição, na conceituação de Fredie Didier Júnior,[6] como

> função atribuída a terceiro imparcial (a) de realizar o Direito de modo imperativo (b) e criativo (c), reconhecendo/efetivando/protegendo situações jurídicas (d) concretamente deduzidas (e), em decisão insuscetível de controle externo (f) e com aptidão para tornar-se indiscutível (g).

A decomposição exposta pelo autor é fundamental para caracterizar a jurisdição. Mas, o que merece maior relevo é a conexão da função estatal com a concretização do direito, inclusive por meio de atuação criativa, com a solução criada por meio de uma norma reguladora do caso concreto.

É nessa concepção de utilidade na realização do direito que vejo o exercício da jurisdição, com o juiz superando a literalidade da lei para produzir uma norma de decisão, a partir da interpretação do direito legislado com norte nos princípios constitucionais, na linha das lições de Luiz Guilherme Marinoni.[7]

Artur César de Souza inaugura seus estudos com o exame da jurisdição brasileira, destacando posicionamento pessoal a respeito da exclusividade do exercício da função jurisdicional pelo Poder Judiciário, a despeito de outros entes do Estado também exercerem, dentro do limite de sua competência, a tarefa de julgar. Segundo o autor, a essência da jurisdição repousa na imparcialidade, na imutabilidade de suas decisões finais (coisa

[5] MIRANDA, Pontes de. Comentários ao Código de Processo Civil: tomo I. Rio de Janeiro, Forense, 1973, p. 99-100.

[6] DIDIER JR, Fredie. Curso de Direito Processual Civil: v. I, 13ª ed.. Editora JusPodium, 2011, p. 89.

[7] MARINONI. Luiz Guilherme. Curso de Processo Civil: teoria geral do processo. São Paulo: RT, 2006.

julgada) e no acesso à justiça. A imparcialidade judicial, aliás, é uma de suas preocupações acadêmicas e objeto de estudo específico.[8]

No capítulo inaugural, analisando os princípios que regem a jurisdição, relevo especial é conferido à inafastabilidade da jurisdição, somente excepcionada pela via constitucional, como previsto o caso art. 217, § 1º, da Carta Política. O ponto é encerrado abordando o conflito entre a jurisdição nacional e a estrangeira, tema este de extrema relevância num mundo mais e mais globalizado e digitalizado, com trânsito de pessoas sem fronteiras e com a concretização de relações jurídicas internacionais por meio eletrônico.

No capítulo segundo, Artur César de Souza avança sobre a perspectiva internacional da jurisdição e a cooperação jurídica. O tema é por demais pertinente. Se o mundo está cada vez mais conectado, o exercício da jurisdição pelos Estados muitas vezes está a depender da cooperação entre eles. Exemplos de atuação além fronteiras não faltam, como a localização de pessoas e de bens ou a realização de atos processuais, onde o "intercâmbio internacional para cumprimento extraterritorial de medidas demandadas pelo Poder Judiciário de outro Estado" é uma necessidade, na expressão do autor. Essa conexão entre os países é regulada por tratados e acordos internacionais, fundados em reciprocidade de ações entre os países. Os meios usuais para o exercício da cooperação são as cartas rogatórias e o auxílio direto, sendo este último instrumento muito mais dinâmico e adequado com a modernidade das relações.

No terceiro capítulo, o autor trata da competência interna. Em síntese, no modo como o Estado brasileiro se organiza para a distribuição no exercício da jurisdição, em conformidade com a atribuição conferida constitucionalmente aos diferentes órgãos do Poder Judiciário e aos diferentes juízos. Essa rápida explicação pode levar o leitor a acreditar que o tema é simples, mas há uma série de fatores que contrastam com essa aparente singeleza. A legislação pátria possui diversas regras sobre a competência, a se iniciar pela distribuição constitucional entre os diferentes órgãos que compõe o Poder Judiciário (art. 92, da Constituição Federal). Além de eventual conflito de competência entre estes órgãos, há a possibilidade de conflitos entre os diferentes juízos que integram estes órgãos. É neste capítulo que o autor emprega com maior intensidade seus estudos

[8] SOUZA, Artur César. A parcialidade positiva do juiz, 2008, ed. RT.

e soluções práticas, esmiuçando as sutilezas jurídicas que firmam a competência de um ou outro órgão jurisdicional, ou de um ou outro juízo. A competência em razão da matéria, do valor da causa, do local dos fatos e o foro privilegiado são elementos primários a serem observados para a fixação da competência. Tais regras, contudo, podem conflitar entre si e estão sujeitas a modificações ou abrandamento ante a existência peculiaridades processuais, como a intervenção de ente federal ou a presença de *amicus curiae*, por exemplo. A litigiosidade sobre imóveis, como as ações possessórias também são examinadas. Ações sucessórias e de família igualmente comportam um intrincado questionamento, dada a multiplicidade de locais onde o patrimônio possa estar localizado, inclusive no estrangeiro, bem como a possibilidade das pessoas possuírem diferentes residências, domicílio incerto, até mesmo uma vida itinerante.

O cuidado do autor não permitiria que tão densa obra passasse ao largo das causas de modificação de competência, tema do quarto capítulo. São regras que afastam a aplicação direta das normas que usualmente fixam a competência relativa, a qual pode ser eventualmente modificada por determinação legal (*conexão ou continência*) ou convencional (*foro de eleição*).

O quinto e final capítulo encerra os estudos com a mesma intensidade inicial. É nele que o autor trata da incompetência do juízo e os momentos processuais para alegação do vício processual, recursos cabíveis contra a decisão que acolhe ou rejeita a alegação de incompetência, bem como as consequencias jurídicas decorrentes em função das decisões proferidas por juízos incompetentes e meios para solução dos conflitos positivos e negativos de competência.

Essa brevíssima síntese de alguns aspectos versados na presente obra sobre a jurisdição e a competência permite antever a amplitude que cada ponto foi tratado pelo autor.

Artur César de Souza não se limita a analisar o tema jurisdição e competência segundo uma perspectiva acadêmica ou limitando-se a colacionar a melhor doutrina nacional e estrangeira. Também não se restringe ao exame da mais atual jurisprudência nacional, tampouco ao direito comparado. Traz todas essas informações com qualidade, mas o que pontua e faz seu trabalho ser exemplar é a apresentação de seu próprio ponto de vista para as mais intricadas questões apresentadas, amparado por anos de experiência.

Iniciei essa apresentação relatando tempos saudosos, quando iniciamos nossa carreira como magistrados em Londrina. Passados mais de 20 anos, o destino nos reuniu novamente em Porto Alegre/RS, ambos com atuação perante o Tribunal Regional Federal da 4ª Região. Aqui percebo que os ideais iniciais não se perderam. Que ambos cultivamos as utopias, o amor pela justiça e a esperança de um mundo melhor. Como disse o poeta gaúcho Mário Quintana,

> Se as coisas são intangíveis ... ora!
> Não é motivo para não querê-las...
> Que triste os caminhos, se não fora
> A presença distante das estrelas.

Enfim, "Jurisdição e Competência" é uma obra que merece ser entendida com a mesma intensidade que o autor dedicou ao trabalho prévio de estudo e pesquisa. É uma obra robusta e ao mesmo tempo didática, daquelas para se guardar num lugar especial da estante, mas de fácil acesso e próxima dos olhos, para que possa facilmente ser encontrada e manuseada no dia a dia. Afinal, Jurisdição e Competência nos brinda com que há de melhor da doutrina nacional e estrangeira, nela incluído o próprio autor, e, além disso, com toda a experiência de cátedra e de carreira pública do colega Artur César de Souza.

João Pedro Gebran Neto
Desembargador Federal do Tribunal Regional Federal da 4º Região.

SUMÁRIO

Capítulo 1
Jurisdição Brasileira

1. Jurisdição – Uma Garantia Constitucional

Ao se recorrer ao *opus magnum* de Luigi Ferrajoli, resulta obvio que a atenção de um processualista concentra-se de maneira particular nos pontos em que aquele se ocupa da *jurisdição*, e da função que ela representa ou deveria representar no contexto do sistema democrático da tutela de direitos.[9]

Um primeiro modo de se apresentar o problema do exercício da jurisdição provém da própria Constituição Federal brasileira, que regulamenta em capítulo próprio a estrutura do Poder Judiciário, com as particularidades da magistratura nacional (Capítulo III – arts. 92 a 100).

No sistema constitucional, a fonte primária da legitimação democrática dos juízes ordinários que administram a justiça em nome do povo brasileiro decorre da *profissionalidade*, por meio da qual se realiza a sujeição do juiz somente ao ordenamento jurídico (fato esse que está de acordo com o nosso sistema jurídico, de direito predominantemente escrito). Expressão dessa escolha de fundo jurídico é a regra enunciada no art. 93, inc. I, da C.F., segundo a qual, o ingresso na carreira, cujo cargo inicial será o de juiz substituto, se dá mediante concurso público de provas e títulos (o concurso é, de fato, garantia de *profissionalidade* e somente indiretamente garantia de independência). Exceção constitucional, em relação a essa regra, é a participação do quinto constitucional em determinados tribunais,

[9] TARUFFO, Michele. *Páginas sobre justicia civil*. Madrid: Marcial Pons, 2009. p. 21.

a escolha de Ministros dos Tribunais Superiores e a participação popular no julgamento do Tribunal do Júri. Isso não constitui exceção ao valor referente à *profissionalidade* do magistrado, mas somente à técnica de seleção por meio de concurso público. A limitação das exceções faz com que a função jurisdicional seja exercida, em regra, por funcionários públicos (conhecidos por agentes estatais), com uma estrutura organizacional toda particular.[10]

É evidente, porém, que essa configuração estrutural do exercício da magistratura brasileira pode não ser idêntica à estrutura de outros países de análoga configuração política administrativa, pois: "Não somente as formas externas, por meio das quais se desenvolve a administração da justiça, senão também os métodos lógicos do julgar, tem um valor contingente, que não pode ser determinado senão em relação a um certo momento histórico".[11]

A dedicação exclusiva da estrutura do Poder Judiciário em capítulo próprio da Constituição Federal, inclusive com a exigência de *profissionalidade* dos magistrados, tem sua razão de ser, uma vez que a função a ser exercida pelo Poder Judiciário decorre de um dos mais importantes direitos fundamentais da pessoa humana, outorgado expressamente pela Constituição.

A Constituição da República Federativa do Brasil, ao estabelecer em seu art. 5º, inc. XXXV, que a lei não poderá excluir da apreciação do Poder Judiciário lesão ou ameaça a direito, consagrou na estrutura republicana e no regime democrático brasileiro a existência de um Poder Judiciário, cujo fim último é a realização da *justiça* por meio do direito.[12]

[10] PISANI, Andrea Proto. *Lezioni di diritto processuale civile*. Napoli: Casa Editrice Dott. Eugeno Jovene, 1999. p. 10 e 11.

[11] CALAMANDREI, Piero. *Instituciones de derecho procesal civil*. Vol. I. Trad. Santiago Sentis Melendo. Buenos Aires: Ediciones Juridicas – Europa-America, 1973. p. 114.

[12] Conforme anotam Luigi Paolo Comoglio, Corrado Ferri e Michele Taruffo: "Qualquer sujeito, público ou privado, que se afirme titular de um direito subjetivo que esteja sendo contestado por outro ou que pretenda exercitar um direito subjetivo, mas esteja sendo impedido pelo comportamento de outrem, pode solicitar ao juiz ordinário que conceda, em um procedimento e nas formas processuais correspondentes, a tutela jurisdicional do referido direito. Todos os sujeitos de um ordenamento jurídico têm direito à tutela e, portanto, ao efetivo acesso à justiça. Solicitar a tutela do direito significa exigir que um juiz, no exercício de um poder de direito público e com a faculdade coercitiva que lhe é atribuída pela lei, pronuncie os provimentos de particular eficácia que o sujeito, na sua plena autonomia, entenda adequados à realização do conteúdo do direito". (COMOGLIO, Luigi Paolo; FERRI, Corrado;

A atividade jurisdicional exercida pelo Poder Judiciário brasileiro é uma garantia decorrente do direito fundamental do acesso à justiça previsto na Constituição Federal.[13]

As normas Constitucionais de estruturação do Poder Judiciário brasileiro, por si só, são os pilares de fundamentação institucional para uma primeira configuração da função jurisdicional, noção que é pressuposto do conteúdo normativo dos arts. 1º, 13 e 16 do novo C.P.C. brasileiro.

As normas fundamentais previstas no novo Código de Processo Civil (Lei n. 13.105/2015) são, portanto, a garantia e a concretização instrumental do princípio do Acesso à Justiça contido na Constituição Federal.[14]

A atividade pela qual o Poder Judiciário 'garante o acesso à justiça', denomina-se de *jurisdição ou de função jurisdicional.* Portanto, a jurisdição é uma função estatal.

Conforme bem anota Cândido Rangel Dinamarco, a jurisdição não é um poder, mas, sim, uma expressão do poder estatal.[15]

Nos países que seguem o sistema da *unidade da jurisdição* (sistema 'inglês'), incluindo os países latino-americanos, a regra utilizada é do *monopólio da jurisdição pelo Poder Judiciário.* Já nos países que adotam o sistema de *dualidade de jurisdição* (sistema 'francês'), aqueles litígios, em especial os de atividades de serviço público em que for parte a administração, são apreciados não por órgãos do Poder Judiciário, mas por 'tribunais' integrados na estrutura do próprio Poder Executivo. E esses 'tribunais' decidem com *eficácia vinculativa plena*, i.e., suas decisões *transitam materialmente em*

TARUFFO, Michele. *Lezioni sul processo civile – il processo ordinário di cognizione.* Bologna: Il Mulino, 2006. p. 103.

[13] "Si para algo se hallan instituídos jueces en el ordenamiento jurídico es para dictar sentencias reconociendo o desconociendo la razón de los que acuden ante ellos. La llamada 'plenitude hermética del orden jurídico' se funda, justamente, en que los jueces colman con la jurisprudencia todo ese ordem" (COUTURE, Eduardo J. *Estudios de derecho procesal civil.* Tomo I. (La constitución y el proceso civil). Buenos Aires: EDIAR, Soc. Anón. Editores, 1948. p. 32).

[14] "Há de certa forma doutrina restritiva quanto à abrangência do processo civil, com a qual não concordamos: 'Quando a tutela jurisdicional diz respeito a direitos e interesses protegidos pelo Direito Substantivo Civil e Comercial (Direito Privado comum e especial), o procedimento destinado a assegurar essa tutela é o processo civil. Este procedimento é regulado pelo Direito Processual Civil, o qual assume assim como um instrumento ao serviço daqueles ramos do Direito Privado'" (BAPTISTA, José João. *Processo Civil I – parte geral e processo declarativo.* Lisboa: SPB Editores e Livreiros, 1997. p. 34.

[15] DINAMARCO, Cândido Rangel. *Litisconsórcio.* São Paulo: Malheiros, 1997. p. 41.

julgado, não podendo a questão ser reexaminada pelo Poder Judiciário. Na França, o contencioso administrativo tem como órgão de cúpula o Conselho de Estado, e como órgãos de base, as cortes administrativas de apelação, criadas pela Lei de 31 de dezembro de 1987, e os 'tribunais administrativos.[16]

Em razão da conjugação das normas constitucionais e processuais, infere-se que a jurisdição é uma função estatal, expressão direta da soberania popular (art. 1º, p.u., da C.F.: *todo poder emana do povo*, inclusive o Poder Judiciário), cujo exercício é necessariamente difuso entre uma pluralidade de juízes profissionalizados, os quais estão sujeitos somente à ordem jurídica.[17]

E para que o efetivo acesso à justiça tenha amplitude continental, o art. 16 do atual C.P.C. preconiza que a jurisdição civil é exercida pelos juízes e pelos tribunais em todo território nacional.[18]

Portanto, somente juízes e tribunais pertencentes ao Poder Judiciário é que podem exercer a função jurisdicional.[19]

[16] CARNEIRO, Athos Gusmão. *Jurisdição e competência*. 17ª ed. São Paulo: Editora Saraiva, 2010. p. 43.

[17] PISANI, A. P. op. cit. p. 10.

[18] Estabelece o art. 2.907 do Código Civil Italiano que a tutela jurisdicional dos direitos provê a autoridade judiciária ordinária. E o que se entende por tutela jurisdicional dos direitos? Responde Mandrioli: "Tutela, na linguagem comum, significa proteção, no sentido de reação a um perigo ou a um ataque. E geralmente o tipo de tutela ou proteção deve determinar-se de acordo com o tipo de perigo ou ataque. Por isso as características da tutela dos direitos se determinam em relação às características disso que pode comprometer ou prejudicar o próprio direito". (MANDRIOLI, Crisante. *Diritto processuale civile*. I nozioni introduttive e disposizioni generali. 17ª ed., Torino: G. Giappichelli Editore, 2005. p. 10 e 11) É certo que, conforme afirma o próprio Mandrioli, há hipótese de atividade jurisdicional sem prévia lesão a direitos: jurisdição constitutiva e meramente declaratória, jurisdição voluntária (MANDRIOLI, C., idem, p. 14 a 18).

[19] É certo que Seabra Fagundes há muito já afirmava: "o Estado, uma vez constituído, realiza os seus fins através de três funções em que se reparte a sua atividade: legislação, administração e jurisdição...É de notar, porém, que cada um desses órgãos não exerce, de modo exclusivo, a função que nominalmente lhe corresponde, e sim tem nela a sua competência principal ou predominante" (FAGUNDES, Seabra. *O controle dos atos administrativo pelo Poder Judiciário*. 2ª ed. Rio de Janeiro: Konfino, 1950, p. 13 a 15). Não obstante a admiração e respeito que se deve ter pelo grande jurisconsulto, Seabra Fagundes, o certo é que em relação à atividade jurisdicional, somente o Poder Judiciário poderá exercê-la, como veremos logo a seguir.

Porém, não é pelo simples fato de que um determinado órgão pertença ao Poder Judiciário que automaticamente a sua atividade será considerada jurisdicional.

O art. 92, inc. I – A, da Constituição Federal de 1988, estabelece que o Conselho Nacional de Justiça – C.N.J. é um órgão do Poder Judiciário brasileiro.

Contudo, o C.N.J. não exerce função de natureza jurisdicional, mas, sim, eminentemente administrativa.

Diante dessa constatação, de que o Conselho Nacional de Justiça não exerce atividade jurisdicional, é de se concordar, em parte, com Francesco Carnelutti, quando ele reconhece a distinção entre a *função jurisdicional* e a *função processual*, uma vez que nem todo processo implica exercício de jurisdição.[20] Segundo o mestre italiano:

> A realidade é que entre 'jurisdição' e 'processo' não apenas não se encontra uma relação de coincidência, mesmo nem sequer a continência e nem apenas a interferência. Se, por um lado, existe, com efeito, um 'processo não jurisdicional', por outro há que se admitir uma jurisdição não processual.[21]

O Conselho Nacional de Justiça – C.N.J., ao exercer sua função regulatória ou fiscalizatória dos órgãos do Poder Judiciário, o faz por meio de uma função processual sem natureza jurisdicional.

Por outro lado, em que pese Giuseppe Chiovenda tenha afirmado, há tempos, que a função jurisdicional emanava exclusivamente do Estado, tendo em vista que não se admitia nos limites do território estatal a existência de instituições ou mesmo pessoas, diversas do Estado, exercendo a jurisdição, atualmente existem órgãos *não estatais* que também, na interpretação de alguns, exercem a função jurisdicional, tendo em vista que proferem julgamento, como é o caso dos *juízos arbitrais*.[22]

Parte da doutrina também acentua que existem outros órgãos Estatais, diversos dos órgãos do Poder Judiciário, que exercem a função jurisdicional.

[20] CARNELUTTI, Francesco. *Sistema de direito processual*. Trad. Hiltomar Martins Oliveira. Vol. I. São Paulo: Classic Book, 2000. p. 221 e 222.

[21] CARNELUTTI, F., idem, p. 222.

[22] CHIOVENDA, Giuseppe. *Instituições de direito processual civil*. Vol. II. 2ª ed. Trad. J. Guimarães Menegale. São Paulo: Edição Saraiva, 1965. p. 5.

É o caso, por exemplo, dos julgamentos proferidos pelos Tribunais de Contas. Para Victor Nunes Leal[23] e Seabra Fagundes[24], muito embora os Tribunais de Contas não integrem o Poder Judiciário, foram parcialmente investidos na função jurisdicional.[25]

Athos Gusmão Carneiro também indica algumas jurisdições anômalas, exercidas por órgãos *alheios ao Poder Judiciário*, a saber: a) o primeiro seria o caso do *processo de impeachment* para julgamento do Presidente da República e do Vice-Presidente e de ministros de Estado nos *crimes de responsabilidade*, julgamento de competência privativa do Senado Federal; b) o segundo seria o Tribunal de Constas da União, que, segundo Hely Lopes Meirelles, desempenha atribuições *jurisdicionais administrativas*; c) o terceiro seria o Tribunal Marítimo.[26]

Ocorre que, a afirmação de que a *função jurisdicional* pode ser exercida por outros órgãos estatais ou privados somente terá algum sentido dependendo da opção que se faça sobre a definição de *jurisdição*.

No próximo item, sustentar-se-á que a *função jurisdicional* é exclusiva do Poder Judiciário, em face da concepção ontológica sobre a natureza jurídica da jurisdição que se defende nesta obra.

2. Jurisdição – Definição

A palavra *jurisdição*, conforme já teve oportunidade de afirmar Eduardo J. Couture, aparece na linguagem jurídica com distintos significados. Muitas das dificuldades que a doutrina até o momento não conseguiu superar decorre dessa equivocidade do termo jurisdição. No direito dos países latino-americanos este vocábulo apresenta, rotineiramente, quatro acepções: como distribuição de atividade territorial; como sinônimo de

[23] LEAL, Victor Nunes. *Tribunais de Contas do Brasil: jurisdição e competência*. Belo Horizonte: Editora Fórum, 2003. p. 162 a 164.

[24] FAGUNDES, Miguel Seabra. *O Controle dos Atos Administrativos pelo Poder Judiciário*. 4 ed. Rio de Janeiro: Forense, 1967.

[25] Sobre a natureza jurídica dos Tribunais de Contas brasileiros e a natureza de sua decisão, recomendo a leitura de minha obra *Conflito de atribuições entre o Tribunal de Contas da União e os órgãos administrativos luso-brasileiros de controle da magistratura: uma perspectiva democrática fiscalizatória (checks and balances)*, publicada na Série Monografias do Centro de Estudos Judiciários (CEJ) do Conselho da Justiça Federal (CJF), n. 19, 2015.

[26] CARNEIRO, Athos Gusmão. *Jurisdição e competência*. 17ª ed.São Paulo: Editora Saraiva, 2010. p. 18 a 22).

competência; como conjunto de poderes ou autoridade de certos órgãos do poder público; e seu sentido preciso e técnico de função pública para a realização da justiça.[27]

Essa diversidade quanto à definição e à natureza da *jurisdição* não é um problema somente dos países latino-americanos, pois a doutrina europeia ocidental há muito não chega a uma conclusão sobre o significado de *jurisdição*.

A doutrina alemã não presta a esse tema particular atenção, pois seus principais doutrinadores consideram que a jurisdição integra, de certa forma, a função de administração. Nesse sentido anota Leo Rosenberg: "A jurisdição, chamada também função de justiça, poder judicial, é a atividade do Estado dirigida à realização do ordenamento jurídico; uma parte da atividade executiva que deve diferenciar-se da legislativa".[28]

Segundo prescreve James Goldschimit,

> entende-se por 'jurisdição civil' a faculdade (e dever) de administrar a justiça em litígios desta natureza. Compreende: a) a instituição e estabelecimento de Tribunais civis, e a regulamentação e inspeção de seu funcionamento (manifestação de soberania e governo dos Tribunais); b) compreende, além do mais, a determinação, no caso concreto, da existência dos pressupostos da 'pretensão (ação) de tutela jurídica' contra o Estado, e, em caso afirmativo, a outorga dessa tutela. Isto se chama propriamente de 'jurisdição civil' em sentido estrito, ou justiça civil... A jurisdição civil estende-se ao conhecimento de todos os negócios encaminhados à via judicial (por meio do processo civil) pelas leis gerais ou dos Estados (negócios processuais civis em sentido formal, por disposição legal) e de todas as questões civis (negócios processuais civis em sentido material), para as quais não estejam previstas leis especiais...[29]

Assim, para a doutrina alemã, não há distinção, senão meramente formal e externa, entre a função administrativa e a função jurisdicional.

[27] COUTURE, Eduardo J. *Fundamentos del derecho procesal civil.* 4ª ed. Buenos Aires: IBdeF, 2009. p. 23.

[28] ROSENBERG, Leo. *Tratado de derecho procesal civil.* Trad. Angela Romera Vera. Tomo I. Buenos Aires, 1955. p. 45.

[29] GOLDSCHIMIT, James. *Derecho procesal civil.* Barcelona: Editorial Labor, S.A., 1936. pág. 118 e 124

No âmbito da doutrina italiana, aduz Chiovenda que a jurisdição consiste na aplicação da vontade da lei ao caso concreto, mediante atividade *substitutiva*.[30]

Segundo Francesco Carnelutti,

> A jurisdição é conceito oposto e complementar ao de ação: devemos recordar aqui as observações feitas no princípio deste livro de que a ação é uma atividade que se desenvolve da periferia ao centro: a jurisdição, do centro à periferia; a ação vai das partes, ou mais amplamente, dos cidadãos até o juiz; a jurisdição, do juiz até a parte, ou mais amplamente, até os cidadãos. O juiz 'ius dicit' porque o cidadão 'ius poscit'; este pergunta, aquele responde. O que responder é naturalmente um 'dicere ius' e assim uma 'iuris dictio': o que o juiz diz é o direito no sentido de que o 'ius iungit', isto é, o direito vincula as relações jurídicas, isto é, estabelece poderes e deveres.[31]

Na concepção de Carnelutti, jurisdição seria uma atividade Estatal que visa a *juta composição da lide*.[32]

De um ponto de vista puramente empírico, e para o Código de Processo Civil italiano, jurisdição, nas palavras de Crisanto Mandrioli,

> é aquele conjunto de normas em que são descritas e disciplinadas a atividade de 'proceder' – ou seja, o processo civil, tradicionalmente chamado 'jurisdição' e, portanto, 'jurisdição civil'.[33]

[30] CHIOVENDA, Giuseppe. *Derecho procesal civil.* Vol. I, T. I. México: Cardenas, 1989. p. 369.

[31] CARNELUTTI, Francesco. *Lecciones sobre el proceso penal.* Buenos Aires, Bosh, 1950, vol. 2, p. 145.

[32] "Todavia, no magistério de Galeno Lacerda, o conceito 'carnelutiano' de lide (conflito de interesses privados) necessita ser ampliado. Carnelutti terá esquecido 'que há interesses relevantes pertencentes a outras esferas da ordem jurídica e que, assim, a lide nem sempre se manifesta em conflitos apenas entre particulares" (CARNEIRO, Athos Gusmão. *Jurisdição e competência.* 17ª ed. São Paulo: Editora Saraiva, 2010. p. 5). Para Athos Gusmão Carneiro, *jurisdição* é a atividade pela qual o Estado, com eficácia vinculativa plena, elimina a lide, declarando e/ou realizando o direito em concreto. Aduz, ainda, que é possível, também, conceituar a jurisdição como "o poder (e o dever) de declarar a lei que incidiu e aplicá-la, coativa e contenciosamente, aos casos concretos". (CARNEIRO, A. G., idem, p. 6).

[33] "O art. 24, inc. I, da Constituição republicana enuncia que 'todos podem agir em juízo para a tutela dos próprios direitos e interesses legítimos", projetando, portanto, um 'juízo', colocado em movimento por uma certa iniciativa (o agir), configurada para 'todos', e destinada à

Por sua vez, do ponto de vista funcional, a função jurisdicional

> deverá naturalmente referir-se àquela função que inspira a disciplina do 'intera serie' dos comportamentos em que se concretiza o 'proceder', ou atividade (jurisdicional) considerada globalmente.[34]

A atividade jurisdicional seria instrumental em relação ao direito material que deseja salvaguardar, uma vez que se constitui num instrumento constitucionalmente legitimado para a concretização da tutela desses mesmos direitos ou interesses. Assim, o direito ou interesse constitui a *matéria ou substância* da atividade jurisdicional. Há, como afirma La China, uma contraposição sistêmica entre o direito material ou substancial e o direito instrumental ou formal, isto é, processual.[35]

Para Elio Fazzalari, no ordenamento jurídico há uma série de normas que confia, em geral ao Estado, o dever de reagir à inobservância de uma norma primária ou substancial e que regula todas as atividades que permitem essa reação, bem como os critérios de decisão e realização. Essas normas

> são reguladoras da jurisdição, que é exatamente a atividade mediante a qual o Estado, por meio de seus juízes (seus órgãos), se coloca por cima dos sujeitos implicados na violação de uma norma primária e, ouvidas as suas razões, providencia para fazer cessar o estado de fato contrário ao direito e a repristinar, na medida do possível, um estado de coisas conforme o direito. Na linguagem comum, as normas de primeiro grau são geralmente indicadas com o adjetivo de 'substanciais' enquanto que as normas, por assim dizer, de segundo grau, reguladoras da jurisdição, se qualificam como 'processuais' (usando-se como sinônimos os atributos 'processual' e 'jurisdicional').[36]

'tutela' dos direitos e dos interesses". (MANDRIOLI, Crisante. *Diritto processuale civile.* I nozioni introduttive e disposizioni generali. 17ª ed., Torino: G. Giappichelli Editore, 2005. p. 8.).

[34] MANDRIOLI, C., idem, ibidem, p. 9 e 10.

[35] LA CHINA. Norma giuridica (dir. Proc. Civ.), *In: Enciclopedia del diritto,* XXVIII, Milano, 1978. p. 411 e ss.

[36] FAZZALARI, Elio. *Instituições de direito processual.* Trad. de Elaine Nassif. Campinas: Bookseller, 2006. p. 133/134.

3. Jurisdição – Características

Luigi Ferrajoli apresenta como características fundamentais da jurisdição: a) sua aplicação aos casos concretos das normas substanciais violadas; b) na comprovação dos fatos sobre a base das provas, como premissa necessária para a adequada aplicação das normas substanciais. Ferrajoli sublinha adequadamente que o núcleo central da jurisdição consiste numa comprovação do suposto de fato submetido a juízo, em um ato declarativo ou cognoscitivo com o qual o juiz determina os fatos e determina o *nomen juris*, aplicando as normas a esses fatos. Esse modo de representar a natureza fundamental da jurisdição recorda as doutrinas clássicas, que Ferrajoli segue há tempos, acerca da decisão judicial com aplicação da lei substancial aos fatos da controvérsia particular.[37]

Outra característica própria da tutela jurisdicional, segundo parte da doutrina, especialmente aquela inclinada à concepção chiovendiana, é a sua natureza *substitutiva*.[38] Essa característica significa que aquele sujeito que deve exercer a atividade jurisdicional (denominado órgão jurisdicional) substitui aqueles que deveriam realizar o comportamento previsto na norma substancial na via primária, para atuar em via secundária aquela mesma proteção de interesse que se encontrava na base da via primária da norma substancial. Assim, o direito processual, em via substitutiva, realiza a mesma proteção de interesse que está na base do direito substancial. Essa 'substituição' não é imposta pela lógica nem pela natureza das coisas,

> mas frequentemente daquele postulado fundamental de toda forma de vida social organizada conhecido como 'proibição de autotutela ou de autodefesa'. Em suma, o ordenamento jurídico, no momento em que veta às pessoas de fazer justiça com as próprias mãos (exceção feita somente para alguns casos particularíssimos, como a legítima defesa, o estado de necessidade

[37] TARUFFO, M., op. cit., p. 22 e 23.

[38] Sobre a natureza substitutiva da jurisdição anota Giuseppe CHIOVENDA: "Pode definir-se a jurisdição como a 'função do Estado que tem por escôpo a atuação da vontade concreta da lei por meio da substituição, pela atividade de órgãos públicos, da atividade de particulares ou de outros órgãos públicos, já no afirmar a existência da vontade, já no torná-la, praticamente, efetiva". (CHIOVENDA, Giuseppe. *Instituições de direito processual civil*. Vol. II. 2ª ed. Trad. J. Guimarães Menegale. São Paulo: Edição Saraiva, 1965. p. 3).

etc.), oferece-lhes uma proteção substitutiva, que é precisamente a tutela jurisdicional.[39]

Sobre o caráter *substitutivo* da atividade jurisdicional, não se pode deixar de observar a crítica feita por Eduardo J. Couture, *in verbis*:

> Porém o conceito, correto na maioria dos casos, em especial nas sentenças condenatórias, não caracteriza a função jurisdicional nos outros casos em que não há tal substituição: a sentença penal, a sentença de divórcio, a maioria das sentenças inerentes ao estado civil, não são substitutivas da atitude omissa das partes.[40]

À noção de jurisdição, segundo seu aspecto funcional, deve ser integrada com observância dos casos em que a atividade do órgão jurisdicional é realizada independentemente de qualquer fato que possa ser considerado como violação a direitos. Esses fenômenos verificam-se em determinadas situações, nas quais o ordenamento jurídico subtrai da autonomia das pessoas a plena disponibilidade de determinadas situações jurídicas, estabelecendo que a constituição, a modificação ou a extensão daquela situação jurídica, não pode ocorrer a não ser pela intervenção do órgão jurisdicional. Este tipo de atividade jurisdicional que tem por objeto a modificação de situações jurídicas substanciais é denominado de *jurisdição constitutiva*. Para parte da doutrina, este tipo de direito é denominado de direito potestativo, ou seja, o direito à modificação jurídica. É importante salientar que ao lado da *atividade jurisdicional constitutiva necessária* (relações de família (divórcio), negativa de paternidade etc), existe também a denominada *atividade jurisdicional constitutiva não necessária* no sentido de que os efeitos constitutivos poderiam ocorrer independentemente da atuação jurisdicional, o que significa dizer que a atuação jurisdicional somente ocorrerá diante da falta da atuação espontânea primária, isto é, quando se verificar a violação de um preexistente direito à modificação jurídica ou direito potestativo (não necessário). Pense-se no exemplo da obrigação de realizar contrato de compra e venda, assumida por meio de um contrato preliminar de compromisso de compra e venda, ocorrendo

[39] MANDRIOLI, C., op. cit., p. 12.

[40] COUTURE, E. J., op. cit., p. 33.

o inadimplemento do compromissário vendedor, sendo que neste caso a compra e venda depende de uma sentença constitutiva a ser proferida mediante atividade jurisdicional.[41]

O outro tipo de atividade jurisdicional que não pressupõe violação de direito é aquela denominada de *meramente declaratória*, que normalmente pretende resolver a certeza objetiva acerca da existência de um direito. E é óbvio que um ordenamento jurídico ofereça diretamente ou indiretamente os instrumentos necessários para resolver a dúvida objetiva, antes que se dê lugar à efetiva violação do direito (sob esse aspecto pode-se dizer que a atividade jurisdicional declaratória pode ser considerada como *tutela preventiva*).

Segundo Crisanto Mandrioli, a definição funcional da jurisdição não diverge substancialmente de outras definições propostas por renomados juristas. Assim, por exemplo, a de Redenti que considera a jurisdição como 'atuação das sanções' (Redenti, *Intorno al concetto di giurisdizione,* In: *Studi per Simoncelli,* Napoli, 1917), sendo que Redenti entende por 'sanção' aquilo que alguns denominam de preceito secundário, conteúdo da norma substancial, ou seja, aquele sistema ou mecanismo de reação que o ordenamento jurídico põe em movimento quando se verifica a violação do preceito primário. Na mesma perspectiva é a definição feita por Carnelutti, que vê na jurisdição 'justa composição da lide' (Carnelutti, *Sistema del diritto processuale civile,* I, Padova, 1936). Se se tem presente que a 'lide', segundo Carnelutti, não seria outra coisa que a posição de contraste que dois ou mais sujeitos assumem em relação a um direito, parece evidente que referida posição de contraste subsiste enquanto se postula por um ou mais daqueles sujeitos a lesão de uma norma substancial por parte dos outros sujeitos. Se assim não fosse, a norma substancial seria suficiente para resolver aquele conflito de interesses. Uma outra posição compreende a visão sattiana de jurisdição como 'concretude do ordenamento jurídico', caracterizada pela contraposição entre o ordenamento estático e o seu atuar.[42]

Porém, não é suficiente definir a jurisdição na sua perspectiva meramente funcional, uma vez que essa visão de jurisdição não nos dá a *essência* da atividade jurisdicional. Na realidade, muitas outras atividades exercidas por meio de processo judicial (não se confunda com processo jurisdicional)

[41] MANDRIOLI, C., op. cit., p. 16.
[42] MANDRIOLI, C., idem, ibidem, p.13 e 14.

possibilitam a aplicação de sanção, a justa composição da lide ou mesmo a concretização do ordenamento jurídico, como, por exemplo, o processo administrativo e o juízo arbitral.

3.1. Jurisdição Voluntária

Ao lado dos procedimentos especiais contenciosos, o novo C.P.C. brasileiro também prevê os denominados procedimentos de jurisdição voluntária.

Se o Código de Processo Civil não estabelecer procedimento especial, nem for o caso de se utilizar do procedimento comum, o interessado deverá promover sua pretensão pelo denominado procedimento não contencioso ou de jurisdição voluntária.

O Codigo Buzaid de 1973, em seu Livro IV, trazia a mesma distinção entre os procedimentos, a saber: a) dos procedimentos especiais de jurisdição contenciosa; b) dos procedimentos especiais de jurisdição voluntária.

É importante salientar que o Projeto Originário do novo C.P.C. – n. 2.046/10 –, tinha introduzido uma nova nomenclatura para o procedimento de jurisdição voluntária. No referido projeto, observou-se uma nítida distinção entre a terminologia utilizada pelo Código de Processo Civil de 1973 e pelo projeto originário proposto pelo Senado Federal.

O Código anterior estabelecia a distinção entre jurisdição contenciosa e jurisdição voluntária.

O projeto originário do novo C.P.C., por sua vez, não mais fazia referência à jurisdição contenciosa ou voluntária, mas, sim, a *procedimentos especiais contenciosos e procedimentos não contenciosos.*

Essa distinção seria de suma importância para corrigir um problema até então verificado no C.P.C. de 1973, ou seja a contenciosidade ou não da atividade jurisdicional.

A contenciosidade, no projeto originário, encontrava-se no procedimento e não no âmbito da jurisdição.

E essa correção de rumos foi tecnicamente correta, uma vez que a jurisdição em si, como sendo uma atividade desenvolvida pelo Poder Judiciário, como uma de suas funções próprias, não comporta distinção, pois ela é una e indivisível.

O que se configura como contencioso ou não contencioso não é a jurisdição, mas, sim, o conteúdo da pretensão inserida no procedimento configurado pelo legislador.

Porém, lamentavelmente, o legislador do novo C.P.C. repristinou a velha terminologia, mantendo-se em erro técnico de conceituação dos institutos jurídicos.

Quanto à natureza da jurisdição voluntária, segundo Athos Gusmão Carneiro,

> afirmou-se que do entrechoque de opiniões ter-se-ia, ao final, chegado à conclusão de que não é uma coisa nem outra, i.e., não é 'jurisdição' nem é 'voluntária', cuidando-se, ao invés, de atividade de índole administrativa, confiada aos órgãos do Poder Judiciário por razões de tradição ou de conveniência.[43]

Luiz Fernando Bellinetti concorda com as ideias de Frederico Marques e Lopes da Costa, os quais entendem não pertencer a denominada "jurisdição voluntária" ao âmbito da atividade jurisdicional, mas, sim, ao âmbito da atividade administrativa.[44] Em face da definição de jurisdicao por ele adotada, evidentemente, por não visar a resolver um conflito jurídico de interesses (poderia quando muito haver controvérsia em torno de um interesse não conflitante), os procedimentos de "jurisdicao voluntaria" somente poderiam ser colocados no âmbito administrativo, como administracão *pública de interesses privados.*

A jurisdição voluntária seria, para essa corrente, nessa medida, uma anomalia no quadro sistemático das funcões estatais, atribuída que tem sido esta tarefa administrativa ao Judiciário; isto por que a administracao, num Estado de Direito, cabe primordialmente ao Poder Executivo. Essa anomalia existe há muito tempo, e a atividade de jurisdição voluntária, porque se foi agregando à função jurisdicional, hoje está formalmente integrada na disciplina do Direito Processual Civil. Em verdade, é uma anomalia no quadro sistemático das funções estatais, atribuída que tem sido ao Judiciário, cuja função específica é exercer a atividade jurisdicional. A "jurisdicao voluntaria" seria o instrumento de que se serve o Estado para resguardar, por ato do juiz, quando solicitado, bens reputados pelo legislador como de alta relevancia Social.

43 CARNEIRO, A., op. cit. p 47.

44 BELLINETTI, Luiz Fernando. *Sentenca civil.* Sao Paulo: R.T., pags.77 e 78.

Vê-se, pois, que a doutrina nunca chegou a um consenso sobre a distinção entre jurisdição contenciosa e jurisdição voluntária. A doutrina não conseguiu concretizar, com clareza e certeza, um critério distintivo nítido e preciso. Nem mesmo os que sempre foram tidos como processualistas de renome internacional e que se dedicaram mais de perto sobre essa problemática, como, por exemplo, Cristofolini, Ugo Rocco, Redenti, Rosenberg, Niceto Alcala-Zamora y Castillo e Hernando Devis Echandia, puderam chegar a uma conclusão, ainda que cada qual tenha apresentado seu conceito de jurisdição voluntária.[45]

Para renomados autores, a jurisdição voluntária teria as seguintes características: a) não seria um *processo*, mas um simples *procedimento*; b) não haveria partes, mas simples interessados; c) a decisão proferida nesse procedimento não alcançaria a coisa julgada; d) predominaria o princípio inquisitório, enquanto que na contenciosa prevalece o princípio dispositivo.[46]

O legislador, no projeto originário do novo C.P.C., deixava evidenciado que a jurisdição seria uma atividade única exercida no âmbito de uma atividade estatal de direito público, sendo que a contenciosidade ou não ocorreria no tipo de procedimento que fosse exercido.

Daí por que não se falaria mais em jurisdição voluntária ou contenciosa, mas em procedimento contencioso e não contencioso.

4. A Imparcialidade como Essência da Jurisdição

Para Gian Domenico Pisapia, talvez buscando afastar-se de uma perspectiva meramente funcionalista, preconiza que a essência da atividade jurisdicional seria justamente a *imparcialidade do juiz*.

Analisando a atividade jurisdicional e as funções do juiz, aduzem Luigi Paolo Comoglio, Corrado Ferri e Michele Taruffo: "O juiz, *terceiro e imparcial* em relação aos sujeitos que se contraponham na controvérsia, aplica a norma jurídica substancial que considere adequada à realização do conteúdo do direito".[47]

[45] CASTRO FILHO, Jose Olympio. *Comentários ao código de processo civil.* 3a ed. Vol. X (arts. 1.103 a 1.220). Rio de Janeiro: Forense, 1988. p. 2.

[46] CARNEIRO, A. op. cit., p. 47; BARBI, Celso Agrícola. *Comentário ao código de processo civil*, 10 ed., Rio de Janeiro: Forense, 1998, v. 1., n. 9).

[47] COMOGLIO, L. P.; FERRI, C.; TARUFFO, M., op. cit. p. 103.

Porém, a *imparcialidade*, num Estado Democrático de Direito, não seria um atributo exclusivo da atividade jurisdicional, a tal ponto que pudesse diferenciar essa atividade de outras exercidas em processo judicial.

A atividade realizada pela Administração Executiva (quando do julgamento dos processos administrativos) ou pelo Legislativo (quando profere decisão em processo de cassação de seus pares) também apresenta esse atributo de *imparcialidade*, pois essa exigência decorrente do Estado Democrático de Direito não mais se encontra circunscrita apenas à atividade dos órgãos do Poder Judiciário.

Não se concebe, por exemplo, que o Conselho Nacional de Justiça (que não exerce função jurisdicional), pudesse, em eventual processo administrativo de sua competência, proferir julgamento *parcial*. Se assim fosse, esse julgamento feriria de morte o princípio da *impessoalidade* e da *moralidade administrativa* previsto no art. 37, *caput*, da Constituição Federal de 1988.

É bem verdade que a *parcialidade*, por exemplo, da administração pública no processo administrativo, ou mesmo do Ministério Público na persecução penal, era apontada como característica distintiva da imparcialidade própria dos juízes e da função jurisdicional.[48]

Para Marcello Caetano, analisando o direito português, a imparcialidade seria, desta maneira, característica exclusiva da função jurisdicional, pois somente os órgãos jurisdicionais não seriam parte interessada no conflito que visam a resolver, colocando-se numa posição supra-partes. Na verdade, apenas os órgãos jurisdicionais teriam o dever de ouvir todos os interessados antes de proferir sua decisão. Somente em relação a esses órgãos faria sentido impor garantias de imparcialidade, tais como os *impedimentos e suspeição*.[49]

Contudo, Marcello Caetano não explica o porquê da exigência das garantias de imparcialidade dos juízes – suspeição e impedimento – (art. 14, n. 1, do Código de Processo Civil português) também ser aplicada em relação ao Ministério Público, órgão encarregado de representar os interesses do Estado (na perspectiva do próprio Marcello Caetano).[50]

[48] ALLEGRETTI, Umberto. *L'imparzialità amministrativa*. Padova: CEDAM – Casa Editrice Dott. Antonio Milani, 1965. p. 55.

[49] Apud MELO RIBEIRO, Maria Teresa de. *O princípio da imparcialidade da administração pública*. Coimbra: Almedina, 1996, p. 113 e 114.

[50] MELO RIBEIRO, M. T., idem, ibidem.

A doutrina, principalmente a partir de um estudo direcionado à administração pública, começou a pôr em dúvida a afirmação de que o simples fato de ser parte em um processo já configuraria sua *parcialidade* nos interesses ali envolvidos.

Percebeu-se que os interesses defendidos pela Administração Pública não são iguais aos interesses postulados pelos particulares, uma vez que os interesses da administração ou por ela perseguidos são interesses públicos e por natureza objetivos. Assim, não obstante possa a administração ter certa discricionariedade na perseguição de seus interesses, isso não lhe retira a prerrogativa constitucional de ser imparcial.

Atualmente, para a generalidade dos autores:

> A Administração Pública, apesar de vinculada ao princípio da imparcialidade, ocupa uma posição jurídico-institucional especial, que resulta da natureza pública dos interesses que persegue e da obrigação de agir imparcialmente; em suma, do facto de figurar no procedimento, simultaneamente, como parte e juiz: parte porque 'é um verdadeiro agente empenhado no exercício de um poder de iniciativa na efectiva realização de projectos e interesses próprios'; juiz porque 'há-de designadamente ponderar o valor relativo dos interesses que a sua decisão vai sacrificar, por modo a não discriminar contra algum deles ou privilegiar algum por razões estranhas à lei que os tutela ou ao interesse público que visa satisfazer.[51]

Diante desse quadro, começou-se a formular a tese de existência de parte "imparcial", principalmente a partir do momento em que se passou a reconhecer a "imparcialidade" diante da administração pública, com base, inclusive, no próprio texto constitucional português.[52]

A referência à "parte imparcial" não é exclusividade da doutrina administrativista. Francesco Carnelutti, em suas lições sobre o processo penal, foi um dos primeiros autores a utilizar a expressão "parte imparcial" para mencionar a participação do Ministério Público na relação jurídica processual penal.[53]

[51] MELO RIBEIRO, M. T., idem, p. 115.

[52] MELO RIBEIRO, M. T., Idem, ibidem.

[53] "(...) El problema de la acusación pública tiene así el aspecto de un juego de palabras, cuya fórmula paradójica es la de la *parte imparcial* (...)." (CARNELUTTI, Francesco. *Lecciones sobre el proceso penal.* Trad. Santiago Sentís Melendo. Buenos Aires: Bosch, 1950. p. 227.

Atualmente, segundo Afrânio Silva Jardim, a configuração do Ministério Público como "parte imparcial" é fruto inclusive do próprio princípio do "promotor natural", o qual impede que a acusação seja formulada por órgão estatal sem atribuição expressamente prevista em lei e desprovido, por isso mesmo, da necessária imparcialidade e independência.[54]

Em face dessa exigência de imparcialidade do Ministério Público para o exercício do *jus puniendi*, parte da doutrina (Alfredo Vélez Mariconde e Ernes Beling) já fez severas críticas ao instituto da acusação penal privada nos crimes de ação pública, uma vez que a parte privada não estaria revestida da indispensável imparcialidade.[55]

Mas o que efetivamente interessa nessa análise pontual é que não há qualquer contradição ou paradoxo na afirmação de existência de "parte imparcial", principalmente porque, em última instância, o conceito de parte jurídica reclama, de certa forma, a noção de imparcialidade.

Na concepção de Umberto Allegretti, todas as partes da relação jurídica processual, em regra, são imparciais, pois não assumem uma posição de interesse que possa beneficiar eventualmente a outra parte que participa da relação jurídica. Para que alguém seja parcial numa determinada relação jurídica processual, essa parcialidade deve ter conotação com a outra parte da relação jurídica, o que não se configura legítimo no processo. Muito embora cada parte processual persiga um fim específico, tal fato, por si só, não lhe retira a característica de ser imparcial. O próprio magistrado também possui ou deveria possuir um fim ou um interesse a ser almejado no processo, no sentido de que sua decisão seja uma decisão justa e equânime.[56]

Nessa concepção doutrinária, defendida por Umberto Allegretti, não haveria qualquer impedimento de se inserir o juiz como parte da relação jurídica processual penal ou civil, pois o que se observa é que não existe qualquer incongruência na aproximação da concepção de "parte" ao imperativo de "imparcialidade", mesmo porque, atualmente, há uma exigência inexorável de ser o Ministério Público imparcial. Aliás, não se concebe a "parcialidade negativa" de uma instituição, a quem a própria

[54] JARDIM, Afrânio Silva. *Direito processual penal* – De acordo com a Constituição de 1988. 4. ed. Rio de Janeiro: Forense, 1992. p. 430.

[55] JARDIM, Afrânio Silva. Idem, p. 431.

[56] ALLEGRETTI, U. op. cit., p. 61.

Constituição Federal conferiu a honrosa missão de defender o Estado de Direito Democrático.

A questão da exigência de imparcialidade do Ministério Público na persecução do *jus puniendi* é de tamanha importância, que a doutrina já pensou, inclusive, na existência de um processo penal sem partes.

Não foi outra a conclusão de Jorge de Figueiredo Dias: "Tudo quanto fica apontado servirá para convencer que a estrutura fundamental do processo penal português é, tipicamente e em princípio, a de um processo sem partes".[57]Segundo o aludido autor português, o Ministério Público e o réu não têm disponibilidade sobre o objeto do processo, pois o primeiro está adstrito ao princípio da legalidade e o segundo não pode submeter-se indiscriminadamente à pretensão acusatória e, muito menos, evitá-la. Enfim, não obstante tenha o processo penal português uma estrutura acusatória, é um processo sem partes.

Conforme já teve oportunidade de se manifestar Evaristo de Moraes, não há qualquer antagonismo fundamental entre as funções da defesa e do Ministério Público. Essas funções não são antagônicas, não obstante aparente colisão entre o direito individual e o interesse social. Na verdade, "são funções harmônicas, no sentido de colimarem o mesmo fim – a satisfação da Justiça (...)".[58]

Aliás, com base nessa perspectiva de que o processo penal é um processo sem parte, já se sugeriu a criação do defensor público encarregado de desempenhar o papel de "Ministério Público de defesa", paralelo ao Ministério Público de acusação.[59]

[57] DIAS, Jorge Figueiredo. *Direito processual penal*. Coimbra: Coimbra Ed., 1974. v. 1, p. 254.

[58] A expressão dogmática de *acusação* e *defesa* já foi também contestada por Evaristo de Moraes. Segundo ele: "(...). Tempo virá em que as expressões 'acusação' e 'defesa' deixarão de figurar nos códigos processuais do crime e nos livros doutrinários da especialidade. Reunidas em uma função única as duas funções atuais, embora exercidas por órgãos separados, uma não mais se distanciará da outra na sua finalidade. Desaparecerá de todo a impressão de antagonismo (...). Sobrevirá o tempo em que o representante da sociedade ofendida e o representante do acusado pela ofensa se esforçarão, cada um dispondo de elementos de investigações sinceras e leais, para encontrar a fórmula da boa justiça (...)" (LYRA FILHO, Roberto. *Teoria e prática da promotoria pública*. 2. ed. 1. impr. Porto Alegre: Fabris, 1989, reimp. 2001. p. 189-190).

[59] CRUZ, Rogério Schietti Machado. *Garantias processuais nos recursos criminais*. São Paulo: Atlas, 2002. p. 115.

Concluindo, pode-se com segurança afirmar que não mais procede a afirmação de que o juiz é um sujeito imparcial pelo simples fato de não ser parte da relação jurídica processual, pois, contemporaneamente, observa-se existência efetiva e concreta de "parte imparcial".

Diante dessas considerações, pode-se verificar que a *imparcialidade* não seria a essência da jurisdição, pois ela é exigida também no âmbito dos julgamentos proferidos em processos administrativos.

5. A Coisa Julgada como Essência da Jurisdição

É de interesse de toda coletividade, e em especial daquele que haja solicitado uma intervenção judicial em seu processo, que o provimento proferido adquira certa estabilidade, no sentido de que não sejam possíveis sucessivas intervenções judiciais sobre a mesma matéria controvertida e que já fora objeto de decisão, ou seja, com a aplicação da norma à *fattispecie*. Definir de uma vez por todas qualquer possibilidade de contestação ao direito, sem dúvida corresponde ao fim próprio do ordenamento jurídico.[60]

Diante dessas considerações, para Eduardo J. Couture, a *essência* da jurisdição seria a *coisa julgada*. Segundo o saudoso processualista uruguaio, se o ato não adquire real ou eventual autoridade de coisa julgada, não é *jurisdicional*. Portanto, não haveria jurisdição sem a coisa julgada.[61]

Porém, a designação da coisa julgada como essência da jurisdição de certa maneira é inconsistente e pouco abrangente, pois há atividade jurisdicional sem que haja efetivamente coisa julgada, tal como ocorre com a demanda de alimentos ou os procedimentos não contenciosos ou de jurisdição voluntária.

A demanda de alimentos assim como diversos procedimentos não contenciosos ou de jurisdição voluntária não fazem coisa julgada material.

Portanto, pelo menos no âmbito do ordenamento jurídico brasileiro, a coisa julgada não pode ser considerada como essência da jurisdição.

[60] COMOGLIO, L. P.; FERRI, C.; TARUFFO, M., op. cit., p. 104.

[61] *"(...) será possível definir a jurisdição nos seguintes termos: 'função pública, realizada por órgãos competentes do Estado, com as formas requeridas pela lei, em virtude da qual, por ato de juízo, se termina o direito das partes, com o objeto de dirimir seus conflitos e controvérsias de relevância jurídica, mediante decisões com autoridade de coisa julgada, eventualmente factíveis de execução".*(COUTURE, E. J., op. cit., p. 30 e 31).

6. O Princípio Constitucional do "Acesso à Justiça" como Essência da Jurisdição

No que concerne ao ordenamento jurídico brasileiro, a *essência da atividade jurisdicional* deve ser retirada da própria Constituição Federal, especialmente do conteúdo normativo previsto no art. 5º, inc. XXXV, a saber: "a lei não excluirá da apreciação do Poder Judiciário lesão ou ameaça a direito".

Somente em relação ao Poder Judiciário é que a lei não poderá excluir de sua análise lesão ou ameaça de lesão a direito. Essa garantia fundamental não foi outorgada a nenhuma outra entidade estatal ou privada.

Conforme anotam Luigi Paolo Comoglio, Corrado Ferri e Michele Taruffo,

> Como ficou bem delineado por uma recente doutrina, a jurisdição, diversamente da administração, atua em modo 'último' e, portanto, definitivo em relação ao direito subjetivo, no sentido de que a decisão jurisdicional não possa ser objeto de sucessivas e diversas intervenções Estatais.[62]

Quando a Constituição Federal brasileira estabelece que compete ao Poder Judiciário apreciar (em última instância democrática) eventual lesão ou ameaça de lesão a direito, isso não significa dizer que no âmbito dessa atividade estatal não possa ocorrer a simples avaliação de direitos e interesses ou a simples administração pública de interesses privados, como na hipótese dos procedimentos não contenciosos.

O acesso à justiça também não está condicionado à existência jurídica e formal da coisa julgada.

Na realidade, deve-se interpretar o art. 5º, inc. XXXV da C.F. como a possibilidade ou faculdade de toda pessoa promover perante o Poder Judiciário brasileiro seu direito Constitucional de ação, para que este órgão do Estado brasileiro possa avaliar *eventual* lesão ou ameaça de lesão a direitos ou interesses. Dentro dessa eventualidade, a atividade jurisdicional está legitimada para proferir decisões condenatórias, absolutórias, declaratórias positivas ou negativas, constitutivas ou desconstitutivas, ou mesmo resolver demanda rescisória que visa a desconstituir sentença que anteriormente houvesse reconhecido algum direito.

[62] COMOGLIO, L. P.; FERRI, C.; TARUFFO, M., op. cit. p. 105.

Portanto, não se deve confundir a *atividade jurisdicional* com a efetiva prestação da *tutela jurisdicional*, pois quando o juiz julga *improcedente o pedido* ou *indefere liminarmente a petição inicial*, embora tenha realizado o exercício da *atividade jurisdicional*, não *prestou a tutela jurisdicional* em favor do autor.

O próprio texto Constitucional estabeleceu que toda e qualquer atividade ou comportamento que possa causar *lesão ou ameaça de lesão a direito* estará sujeito à apreciação do Poder Judiciário mediante a atividade jurisdicional, considerando-se essa atividade a última fronteira de proteção a direitos e interesses juridicamente protegidos.

A Constituição somente permitiu essa prerrogativa ao Poder Judiciário e a nenhum outro órgão do Estado, seja ele executivo ou legislativo.

Isso não significa dizer que o Poder Executivo ou o Poder Legislativo não possam, por meio do devido processo legal, proferir julgamentos. Na realidade, conforme já afirmara Enrico Tullio Liebman:

> julgar quer dizer valorar um fato do passado como justo ou injusto, como lícito ou ilícito, segundo o critério de julgamento fornecido pelo direito vigente, enunciando, em consequência, a regra jurídica concreta destinada a valer como disciplina do caso (fattispecie) em exame... [63]

Assim, se o Executivo ou o Legislativo, no exercício de sua atividade, proferir julgamento em processo administrativo, tal exercício de função não caracteriza atividade jurisdicional, especialmente pelo fato de que a decisão proferida em processo administrativo poderá ser reapreciada por órgão do Poder Judiciário, com base no princípio do 'acesso à justiça'.

O único órgão que poderá apreciar atividades ou comportamentos jurídicos no território brasileiro, dando sua palavra final sobre a existência ou não de ameaça ou lesão a direitos, é o Poder Judiciário, através de seus órgãos jurisdicionais.

Disso resulta que qualquer pessoa, pública ou privada, que se intitule titular de um direito subjetivo ou de um determinado interesse individual homogêneo, ou, ainda, algum interesse difuso ou coletivo que seja contestado por outrem ou que entenda exercitar um direito subjetivo e seja

[63] LIEBMAN, Enrico Tullio. *Manual de direito processual civil.* 2ª ed. Trad. Cândido Rangel Dinamarco. Vol. I. Rio de Janeiro: Forense, 1985. p. 04.

impedido pelo comportamento de outrem, pode solicitar ao juiz natural que proceda, em um procedimento e nas formas processuais preestabelecidas, a realização de uma tutela jurisdicional do direito alegado. Todos os sujeitos, nacionais ou estrangeiros, têm direito a uma tutela jurisdicional ou a fazer o órgão judiciário atuar nesse sentido, como causa do princípio constitucional do acesso à Justiça. Pedir a tutela jurisdicional significa:

> exigir que um juiz, no exercício de um poder de direito público e com as faculdades coercitivas que lhe são atribuídas pela lei, pronuncie aquele provimento de particular eficácia que o sujeito, na sua plena autonomia, tenha por adequado à realização do conteúdo do direito.[64]

Por isso, não se pode considerar como *atividade jurisdicional* os julgamentos efetuados pelo Poder Executivo ou Legislativo em processos administrativos, pois esses julgamentos poderão ser reapreciados pelo Poder Judiciário.

Já as decisões proferidas pelo Poder Judiciário (que são unas e indivisíveis) não poderão ser apreciadas por outros órgãos de qualquer esfera estatal, seja ele executivo ou legislativo.

Evidentemente que não se pode confundir órgãos jurisdicionais com a composição orgânica do Poder Judiciário.

Por isso, muito embora o Conselho Nacional de Justiça, nos termos do art. 92, inc. I-A, da C.F., seja um órgão do Poder Judiciário, isso não significa dizer que ele seja um órgão jurisdicional. Tanto não o é, que os julgamentos efetuados pelo Conselho Nacional de Justiça, que têm natureza meramente administrativa, poderão ser reapreciados pelos órgãos jurisdicionais do Poder Judiciário, no caso, pelo Supremo Tribunal Federal, nos termos do art. 102, inc. I, letra 'r' ou mesmo por juízes singulares.

A importância da atividade jurisdicional exercida pelo Poder Judiciário para efeito de, no regime democrático brasileiro, apreciar em última instância lesão ou ameaça de lesão a direitos é de tamanha ordem e grandeza, que a própria Constituição Federal não admite, em hipótese alguma, sua interrupção, conforme prescreve o art. 93, inc. XII da C.F.:

[64] COMOGLIO, Luigi Paolo; FERRI, Corrado; TARUFFO, Michele. *Lezioni sul processo civile*. Bologna: Il Mulino, 2006. p. 103.

a 'atividade jurisdicional' será ininterrupta, sendo vedado férias coletivas nos juízos e tribunais de segundo grau, funcionando, nos dias em que não houver expediente forense normal, juízes em plantão permanente.

Mas a Constituição Federal brasileira vai mais longe, pois além de não admitir a interrupção da atividade jurisdicional, também exige, nos termos do art. 92, inc. XII, que "o número de juízes na 'unidade jurisdicional' será proporcional à efetiva demanda judicial e à respectiva população".

Concluindo, qualquer dos Poderes estatais, Executivo, Legislativo ou Judiciário poderá realizar julgamento e definir questões concernentes a lesão ou ameaça de lesão a direitos, especialmente quando esses julgamentos são proferidos em processos administrativos. Porém, somente um desses órgãos poderá proferir julgamento por meio de *atividade jurisdicional ininterrupta* e sem qualquer *condicionamento ou impedimento legal* para o fim de *apreciar,* ***mediante última palavra,*** *a existência ou não de lesão ou ameaça de lesão a diretos ou interesses".* E essa é uma função dos órgãos do Poder Judiciário que atuam no exercício da atividade *jurisdicional.*

Diante dessas considerações, pode-se dizer que a *essência da jurisdição* não é a *coisa julgada*, mas a *manifestação final, incondicional e ilimitada* sobre a existência ou não de *ameaça ou lesão a direitos e interesses jurídicos* no Estado brasileiro.

7. Princípios que Regem a Jurisdição

Neste item, passa-se à análise dos princípios que dão formatação estrutural à atividade jurisdicional exercida pelos juízes brasileiros.

7.1. Princípio da Inevitabilidade da Jurisdição

O princípio da *inevitabilidade da jurisdição* significa que a autoridade dos órgãos do Poder Judiciário decorre da Constituição Federal, como um poder estatal, impondo-se por si só, independentemente da vontade ou aceitação das partes, em especial no que concerne ao resultado decorrente da atividade jurisdicional.

O cumprimento das decisões proferidas pelos órgãos do Poder Judiciário dar-se-á voluntariamente ou coercitivamente.

7.2. Princípio da Inércia da Jurisdição

Em razão do *princípio da inércia* da jurisdição, o órgão do Poder Judiciário não poderá exercer sua atividade jurisdicional sem a provocação do interessado em tal função estatal.[65]

Não há jurisdição sem ação.

A provocação do órgão do Poder Judiciário para o exercício da função jurisdicional depende da manifestação daquele que tem um determinado interesse na atividade jurisdicional.

Decorre do *princípio da inércia* da jurisdição a impossibilidade de o órgão do Poder Judiciário exercer a função jurisdicional de *ofício.*

É bem verdade que o ordenamento jurídico poderá excepcionar o princípio da inércia da jurisdição, permitindo que o órgão do Poder Judiciário preste essa atividade sem uma provocação aparente, ou seja, que a preste de ofício. Aliás, nesse sentido estabelece o art. 2º do atual C.P.C.: "O processo começa por iniciativa da parte e se desenvolve por impulso oficial, salvo as exceções previstas em lei".

O art. 2º do atual C.P.C. congrega dois brocardos: *nemo judex sine actore; ne procedat judex ex officio.*

O art. 878 da Consolidação das Leis do Trabalho (C.L.T.) (Decreto-lei n. 5.452/43) traz uma regra de exceção ao princípio da inércia da jurisdição, *in verbis:* "A execução será promovida pelas partes, permitida a execução de ofício pelo juiz ou pelo Presidente do Tribunal apenas nos casos em que as partes não estiverem representadas por advogado." (Redação dada pela Lei nº 13.467, de 2017)[66].

Já o art. 536 do novo C.P.C. preconiza: "No cumprimento de sentença que reconheça a exigibilidade de obrigação de fazer ou de não fazer, o juiz poderá, de ofício ou a requerimento, para a efetivação da tutela específica ou a obtenção de tutela pelo resultado prático equivalente, determinar as medidas necessárias à satisfação do exequente".

[65] Regras similares encontram-se nos seguintes países: Art. 3º do C.P.C. português (Lei 41/2013): "O tribunal não pode resolver o conflito de interesses que a ação pressupõe sem que a resolução lhe seja pedida por uma das partes e a outra seja devidamente chamada para deduzir oposição". Art. 99 do Codice di Procedura Civile italiano: "*Chi vuole far valere un diritto in giudizio deve proporre domanda al giudice competente.*"

[66] http://www.planalto.gov.br/ccivil_03/_Ato2015-2018/2017/Lei/L13467.htm#art1

7.3. Princípio da Unicidade da Jurisdição

Pelo *princípio da unicidade da jurisdição*, somente os órgãos do Poder Judiciário poderão exercer a atividade jurisdicional, excluindo-se outros órgãos estatais ou privados que possam exercer atividade judicial ou processual.

O exercício da jurisdição é um atributo de soberania e uma função privativa do Poder Judiciário no Estado Democrático de Direito.

Não haverá possibilidade, em nosso ordenamento jurídico, de existência de *duplicidade de jurisdição*, como ocorre, por exemplo, na França, em que o controle dos atos administrativos é feito pela própria administração pública, pelo contencioso administrativo. O *Contentieux Administratif* também se aplica em outros países da Europa e da América, como, por exemplo, Uruguai, Colômbia, Equador etc.

A jurisdição, ainda que exercida por diversos órgãos do Poder Judiciário, é 'una', podendo, contudo, a lei estabelecer competência específica para determinados órgãos do Poder Judiciário.

7.4. Princípio da Inafastabilidade da Jurisdição.

A Constituição Federal de 1988 prevê, em seu artigo 5º, inciso XXXV, no âmbito dos direitos e garantias fundamentais, o *princípio da inafastabilidade* da jurisdição, também chamado de princípio da ubiquidade ou cláusula do acesso à justiça: "a lei não excluirá da apreciação do Poder Judiciário lesão ou ameaça a direito"

Em razão do *princípio da inafastabilidade* da jurisdição, o direito de ação ou petição passa a ser considerado um direito público subjetivo fundamental para provocar o exercício da atividade jurisdicional, não podendo a lei impedir o exercício desse direito de natureza constitucional.

Em razão de sua autonomia, o direito de ação existe por si só, podendo ser exercido mesmo que na sua concretude não haja direito material a ser protegido pelo Estado-Juiz.

Por força do *princípio da inafastabilidade* da jurisdição, é que os Tribunais entendem que a jurisdição poderá ser provocada mesmo que não se tenha exaurido o processo administrativo.[67]

[67] PREVIDENCIÁRIO. AÇÃO DE CONCESSÃO DE BENEFÍCIO. PROCESSUAL CIVIL. CONDIÇÕES DA AÇÃO. INTERESSE DE AGIR (ARTS. 3º E 267, VI, DO CPC). PRÉVIO REQUERIMENTO ADMINISTRATIVO. APLICAÇÃO DO ENTENDIMENTO EXARADO PELO PLENO DO STF NO RE 631.240/MG.

A Constituição Federal de 1988 trata como direito fundamental – e, portanto, cláusula pétrea –, em seu artigo 5º, inc. XXXV, o princípio incondicionado da inafastabilidade do controle jurisdicional, de modo que não há espaço para obrigatoriedade de exaurimento da via administrativa para que se possa provocar o Juiz. Exceções só podem ser ventiladas no próprio Texto Magno, como é o caso do prévio acesso à "justiça desportiva" para composição das lides relativas à disciplina e às competições desportivas (art. 217, § 10). Não se configura, portanto, mácula ao princípio da inafastabilidade da jurisdição a exceção prevista no art. 217, §1º, da Constituição Federal, *in verbis:*

> Art. 217. É dever do Estado fomentar práticas desportivas formais e não-formais, como direito de cada um, observados:
>
> I – a autonomia das entidades desportivas dirigentes e associações, quanto a sua organização e funcionamento;

1. Hipótese em que, na origem, o segurado postulou ação com escopo de obter benefício previdenciário sem ter requerido administrativamente o objeto de sua pretensão.
2. O Plenário do Supremo Tribunal Federal julgou, em 3.9.2014, o Recurso Extraordinário 631.240/MG – relativo à mesma controvérsia verificada no presente caso –, sob o regime da Repercussão Geral (Relator Ministro Roberto Barroso).
3. A ementa do citado acórdão, que não foi publicado ainda, assim dispõe quanto ao prévio requerimento administrativo como condição da ação de concessão de benefício previdenciário: "1. A instituição de condições para o regular exercício do direito de ação é compatível com o art. 5º, XXXV, da Constituição. Para se caracterizar a presença de interesse em agir, é preciso haver necessidade de ir a juízo. 2. A concessão de benefícios previdenciários depende de requerimento do interessado, não se caracterizando ameaça ou lesão a direito antes de sua apreciação e indeferimento pelo INSS, ou se excedido o prazo legal para sua análise. **É bem de ver, no entanto, que a exigência de prévio requerimento não se confunde com o exaurimento das vias administrativas.** (...).

(REsp 1514120/PE, Rel. Ministro HERMAN BENJAMIN, SEGUNDA TURMA, julgado em 18/06/2015, DJe 05/08/2015)

RECURSO ESPECIAL. PREVIDENCIÁRIO. PENSÃO ACIDENTÁRIA. PECÚLIO. EXAURIMENTO DAS VIAS ADMINISTRATIVAS. DECISÃO "EXTRA PETITA".

– **O não exaurimento das vias administrativas por si só não impede conhecimento de ação acidentária (Súmula 89, do STJ).**

– É defeso aos juízes fundamentar decisões em fatos não alegados durante o processo.

– Recurso conhecido e provido.

(REsp 130.538/CE, Rel. Ministro CID FLAQUER SCARTEZZINI, QUINTA TURMA, julgado em 03/09/1998, DJ 19/10/1998, p. 124)

II – a destinação de recursos públicos para a promoção prioritária do desporto educacional e, em casos específicos, para a do desporto de alto rendimento;

III – o tratamento diferenciado para o desporto profissional e o não-profissional;

IV – a proteção e o incentivo às manifestações desportivas de criação nacional.

§ 1º O Poder Judiciário só admitirá ações relativas à disciplina e às competições desportivas após esgotarem-se as instâncias da justiça desportiva, regulada em lei.

§ 2º A justiça desportiva terá o prazo máximo de sessenta dias, contados da instauração do processo, para proferir decisão final.

§ 3º O Poder Público incentivará o lazer, como forma de promoção social.

O S.T.F., ao decidir o Tema 895, lamentavelmente, não reconheceu repercussão geral à alegação de mácula ao princípio da inafastabilidade da jurisdição, quando se verifiquem óbices intransponíveis à entrega da prestação jurisdicional de mérito. (RE 956302 RG, Relator(a): Min. EDSON FACHIN, julgado em 19/05/2016, PROCESSO ELETRÔNICO DJe-124 DIVULG 15-06-2016 PUBLIC 16-06-2016)

7.5. Princípio da Aderência da Jurisdição

No tocante ao princípio da aderência, pressupõe-se a correlação entre o exercício da jurisdição e a delimitação territorial.

Assim, para as lesões a direitos verificadas no âmbito do território brasileiro, em linha de princípio, a autoridade judiciária nacional detém competência para processar e julgar a demanda.

O Art. 21 do atual CPC, mitigando o princípio da aderência, cuida das hipóteses de jurisdição concorrente (cumulativa), sendo que a jurisdição do Poder Judiciário Brasileiro não exclui a de outro Estado. A competência da justiça brasileira ocorre por razões de viabilidade e efetividade da prestação jurisdicional, corroborada pelo princípio da inafastabilidade da jurisdição, que imprime ao Estado a obrigação de solucionar as lides que lhe sejam apresentadas, visando à consecução da paz social.

Os magistrados brasileiros somente têm autoridade nos limites territoriais do Estado.

O princípio da *aderência da jurisdição,* na realidade, estabelece os limites territoriais em que a autoridade de um determinado órgão jurisdicional poderá ser exercida no âmbito do território brasileiro.

É certo, porém, que existem determinados órgãos do Poder Judiciário em que sua aderência será em todo o território brasileiro, como é o caso do S.T.F. e dos demais Tribunais Superiores.

7.6. Princípio da Investidura.

Pelo *princípio da investidura,* a atividade jurisdicional somente será exercida por alguém que esteja investido na função.

A investidura na jurisdição, segundo estabelece o art. 93, inc. I, da C.F., ocorre mediante concurso público de provas e títulos, com a participação da Ordem dos Advogados do Brasil em todas as fases, exigindo-se do bacharel em direito, no mínimo, três anos de atividade jurídica e obedecendo-se, nas nomeações, à ordem de classificação.

É certo, porém, que a própria Constituição Federal estabelece outras formas de investidura na jurisdição, como a escolha de Ministros de Tribunais Superiores, por exemplo, S.T.F., e o ingresso pelo quinto do Ministério Público e da Advocacia.

7.7. Princípio da Indelegabilidade da Jurisdição

A atividade jurisdicional é 'indeclinável, não podendo ser delegada a outros órgãos senão aos próprios órgãos jurisdicionais pertencentes ao Poder Judiciário (princípio da indeclinabilidade da jurisdição).

Aliás, o juiz não se exime de decidir sob a alegação de lacuna ou obscuridade do ordenamento jurídico (art. 140 do novo C.P.C.).

O princípio da indelegabilidade da jurisdição também garante a aplicação do princípio do *juiz natural.*

O princípio do *juiz natural,*

> segundo Nelson Nery Junior (com remissão a Karl Schwab, Gomes Canotilho, Vital Moreira e Celso Bastos) consiste na exigência de 'determinabilidade', que é a prévia individualização dos juízes por meio de leis gerais; na garantia de 'justiça material', decorrente da independência e imparcialidade dos juízes; no estabelecimento de critérios objetivos para a 'fixação da competência' dos juízes e na exata observância das determinações referentes à 'divisão funcional interna'. Resta vetada, destarte, a designação, substituição ou convocação de

juízes por parte do Poder Executivo ou do Poder Legislativo, tarefa reservada com exclusividade ao próprio Poder Judiciário, em seu autogoverno.[68]

O princípio do juiz natural também impede a existência de tribunais de exceção (art. 5º, inc. XXXVII, da C.F.).

Consideram-se tribunais de exceção:

> aqueles criados 'ex post facto', instituídos 'ad hoc', fora dos quadros do Poder Judiciário e como que de encomenda, para favorecer ou para prejudicar a determinadas pessoas ou interesses, para atuar em determinados casos, tudo acertado previamente, a cujos juízes faltaria a presunção de independência e de imparcialidade; já o juiz natural é aquele previsto abstratamente, sob previsão constitucional (Nelson Nery Junior, O juiz natural no direito processual civil comunitário europeu, RePro 101:103 e s).[69]

Em que pese a atividade jurisdicional não possa ser delegada, a atividade judicial ou processual pode ser delegada a outros órgãos, como ocorre com a arbitragem (art. 3º, §1º, do C.P.C. de 2015 e art. 18 da Lei 9.307/96).[70]

8. Das Normas Regulamentadoras da Jurisdição Civil Brasileira

O exercício da atividade jurisdicional, num Estado Democrático de Direito, dá-se por meio do processo, o qual está sujeito à observância de determinadas normas jurídicas processuais positivadas em um determinado ordenamento jurídico.

O direito processual civil integra, portanto, o ordenamento jurídico específico de cada Estado nação.

A regulamentação do exercício da atividade jurisdicional, em regra, é feita pelas normas processuais internas dos respectivos Estados nacionais.

A jurisdição civil brasileira, nos termos do art. 13 do novo C.P.C. (Lei n. 13.105/15), será regida pelas normas processuais brasileiras, ressalvadas as disposições específicas previstas em tratados, convenções ou acordos internacionais de que o Brasil seja parte.

[68] CARNEIRO, A. G., op. cit. p. 15.

[69] CARNEIRO, A. G., idem, p. 15.

[70] Outros órgãos não jurisdicionais que exercem a função judicial ou processual: O senado Federal (art. 52, inc. I e II, da C.F.; a Câmara dos Deputados (art. 51, inc. I, da C.F.); Tribunais de Contas (art. 71 da C.F.) etc...

A delimitação da jurisdição brasileira às normas processuais vigentes no Brasil tem sua razão de ser.

É que durante o período colonial a jurisdição brasileira era regida pelas normas processuais portuguesas, em especial as Ordenações Filipinas, que estabeleciam a regulação processual em seu Livro II, o qual era composto por 128 capítulos.

Por isso o novo C.P.C. foi contundente nesse sentido, ou seja, de que a jurisdição brasileira será regida exclusivamente por normas processuais brasileiras, excluindo toda e qualquer outra legislação estrangeira, salvo exceções previstas em tratados, convenções ou acordos internacionais de que o Brasil seja parte.

Essa delimitação geográfica normativa da atividade jurisdicional também se encontra expressamente consignada no direito comparado.

O art. 60º do C.P.C. português estabelece que a competência dos tribunais judiciais, no âmbito da jurisdição civil, é regulada conjuntamente pelo estabelecido nas leis de organização judiciária e pelas disposições do código processual lusitano.

Em complemento ao disposto no art. 60º do C.P.C. português, preceitua o art. 59º do mesmo diploma legal que sem prejuízo do que se encontre estabelecido em regulamentos europeus e em outros instrumentos internacionais, os tribunais portugueses são internacionalmente competentes quando se verifique algum dos elementos de conexão referidos nos artigos 62º e 63º ou quando as partes lhes tenham atribuído competência nos termos do art. 94º

Segundo prescreve o art. 3º da *Ley de Enjuiciamento Civil* (C.P.C. espanhol), com as exceções que possam prever os Tratados e Convênios internacionais, os processos civis que tramitem no território nacional regem-se unicamente pelas normas processuais espanholas.

Da mesma forma prescreve o art. 1º do *Codice di Procedura Civile* (Código de Processo Civil italiano) ao afirmar que a jurisdição civil, salvo disposições especiais em lei, é exercida pelos juízes ordinários segundo as normas do aludido código.

O art. 13 do atual C.P.C. diz que a jurisdição civil será regulada pelas *normas processuais brasileiras*.

Porém, não se pode delimitar a abrangência das *normas processuais brasileiras* apenas ao conteúdo normativo previsto no atual C.P.C.

Na realidade, deve-se levar em consideração a seguinte advertência feita por Francesco Carnelutti:

> Por razão de sua essência, o Direito processual forma assim parte de um conjunto mais vasto de normas, que segundo critérios já expostos, deveria chamar-se 'Direito instrumental'. Pertence, de igual forma, por sua essência, a esse conjunto, o grupo de normas a que se dá o nome de 'Direito Constitucional'... Mas não se deve acreditar que o âmbito do Direito instrumental se detenha aqui: com efeito, existem normas instrumentais de grande valor no seio do próprio Direito civil....[71]

As normas jurídicas processuais, como as de qualquer outra espécie, devem, antes de tudo, ser estudadas em si, ou seja, não pelo que dispõem, e sim pelo que *são*, separando o continente do conteúdo.[72]

As normas processuais poderão advir ainda dos costumes e da equidade. Conforme afirma Francesco Carnelutti, sobre o direito italiano

> o costume processual é, pois, abstratamente admissível, mas no Direito positivo italiano não poderia ser admitido a não ser quando fosse expressamente reclamado pela lei. Mas como essas invocações não existem em nosso ordenamento jurídico, resulta que o costume poderia ser, mas não o é, fonte do Direito processual. Entretanto, uma suposição de invocação do costume por acaso pode ser descoberta, em matéria de provas, na disposição do art. 1.332 do Código Civil.[73]

Por isso, as normas processuais que regem a jurisdição civil em território brasileiro estão distribuídas em diversas legislações paralelas, especialmente na Constituição Federal, razão pela qual elas não se encontram limitadas apenas ao atual C.P.C.

É importante salientar que existem normas de direito internacional que têm por fim uma distribuição das demandas entre as jurisdições dos diversos Estados. Diante de tais normas, poder-se-ia falar de competência exclusiva ou de competência concorrente, para indicar que, em virtude de aludidas normas, a faculdade de exercer a jurisdição em relação a uma determinada demanda compete a um Estado somente ou, ao mesmo tempo, a vários Estados.[74]

[71] CARNELUTTI, F., op. cit., p. 237.

[72] CARNELUTTI, F., idem, p. 143.

[73] CARNELUTTI, F., idem, p. 151.

[74] MORELI, Gaetano. *Derecho procesal civil internacional*. Trad. Santiago Sentis Melendo. Buenos Aires: Ediciones Jurídicas Europa-América, 1953. p. 85 e 86.

9. Dos Limites e da Extensão da Jurisdição Brasileira

É concebido, 'em abstrato', que o Estado exerça ilimitadamente sua própria jurisdição, isto é, que possa promover a resolução de todos os conflitos possíveis, ainda que não esteja, de modo algum, a eles vinculado.

Verificando-se tal hipótese, ou seja, a 'universalidade do ordenamento jurídico', que não seria somente virtual, senão, no que diz respeito à matéria que constitui objeto do direito privado, seria universalidade em ato, corresponderia a uma 'universalidade de jurisdição'. Em outras palavras, o Estado promoveria a resolução de conflitos jurídicos com base na normatização prevista em seu próprio ordenamento, prescindindo de qualquer vinculação entre o conflito e o próprio Estado.[75]

Porém, na realidade, as coisas não são tão esquemáticas assim, pois o Estado, levando em consideração a existência de outros Estados estrangeiros que também exercem a sua respectiva jurisdição, assim como levando em consideração o seu próprio interesse que o induz a abster-se de exercer uma atividade concreta em relação à composição de conflitos estranhos à vida social existente, nos limites de seu respectivo interesse jurídico, restringe sua jurisdição, determinando, em virtude de certos critérios, as questões, em relação às quais, se pode exercitar o poder jurisdicional.[76]

Em que pese no plano teórico a jurisdição de um Estado pudesse ser espacialmente ilimitada, na prática aceitam os Estados, de maneira geral, as limitações decorrentes dos princípios da *efetividade* e da *submissão*.[77] Isso significa dizer que o juiz não poderá exercer sua jurisdição se não puder executá-la.

Na realidade, somente podem ser processadas e julgadas no Brasil as causas em que a justiça brasileira possa efetivamente exercer de forma efetiva e concreta sua jurisdição, em especial a execução de seus julgados.[78]

[75] MORELI, G., idem, ibidem.

[76] MORELI, G., idem, ibidem.

[77] CARNEIRO, A. G., op. cit. p. 53.

[78] "Assim, é princípio geralmente assente em direito internacional o de que o exercício da jurisdição por um determinado país encontra limites no 'princípio da efetividade': o juiz brasileiro, portanto, somente atuará relativamente às demandas de alguma forma vinculadas a algum outro país se houver possibilidade de tornar efetiva, de realmente fazer 'cumprir' sua sentença (vale dizer, de que as cartas rogatórias de execução sejam bem aceitas pela justiça do

Por isso, a maioria dos códigos de processo civil possui normas que têm por finalidade limitar a jurisdição nacional.

A competência de jurisdição internacional não se configura como simples medida da jurisdição, mas, sim, dos limites de jurisdição de cada Estado soberano. Portanto, estamos diante de um problema de jurisdição e não de competência.

Se um órgão do Poder Judiciário brasileiro não pode conhecer de determinada demanda, uma vez que esse conhecimento é prerrogativa de outro Estado soberano, não se está realizando uma distribuição de jurisdição entre juízes, mas se afirmando que à autoridade brasileira falta jurisdição para tanto, por impossibilidade jurídica e material para o seu exercício.

As normas processuais costumam estabelecer os critérios objetivos e subjetivos delimitadores da jurisdição de cada Estado soberano.

As normas sobre os limites da jurisdição cumprem com a função que lhes é própria, indicando determinados caracteres segundo os quais as controvérsias singulares devem estar dotadas para que possam ser decididas por autoridade judiciais do Estado: caracteres que geralmente consistem na circunstância de que a controvérsia esteja de certo modo vinculada com o Estado. Esses critérios de vinculação podem ser *objetivos ou subjetivos*. São critérios de vinculação *objetivos* os que interessam à relação controvertida, considera em si e por si, e não em relação às partes; considerada, por exemplo, em seu objeto, no fato constitutivo dela ou em seu conteúdo. São, pois, critérios objetivos de jurisdição: a situação no território do Estado da coisa objeto da relação controvertida; a circunstância de que no território do Estado haja ocorrido o fato donde se originou a relação; a circunstância de que no território do Estado deva aplicar-se a relação. São, pelo contrário, critérios *subjetivos* os que se referem às partes e a determinadas situações em que as partes se encontram: cidadania do Estado, o domicílio, residência ou permanência no território do Estado.[79]

outro país). No magistério de Cândido Dinamarco, 'a conveniência do exercício da jurisdição e a viabilidade da efetivação de seus resultados são os fundamentais critérios norteadores das normas de direito interno sobre competência internacional" (CARNEIRO, A. G., idem, p. 79).

[79] MORELI, G., op. cit., p. 94.

Em relação aos limites sujetivos, a jurisdição brasileira aplica-se a todas as pessoas que se encontrem em território nacional, brasileiros ou estrangeiros.[80]

O Código de Processo Civil português, por exemplo, em seu art. 62º, prescreve que os tribunais portugueses são internacionalmente competentes: a) quando a ação possa ser proposta em tribunal português segundo as regras de competência territorial estabelecidas na lei portuguesa; b) ter sido praticado em território português o fato que serve de causa de pedir na ação, ou algum dos fatos que a integram; c) quando o direito invocado não possa tornar-se efetivo senão por meio de ação proposta em território português ou se verifique para o autor dificuldade apreciável na propositura da ação no estrangeiro, desde que entre o objeto do litígio e a ordem jurídica portuguesa haja um importante elemento de conexão, pessoal ou real.

O Código de Processo Civil espanhol, em seu art. 36, preconiza que a extensão e limites da jurisdição dos tribunais civis espanhóis determinar-se-ão pelas regras previstas na Lei Orgânica do Poder Judiciário (arts. 21 e 22) e nos tratados e convênios internacionais de que a Espanha seja parte.

A Lei italiana n. 218 de 1995 preceitua em seu art. 3º, que a jurisdição italiana subsiste quando o réu é domiciliado ou residente na Itália ou ali tenha um representante que esteja autorizado a estar em juízo, nos termos do art. 77 do Código de Processo Civil italiano e nos outros casos em que haja previsão legal. A jurisdição italiana subsiste, por outro lado, com base nos critérios estabelecidos nas Seções 2, 3 e 4 da Convenção concernente

[80] "No âmbito civil, gozam, todavia, de 'imunidades' jurisdicionais os chefes de Estado estrangeiros e os agentes diplomáticos, de acordo com princípios de direito internacional público, e ainda funcionários de algumas intituições de caráter internacional. Tais imunidades comportam restrições. Os próprios Estados estrangeiros e organizações interancionais, renunciando à imunidade, podem ser parte perante as justiças brasileiras, sendo então competentes para o julgamento das causas o Supremo Tribunal Federal (CF, art. 102, I, 'e') ou os juízes federais (CF, art. 109, II), neste último caso cabendo da sentença recurso ordinário para o Superior Tribunal de Justiça (CF, art. 105, II, 'c'). No alusivo à renúncia à imunidade, o Supremo Tribunal Federal, reconhecendo a imunidade de jurisdição de Estado estrangeiro em litígio decorrente de execução fiscal promovida pela União Federal contra o Consulado da República Federal da Alemanha, entendeu que o 'silêncio' do Estado estrangeiro, quanto à sua submissão à jurisdição brasileira, não importa em 'renúncia' à imunidade de jurisdição (AC (Ag.Reg.) 522-AP, j. 16.9.1998, rel. Min. Ilmar Galvão)... Mas essa orientação sofreu profunda revisão, pois atualmente a imunidade do Estado estrangeiro é limitada aos atos praticados 'jure imperii'." (CARNEIRO, A. G., op. cit. p. 54).

à competência jurisdicional e executiva das decisões em matérias civil e comercial e protocolo firmado em Bruxelas no dia 27 de setembro de 1968, promulgado pela Lei n. 804 de 21 de junho de 1971 e sucessivas modificações em vigor na Itália, ainda que o réu não seja domiciliado no território de um Estado contraente, quando se trata de matérias compreendidas no campo de aplicação da Convenção. Em relação a outras matérias, a jurisdição subsiste com base nos critérios estabelecidos para a competência territorial.

O art. 21 do novo C.P.C. brasileiro, ao regrar os limites da jurisdição nacional, estabelece que compete à autoridade judiciária brasileira processar e julgar as ações em que: a) o réu, qualquer que seja a sua nacionalidade, estiver domiciliado no Brasil, sendo que se considera domiciliada no Brasil a pessoa jurídica estrangeira que nele tiver agência, filial ou sucursal; b) no Brasil tiver de ser cumprida a obrigação; c) o fundamento seja fato ocorrido ou ato praticado no Brasil.[81]

O art. 22 do novo C.P.C., em complementação ao que estabelece o art. 21 do mesmo diploma normativo, preconiza que compete, ainda, à autoridade judiciária brasileira processar e julgar as ações: a) de alimentos, quando: a1) o credor tiver domicílio ou residência no Brasil; a2) o réu mantiver vínculos no Brasil, tais como posse ou propriedade de bens, recebimento de renda ou obtenção de benefícios econômicos; b) decorrentes de relações de consumo, quando o consumidor tiver domicílio ou residência no Brasil; c) em que as partes, expressa ou tacitamente, se submeterem à jurisdição nacional.

De certa forma, as normas que limitam a jurisdição de um Estado também estabelecem a sua competência para, objetivamente ou subjetivamente, conhecer de questões que, em tese, deveriam ser objeto de jurisdição de países estrangeiros.

O artigo 21 do atual C.P.C. trata do critério jurisdicional territorial brasileiro, no sentido de que as causas ali indicadas podem ser processadas

[81] Normatização semelhante encontra-se no art. 12 da Lei de Introdução às Normas de Direito Brasileiro (Decreto-lei n. 4.657, de 4 de setembro de 1942): "Art. 12. É competente a autoridade judiciária brasileira, quando for o réu domiciliado no Brasil ou aqui tiver de ser cumprida a obrigação". Trata-se de hipótese de competência *concorrente* internacional, que não exclui a competência da autoridade judiciária brasileira, podendo a mesma demanda ser instaurada no Brasil e no estrangeiro, sendo que nessa hipótese não haverá *litispendência* e nem impedirá que a autoridade judiciária brasileira conheça da causa.

e julgadas perante a autoridade judiciária do Brasil, em que pese haja uma interligação dos fatos objeto da relação jurídica com território internacional.

O art. 21 do atual C.P.C. trata da denominada competência jurisdicional *concorrente*, pois embora discrimine as hipóteses em que a jurisdição brasileira poderá atuar, isso não significa dizer que a mesma questão não poderá ser objeto da jurisdição estrangeira.

Na realidade, em virtude do que dispõe o art. 21 do novo C.P.C., apenas certo número de relações é que são suscetíveis de ser decididas pelos juízes brasileiros: são, indistintamente, todas as relações em que o réu tenha domicílio em território nacional, todas as relações em que a obrigação tiver de ser cumprida no Brasil, todas as relações em que o fundamento seja fato ocorrido ou ato praticado no Brasil.

Pode ocorrer que determinada relação jurídica realizada no estrangeiro, entre cidadãos estrangeiros, cuja execução deverá também ser no estrangeiro, possa ser objeto da jurisdição brasileira, condicionada a uma situação subjetiva (na perspectiva de Moreli), ou seja, encontrar-se o réu domiciliado em território brasileiro.

As regras gerais de delimitação da jurisdição prevista no art. 21 do novo C.P.C. permaneceram, de certa forma, as mesmas que já constavam no revogado C.P.C. de 1973.

A jurisdição brasileira decorre do estado de fato e da lei vigente no momento da propositura da demanda. Portanto, não tem qualquer relevância na individualização do juiz brasileiro, eventuais modificações sucessivas que possam interferir sobre o estado de fato ou sobre a mudança normativa.

Se houver defeito no âmbito da jurisdição brasileira, tenho para mim que se deve seguir o disposto no art. 11 da Lei italiana n. 218/1995, que assim dispõe:

> Art 11. O defeito de jurisdição pode ser suscitado:
>
> 1) De ofício pelo juiz, em todo estado e grau do processo se:
>
> a) a causa tenha por objeto bens imóveis situados no exterior;
>
> b) se o réu tornou-se revel;
>
> c) se a jurisdição italiana for excluída por uma norma internacional.
>
> 2) Pelo réu, no seu primeiro ato defensivo, sempre que não tenha expressamente ou tacitamente aceitado a jurisdição italiana.

9.1. Da Competência Concorrente entre a Jurisdição Brasileira e a Jurisdição Estrangeira

Quando a norma processual permite que determinada demanda possa ser conhecida pela jurisdição brasileira e por outra jurisdição estrangeira, diz-se que se está diante da denominada competência *concorrente.*

Nessa hipótese, se a demanda vier a ser proposta no Estado estrangeiro, a sentença do juiz estrangeiro poderá ser executada no Brasil, desde que seja homologada pelo Superior Tribunal de Justiça.

Diante da competência concorrência, mesmo que a demanda já tenha sido iniciada no estrangeiro, poderá nova ação ser iniciada no Brasil, uma vez que, nos termos do art. 24 do novo C.P.C., não haverá litispendência. Porém, se a demanda proposta no estrangeiro já foi definitivamente julgada, sua homologação perante o S.T.J.[82] impossibilitará sua nova propositura perante a Justiça brasileira.

Sendo o processo instaurado perante a justiça estrangeira, o réu deverá ser citado no Brasil mediante carta rogatória, sujeita ao *exequatur* da Presidência do S.T.J., nos termos do art. 105, inc. I, *letra i*, da C.F.

Vejamos as hipóteses de competência concorrente:

9.1.1. Domicílio do Réu em Território Brasileiro

A jurisdição nacional será legitimamente exercida quando em território brasileiro o réu tiver domicílio, seja ele brasileiro ou estrangeiro (não basta que o estrangeiro esteja em trânsito pelo Brasil ou tenha no Brasil simples residência).[83]

[82] Sobre a questão da litispendência, assim se manifestou o Ministro Celso de Melo no SE 5.778-EUA, 12.5.2000, sobre a relevância do art. 90 do C.P.C. de 1973, atual art. 24 do C.P.C. de 2015: "(...)que consagra a prevalência da competência internacional da autoridade judiciária brasileira sobre processos em curso no exterior ou sobre decisões já proferidas por tribunais estrangeiros, ainda que com trânsito em julgado, pois, enquanto não sobrevier a homologação, pelo Supremo Tribunal Federal (atualmente S.T.J.), do ato sentencial alienígena, inexistirá qualquer obstáculo a que a justiça do Brasil conheça da mesma causa e de todas aquelas que, com ela, guardem relação de conexidade".

[83] Tendo em vista que o art. 5º da C.F. prescreve que todos são iguais perante a lei, sem distinção de qualquer natureza, garantindo-se aos brasileiros e aos estrangeiros residentes no País a inviolabilidade do direito à vida, à liberdade, à igualdade, à segurança e à propriedade, a qualidade de estrangeiro há em nosso sistema um papel somente marginal e residual. Basta ter presente que o estrangeiro é admitido a gozar dos direitos civis atribuídos ao cidadão em condição de igualdade. Assim, excluído o caso particular do Estado estrangeiro, a qualidade

Assim,

> ocorrendo em Montevidéu um acidente de trânsito, sendo envolvidos como agente e como vítima cidadãos uruguaios, a ação de indenização poderá ser pela vítima ajuizada perante a Justiça brasileira, caso seja o réu domiciliado em território brasileiro. Mas a demanda poderá, igualmente, ser ajuizada perante juiz do vizinho país, e nesta hipótese o réu será citado no Brasil por rogatória, e a sentença que o condene poderá receber, em tese, o 'exequatur' brasileiro.[84]

A mesma regra encontra-se no art.2º da Convenção e Regulamento da União Europeia n. 44/2001, segundo o qual todas as pessoas que tenham domicílio em um dos Estados membros podem ser réu diante de um juiz daquele Estado, seja qual for a sua nacionalidade.

Trata-se de um critério subjetivo/objetivo de delimitação de exercício de atividade jurisdicional com base na indicação do domicílio do réu.

Referido critério de delimitação do foro jurisdicional brasileiro prescinde da nacionalidade das partes, bastando que o réu tenha domicílio em território brasileiro.

Nessa hipótese, mesmo que o fato ou o ato possa ter ocorrido integralmente fora do território brasileiro, assim como a obrigação deva ser cumprida também fora do território brasileiro, bastará que o réu (e não o autor) tenha domicílio em território brasileiro para que qualquer autoridade de nosso país possa exercer sua atividade jurisdicional, pouco importando a natureza de sua nacionalidade.

A jurisdição nacional será exercida apenas quando o réu tiver *domicílio* no Brasil, afastando eventual passagem transitória em território nacional.

O domicílio deve ser determinado de acordo com a legislação brasileira.

de cidadão ou de estrangeiro não é mais relevante para o efeito de subsistência da jurisdição brasileira. Portanto, não só como réu, mas também como autor o estrangeiro poderá valer-se do exercício da jurisdição brasileira.

[84] "Notemos, outrossim, que a só circunstância de o réu, qualquer que seja sua nacionalidade, ser domiciliado em território brasileiro pode não ser suficiente para determinar a competência da Jurisdição brasileira, quando a lei do país onde a sentença deva ser cumprida opuser-se à interferência de juiz alienígena". (CARNEIRO, A. G., op. cit. p. 80).

O ordenamento jurídico brasileiro traça a diferenciação entre *domicilio* e *residência.*

Apesar de o *domicilio* interessar ao direito processual civil, o certo é que sua definição deve ser encontrada no âmbito do direito material.

Para o Direito Romano, o *domicilio era o lugar onde a pessoa se estabelecia permanentemente.* Nesta época, a casa tinha um sentido muito além do abrigo da família, sendo considerada também um lugar sagrado, especialmente pelo fato de que nela eram enterrados os ancestrais da família.

A definição de *domicílio* encontra-se no art. 70 do C.c.b. de 2002: "O domicílio da pessoa natural é o lugar onde ela estabelece a sua residência com ânimo definitivo".

Porém, conforme preconiza o art. 72 do C.c.b. de 2002, "é também domicílio da pessoa natural, quanto às relações concernentes à profissão, o lugar onde esta é exercida". Se, por sua vez, "a pessoa exercitar profissão em lugares diversos, cada um deles constituirá domicílio para as relações que lhe corresponderem (p.u. do art. 72 do C.c.b.)".

Para melhor compreensão da matéria, conforme lecionam Pablo Stolze Gagliano e Rodolfo Pamplona Filho, faz-se mister estabelecer a distinção entre *morada, residência e domicílio*:

> Morada é o lugar onde pessoa natural se estabelece provisoriamente. Confunde-se com a noção de 'estadia', apresentada por Roberto de Ruggiero como sendo 'a mais tênue relação de fato entre uma pessoa e um lugar tomada em consideração pela lei', advertindo que 'a sua importância é porém mínima e subalterna, não produzindo em regra qualquer efeito, senão quando se ignora a existência de uma sede mais estável para a pessoa'. Assim, o estudante laureado que é premiado com uma bolsa de estudos na Alemanha, e lá permanece por seis meses, tem, aí, a sua 'morada ou estadia'. Fala-se também, para caracterizar esta relação transitória de fato, em habitação.
>
> Diferentemente da morada, a 'residência' pressupõe maior estabilidade. É o lugar onde a pessoa natural se estabelece habitualmente (Ruggiero), com propriedade, fala em 'sede estável da pessoa'. Assim, o sujeito que mora e permanece habitualmente em uma cidade, local onde costumeiramente é encontrado, tem, aí, sua 'residência'.
>
> Mais complexa é a noção de 'domicílio', porque abrange a de 'residência', e, por consequência, a de 'morada'.

> O 'domicilio', segundo vimos acima, é o lugar onde a pessoa estabelece residência com ânimo definitivo, convertendo-o, em regra, em centro principal de seus negócios jurídicos ou de sua atividade profissional. Não basta, pois, para a sua configuração, o simples ato material de residir, porém, mais ainda, o propósito de permanecer (animus manendi), convertendo aquele local em centro de suas atividades. Necessidade e fixidez são as suas características.
>
> Compõem-se o domicílio, pois, de dois elementos: a) objetivo – o ato de fixação em determinado local; b) subjetivo – o ânimo definitivo de permanência[85]

Nada impede, por sua vez, que a pessoa resida em mais de uma localidade, com permanência habitual, tomando apenas uma como centro principal de suas atividades, ou seja, como domicílio.[86]

Pode ocorrer, também, que a pessoa tenha diversos domicílios onde alternadamente o exerça. Assim,

> à luz do 'princípio da pluralidade domiciliar', se o indivíduo mora em um lugar com sua família, e em outro exerce a sua atividade profissional ou realiza seus principais negócios, será considerado seu domicílio qualquer desses locais.[87]

O Código Civil brasileiro aderiu ao sistema germânico de pluralidade de domicílio.

Pode ocorrer, ainda, que as pessoas não tenham residência certa, ou vivam em constante viagem. Para essa hipótese, estabelece o art. 73 do C.c.b., "ter-se-á por domicílio da pessoa natural, que não tenha residência habitual, o lugar onde for encontrada". A doutrina denomina tal situação jurídica como *domicílio aparente ou ocasional.*

Quanto às *pessoas jurídicas*, o seu domicílio, nos termos do art. 75, incisos I a IV do Código Civil brasileiro é: a) da União, o Distrito Federal; b) dos Estados e Territórios, as respectivas capitais; c) do Município, o

[85] GAGLIANO, Pablo Stolze; PAMPLONA FILHO, Rodolfo. *Novo curso de direito civil* – parte geral. São Paulo: Editora Saraiva, 2008. p.244 e 245.

[86] GAGLIANO, P. S.; PAMPLONA FILHO, R., *idem*, p. 245.

[87] GAGLIANO, P. S.; PAMPLONA FILHO, R., idem, ibidem.

lugar onde funcione a administração municipal; d) das demais pessoas jurídicas, o lugar onde funcionarem as respectivas diretorias e administrações, ou onde elegerem domicílio especial no seu estatuto ou atos constitutivos.

Estabelece o parágrafo único do art. 21 do atual C.P.C. que para o fim do disposto no inc. I, considera-se domiciliada no Brasil a pessoa jurídica estrangeira que nele tiver *agência, filial ou sucursal.* Ressalte-se que cada uma das três situações são, na verdade, ramificações do estabelecimento matriz, razão pela qual o novo C.P.C. outorgou jurisdição ao Poder Judiciário brasileiro para conhecer de causa, cuja agência, filial ou sucursal de pessoa jurídica estrangeira esteja situada em território brasileiro.[88]

Por outro lado, tendo a pessoa jurídica diversos estabelecimentos em lugares diferentes, cada um deles será considerado domicílio para os atos nele praticados (§1º do art. 75 do C.c.b.).

Por sua vez, se a administração, ou diretoria, tiver sede no estrangeiro, haver-se-á por domicílio da pessoa jurídica, no tocante às obrigações contraídas por cada uma das suas agências, o lugar do estabelecimento, sito no Brasil, a que ela corresponder (§2º do art. 73 do C.c.b).

O domicílio poderá ainda ser *voluntário, legal ou necessário ou de eleição.*

Tem domicílio necessário o incapaz, o servidor público, o militar, o marítimo e o preso (art. 76 do C.c.b.).

O domicílio do incapaz é o do seu representante ou assistente; o do servidor público, o lugar em que exercer permanentemente suas funções; o do militar, onde servir, e, sendo da Marinha ou da Aeronáutica, a sede do comando a que se encontrar imediatamente subordinado; o do marítimo, onde o navio estiver matriculado; e o do preso, o lugar em que cumprir a sentença (p.u. do art. 76 do C.c.b).

A Lei de Introdução às Normas de Direito Brasileiro (Decreto-lei n. 4.657, de 4 de setembro de 1942) estabelece as seguintes regras envolvendo a questão do domicílio:

[88] Nos termos do art. 11, §1º, do Decreto-lei n. 4.657/42 (Leis de Introdução às normas do Direito Brasileiro), as organizações destinadas a fins de interesse coletivo, como as sociedades e as fundações, obedecem à lei do Estado em que se constituírem, não podendo ter no Brasil filiais, agências ou estabelecimentos antes de serem os atos constitutivos aprovados pelo Governo brasileiro, ficando sujeitas à lei brasileira.

a) Art. 7º A lei do país em que *domiciliada* a pessoa determina as regras sobre o começo e o fim da personalidade, o nome, a capacidade e os direitos de família;
b) Art. 7º, § 3º Tendo os nubentes *domicílio diverso*, regerá os casos de invalidade do matrimônio a lei do primeiro *domicílio conjugal*;
c) Art. 7º, § 4º O regime de bens, legal ou convencional, obedece à lei do país em que tiverem os nubentes *domicílio*, e, se este for diverso, a do primeiro *domicílio conjugal*; d) Art. 7º, § 7º Salvo o caso de abandono, *o domicílio do chefe da família* estende-se ao outro cônjuge e aos filhos não emancipados, e o do tutor ou curador aos incapazes sob sua guarda;
d) Art. 7º, § 8º. Quando a pessoa não tiver domicílio, considerar-se-á *domiciliada no lugar de sua residência ou naquele em que se encontre;*
e) Art. 10. A sucessão por morte ou por ausência obedece à lei do país em que *domiciliado o defunto ou o desaparecido*, qualquer que seja a natureza e a situação dos bens.

9.1.2. No Brasil Tiver de ser Cumprida a Obrigação

Legitima-se a jurisdição nacional quando no Brasil tiver de ser cumprida a obrigação, independentemente de sua natureza (contratual, tributária, fiscal, decorrente de ato ilícito etc).[89]

A estipulação é com base no local em que a obrigação deva ser cumprida e não do local em que a obrigação foi constituída.

Nessa hipótese, não importa que autor e o réu tenham ou não domicílio no Brasil, bastando que no Brasil seja cumprida a obrigação assumida pelas partes.

Tal critério implica em uma investigação de mérito visando a demonstrar, sobre a base da lei reguladora da relação jurídica, se a obrigação, qualquer que seja sua origem, deve ser cumprida no Brasil.

Existe, pois, a jurisdição brasileira, não somente quando a relação jurídica de direito material tenha sido perfectibilizada no Brasil, senão também quando a obrigação (decorrente de um contrato ou 'ex legge') deva ser cumprida em território nacional.

[89] Essa regra já era prevista no art. 12 da Lei de Introdução às Normas do Direito Brasileiro: "*É* competente a autoridade judiciária brasileira, quando for o réu domiciliado no Brasil ou *aqui tiver de ser cumprida a obrigação.*"

Comprovado que a obrigação ou uma das obrigações resultantes da relação jurídica de direito material deva ser cumprida no Brasil, haverá que se reconhecer sujeita, na sua totalidade, à jurisdição brasileira.

Assim, se a obrigação principal deve ser cumprida no exterior, mas, eventual obrigação acessória deverá ser cumprida no Brasil, haverá jurisdição concorrente da justiça brasileira.

Nessa hipótese, para que seja competente a jurisdição brasileira, não há necessidade de que o réu tenha domicílio em território nacional, nem mesmo que a fonte de obrigação tenha origem no Brasil. É suficiente que aqui deva ser cumprida a obrigação.

Aliás, segundo estabelece o art. 78 do C.c.b., *"nos contratos escritos, poderão os contratantes especificar domicílio onde se exercitem e cumpram os direitos e obrigações deles resultantes.*

Por consequência, não somente se poderá pedir às autoridades com jurisdição no Brasil a condenação à prestação que deve ser cumprida, senão que se poderá pedir também a anulação, a resolução ou a rescisão da relação jurídica de direito material.

Essa previsão normativa de legitimação da jurisdição nacional já estava prevista no Protocolo de Buenos Aires sobre Jurisdição Internacional em Matéria Contratual, promulgada no Brasil pelo Dec. 2.095, de 17.12.96. Estabelece o art. 7º do referido protocolo que na ausência de acordo, têm jurisdição à escolha do autor, *o juízo do lugar de cumprimento do contrato.*

Tal disposição também foi inserida no art. 5º da Convenção de Bruxelas de 1968, a saber:

> Artigo 5 .
>
> O réu com domicílio no território de um Estado contratante pode ser demandado num outro Estado contratante:
>
> 1. Em matéria contratual, perante o tribunal do lugar onde a obrigação foi ou deve ser cumprida.

9.1.3. O Fundamento Seja Fato Ocorrido ou de um Ato Praticado no Brasil

Legitima-se a jurisdição nacional quando o fundamento seja fato ocorrido ou de um ato praticado no Brasil.[90]

[90] "De outra parte, se o fato ocorreu no território estrangeiro, sem repercussão em nosso país, a Justiça brasileira será incompetente: nesse sentido, decidiu o STJ que o retorno forçado ao

O fundamento de determinada demanda é, sem dúvida, sua causa de pedir próxima ou remota.

Portanto, todas as vezes que o fundamento da causa de pedir seja fato ocorrido ou ato praticado no Brasil, a competência jurisdicional será nacional.

No caso, não se está falando do domicílio do réu, muito menos do local em que deva ser cumprida a obrigação.

A opção formulada pela legislação processual diz respeito a fatos ou atos que possam configurar o fundamento da causa de pedir em determinada demanda judicial.

A causa de pedir abrange todos os fatos que a incorporam, incluindo os fatos acessórios ou complementares.

Por exemplo, um ato ilícito praticado no Brasil, e que seja fundamento de uma causa de pedir de rescisão de um contrato firmado no estrangeiro, é pressuposto para a legitimação da competência jurisdicional concorrente brasileira, no que concerne à análise de questão referente ao próprio contrato.

Pode-se pensar, ainda, na hipótese de demandas conexas.[91]

Brasil de passageiro de empresa aérea, ao descer em aeroporto espanhol, não enseja indenização por danos morais perante a Justiça brasileira, pois a soberania nacional não se estende aos fatos ocorridos fora do território do Brasil, salvo nas hipóteses do art. 88, I, e II, do CPC; irrelevante, pois, a prevalência dos direitos humanos ou a existência de convênio de cooperação jurídica. Precedente citado: AC 13-RS (RO 19-BA, rel. Min. César Rocha, j. 21.8.2003). A 3ª Turma do STJ firmou a 'competência da Justiça nacional' em caso em que um helicóptero, sob arrendamento mercantil por empresa brasileira, veio a cair no literal das Bahamas. A seguradora, tendo pago a indenização, promoveu 'ação regressiva' contra a arrendadora, empresa com sede no estrangeiro e com agente no Brasil. Considerou o colegiado que as obrigações deveriam ser cumprida em território brasileiro (art. 88, II, CPC/73), tais como o pagamento dos aluguéis, exercício da posse, manutenção da aeronave e seu registro em órgão aeronáutico brasileiro. A competência, embora concorrente, não é afastada pela circunstância de o contrato haver sido celebrado em solo estrangeiro, ou por lá ser domiciliada a arrendadora. Ressaltou, mais, 'ser vedado à parte dispor sobre essa competência mediante cláusula contratual' (Resp 251.438, rel Min. Nancy Andrighi, AC 12-4-2005, precedente citado – Resp n. 251.438). (CARNEIRO, A. G., op. cit. p .83 e 84).

[91] A nítida separação existente entre normas de competência e normas sobre os limites da jurisdição, exclui que sobre a delimitação destas tenham influência alguma das normas e dos princípios que regulam a competência por conexão ou por continência de causa, no sentido de se legitimar a proposição perante a autoridade brasileira uma demanda que não o seria com base no sistema resultante do art. 21, inc. III, do novo C.P.C. Portanto, somente será admissível

Suponha-se que houve uma demanda de dissolução parcial de sociedade no Brasil, com o pagamento dos haveres do sócio retirante. Nessa hipótese, havendo dúvida sobre a quem compete receber o pagamento referente a determinado contrato firmado no exterior, eventual demanda de consignação em pagamento deverá ser proposta (competência concorrente) perante o juízo brasileiro.

Rui Pinto, comentando o art. 62º, letra 'b', do C.P.C. português, o qual apresenta regra similar de distribuição de competência internacional prevista no art. 21, inc. III, do novo C.P.C. brasileiro, tece algumas considerações sobre a causa de pedir simples e a causa de pedir complexa, a saber:

> A interpretação-padrão do preceito seguindo o seu teor literal distingue entre: (1) causa de pedir simples e (2) causa de pedir complexa. Sendo a causa de pedir simples há-de ter 'sido praticado em território português o facto que serve de causa de pedir na acção'. Por ex.: na acção de cumprimento do direito ao preço de compra e venda de um automóvel entre A, domiciliado em Moçambique e B domiciliado em Angola, o contrato deverá ter sido celebrado em Portugal para se adquirir competência internacional.

a proposição de diversas demandas conexas perante a autoridade brasileira, se houver aplicação de umas das regras normativas processuais brasileiras em relação à delimitação da jurisdição. Questão interessante diz respeito à situação do litisconsórcio passivo unitário. Ocorre esta figura jurídica nas hipóteses em que não se pode proferir decisão senão em relação a vários demandados, pois somente quando se observar tal circunstância é que a decisão poderá influir sobre um estado ou relação jurídica que seja único em relação aos vários sujeitos. Diante de diversos participantes de um estado ou de uma relação jurídica, uns se submetem à jurisdição brasileira, enquanto que outros não, o estado ou a relação é, contudo, juridicamente relevante para o ordenamento brasileiro em sua integralidade, com a consequência de que também nessa hipótese a sentença estará destituída de utilidade prática se não for pronunciada em relação a todos. Por conseguinte, uma de duas: ou se nega a jurisdição brasileira também em relação aos sujeitos que estariam sujeitas a ela, ou se consideram, ao contrário, sujeitos à jurisdição brasileira também os que não estariam sujeitos a ela. É evidente que esta última é a solução que se impõe. Essa extensão de jurisdição não decorre dos preceitos normativos processuais de delimitação de jurisdição, mas, sim, pela impossibilidade de considerar existente a jurisdição em relação a algumas das partes sem considerá-la ao mesmo tempo existente em relação às outras, cuja presença no processo é condição indispensável para o exercício da função jurisdicional. (MORELI, C., op. cit., p. 126).

Sendo a causa de pedir complexa há-de ter 'sido praticado em território português (...) algum dos factos que a integram': um só facto basta para Portugal ter competência. No dizer do AC. RL 24-6-1999/0033086 (SOUSA GRANDÃO) 'quando a causa de pedir é complexa basta que ocorra em Portugal um dos factos materiais que a integram para legitimar a competência internacional dos Tribunais Portugueses'. No mesmo sentido, RP 20-5-1993/9350308 (AUGUSTO ALVES) e RL 3-1-1978/0012731 (VITOR COELHO). Por ex: (1) a causa de pedir de acções de indemnização por facto ilícito é constituída por um facto complexo, integrado pela violação do direito de outrem, pela ilicitude, pela culpa, e pelos danos, bastando que um deles ocorra em Portugal para se garantir a nossa competência internacional (RL 24-6-1999/0033086 (SOUSA GRANDÃO) e RP 20-5-1993/9350308 (AUGUSTO ALVES)); (2) os tribunais portugueses são internacionalmente competentes para conhecer de acção em que se pede a condenação de português no pagamento de preço de mercadorias entregues em Portugal por força de contrato de compra e venda celebrado na Alemanha (RL 25-2-1992/0039621 (CALIXTO PIRES)); para apreciação de responsabilidade de uma seguradora é suficiente que a mercadoria segura tenha sido mal manuseada em Portugal (Assento 6/94, de 17-2-1994/074397 (CARDONA FERREIRA).

Efetivamente, no 'plano literal' do preceito, atenta a sua indistinção, e no plano histórico, e sem prejuízo de melhor e mais douto entendimento, é nossa opinião que a alínea em apreço parece querer 'abranger qualquer facto' causal de procedência do pedido, o que não é, aliás, de estranhar: no dizer de ANSELMO DE CASTRO. 'Direito Processual Civil Declaratório', II, 1982, 28-29 o 'propósito do legislador (...) foi o de alargar tanto quanto possível o âmbito da competência internacional dos tribunais portugueses', sendo suficiente qualquer conexão objectiva com o nosso País, integrante da 'causa petendi'.

Na verdade, a facilidade da obtenção e produção de prova, mesmo de factos acessórios, justifica a atribuição de jurisdição a uma relação plurilocalizada, por razões de proximidad".[92]

O mesmo autor português preconiza que é possível outra leitura do critério de causalidade, aplicando-se a ideia de *inconveniência*, também denominada de regra *fórum non conveniens* ou *tribunal mais bem colocado:*

[92] PINTO, Rui. *Notas ao código de processo civil.* Coimbra: Coimbra Editora, 2014. p. 58-59

Deve apelar-se à idéia de 'inconveniência': a aplicação do critério de causalidade não pode conduzir a resultados desrazoáveis. Nesse sentido, REMÉDIO MARQUES, 'Acção declarativa à luz do Código revisto', 2ª ed., 286, sugere, aliás, que a nossa lei passasse a afastar aquelas causas com factos irrelevantes 'com base na idéia de fórum 'non conveniens'.

A regra do 'forum non conveniens' ou 'tribunal mais bem colocado' traduz-se num poder discricionário do tribunal em recusar jurisdição a uma causa sempre que outro tribunal esteja melhor colocado para dela conhecer (veja-se, ANDREWS, 'English Civil Procedura', 'Fundamentals of the New Civil Justice Sustem', Oxford, Oxford University Press, 2003, 263 e ainda 227-230). Para o exercício desse poder o tribunal deverá considerar vários elementos da causa, nomeadamente, a residência das partes, localização das provas e das testemunhas, o direito substantivo aplicável ao caso, a efectividade de acesso à justiça nos sistema judiciais alternativos, as regras imperativas de interesse público.

Entre nós alguns critérios decisórios jurisprudenciais já fizeram uso de critérios de inconveniência **quando causas de pedir são complexas**. Assim, no AC STJ 19-11-1991/081206. (JOAQUIM DE CARVALHO) foi decidido que 'numa acção de divórcio, não basta que, no meio de um elenco de factos fundamentais e muito relevantes, em termos de causa de pedir, ocorridos no país de residência, se aluda a um ou dois factos não essenciais, eventualmente praticados em Portugal, para coneccionar relevantemente a acção com a jurisdição portuguesa, nos termos daquela alínea 'b'. No dizer do douto Acórdão há que excluir para efeitos de apreciação do critério de competência internacional por causalidade o facto que 'não assume a mínima relevância para coneccionar a acção de separação com a jurisdição portuguesa, face, sobretudo, à (...) 'forte e profunda conexão' com a jurisdição estrangeira. Por seu turno, no AC RL 26-5-1992/0051211 (DINIZ NUNES) decidiu-se que os 'tribunais portugueses são internacionalmente incompetentes para conhecer de um pedido de declaração de insolvência de um casal que não possuindo bens em Portugal têm domicílio no estrangeiro há mais de 20 anos, sendo irrelevante que o requerente da insolvência seja 'português, domiciliado em Portugal' e que o seu 'crédito provenha de facto ocorrido no mesmo país'....[93]

[93] PINTO, R., idem, p. 58-59.

9.1.4. Alimentos – o Credor Tiver Domicílio ou Residência no Brasil

Legitima-se a jurisdição nacional, nas ações de alimentos, quando o credor tiver domicílio ou residência no Brasil.

Trata-se de critério *subjetivo/objetivo* de configuração de legitimidade do exercício da atividade jurisdicional nacional.

Ao contrário do que estabelece o art. 21 do atual C.P.C., a atuação da jurisdição brasileira não se dá pelo critério do domicílio do réu, mas, sim, pela localização do domicílio ou residência do credor de alimentos.

Se a criança, por exemplo, encontra-se internada em um hospital situado em território brasileiro, para tratamento prolongado de saúde, não obstante possua domicílio em outro Estado estrangeiro, poderá promover, perante o Poder Judiciário brasileiro, a cobrança de alimentos contra devedor de alimentos domiciliado no estrangeiro, considerando como sua residência o hospital em que se encontra internada.

Da mesma forma, se a criança e sua mãe residem ou têm domicílio em território brasileiro, poderá aqui ingressar com demanda de alimentos contra seu pai, ainda que ele resida ou tenha domicílio em território estrangeiro.

Justifica-se essa ampliação da jurisdição nacional como forma de proteção daquele que, necessitando de alimentos, torna-se mais vulnerável no âmbito de uma relação jurídica processual, razão pela qual a jurisdição concorrente do Brasil facilita seu acesso à justiça.

A inserção no novo C.P.C. dessa legitimação concorrente da jurisdição do Poder Judiciário brasileiro nada mais significa do que a irrestrita observância dos arts. 1º, 8º e 9º da Convenção Interamericana sobre Obrigação Alimentar, concluída em Montevidéu (15.06.1989), promulgada pelo Decreto n. 2.428/97, *in verbis*

> Art. 1º. Esta Convenção tem como objeto a determinação do direito aplicável à obrigação alimentar, bem como à competência e à cooperação processual internacional, quando o credor de alimentos tiver seu domicilio ou residência habitual num Estado-parte e o devedor de alimentos tiver seu domicílio ou residência habitual, bens ou renda em outro Estado-parte.
>
> Art. 8º. Têm competência, na esfera internacional, para conhecer das reclamações de alimentos, a critério do credor:

> o juiz ou autoridade do Estado de domicílio ou residência habitual do credor;
>
> o juiz ou autoridade do Estado de domicílio ou residência habitual do devedor;
>
> o juiz ou autoridade do Estado com o qual o devedor mantiver vínculos pessoais, tais como posse de bens, recebimento de renda ou obtenção de benefícios econômicos.
>
> Sem prejuízo do disposto neste artigo, serão consideradas igualmente competentes as autoridades judiciárias ou administrativas de outros Estados, desde que o demandado no processo tenha comparecido sem objetar a competência.
>
> Art. 9º. Tem competência, para conhecer da ação de aumento de alimentos, qualquer uma das autoridades mencionadas no artigo 8. Têm competência para conhecer da ação de cessão ou redução de pensão alimentícia, as autoridades que tiverem conhecido da fixação dessa pensão.

Regra similar encontra-se também em outros preceitos normativos internacionais, a saber:

O artigos 3, 4 e 5 da Convenção de Bruxelas e do Regulamento 44/2001 estabelecem que a pessoa domiciliada em um Estado contraente pode ser convidada a comparecer diante de um juiz de outro Estado contraente *em matéria alimentar*, diante o juiz do lugar em que haja a residência habitual do credor dos alimentos.

O artigo 22, inc. 3º, da Lei Orgânica do Poder Judiciário espanhol reconhece a competência jurisdicional, em matéria cível, dos juízes e tribunais espanhóis para conhecerem de *matéria de alimentos, quando o credor dos mesmos tenha sua residência habitual em território espanhol.*

É importante salientar, ainda, o que dispõe o art. 18 da Convenção sobre a Cobrança de Alimentos para Crianças e Outros Membros da Família e o Protocolo sobre a Lei Aplicável às Obrigações de Prestar Alimentos, firmados pela República Federativa do Brasil, em Haia, em 23 de novembro de 2007, promulgado pelo Decreto n. 9.176 de 19 de outubro de 2017:

> Artigo 18 – Limites aos procedimentos
>
> § 1º Quando uma decisão for proferida no Estado Contratante no qual o credor tenha sua residência habitual, o devedor não poderá iniciar em qualquer outro Estado Contratante procedimentos para modificar a decisão ou

obter nova decisão, enquanto o credor continuar residindo habitualmente no Estado no qual se proferiu a decisão.

§ 2º O disposto no parágrafo 1º não será aplicado:

a) quando as partes tiverem acordado por escrito a respeito da competência desse outro Estado Contratante, salvo em litígios sobre obrigações de prestar alimentos para crianças;

b) quando o credor se submeter à competência do outro Estado Contratante, expressamente ou opondo-se quanto ao mérito do caso, sem impugnar essa competência na primeira oportunidade disponível;

c) quando a autoridade competente do Estado de origem não puder ou se negar a exercer sua competência para modificar a decisão ou proferir uma nova; ou

d) quando a decisão adotada no Estado de origem não puder ser reconhecida ou declarada executável no Estado Contratante no qual se esteja buscando procedimentos para modificar a decisão ou se proferir uma nova.

Interessante questão ocorre quando o credor dos alimentos reside no exterior e o devedor dos alimentos reside em território nacional. Nessa hipótese, é de ser aplicada a Convenção de Nova Iorque (Convenção sobre a Prestação de Alimentos no Estrangeiro, aprovada pelo Decreto Legislativo 10, de 1958 e promulgada pelo Decreto 56.826, de 1965). Com efeito, o art. 1º, que estabelece o objeto da mencionada Convenção, está assim redigido:

A presente Convenção tem como objeto facilitar a uma pessoa, doravante designada como demandante, que se encontra no território de uma das Partes Contratantes, a obtenção de alimentos aos quais pretende ter direito por parte de outra pessoa doravante designada como demandado, que se encontra sobre a jurisdição de outra Parte Contratante. Os organismos utilizados para este fim serão doravante designados como Autoridades Remetentes e Instituição Intermediárias.

Por sua vez, estabelece o art. 26 da Lei 5.478/68:

É competente para as ações de alimentos decorrentes da aplicação do Decreto Legislativo nº. 10, de 13 de novembro de 1958[94]*, e Decreto nº. 56.826, de 2 de setembro*

[94] http://www2.camara.leg.br/legin/fed/decleg/1950-1959/decretolegislativo-10-13-novembro-1958-368590-publicacaooriginal-1-pl.html

de 1965[95]*, o juízo federal da Capital da Unidade Federativa Brasileira em que reside o devedor, sendo considerada instituição intermediária, para os fins dos referidos decretos, a Procuradoria-Geral da República.*

O mecanismo previsto na Convenção funciona da seguinte forma – o credor de alimentos se vale da autoridade remetente de seu país, entregando a ela toda documentação pertinente ao pedido de alimentos. Essa entidade, por sua vez, encaminha os documentos à instituição intermediária do país signatário onde reside o devedor, que então propõe a demanda de alimentos. No Brasil, é a Procuradoria-Geral da República que faz o papel tanto da autoridade remetente, como de instituição intermediária. Nesse caso, a competência para processar e julgar a demanda de alimentos não é da Justiça Estadual, mas, sim da Justiça Federal.

É certo, porém, que a tramitação do feito perante a Justiça Federal somente se justifica nos casos em que, aplicando o mecanismo na Convenção de Nova Iorque, a Procuradoria-Geral da República atua como instituição intermediária.

9.1.5. Alimentos – Réu Mantém Vínculos no Brasil

Também compete à autoridade judiciária brasileira processar e julgar demandas de alimentos quando o réu mantiver vínculos no Brasil, tais como posse ou propriedade de bens, recebimento de renda ou obtenção de benefícios econômicos.

A jurisdição nacional é estabelecida em razão de fatos vinculativos ao réu, ou seja, ao devedor de alimentos.

No caso, se o réu mantiver vínculos no Brasil, como aqui tendo a posse ou propriedade de bens, recebimento de renda ou obtenção de benefícios econômicos, poderá a demanda ser processada perante autoridades judiciárias brasileiras, independentemente de ter o autor ou o próprio réu domicílio ou residência em nosso país.

Trata-se de uma delimitação de competência extremamente ampla, em especial quando aduz que o devedor de alimentos obtenha qualquer benefício econômico.

[95] http://legislacao.planalto.gov.br/legisla/legislacao.nsf/Viw_Identificacao/dec%2056.846-1965?OpenDocument

Assim, ainda que o beneficiário e o devedor de alimentos tenham domicílios no exterior, se o devedor de alimentos tiver algum contrato de exportação ou importação com o Brasil (obtendo benefícios econômicos nessa relação jurídica contratual), será competente a justiça brasileira para analisar eventual demanda de alimentos.

No projeto originário do novo C.P.C., a legitimação da jurisdição nacional estava circunscrita somente à hipótese em que o réu mantivesse no Brasil *posse* de bens móveis ou imóveis.

Agiu bem o legislador da Câmara dos Deputados em inserir uma emenda no projeto de lei do novo C.P.C., para ampliar essa vinculação à *propriedade de bens.*

Além do vínculo com bens móveis ou imóveis, a jurisdição nacional igualmente estará legitimada se o réu, no Brasil, receber rendas (salários, proventos, pensões, subsídios, pro-labore etc) ou outro qualquer benefício econômico.

Essa previsão de legitimação do exercício da jurisdição teve por finalidade facilitar eventual execução do cumprimento de obrigação de alimentos, em especial quando bens ou benefício econômico de qualquer natureza situam-se ou são recebidos no Brasil.

9.1.6. Relações de Consumo

Caberá à autoridade judiciária brasileira processar e julgar a demanda decorrente de relações de consumo, quando o consumidor tiver domicílio ou residência no Brasil.

Dispositivo similar, em relação ao consumidor, encontra-se no inciso 4º do artigo 22 da Lei Orgânica do Poder Judiciário espanhol:

> Assim mesmo, em matéria de contratos de consumidores, quando o comprador tenha seu domicílio na Espanha se se trata de uma venda a prazo de objetos móveis corporais ou de empréstimos destinados a financiar sua aquisição; e no caso de qualquer outro contrato de prestação de serviço ou relativo a bens móveis, quando a celebração do contrato houver sido precedida por oferta pessoal ou de publicidade realizada na Espanha ou o consumidor tiver levado a cabo em território espanhol os atos necessários para a celebração do contrato.

Igual disposição normativa encontra-se no art. 14 da Convenção de Bruxelas de 1968:

O vendedor e o mutuante domiciliados no território de um Estado contratante podem ser demandados, quer perante os tribunais desse Estado, quer perante os tribunais do Estado contratante em cujo território estiver domiciliado o comprador ou o mutuário.

A competência internacional quanto às controvérsias decorrentes de relação de consumo internacional, à luz do CPC/73 revogado, de fato, suscitava interpretações doutrinárias por vezes absolutamente opostas. Havia quem sustentasse que a hipossuficiência ou vulnerabilidade do consumidor seria suficiente para justificar a competência do foro de seu domicílio, aplicando à competência internacional as regras de distribuição de competência interna (KLAUSNER, E.A., Perspectivas para a proteção do consumidor brasileiro nas relações internacionais de consumo, *in Revista CEJ*, Ano XII, n. 42. Brasília, 2008, p. 59-76). Por outro prisma, havia visões mais restritivas que entoavam a aplicação das regras comuns de competência internacional de acordo com o local em que deva ser prestada a obrigação.

Pelo novo C.P.C., prevaleceu a regra de proteção ao hipossuficiente ou vulnerável na relação de consumo.

Alguns autores brasileiros entendem que a regra de competência jurisdicional em relação ao consumidor (art. 22, inc. II, do novo C.P.C.) não seria concorrente, mas, sim, exclusiva da justiça brasileira.

Porém, não obstante essa afirmação, verifica-se que se está diante de uma regra de competência concorrente, pois a competência exclusiva está devidamente indicada no art. 23 do novo C.P.C., não fazendo qualquer referência às relações de consumo.

Além do mais, mesmo que se justificasse tal competência como exclusiva da justiça brasileira, poderia eventual decisão proferida no Brasil não ter qualquer eficácia no exterior na hipótese em que outra decisão fosse proferida no Estado em que se encontra domiciliado o fornecedor.

Por consumidor entende-se *toda pessoa física ou jurídica que adquire ou utiliza produto ou serviço como destinatário final* (art. 2º da Lei 8.078/90).

Por outro lado, *equipara-se a consumidor a coletividade de pessoas, ainda que indetermináveis, que haja intervindo nas relações de consumo* (p.u. do art. 2º da Lei 8.078/90). Nessa última hipótese, considera-se consumidor aquele que é destinatário de publicidade enganosa.

Consumidor, portanto, pode ser pessoa física, pessoa jurídica ou coletividade de pessoa (consumidor por equiparação).

Em relação ao consumidor, o legislador fez uma opção pela presunção de que ele seria hipossuficiente e teria enormes dificuldades em promover a demanda em território estrangeiro onde o contrato de consumo foi realizado ou onde parte do cumprimento da obrigação deveria se efetivar.

Essa norma também vem facilitar e muito a relação de consumo via *internet*.

Em caso de transações consumidoristas por meio eletrônico, basta que o consumidor tenha domicílio ou residência em território nacional para que a atividade jurisdicional brasileira possa ser solicitada.

Porém, ainda que o consumidor tenha domicilio ou residência no Brasil, se a relação de consumo concretizou-se integralmente quando o consumidor encontrava-se fora do Brasil, não haverá legitimação da jurisdição nacional para conhecer da demanda. Há necessidade de existir algum liame com o Brasil.

Assim, se o consumidor, encontrando-se em viagem na Europa, adquire um determinado produto, sem qualquer vínculo com o Brasil, o fato de residir ou ter domicílio no Brasil não deslocará a competência jurisdicional para o Poder Judiciário brasileiro.

Como bem afirmou Celso Agrícola Barbi, sendo o Estado brasileiro uma organização com finalidade prática, não seria de seu interesse ocupar seu juízes com questões que não se liguem ao seu ordenamento jurídico por qualquer circunstância.[96]

9.1.7. Eleição de Jurisdição – Expressa ou Tácita

As regras processuais concernentes à derrogação ou prorrogação da jurisdição são aquelas que introduzem ou excluem o poder das partes em eleger explicita ou implicitamente a atribuição de competência a um determinado juiz, que pode ser, em princípio, até incompetente para conhecer da demanda.

Para se examinar o sistema legal em relação à derrogabilidade da competência, é necessário: a) ver se existem regras, e quais são, que prevêem o acordo preventivo acerca da derrogação das regras sobre competência;

[96] BARBI, Celso Agrícola. *Comentário ao código de processo civil*. Vol.1. Rio de Janeiro: Forense, s/d., n. 476.

b) examinar as regras concernentes à reação do sujeito que é considerado réu diante de um juiz incompetente, para se verificar se sua eventual falta de reação pode ser considerada como um acordo implícito indireto, ao qual a lei reconheça eficácia.[97]

Além do mais, deve-se examinar o problema consistente à idoneidade da vontade das partes para influir sobre a possibilidade de que se exercite determina jurisdição para o processamento e julgamento de determinada demanda.

A referida problemática desdobra-se em dois aspectos distintos. O primeiro refere-se à idoneidade da vontade das partes para deslocar uma função de caráter positivo, consistente em possibilitar o exercício da jurisdição em relação a uma causa que, do contrário, não estaria sujeita à jurisdição de determinado juiz. O segundo, refere-se, ao contrário, à idoneidade da vontade das partes para deslocar a função oposta, de caráter negativo, consistente em excluir o exercício da jurisdição em relação a uma causa que entrariam nos limites assinalados por normas de competência jurisdicional.[98]

No caso, a vontade das partes se toma como critério de jurisdição e desvincula a mesma função que é própria dos critérios de jurisdição em geral.

Norma que prevê acordos preventivos e explícitos acerca da derrogação da competência existe, em nosso ordenamento jurídico, art. 25 do novo C.P.C.

Nisso se observa uma importante inovação trazida pelo novo C.P.C., permitindo às partes, através de cláusula contratual ou mediante tácita concordância, outorgar ou não competência à jurisdição brasileira para conhecer de determinada demanda judicial.

A jurisdição brasileira subsiste sempre que as partes tenham convencionado submeter-se à jurisdição nacional.

É o que se denomina *foro de eleição jurisdicional.*

O mesmo critério se observar no processo civil italiano. O artigo 4º da Lei italiana n. 31, de maio de 1995, n. 218, explicita que o critério geral pela qual a jurisdição italiana será aplicada, provém de convenção realizada pelas partes que concordam em aceitar a jurisdição italiana para conhecer e

[97] MANDRIOLI, C., op. cit. p. 247.

[98] MORELLI, C., op. cit. p 199 e 200.

julgar a demanda. Essa aceitação pode ser formulada por escrito, ou quando o réu não excepcione no primeiro ato defensivo o defeito de jurisdição.[99]

Também a Convenção de Bruxelas de 1968 (que trata do exercício da jurisdição na União Europeia) prevê o foro de eleição de jurisdição em seu art. 17, *in verbis:*

> Se as partes, das quais pelo menos uma se encontre domiciliada no território de um Estado contratante, tiverem convencionado que um tribunal ou os tribunais de um Estado contratante têm competência para decidir quaisquer litígios que tenham surgido ou que possam surgir de uma determinada relação jurídica, esse tribunal ou esses tribunais terão competência exclusiva.

A norma é de notável relevo porque fixa critério voluntarista consistente na aceitação de jurisdição nacional com base em acordo expresso formulado entre as partes ou decorrente de aceitação tácita por parte do réu que não excepciona a jurisdição provocada em momento oportuno.[100]

No âmbito da comunidade europeia, a forma de eleição do foro jurisdicional pode se dar de acordo com as letras 'a' a 'c' do art. 17 da Convenção de Bruxelas de 1968, a saber:

> a) Por escrito ou verbalmente com confirmação escrita; ou
> b) Em conformidade com os usos que as partes estabeleceram entre si; ou
> c) No comércio internacional, em conformidade com os usos que as partes conheçam ou devam conhecer e que, em tal comércio, sejam amplamente conhecidos e regularmente observados pelas partes em contratos do mesmo tipo, no ramo comercial considerado.

A questão da idoneidade da vontade das partes para submeterem à jurisdição do Estado brasileiro uma demanda que estaria subtraída dela,

[99] É importante salientar que os derrogados arts. 2º e 37, 2º das normas processuais italianas, eram no sentido de que a jurisdição italiana não poderia ser afastada em favor de jurisdição estrangeira ou de árbitros estrangeiros, salvo em relação a causas relativas a obrigações entre estrangeiros, ou entre um estrangeiro e um cidadão não residente nem domiciliado na Itália, e a regra resultasse de ato por escrito.

[100] COMOGLIO, Luigi Paolo; FERRI, Corrado; TARUFFO, Michele. *Lezioni sul processo civile.* Bologna: Il Mulino, 2006. p. 129.

deve examinar-se também com referência às normas relativas à isenção da jurisdição.

O problema justamente consiste em se saber se o direito subjetivo à isenção que essas normas conferem a determinados sujeitos (por exemplo, os agentes diplomáticos), é ou não suscetível de renúncia.

Tendo em vista a importância e a particularidade da função exercida pelos agentes diplomáticos ou chefe de missão, a isenção que se concede leva em consideração não seus próprios interesses, senão também os interesses do Estado a que pertencem.

Não há dúvida de que as pessoas físicas estão tuteladas pela imunidade diplomática contida na Convenção de Viena, de 1961 (que diz respeito ao servidor diplomático) e de 1963 (relativa a servidor consular), incorporadas em nosso ordenamento jurídico pelos Decretos n. 56.435/65 e n. 61.078/67).[101]

[101] "Já quanto ao Estado estrangeiro, a Convenção europeia de Basiléia, de 1972, sobre as imunidades dos Estados, e leis dos Estados Unidos (Foreign Sovereign Immunities Act, de 1976), do Reino Unido (State Immunity Act, de 1978) e de outros países, introduziram limitações à teoria da imunidade absoluta, passando a aceitar o controle jurisdicional nacional sobre os atos de pura gestão praticados pelo Estado estrangeiro, mas não sobre os atos caracterizadores como 'jure imperii" (STF, AC 9.696, Pleno, reclamação trabalhista contra a antiga República Democrática Alemã, AC. de 31-5-1989, rel. Min. Sydney Sanches, RTJ, 133:159 e s., com elucidativo voto do Min. Francisco Rezek

Cumpre anotar, no entanto, que não é possível, salvo expressa anuência do Estado estrangeiro, a 'execução forçada' de eventual sentença que o tenha condenado, pois seus bens, móveis ou imóveis, vinculados à atividade de diplomática e consular, não podem sofrer penhoras ou outras medidas de constrição, como está expresso na Convenção de Viena, art. 22, §2º. No magistério de José Francisco Resek, 'a execução forçada de eventual sentença condenatória, entretanto, só é possível na medida em que o Estado estrangeiro tenha, no âmbito espacial de nossa jurisdição, bens estranhos à sua própria representação diplomática ou consular – visto que estes se encontram protegidos contra a penhora ou medida congênere pela inviolabilidade que leis asseguram às Convenções de Viena de 1961 e 1963...

Como reiterou o Min. Celso de Mello, rel. no STF da Ação Civil Originária n. 575 (pretensão indenizatória ajuizada pelo Distrito Federal contra a República dos Camarões, por acidente de trânsito)), em função desta nova orientação 'a jurisprudência firmada pelo Supremo Tribunal Federal, tratando-se de atuação de Estado estrangeiro em matéria de ordem privada, notadamente em conflitos de natureza trabalhista, consolidou-se no sentido de atribuir caráter meramente relativo à imunidade de jurisdição tal como reconhecida pelo direito internacional público e consagrada na prática internacional" (dec. De 1.8.2000) " CARNEIRO, A. G., op. cit. p. 89

Estabelece o art. 4º da Convenção de Viena sobre Relações Diplomáticas que "a imunidade de jurisdição de um agente diplomático no Estado acreditado não o isenta da jurisdição do Estado acreditante".

Porém, nos termos do art. 32 da mesma Convenção, o Estado acreditante pode renunciar à imunidade de jurisdição dos seus agentes diplomáticos e das pessoas que gozam de imunidade. A renúncia deverá ser expressa.

Além do mais, se um agente diplomático ou uma pessoa que goza de imunidade de jurisdição, nos termos do artigo 37 da Convenção, inicia uma ação judicial, não lhe será permitido invocar a imunidade de jurisdição no tocante a uma reconvenção ligada à ação principal.

É importante salientar que a renúncia à imunidade de jurisdição no tocante às ações civis ou administrativas não implica renúncia à imunidade quanto às medidas de execução da sentença, para as quais, nova renúncia é necessária.

As partes, assim como podem submeter-se expressa ou tacitamente à jurisdição nacional, podem, igualmente, optar pela jurisdição estrangeira, com a derrogação da jurisdição brasileira.

Sobre a possibilidade de derrogação da jurisdição italiana, assim se manifestam Comoglio, Ferri e Taruffo:

> Por outro lado, essa pode ser convencionalmente derrogada pelas partes também a favor de um juízo estrangeiro ou de um árbitro que tenha sede no exterior, sendo suficiente que a derrogação tenha uma prova escrita e sempre que a controvérsia verse sobre direitos disponíveis. É ineficaz a derrogação somente se o juiz ou os árbitros indicados declinam a jurisdição ou de todo modo não podem conhecer da causa.[102]

O art. 25 do novo C.P.C. traz consignada a possibilidade de derrogação da jurisdição brasileira em prol da jurisdição estrangeira.

Essa possibilidade de derrogação da jurisdição brasileira somente tem eficácia nas questões em que haja *competência jurisdicional* concorrente entre o Brasil e o país estrangeiro e não nas hipóteses de competência exclusiva da autoridade judiciária brasileira, conforme preconiza *o §1º do art.* 25 do novo C.P.C.

[102] COMOGLIO, L. P.; FERRI, C.; TARUFFO, M., op. cit., p. 129.

Por isso entendo que não pode mais prevalecer a jurisprudência do S.T.J. que apresenta entendimento no sentido de que havendo competência internacional concorrente, eventual existência de cláusula contratual de *eleição de foro estrangeiro* **é inoperante**, não impedindo o ajuizamento da demanda no foro brasileiro (REsp n. 804.306).

Por força do que dispõe o §2º do art. 25 do novo C.P.C, aplicam-se à derrogação de jurisdição brasileira o art. 63, §§1º a 4º do novo C.P.C.,o que significa dizer: a) as partes podem derrogar a jurisdição brasileira em prol de jurisdição estrangeira quando a competência concorrente disser respeito a competência em razão do valor e do território, elegendo o foro onde será proposta ação oriunda de direitos e obrigações, e não em razão da matéria prevista no art. 23 do novo C.P.C.; b) a eleição de jurisdição somente produz efeito quando constar de instrumento escrito e aludir expressamente a determinado negócio jurídico; c) a eleição de foro jurisdicional obriga os herdeiros e sucessores da parte; d) antes da citação, a cláusula de eleição de jurisdição, se abusiva, poderá ser reputada ineficaz de ofício pelo juiz; e) citado, incumbe ao réu alegar a abusividade da cláusula de eleição de jurisdição na contestação, sob pena de preclusão e prorrogação da jurisdição brasileira.

Evidencia-se, com isso, que os princípios da cláusula de eleição de jurisdição no que concerne às relações obrigacionais civis ou consumidoristas deverão também estar presentes no momento de se apreciar eventual arguição de derrogação da jurisdição brasileira, principalmente quando a parte prejudicada possa ser um hipossuficiente ou mesmo o consumidor brasileiro.

9.2. Jurisdição Concorrente e a Litispendência

A jurisdição concorrente, ao contrário da jurisdição exclusiva, permite que uma determinada demanda possa ser instaurada perante a jurisdição brasileira ou perante a jurisdição de Estado estrangeiro, inclusive concomitantemente.

Legitima-se, portanto, a existência de diversas jurisdições para a mesma demanda.

Deve-se, portanto, examinar o problema consistente em ver se a pendência de um processo perante uma autoridade judicial estrangeira influi nos limites da jurisdição brasileira, no sentido de excluir essa jurisdição da análise da demanda.

A solução afirmativa levaria a um fenômeno análogo à litispendência (como pressuposto processual negativo), ocasionada entre processos instaurados no território brasileiro, ou seja, impedindo-se a válida constituição de um novo processo quando a questão já estivesse sob o crivo de processo instaurado anteriormente no estrangeiro. Porém, tal problemática não passaria de uma simples analogia, que não pode obscurecer as profundas diferenças que existem entre os dois fenômenos, tanto em seus pressupostos como em seus efeitos.[103]

A litispendência prevista no art. 240, c/c, art. 337, §1º, do novo C.P.C., diz respeito apenas e somente à litispendência interna, que corresponde a uma mesma causa promovida perante duas autoridades judiciais brasileiras igualmente competentes, não apresentando efeitos em relação a autoridades judiciais estrangeiras, dada a função das normas sobre a competência jurisdicional internacional.

Assim, se se entender que o art. 240, c/c, art. 337, §1º, do novo C.P.C., também tenha aplicação em relação à jurisdição do Estado estrangeiro, tal aplicação não seria de mão dupla, pois as aludidas disposições normativas não teriam qualquer eficácia no ordenamento jurídico do Estado estrangeiro.

Porém, excluída a aplicação automática do art. 240, c/c, art. 337, §1º, do novo C.P.C., à litispendência estrangeira, pode-se verificar se aludido dispositivo, ainda que sua incidência ocorra apenas nas hipóteses de litispendência interna, não teria uma função de princípio geral, que justificasse sua incidência às hipóteses de litispendência em relação ao estrangeiro.

O fundamento do art. 240, c/c, art. 337, §1º, do novo C.P.C., vincula-se à exceção de 'coisa julgada' e consiste no intento de evitar uma inútil duplicação de atividade pública orientada para um mesmo fim.[104]

A exceção de litispendência constitui, em determinado sentido, um complemento do princípio da autoridade irrevogável da decisão judicial, uma vez que não se podendo provocar uma nova atividade processual sobre uma questão já decidida em juízo, igualmente não se pode permitir a renovação de outro processo sobre determinada questão que já é objeto de um processo em andamento.

[103] MORELLI, C., op. cit., p. 187.

[104] MORELLI, C., idem, p. 188.

Isso demonstra que o problema consiste em se verificar se a proposição de uma demanda pode ser impedida, não somente pela pendência da causa perante uma autoridade judicial do Estado, senão também pela pendência da causa perante um Estado estrangeiro. Tal problema deve ser analisado sob a ótica da eficácia que o ordenamento de determinado Estado reconhece em relação à sentença estrangeira.

Se, por exemplo, o Estado nacional não reconhecesse, em qualquer hipótese, eficácia à sentença estrangeira, não haveria problema de litispendência, pois o problema da equivalência de decisões estaria resolvido pela exclusão de eficácia à sentença estrangeira, e em especial em relação ao resultado final entre a atividade processual nacional e a atividade processual estrangeira. Tal circunstância não impediria a propositura de uma demanda no estado nacional, ainda que já tivesse sido instaurado processo no Estado estrangeiro, inclusive com sentença transitada em julgado. Por outro lado, se um hipotético ordenamento jurídico reconhecesse plena e incondicional eficácia às sentenças estrangeiras, equiparando-as, em tudo, às sentenças nacionais, a regra processual da litispendência interna teria plena eficácia em relação à litispendência externa. Esse expediente também teria por finalidade evitar uma inútil duplicação de atividades públicas, as quais, ainda que pertencentes a Estados distintos, teriam, contudo, em relação aos resultados finais almejados, a mesma eficácia.[105]

Contudo, não se observa em qualquer ordenamento jurídico autônomo (sem vinculação a grupos ou união de Estados), em matéria de eficácia de sentença estrangeira, a observância de nenhuma das hipóteses extremadas acima indicadas, verificando-se, ao contrário, a tendência de uma solução intermediária.

É certo que, diante da globalização e da necessidade de união e entrelaçamento dos Estados autônomos, ao longo dos últimos 15 anos, verificou-se um grande desenvolvimento no âmbito do direito europeu que, em grande medida, passou despercebido junto dos profissionais da justiça. O direito internacional privado ou, tal como é designado no Tratado, a «cooperação judiciária em matéria civil», tornou-se um ramo independente e separado do direito europeu. A partir do momento em que o Tratado de Amsterdã conferiu competências à União Europeia para legislar no âmbito do direito internacional privado, foi aprovado um elevado número de atos legislativos

[105] MORELLI, C., idem, p. 188 e 189.

europeus neste domínio. Tal como acontece com outros ramos do direito da União Europeia, os instrumentos aprovados neste âmbito prevalecem sobre o direito nacional dos Estados-Membros e interligam-se com a lei nacional no momento de estabelecer, a nível europeu, normas processuais mínimas comuns em domínios específicos. Os princípios da livre circulação de mercadorias, serviços, capitais e pessoas promovem a mobilidade dos cidadãos europeus e o desenvolvimento de atividades comerciais em toda a União Europeia. Essas situações podem incluir, por exemplo, no cumprimento de contratos que envolvam a entrega de mercadorias e prestação de serviços através das fronteiras, questões jurídicas relativas à circulação de turistas e a acidentes de viação ocorridos no estrangeiro, questões relacionadas com a aquisição e alienação de bens, móveis e imóveis, por pessoas singulares e empresas em um ou mais Estados-Membros da União Europeia que não aquele no qual estão sediadas, e na sucessão por morte de pessoas que possuem bens e ligações com vários Estados-Membros. Também na área do direito de família, as relações pessoais multinacionais são cada vez mais frequentes e surgem regularmente questões jurídicas em casos de relações familiares e responsabilidades parentais transfronteiriças. Do mesmo modo, atualmente, as pequenas e médias empresas (PME), que constituem uma parte considerável do mercado interno europeu, procedem rotineiramente a transações transfronteiriças e, frequentemente, através da Internet. Consequentemente, os profissionais da justiça dos Estados-Membros não se podem dar ao luxo de não estar a par dos mais recentes desenvolvimentos nesta área cada vez mais complexa e significativa da atividade da União Europeia. Mesmo tendo em conta as normas de competência jurisdicional previstas no Regulamento Bruxelas I, ainda é possível que mais do que um tribunal da União Europeia seja competente para apreciar a mesma ação civil. A norma de litispendência europeia evita que sejam interpostas simultaneamente ações em tribunais de dois ou mais Estados-Membros com a mesma causa de pedir e entre as mesmas partes, com risco inerente de alcançar decisões contraditórias e de desperdiçar recursos judiciais, entre outros. Quando tais ações sejam interpostas em tribunais de diferentes Estados-Membros, todo o tribunal que não seja aquele no qual a ação foi instaurada em primeiro lugar deve suspender oficiosamente a instância até que o tribunal no qual a ação foi instaurada em primeiro lugar determine se é ou não competente. Quando for determinada a competência do tribunal no qual a ação foi instaurada em primeiro lugar, todos os outros tribunais que não aquele no qual a ação foi instaurada em primeiro lugar devem declarar-se incompetentes em favor daquele.

Particularmente, em relação ao Brasil, a sentença estrangeira depende de alguns requisitos para ter eficácia em nosso território, dentre eles, a sua homologação em procedimento instaurado perante o Superior Tribunal de Justiça (art. 105, letra 'i', da C.F.).

Conforme preconiza o art. 15 do Decreto-lei n. 4.657/42 (Lei de Introdução às normas de Direito Brasileiro), será executada no Brasil a sentença proferida no estrangeiro, que reúna os seguintes requisitos: a) haver sido proferida por juiz competente; b) terem sido as partes citadas ou haver-se legalmente verificado à revelia; c) ter passado em julgado e estar revestida das formalidades necessárias para a execução no lugar em que foi proferida; d) estar traduzida por intérprete autorizado; e) ter sido homologada pelo Superior Tribunal de Justiça.

O parágrafo único do art. 15 do Decreto-lei n. 4.657/42 (Lei de Introdução às normas de Direito Brasileiro) estabelecia que *não dependeriam de homologação as sentenças meramente declaratórias do estado de pessoas*. Porém, esse parágrafo único foi expressamente revogado pela Lei n. 12.036/09.

Em relação ao divórcio, estabelece o §6º do art. 7º do Decreto-lei n. 4.657/42 (Lei de Introdução às normas de Direito Brasileiro):

> O divórcio realizado no estrangeiro, se um ou ambos os cônjuges forem brasileiros, só será reconhecido no Brasil depois de 1 (um) ano da data da sentença, salvo se houver sido antecedida de separação judicial por igual prazo, caso em que a homologação produzirá efeito imediato, obedecidas as condições estabelecidas para a eficácia das sentenças estrangeiras no país. O Superior Tribunal de Justiça, na forma de seu regimento interno, poderá reexaminar, a requerimento do interessado, decisões já proferidas em pedidos de homologação de sentenças estrangeiras de divórcio de brasileiros, a fim de que passem a produzir todos os efeitos legais.

Somente após a homologação da sentença estrangeira pelo S.T.J. é que ela passará a ter eficácia em território brasileiro.

Com efeito, enquanto que o resultado normal do processo interno é a decisão final sobre a causa posta na demanda, sendo justamente em razão dessa circunstância que se atribui à pendência do processo eficácia preclusiva de todo outro processo sobre a mesma questão, a formação da decisão por meio de processo estrangeiro, de acordo com as normas brasileiras sobre a matéria, no que concerne à sua eficácia, é puramente hipotética. Depende das características de que se reveste a sentença, isto é, do fato de que nela concorram ou não os requisitos exigidos para seu reconhecimento em território nacional.

Pois bem, atribuir ao processo estrangeiro eficácia preclusiva de todo processo brasileiro sobre a mesma questão em vista de eventual idoneidade da futura sentença estrangeira para conseguir os mesmos efeitos de uma sentença brasileira, significa adotar um expediente que somente em alguns casos responderia à própria finalidade, enquanto que em outros casos, a saber, em todos aqueles em que o processo estrangeiro encerra-se com uma sentença não suscetível de ser homologada no Brasil, resolver-se-ia em uma inútil e por suposto danosa paralisia da atividade processual brasileira. E não se poderia pensar, como já pensou alguém, em encomendar ao juiz brasileiro, diante de uma questão pendente em juízo estrangeiro, uma investigação com a finalidade de comprovar se a futura sentença estrangeira será ou não suscetível de homologação no Brasil, pois não cabe ao juiz brasileiro fazer uma análise 'hipotética' e condicional sobre a eficácia de eventual decisão estrangeira. Agregue-se que essa investigação, por ter sido realizada *incidenter tantum*, daria lugar a resultados que não estariam cobertos pela coisa julgada e poderiam não coincidir com aqueles a que poderia chegar o S.T.J. quando provocado para homologar a decisão estrangeira. E se trataria, ademais, de uma investigação que, precisamente por ser anterior à sentença estrangeira, não se lhe poderia realizar de forma completa em relação a todos os requisitos exigidos para o reconhecimento de sentença estrangeira. Assim, enquanto pendente o processo estrangeiro, não se poderá decidir se a futura sentença haverá de ser contrária a outra sentença pronunciada por uma autoridade judicial brasileira, ou haverá de conter disposições contrárias à ordem pública.[106]

Por isso, diante dessas considerações e da normatização que estabelece a competência jurisdicional concorrente dos órgãos jurisdicionais brasileiros, a demanda intentada perante tribunal estrangeiro ***não induz litispendência***, nem obsta a que a autoridade judiciária brasileira conheça da mesma causa e das que lhe forem conexas, salvo se a litispendência estiver expressamente

[106] MORELLI, C., op. cit., p. 191.

configurada em tratado internacional ou em acordo bilateral em vigor no Brasil.[107] Nesse sentido estabelece o art. 24 do novo C.P.C., *in verbis:*

> Art. 24. A ação proposta perante tribunal estrangeiro não induz litispendência e não obsta a que a autoridade judiciária brasileira conheça da mesma causa e das que lhe são conexas, ressalvadas as disposições em contrário de tratados internacionais e acordos bilaterais em vigor no Brasil.
>
> Parágrafo único. A pendência de causa perante a jurisdição brasileira não impede a homologação de sentença judicial estrangeira quando exigida para produzir efeitos no Brasil.[108]

Sobre a questão da litispendência, assim se manifestou o Ministro Celso de Melo no SE 5.778-EUA, 12.5.2000, sobre a relevância do art. 90 do C.P.C. de 1973, atual art. 24 do C.P.C. de 2015:

> (...) que consagra a prevalência da competência internacional da autoridade judiciária brasileira sobre processos em curso no exterior ou sobre decisões já proferidas por tribunais estrangeiros, ainda que com trânsito em julgado, pois, enquanto não sobrevier a homologação, pelo Supremo Tribunal Federal (atualmente S.T.J.), do ato sentencial alienígena, inexistirá qualquer obstáculo a que a justiça do Brasil conheça da mesma causa e de todas aquelas que, com ela, guardem relação de conexidade.

Tal circunstância, porém, sofre adaptações específicas no âmbito do MERCOSUL, tendo em vista que o Protocolo de Lãs Leñas assim estabelece em seu artigo 22:

[107] O art. 394 do Código de Bustamante (Convenção de Direito Internacional Privado de Havana, promulgado no Brasil pelo Decreto 18.871 de 1929) estabelece: "A litispendência por pleito em outro dos Estados contratantes poderá ser alegada em matéria civil quando a sentença que se dite em um deles possa produzir em outro os efeitos da coisa julgada". No caso, os efeitos da coisa julgada somente poderão ocorrer em território brasileiro após a homologação da sentença estrangeira pelo S.T.J. Enquanto não homologada, essa circunstância é meramente hipotética e inconsistente.

[108] Existência de ação ajuizada no Brasil com as mesmas partes, o mesmo pedido e a mesma causa de pedir não obsta a homologação de sentença estrangeira transitada em julgado. Hipótese de competência concorrente, inexistindo ofensa à soberania nacional. Precedente: AgRg na SE 4.091/EX, Rel. Ministro Ari Pargendler, Corte Especial, julgado em 29/8/2012, DJe 6/9/2012" (SEC 14.518/EX, Rel. Min. Og Fernandes, Corte Especial, DJe de 5/4/2017).

Quando se tratar de uma sentença ou de um laudo arbitral entre as mesmas partes, fundamentado nos mesmos fatos, e que tenha o mesmo objeto de outro processo judicial ou arbitral no Estado requerido, seu reconhecimento e sua executoriedade dependerão de que a decisão não seja incompatível com outro pronunciamento anterior ou simultâneo proferido no Estado requerido.

Também não se reconhecerá nem se procederá à execução, quando se houver iniciado um procedimento entre as mesmas partes, fundamentado nos mesmos fatos e sobre o mesmo objeto, perante qualquer autoridade jurisdicional da Parte requerida, anteriormente à apresentação da demanda perante a autoridade jurisdicional que teria pronunciado a decisão da qual haja solicitação de reconhecimento.

Em que pese o art. 22 do Protocolo de Lãs Leñas não trate explicitamente acerca da indução litispendência, ele não permite que haja incompatibilidade entre sentenças ou laudos arbitrais originários de duas jurisdições distintas. Quando uma das ações ainda estiver em curso, há necessidade de se esperar a sua decisão final.

Em que pese o art. 24 do novo C.P.C. consigne que no âmbito da jurisdição concorrente não há espaço para se alegar eventual litispendência, o certo é que apenas uma sentença poderá gerar efeito em território nacional.

Por isso mesmo, em tais casos, o ajuizamento de demanda no Brasil não constitui, por si só, empecilho à homologação de sentença estrangeira (SEC 393, Min. Hamilton Carvalhido, DJe de 05/02/09; SEC 1.043, Min. Arnaldo Esteves Lima, DJe de 25/02/09; SEC (Emb.Decl) 4.789, Min. Félix Fischer, DJe de 11/11/10; e SEC 493, Min. Maria Thereza de Assis Moura, DJe de 06/10/11), sendo que a eventual concorrência entre sentença proferida pelo Judiciário brasileiro e a decisão do STJ homologando sentença estrangeira, sobre a mesma questão, resolve-se pela prevalência da que transitar em julgado em primeiro lugar.

9.3. Da Competência Exclusiva da Jurisdição Brasileira

Os ordenamentos jurídicos, de uma maneira geral, prevêem que determinadas causas ou questões jurídicas sejam somente processadas e julgadas perante os juízes e tribunais nacionais, tendo em vista o efetivo interesse público de que a questão seja apreciada por órgãos jurisdicionais situados no respectivo território do Estado.

Sendo a competência exclusiva do Estado brasileiro, eventual sentença proferida em Estado estrangeiro não poderá ser homologada pelo S.T.J., assim como não será expedido *exequatur* para rogatórias, uma vez que se assim agisse o Tribunal Superior, haveria ofensa à soberania nacional.

Diversos ordenamentos jurídicos apresentam normas de competência jurisdicional *exclusiva* do respectivo Estado.

Estabelece o art. 63º do C.P.C. português, que os tribunais portugueses são exclusivamente competentes:

> a) em matéria de direitos reais sobre imóveis e de arrendamento de imóveis situados em território português; todavia, em matéria de contratos de arrendamento de imóveis celebrados para uso pessoal temporário por um período máximo de seis meses consecutivos, são igualmente competentes os tribunais do Estado membro da União Europeia onde o requerido tiver domicílio, desde que o arrendatário seja uma pessoa singular e o proprietário e o arrendatário tenham domicílio no mesmo Estado membro; b) em matéria de validade da constituição ou de dissolução de sociedades ou de outras pessoas coletivas que tenham a sua sede em Portugal, bem como em matéria de validade das decisões dos seus órgãos; para determinar essa sede, o tribunal português aplica as suas regras de direito internacional privado; c) em matéria de validade de inscrições em registros públicos conservados em Portugal; d) em matéria de execuções sobre imóveis situados em território português; e) em matéria de insolvência ou de revitalização de pessoas domiciliadas em Portugal ou de pessoas coletivas ou sociedades cuja sede esteja situada em território português.

Preceitua o art. 22 da *Ley Orgânica del Poder Judicial espanhol*, que na ordem civil, os juizados e tribunais espanhóis serão competentes, em caráter exclusivo, para apreciar matéria de direitos reais e arrendamentos de imóveis que estejam situados na Espanha. Na ausência dos critérios precedentes e em matéria de declaração de ausência ou morte, quando a pessoa desaparecida teve seu último endereço em território espanhol...; em matéria de sucessão, quando o falecido teve seu último domicílio em território espanhol ou possui imóveis em Espanha .

No que concerne à competência jurisdicional dos órgãos do Poder Judiciário brasileiro, o legislador estabeleceu a inderrogabilidade da jurisdição brasileira para determinada matéria tratada na demanda judicial.

Por isso, compete à autoridade judiciária brasileira, *com exclusão* de qualquer outra: a) conhecer de ações relativas a imóveis situados no Brasil; b) em matéria de sucessão hereditária, proceder à confirmação de testamento particular e ao inventário e à partilha de bens situados no Brasil, ainda que o autor da herança seja de nacionalidade estrangeira ou tenha domicílio fora do território nacional; c) em divórcio, separação judicial ou dissolução de união estável, proceder à partilha de bens situados no Brasil, ainda que o titular seja de nacionalidade estrangeira ou tenha domicílio fora do território nacional.

Vejamos cada uma dessas hipóteses de competência exclusiva da jurisdição brasileira.

9.3.1. Ações Relativas a Imóveis Situados no Brasil

O inc. I do art. 23 do atual C.P.C. estabelece que compete à autoridade judiciária brasileira, com exclusão de qualquer outra, conhecer das ações relativas a imóveis situados no Brasil.

Essa previsão de competência jurisdicional brasileira há muito encontra-se prevista no art. 12, §1º, da Lei de Introdução às Normas de Direito Brasileiro, *in verbis*: *Só à autoridade judiciária brasileira compete conhecer das ações, relativas a imóveis situados no Brasil.*

Também a Convenção de Bruxelas de 1968, que trata da jurisdição no âmbito da União Europeia, prevê essa hipótese de competência exclusiva em seu art. 16, inc. I, 'a': "Têm competência exclusiva, qualquer que seja o domicílio: 1. a) Em matéria de direitos reais sobre imóveis e de arrendamento de imóveis, os tribunais do Estado contratante onde o imóvel se encontre situado;"

A norma de competência jurisdicional prevista no art. 23, inc. I, do novo C.P.C. confere aos órgãos jurisdicionais brasileiros a legitimidade jurisdicional para qualquer ação *relativa* a imóveis situados no brasileiro.

Essa demanda não necessariamente possa ter por causa de pedir um direito real, podendo inclusive ser decorrente de um direito pessoal que tenha por objeto um imóvel situado no Brasil, como, por exemplo, contrato de locação ou arrendamento de imóveis.

Sendo exclusiva a competência jurisdicional, isso significa dizer que se trata de competência jurisdicional *absoluta*. Portanto, o texto é amplo, abrangendo toda e qualquer demanda que tenha por objeto bens imóveis situados no Brasil.

É importante salientar que a competência da jurisdição brasileira diz respeito apenas às demandas que tenham por objeto, *imóveis situados no Brasil.*

Conforme bem advertiu Pontes de Miranda, a norma processual menciona ações relativas a 'imóveis situados no Brasil' e não de ações relativas a 'imóveis situados em território brasileiro.[109]

A definição de *imóveis* no ordenamento jurídico brasileiro encontra-se nos arts. 79 a 81 do C.c.b., a saber:

> Art. 79. São bens imóveis o solo e tudo quanto se lhe incorporar natural ou artificialmente.
>
> Art. 80. Consideram-se imóveis para os efeitos legais:
> I – os direitos reais sobre imóveis e as ações que os asseguram;
> II – o direito à sucessão aberta.
>
> Art. 81. Não perdem o caráter de imóveis:
> I – as edificações que, separadas do solo, mas conservando a sua unidade, forem removidas para outro local;
> II – os materiais provisoriamente separados de um prédio, para nele se reempregarem.

Portanto, todas as demandas relativas aos bens descritos nos art. 79 a 81 do C.c.b. estarão sobre a exclusividade da competência jurisdicional brasileira, sendo excluída qualquer outra jurisdição estrangeira.[110]

Assim, todas as causas de natureza pessoal ou real que sejam relativas a bens imóveis situados no território brasileiro, aqui deverão ser apreciadas. Isso inclui ações reais (direitos reais e direitos reais em garantia, incluindo aí a questão possessória). Também as ações de natureza pessoal, mas relativas a bens imóveis situados em território nacional, aqui deverão ser propostas

[109] PONTES DE MIRANDA. *Comentários ao código de processo civil.* Tomo II. Rio de Janeiro: Forense, p. 195.

[110] Só à autoridade judiciária brasileira compete conhecer das ações relativas a imóveis situados no Brasil. A deliberação do juiz estrangeiro acerca de bem imóvel situado no Brasil, além de sua incompetência para tanto, implica em inegável ofensa à autoridade do Poder Judiciário Brasileiro, ferindo, por conseguinte, a soberania nacional.

e julgadas. Pense-se na questão de contrato de compra e venda, contrato de locação, contrato de comodato, falência etc.[111]

Por isso, não comporta homologação sentença estrangeira declaratória de falência ou de divisão cujos possíveis efeitos no Brasil tenham relação exclusivamente com imóvel situado em território nacional.

Também não poderá ser homologada no Brasil sentença estrangeira de divórcio julgado em Portugal, no qual tenha sido realizada partilha de bens situados no Brasil (RTJ 96/569)

É bem verdade que o S.T.F. já entendeu ser homologável a sentença estrangeira que homologa acordo de separação e de partilha dos bens do casal, ainda que situados no Brasil. (SEC 7146, Relator(a): Min. ILMAR GALVÃO, Tribunal Pleno, julgado em 12/06/2002, DJ 02-08-2002 PP-00062 EMENT VOL-02076-03 PP-00565)

Porém, o S.T.J., órgão jurisdicional atualmente competente para homologação de sentença estrangeira, tem dado uma interpretação mais restritiva à questão, aduzindo que a exclusividade de jurisdição relativamente a imóveis situados no Brasil, prevista no art. 89, I, do CPC de 1973, afasta a homologação de sentença estrangeira na parte em que incluiu bem dessa natureza como ativo conjugal sujeito à partilha. (SEC 5.302/EX, Rel. Ministra NANCY ANDRIGHI, CORTE ESPECIAL, julgado em 12/05/2011, DJe 07/06/2011).

[111] BENS IMÓVEIS SITUADOS NO BRASIL - DIVISÃO - SENTENÇA ESTRANGEIRA - HOMOLOGAÇÃO.
A exclusividade de jurisdição relativamente a bens imóveis situados no Brasil – artigo 89, inciso I, do Código de Processo Civil – afasta a homologação de sentença estrangeira a versar a divisão
(SEC 7209, Tribunal Pleno, Rel. Min. Ellen Gracie, Relator(a) p/ Acórdão: Min. Marco Aurélio, Tribunal Pleno, DJ de 29/9/2006).
AGRAVO REGIMENTAL NA SENTENÇA ESTRANGEIRA. INVENTÁRIO. BEM IMÓVEL SITUADO NO BRASIL.
Não é possível a homologação de sentença estrangeira que, em processo relativo a sucessão causa mortis, dispõe sobre a partilha de bens imóveis situados no território brasileiro. Competência exclusiva da justiça pátria, nos termos do art. 12, § 1º, Lei de Introdução às Normas do Direito Brasileiro, e do art. 89, inciso II, Código de Processo Civil. Agravo regimental desprovido.
(AgRg na SE 8.502/EX, Rel. Ministro FELIX FISCHER, CORTE ESPECIAL, julgado em 16/10/2013, DJe 23/10/2013)

9.3.2. Sucessão Hereditária

Em matéria de sucessão, o inc. II do art. 23 do novo C.P.C. apresenta como hipótese de competência jurisdicional *exclusiva* dos órgãos jurisdicionais brasileiros proceder à confirmação de testamento particular e ao inventário e à partilha de bens situados no Brasil, ainda que o autor da herança seja de nacionalidade estrangeira ou tenha domicílio fora do território nacional.

A questão sucessória estará sujeita à jurisdição brasileira quando concorrer alguns dos critérios gerais de jurisdição concorrente – domicilio do falecido em território brasileiro, o fundamento seja fato ocorrido no Brasil (morte) – ou quando ocorrer algumas das hipóteses de jurisdição exclusiva – confirmação de testamento particular e ao inventário e à partilha de bens situados no Brasil, ainda que o autor da herança seja de nacionalidade estrangeira ou tenha domicílio fora do território nacional. A jurisdição brasileira fundada neste último critério não poderá ir além dos limites estabelecidos, no caso, decidir sobre os bens situados no Brasil (*quot territoria tot haereditates*).

Além das hipóteses acima indicadas, não há outros critérios idôneos para legitimar a jurisdição brasileira em matéria sucessória.

Por isso, não será somente a cidadania brasileira do *de cujus* ou o fato de ter o *de cujus* falecido no Brasil que legitimará a jurisdição exclusiva brasileira em matéria sucessória.

O art. 89 do revogado C.P.C. de 1973 já fazia menção à competência exclusiva da jurisdição brasileira para proceder a inventário e partilha de bens situados no Brasil. Essa disposição não trazia a hipótese de confirmação de *testamento particular.*

Em face da inserção, pelo novo C.P.C., de uma nova hipótese de jurisdição exclusiva brasileira, o problema que pode surgir diz respeito ao direito intertemporal sobre qual competência jurisdicional deverá prevalecer, a brasileira ou a estrangeira, em se tratando de confirmação de testamento particular.

A Corte de Cassação italiana, ao tratar da aplicação da Lei n. 218, de 31-5-1995 (que regulamentou a competência jurisdicional italiana), assim decidiu:

> As novas disposições introduzidas pela Lei 31-5-1995, n. 218, sobre a reforma do sistema italiano do direito internacional privado, são inaplicáveis aos processos iniciados antes de sua entrada em vigor, sem que se possa

invocar-se, em sentido contrário, a disposição de que trata o art. 72, inc. II, de tal lei – segundo a qual ' os processos pendentes são decididos pelo juiz italiano se os fatos e as normas sobrevenham no curso do processo'...(CASS S.U. 18.6.96, n. 5571).

As conclusões da decisão proferida pela Corte de Cassação italiana podem ser aproveitadas no Brasil.

Assim, a jurisdição brasileira, para efeito de confirmação de testamento particular, somente terá legitimidade para os processos iniciados após a vigência do novo C.P.C., ainda que o falecimento tenha ocorrido na vigência do C.P.C. de 1973.

Muito embora o art. 1.862 do Código Civil brasileiro indique três espécies de testamentos ordinários – público, cerrado e particular, a competência jurisdicional exclusiva dos órgãos do Poder Judiciário brasileiro restringe-se somente à publicação do testamento particular, de acordo com o que estabelece o art. 737 do novo C.P.C.:

> A publicação do testamento particular poderá ser requerida, depois da morte do testador, pelo herdeiro, pelo legatário ou pelo testamenteiro, bem como pelo terceiro detentor do testamento, se impossibilitado de entregá-lo a algum dos outros legitimados para requerê-la.

O testamento em si não é ato homologável (STJ-SE 9723/IT, rel. Min. Felix Fischer; STF-SEC 5.793/AD, rel. Min. Maurício Corrêa). O que é homologável é a confirmação do testamento, a qual, segundo a legislação brasileira, deve ser através um ato judicial.

E essa delimitação de jurisdição tem sua razão de ser, uma vez que o testamento particular é a única espécie de testamento que não passa pelo crivo de um oficial público, no caso, de um tabelião.[112]

[112] HOMOLOGAÇÃO DE SENTENÇA ESTRANGEIRA. CONFIRMAÇÃO DE TESTAMENTO PARTICULAR. ARTIGO 17 DA LEI DE INTRODUÇÃO ÀS NORMAS DO DIREITO BRASILEIRO. ART. 23, II, DO CPC/2015. JURISDIÇÃO BRASILEIRA EXCLUSIVA. SOBERANIA NACIONAL. 1. Caso em que a sentença estrangeira confirmou testamento particular em que o de cujus dispôs de todo o seu patrimônio, o qual incluía bens situados no Brasil. Ao lado disso, as partes interessadas não manifestaram concordância.
2. Nos termos do artigo 17 da Lei de Introdução às Normas do Direito Brasileiro, constitui requisito indispensável ao deferimento da homologação que o ato jurisdicional homologando

Por sua vez, em se tratando de testamento público e sendo todos os interessados capazes e concordes, é possível aceitar-se a confirmação do testamento e a própria partilha de bens realizados no estrangeiro. Essa interpretação permite liberar o Poder Judiciário de ações repetitivas e sem a real existência de conflitos. Nesse sentido há de se destacar o Enunciado nº 600, da VII Jornada de Direito Civil, formulado como conclusão do debate acerca do inventário extrajudicial: "Após registrado judicialmente o testamento e sendo todos os interessados capazes e concordes com os seus termos, não havendo conflitos de interesses, é possível que se faça o inventário extrajudicial". (SE 015316, Ministra LAURITA VAZ, 29/05/2017)

A competência exclusiva da jurisdição brasileira também se estende ao inventário e à partilha de bens situados no Brasil.

Compete à justiça brasileira, com exclusividade, proceder ao inventário e à partilha de bens situados no Brasil, ainda que o autor da herança seja de nacionalidade estrangeira ou tenha domicílio fora do território nacional. Essa previsão normativa excepciona o art. 1.785 do C.c.b. que diz que *a sucessão abre-se no lugar do último domicílio do falecido.*

Assim, mesmo que o falecido tenha tido o último domicílio no exterior, a competência para o inventário e partilha de bens situados no Brasil será da justiça brasileira, exclusivamente em relação aos bens aqui situados, e não em relação aos bens situados no exterior.

A norma processual fala em bens situados no Brasil.[113]

não ofenda a "soberania nacional". 3. Hipótese em que o art. 23, II, do Código de Processo Civil de 2015 não admite jurisdição estrangeira.
4. Pedido de homologação indeferido.
(SEC 15.924/EX, Rel. Ministro BENEDITO GONÇALVES, CORTE ESPECIAL, julgado em 18/10/2017, DJe 27/10/2017)

[113] CARTA ROGATÓRIA. AGRAVO REGIMENTAL. ADJUDICAÇÃO DE BEM IMÓVEL. ART. 89 DO CPC. HIPÓTESE DE COMPETÊNCIA EXCLUSIVA DA JUSTIÇA BRASILEIRA.
– Nos termos do art. 89, incisos I e II, do Código de Processo Civil, a competência para "conhecer de ações relativas a imóveis situados no Brasil" e "proceder a inventário e partilha de bens situados no Brasil, ainda que o autor da herança seja estrangeiro e tenha residido fora do território nacional" é exclusiva da Justiça brasileira, com exclusão de qualquer outra.
– Diante disso, nega-se o exequatur a pedido rogatório de inscrição de adjudicação de bem imóvel situado em território brasileiro.
Agravo regimental a que se nega provimento

Podem esses bens ser de qualquer natureza, *bens móveis, imóveis ou semoventes, assim como bens materiais ou imateriais.*

Pouco importa também para configuração da competência da jurisdição brasileira a nacionalidade do falecido.

9.3.3. Partilha de Bens em Divórcio, Separação Judicial ou Dissolução de União Estável

Compete à autoridade judiciária brasileira, nos termos do inc. III do art. 23 do novo C.P.C., com exclusão de qualquer outra, em divórcio, separação judicial ou dissolução de união estável, proceder à partilha de bens situados no Brasil, ainda que o titular seja de nacionalidade estrangeira ou tenha domicílio fora do território nacional.[114]

Novamente, a situação dos bens em território brasileiro chama a competência jurisdicional exclusiva da autoridade brasileira para demanda referente ao divórcio, separação judicial ou dissolução de união estável, no que concerne à partilha dos bens situados no Brasil.

O inc. III do art. 23 do novo C.P.C., ao contrário do inciso I do mesmo diploma legal, não restringe a partilha de bens apenas somente em relação aos bens imóveis, mas indica a competência da autoridade judiciária brasileira para qualquer bem que se situe em território nacional.

A competência jurisdicional brasileira diz respeito somente à partilha de bens situados no Brasil, podendo outras questões relacionadas ao divórcio, separação judicial ou dissolução de união estável serem examinadas pela jurisdição não nacional.

Se não houver no divórcio, na separação judicial ou na dissolução de união estável, bens situados no Brasil, a competência nacional poderá

(AgRg nos EDcl na CR 2894/MX, Corte Especial, Rel. Min. Barros Monteiro, DJe de 03/04/2008).

[114] "O STF, em sessão plenária, apreciando pedido de homologação da partilha de bens decorrente de 'separação de cônjuges', deu eficácia à sentença proferida por tribunal cantão de Zurich – Confederação Suíça, que adjudicara a um e a outro dos ex-cônjuges bens móveis e imóveis 'situados' no Brasil, fazendo aplicação da 'lei brasileira', partilha por meação. Ao final de seu voto, disse o relator Min. Paulo Brossard: 'Entendo que em casos como este, onde foi aplicada a lei brasileira, não há óbices para que esta Corte homologue a sentença estrangeira que decide sobre a partilha de bens situados no Brasil, por não ofensa ao inciso II do art. 89 do CPC/73' (SE 4.512-6 – Confederação Helvética, j. 21.10.1994).(CARNEIRO, A. G., op. cit. p. 87). No mesmo sentido, STJ SE 878, Rel. Min. Menezes Direito, j. 18.5.2005.

decorrer do disposto no art. 21, inc. I ou III, do novo C.P.C., ou seja, poderá ser fixada em razão de ter o réu domicílio no Brasil ou em face de que o fundamento decorra de fato ocorrido ou ato praticado no Brasil. Nesse caso, a jurisdição brasileira será concorrente com a jurisdição estrangeira.

Aspecto relevante é que a legislação processual brasileira adota a concepção doutrinária de que ainda existe no ordenamento jurídico a simples separação judicial.

Aliás, sobre a existência da separação de forma distinta do divórcio, eis a seguinte manifestação da Senadora Lídice da Mata, quando da votação do projeto no Senado Federal:

> A SRª LÍDICE DA MATA (Bloco Apoio Governo/PSB – BA. Para encaminhar. Sem revisão da oradora.) – Sr. Presidente, Srªs e Srs. Senadores, todos sabem que a PEC 66, que extinguiu a separação judicial como parte obrigatória do processo de constituição do divórcio, foi do Deputado Sérgio Carneiro, da Bahia, filho do Senador João Durval.
>
> No início dessa discussão, nós compreendíamos que havia uma ameaça na manutenção desse texto, um retrocesso que faria com que a manutenção do texto fizesse com que nós tivéssemos que, obrigatoriamente, para fazer um divórcio, novamente passar pelo estágio da separação.
>
> No entanto, tanto o Ministro Fux quanto o Relator já me convenceram de que há as duas figuras hoje: há possibilidade do divórcio imediato, já que é constitucionalmente previsto, e a possibilidade da separação, que continua no texto do Código Civil.
>
> Há, no entanto, um processo hoje que eu considero, que, na continuidade, entrará em certo desuso: a figura da separação judicial. As pesquisas do IBGE demonstram isso. Em 2010, foram 243.224 divórcios e 67.623 separações judiciais. Em 2011, no entanto, foram 351.153 divórcios e 7.774 separações judiciais. Portanto existe um processo muito radical de abandono da ideia da separação, mas é uma opção de cada um. E eu usei, Sr.Presidente, na verdade, para me convencer definitivamente, o testemunho de alguns Srs. Senadores que já optaram pela separação diversas vezes e estão satisfeitos com ela.
>
> Estou querendo chamar a atenção do Senador Romero Jucá, que insistia nesse aspecto, acreditando, como eu, que isso significava um retrocesso. Mas, esclarecendo ao Senador Romero Jucá, são possíveis, portanto, hoje, as duas situações: você pode diretamente divorciar-se tanto como pode escolher a separação judicial, não havendo prejuízo.

> Então, o Senador Romero Jucá, que se diz a favor sempre da felicidade e do amor, concorda que eu possa retirar o destaque.
>
> Portanto, a jurisdição exclusiva brasileira não ocorre somente na hipótese de divórcio, mas também no caso de separação judicial ou mesmo de dissolução de união estável.
>
> Poder-se-ia indagar se essa exclusividade de jurisdição nacional delimita-se somente ao divórcio, à separação judicial ou à dissolução de união estável contenciosos, ou se abrange igualmente as hipóteses consensuais.
>
> Em que pese o art. 23, inc. III, do novo C.P.C., não faça qualquer distinção, o certo é que o divórcio, a separação judicial e a dissolução de união estável podem ser realizadas extrajudicialmente, em cartório extrajudicial, não havendo necessidade de se judicializar a questão, conforme prescreve o art. 733 do novo C.P.C.: O divórcio consensual, a separação consensual e a extinção consensual de união estável, não havendo nascituro ou filhos incapazes e observados os requisitos legais, poderão ser realizados por escritura pública, da qual constarão as disposições de que trata o art. 731[115].

Diante dessa possibilidade de acordo consensual extrajudicial, inclusive com partilha de bens, não seria razoável exigir-se a exclusividade da atividade jurisdicional brasileira para a eficácia de eventual decisão judicial ou extrajudicial sobre determinado acordo proveniente do exterior. No caso, deve-se aplicar os argumentos expendidos pela Ministra do S.T.J., Laurita Vaz, no SE 015316, decisão publicada em 29.05.2017.

Portanto, apesar de o ordenamento jurídico brasileiro impedir que jurisdições alienígenas conheçam de ações relativas a bens imóveis situados no Brasil, nos termos dos arts. 23, I e III, do novo Código de Processo Civil Brasileiro, a jurisprudência pátria admite ressalvas quando tais ações dispuserem acerca de acordos firmados pelas partes no exterior.

[115] http://www.planalto.gov.br/ccivil_03/_ato2015-2018/2015/lei/l13105.htm#art731

Capítulo 2
Cooperação Jurídica Internacional

1. Cooperação Jurídica Internacional – Definição

Os avanços tecnológicos ocorridos nas últimas décadas interligaram o planeta. Atualmente as distâncias estão menores, de modo que o tempo e o espaço já não têm mais o significado que tinham para os antepassados.[116]

O novo C.P.C. brasileiro, sensível a esse encurtamento de tempo e espaço, apresenta no Título II do Livro II da Parte Geral normas processuais que visam a regulamentar a cooperação jurídica internacional entre o Brasil e as demais nações estrangeira.[117]

[116] PEREIRA, Luciano Meneguetti. *A cooperação jurídica internacional no novo c.p.c. brasileiro. In:* http://iusgentium.ufsc.br/wp-content/uploads/2018/02/Reuniao-6-Leitura-complementar.pdf, p. 19. visualizado em 28.01.2018.

[117] Cooperação pressupõe trabalho conjunto, colaboração. É nesse sentido que toda e qualquer forma de colaboração entre Estados, para a consecução de um objetivo comum, que tenha reflexos jurídicos, denomina-se cooperação jurídica internacional. Na lição de Ricardo Perlingeiro Mendes da Silva, "a preferência pela expressão 'cooperação jurídica internacional' decorre da ideia de que a efetividade da jurisdição, nacional ou estrangeira, pode depender do intercâmbio não apenas entre órgãos judiciais, mas também entre órgãos judiciais e administrativos, de estados distintos." A cooperação jurídica internacional pode ser classificada nas modalidades ativa e passiva, como os lados de uma mesma moeda, que são vistos de acordo com a posição de cada um dos Estados cooperantes. A cooperação será ativa, quando um Estado (Requerente) formula a outro (Requerido) um pedido de assistência jurídica; a cooperação, por outro lado, será passiva, quando um Estado (Requerido) recebe do outro (Requerente) um pedido de cooperação. A cooperação jurídica internacional também pode

Não é suficiente que os arts. 21 a 25 do novo Código de Processo Civil brasileiro regulamentem os limites da jurisdição nacional exclusiva ou mesmo concorrente sem que também preveja regras processuais de intercâmbio entre a jurisdição brasileira e a jurisdição estrangeira.

Por vezes, ainda que se esteja diante de competência jurisdicional exclusiva, poderá haver necessidade de se realizar determinados atos processuais fora do território brasileiro, exigindo-se uma efetiva cooperação entre os diversos países envolvidos na demanda processual.

Da mesma forma, por vezes, a jurisdição não nacional poderá necessitar da cooperação da jurisdição nacional para determinadas questões que possam surgir durante a relação jurídica processual.

Por isso, o novo C.P.C., em seus arts. 26 a 41, regulamentou a *cooperação internacional* entre o Brasil e os diversos países estrangeiros.

Essa previsão de cooperação jurídica internacional entre diversos órgãos do Poder Judiciário encontra-se prevista nos arts. 273 a 278 da *Ley Orgánica del Poder Judicial espanhol*, a saber:

> Art. 273. Os juízes e Tribunais cooperarão e se auxiliarão entre si no exercício da função jurisdicional"
>
> Art. 274. 1. Se conseguirá a cooperação judicial quando se deve praticar uma diligência fora da circunscrição do juizado ou Tribunal que a houve ordenado ou esteja fora da específica competência de outro juízo ou Tribunal. 2. A petição de cooperação, qualquer que seja o juízo ou Tribunal a quem se dirija, efetuar-se-á sempre e diretamente, sem necessitar de traslado nem reprodução por meio de órgãos intermediários.

ser classificada em direta e indireta. Esta, para ser efetivada, depende de juízo de delibação, como é o caso da homologação de sentença estrangeira e das cartas rogatórias. A cooperação direta é aquela em que o juiz de primeiro grau tem pleno juízo de conhecimento. Trata-se da assistência direta. Ainda em relação à classificação, a cooperação jurídica internacional pode ocorrer em matéria penal ou em matéria civil, a depender da natureza do processo ou procedimento em trâmite no Estado requerente. Necessário, ainda, salientar que alguns doutrinadores distinguem entre a cooperação jurídica e a jurisdicional. Esta ocorreria quando ato de natureza jurisdicional é reclamado do Estado cooperante, ao passo que naquela a cooperação demandada não envolveria necessariamente a intervenção do Poder Judiciário, requerendo somente atividade administrativa. (DIAS TOFFOLI, José Antônio; CESTARI, Virgínia Charpinel Junger. *Mecanismo de cooperação jurídica internacional no Brasil.* file:///C:/Users/lug/Downloads/artigo__mecanismos_de_cooperacao_juridica_internacional_no_brasil%20(1).pdf - acesso em 02.02.2019

Art. 276. As petições de cooperação internacional serão elevadas por meio do Presidente do Tribunal Supremo, do Tribunal Superior de Justiça ou da Audiência do Ministério da Justiça, os quais farão chegar às autoridades competentes do Estado requerido, através da via consular ou diplomática ou diretamente se assim prevêem os Tratados internacionais.

Art. 277. Os juízes e Tribunais espanhóis prestarão às autoridades judiciais estrangeiras a cooperação que lhes sejam solicitadas para o desempenho de sua função jurisdicional, de conformidade com o estabelecido em tratados e convênios internacionais dos quais a Espanha seja parte e, na sua falta, em razão de reciprocidade segundo o previsto no artigo seguinte.

Art. 278. 1. Se se comprova a existência de reciprocidade ou se oferece esta por parte da autoridade judicial estrangeira requerente, a prestação de cooperação internacional somente será denegada pelos Tribunais espanhóis: 1. quando o processo de que dimane a solicitação de cooperação seja de exclusiva competência da jurisdição espanhola; 2. quando o conteúdo do ato a realizar não corresponda às atribuições próprias da autoridade espanhola requerida. Neste caso, está remeterá a solicitação à autoridade judiciária competente, informando tal fato à autoridade requerente; 3. quando a comunicação que contenha a solicitação de cooperação não reúna os requisitos de autenticidade suficiente o se foi redigida em idioma que não seja o castelhano; 4. quando o objeto da cooperação solicitada seja manifestamente contrário à ordem pública espanhola.

2. A determinação de existência de reciprocidade com o Estado requerente será de competência do Governo, por meio do Ministério de Justiça.

Na realidade, no mundo globalizado, cada vez mais as relações entre as diversas Nações estrangeiras demandam recíproca cooperação para atender às necessidades de questões advindas de inúmeros ramos e níveis sociais.

Essa troca de informação deve ser cada vez mais ágil e menos burocratizada, especialmente pela facilidade tecnológica e de informação que se vivencia, assim como pelo rápido trânsito das conversações existentes entre os países.

No âmbito jurídico, cada vez mais será acentuada a necessidade dessa cooperação internacional, mediante troca de informações jurídicas entre os diversos países, especialmente, produção probatória, informações sobre bens, endereço, dados etc., cumprimento de decisões interlocutórias ou finais, pedido de extradições, notificações, interpelações, intimações, citações etc.

A efetividade da justiça, dentro de um cenário de intensificação das relações entre as nações e seus povos, seja no âmbito comercial, migratório ou informacional, demanda cada vez mais um Estado proativo e colaborativo. As relações jurídicas não se processam mais unicamente dentro de um único Estado Soberano, pelo contrário, é necessário cooperar e pedir a cooperação de outros Estados para que se satisfaça as pretensões por justiça do indivíduo e da sociedade.[118]

O alargamento e aprimoramento da cooperação jurídica internacional surgem como reflexo da preocupação dos Estados em mitigar os efeitos negativos da globalização no que se refere à concretização da Justiça nas relações internacionais. Institutos tradicionais como a Extradição e a Carta Rogatória foram aperfeiçoados ao mesmo tempo em que novos mecanismos foram criados para melhor adaptar a cooperação jurídica às necessidades atuais. Surgem, por exemplo, os acordos de cooperação jurídica internacional, bilaterais ou firmados em âmbitos regionais e global. Estes acordos prevêem o chamado Pedido de Auxílio Direto, que se propõe a ser um mecanismo mais célere e aberto, especialmente no que diz respeito à amplitude das medidas que por meio dele podem ser solicitadas e do rol de autoridades legitimadas a utilizá-lo, ou seja, por meio de auxílio direto buscou-se tornar a cooperação jurídica mais acessível e efetiva.[119]

Assim, pode-se definir a cooperação jurídica internacional como sendo o intercâmbio internacional para o cumprimento extraterritorial de medidas demandadas pelo Poder Judiciário de outro Estado. Isso porque o Poder Judiciário sofre uma limitação territorial de sua jurisdição – atributo por excelência da soberania do Estado, e precisa pedir ao Poder Judiciário de outro Estado que o auxilie nos casos em que suas necessidades transbordam de suas fronteiras para as daquele.[120]

[118] PIRES, Júnior. O papel da cooperação jurídica internacional. in: *Manual de cooperação jurídica internacional e recuperação de ativos*. Ministério da Justiça Secretaria de Justiça – Departamento de Recuperação de Ativos e Cooperação Jurídica Internacional, Brasília, 2012, 2ª edição, Ministro José Eduardo Cardozo, pág. 17.

[119] SAADI, Ricardo Andrade; BEZERRA, Camila Colares. *Manual de cooperação jurídica internacional*, idem, p. 22.

[120] ARAUJO, Nadia de. A importância da cooperação jurídica internacional para a atuação do estado brasileiro no plano interno e internacional. *In: Manual de cooperação jurídica internacional*, op. cit., p. 34 e 35.

2. Regulamentação da Cooperação Jurídica Internacional

No plano internacional, destaca-se o trabalho realizado desde o início do Século XX, pela Conferência de Haia de Direito Internacional Privado, cujos instrumentos mais conhecidos são na área processual e no direito de família. A criação de um sistema de comunicação baseado em autoridades centrais com esta função, incrementando a cooperação administrativa entre os Estados, é uma das realizações de sucesso da Conferência de Haia. Por exemplo, o modelo de Autoridades Centrais foi adotado nas convenções realizadas pelas Conferências Interamericanas Especializadas em Direito Internacional Privado, CIDIPs, promovidas pela Organização dos Estados Americanos, OEA, e, em inúmeras convenções multilaterais e bilaterais. No Brasil, essa função está centralizada no Ministério da Justiça, por meio da atuação do Departamento de Recuperação de Ativos e Cooperação Internacional, além de alguns outros órgãos em casos específicos. Outro campo em que a cooperação jurídica internacional tem ganhado destaque é nos processos de integração. Na União Europeia, já se fala hoje em espaço jurídico europeu. A regulamentação da matéria é comum e a circulação de atos e decisões, simplificada. No MERCOSUL há iniciativas similares mas que ainda não atingiram o grau de integração da experiência europeia.[121]

No Brasil, a legislação interna que regulamenta a cooperação jurídica internacional é fragmentada. Não há uma lei específica cuidando de toda a matéria, que está presente, de forma esparsa, em diversos diplomas legais. Além do atual C.P.C., e de forma não exaustiva, destaca-se a Lei de Introdução às Normas do Direito Brasileiro (LINDB), a Resolução n. 9 do S.T.J. e a Portaria Interministerial n. 501 MRE/MJ de 21.03.2012.

Também há inúmeros diplomas de caráter internacional, como convenções multilaterais e bilaterais que cuidam da cooperação jurídica internacional entre o Brasil e alguns estados.[122]

3. Requisitos para Cooperação Jurídica Internacional

Em regra, a cooperação jurídica internacional será realizada de acordo com as condições e os requisitos existentes em tratados internacionais dos quais o Brasil seja signatário e, em especial, de acordo com os seguintes princípios previstos no art. 26 do novo C.P.C.:

[121] ARAUJO, N., idem, p. 36 e 37.

[122] ARAUJO, N., idem, p. 37.

a) *o respeito às garantias do devido processo legal no Estado requerente.*

Não será promovida uma cooperação jurídica internacional pelo Estado brasileiro se o processo desenvolvido no Estado requerente não observar as garantias do devido processo legal, no caso, a independência e imparcialidade do juiz, o contraditório das partes, a ampla e irrestrita defesa dos sujeitos processuais, a igualdade no tratamento dado às partes.

b) *a igualdade de tratamento entre nacionais e estrangeiros, residentes ou não no Brasil, em relação ao acesso à justiça e à tramitação dos processos, assegurando-se assistência judiciária aos necessitados.*

O Brasil, ao promover a cooperação internacional, deverá dar o mesmo tratamento que dispensa aos nacionais aos estrangeiros, residentes ou não no Brasil, no que diz respeito ao acesso à justiça e à rápida e efetiva tramitação dos processos, assegurando-se ao nacional ou ao estrangeiro gratuidade de justiça aos necessitados, de acordo com os requisitos estabelecidos pelo novo C.P.C. brasileiro.

c) *a publicidade processual dos atos processuais*

Os atos processuais que serão realizados no Brasil em decorrência de solicitação de cooperação internacional estarão resguardados pela publicização imediata e mediata, aliás como ocorre, em regra geral, com todos os atos processuais praticados em processos originários em trâmite perante a jurisdição brasileira.

Somente no caso de segredo de justiça é que a publicização estará restrita de acordo com o grau de sigilo exigido pela legislação brasileira.

d) *a existência de autoridade central para recepção e transmissão dos pedidos de cooperação.*

A efetivação da cooperação jurídica internacional depende da indicação de autoridade central para recepção e transmissão dos pedidos de cooperação.

Sem que haja a indicação dessa autoridade central no Brasil, faltará um requisito importante para a concretização da cooperação internacional.

e) *a espontaneidade na transmissão de informações a autoridades estrangeiras.*

Isso significa dizer que a transmissão de informações a autoridades estrangeiras dar-se-á preferencialmente sem qualquer burocracia ou formalidade que impeça a rápida e efetiva comunicação entre as autoridades centrais do Brasil e do país estrangeiro.

4. A Reciprocidade como Critério de Realização da Cooperação Jurídica Internacional

A cooperação jurídica internacional entre o Brasil e os países estrangeiros será regida, em regra, por tratado de que o Brasil faça parte.

Porém, na ausência de tratado, a cooperação jurídica internacional poderá realizar-se com base em *reciprocidade*, manifestada por via diplomática.

Trata-se de uma temática recorrente na Lei de Migração (Lei 13.445, de 24 de maio de 2017), em especial na concessão de visto (art. 9º, inc. I), exercício de trabalho por dependente de titular de visto diplomático (art. 17, p.u.), medidas de cooperação em extradição (art. 84, §2º), transferência de execução de pena (art. 100, inc. V), transferência de pessoa condenada (art. 103), valores de taxas e emolumentos (art. 113, §1º e §2º, inc. II).

A *reciprocidade* constitui um dos princípios basilares da cooperação entre os Povos, uma vez que se fundamenta em condições mútuas e correspondentes.[123]

A *reciprocidade* permite que o Brasil coopere internacionalmente de acordo com as regras de cooperação que existam em um Estado estrangeiro, e desde que essas regras de cooperação não estejam em dissonância com as normas Constitucionais do devido processo legal.

Segundo anota J. E. Carreira Alvim, a reciprocidade

> significa que um Estado pode reconhecer direitos, faculdades, prerrogativas a outros, mesmo que não mantenha com este tratado, convenção ou acordo internacional, nem qualquer outro instrumento equivalente, desde que o Estado requerente dê ao requerido o mesmo tratamento quando estiver em circunstâncias idênticas ou análogas. Em outros termos, a reciprocidade é a correspondência mútua de um Estado, órgão ou organismo internacional em relação a outro; com que a aplicação do jargão popular "uma mão lava a outra".[124]

Corretamente entendida, e a exemplo de qualquer promessa, a reciprocidade tanto pode ser acolhida como rejeitada sem fundamentação pelos

[123] MELLO, Celso D. de Albuquerque. *Curso de Direito Internacional Público.* 15ª Ed. Rio de Janeiro: Renovar, 2004. p. 100.

[124] ALVIM, J. E. Carreira. *Comentários ao novo código de processo civil: Lei 13.105, de 16 de março de 2015.* Vol. 1. arts. 1º ao 81. Curitiba: Juruá, 2015.

governos em negociação. Sua aceitação, no caso do Brasil, não significa um compromisso internacional sujeito ao referendo do Congresso. O governo poderá, unilateralmente, declinar da promessa feita no caso concreto.[125]

Na Extradição n. 272-4, o Ministro Victor Nunes Leal assim se manifestou sobre a 'reciprocidade':

> O melhor entendimento da Constituição é que ela se refere aos atos internacionais de que resultem obrigações para o nosso país. Quando muito, portanto, caberia discutir a exigência da aprovação parlamentar para o compromisso de reciprocidade que fosse apresentado pelo governo brasileiro em seus pedidos de extradição. Mas a simples aceitação da promessa de Estado estrangeiro não envolve obrigação para nós. Nenhum outro Estado, à falta de norma convencional, ou de promessa feita pelo Brasil (que não é o caso), poderia pretender um 'direito' à extradição, exigível do nosso país, pois não há normas de direito internacional sobre extradição obrigatória para todos os Estados (caso Stangl, RTJ, 43/193).[126]

Fundada em promessa de reciprocidade, a cooperação jurídica internacional abre ao governo brasileiro a possibilidade de uma recusa sumária, cuja oportunidade será mais tarde examinada. Apoiada, porém, essa cooperação em tratado, o pedido não comporta semelhante recusa. Nessa hipótese, há um compromisso que ao governo brasileiro incumbe honrar, sob pena de ver colocada em causa sua responsabilidade internacional.[127]

Essas relações de reciprocidade com os Estados estrangeiros devem observar os princípios de igualdade, equidade, reciprocidade, cooperação e autodeterminação dos povos.

Além do mais, essa troca recíproca de colaboração deve respeitar as garantias constitucionais do devido processo legal no Estado requerente e também no Estado requerido, pois não se concebe troca de informações jurídicas sem observar, no mínimo, o contraditório e a possibilidade de ampla defesa. Há necessidade também de se garantir a igualdade de

[125] REZEK, Francisco. *Direito internacional público.* 12ª ed. São Paulo: Editora Saraiva, 2010. p. 204.

[126] REZEK, F., idem, ibidem.

[127] REZEK, F., idem, p. 204.

tratamento entre nacionais e estrangeiros, residentes ou não no Brasil, não podendo ocorrer qualquer espécie de discriminação, assegurando-se a assistência judiciária gratuita aos necessitados. Deve-se observar, ainda, nessa cooperação, a publicidade processual, somente se reconhecendo a necessidade de segredo de justiça nas causas indicadas na legislação brasileira.

Não se exigirá a reciprocidade para homologação de sentença estrangeira.

Assim, mesmo que não conste em tratado ou acordo internacional a homologação de sentença estrangeira, a homologação deverá ocorrer em território brasileiro independentemente de reciprocidade.

5. Cooperação Jurídica Internacional e sua Relação com as Normas Fundamentais do Estado Brasileiro

As normas fundamentais que regem o Estado brasileiro encontram-se previstas na Constituição da República Federativa do Brasil, especialmente em seus arts. 1º a 17º.

Nenhuma relação jurídica internacional, inclusive decorrente de cooperação internacional, poderá macular as normas fundamentais previstas na Constituição brasileira.

Portanto, na cooperação jurídica internacional não será admitida a prática de atos que contrariem ou que produzam resultados incompatíveis com as normas fundamentais que regem o Estado brasileiro.

O pedido de cooperação jurídica internacional formulado por Estado estrangeiro ao Estado brasileiro não poderá ser incompatível com a soberania nacional, com a cidadania brasileira, com a dignidade da pessoa humana, com os valores sociais do trabalho e livre iniciativa, com o pluralismo político etc.

As hipóteses que podem ensejar a não cooperação do Estado brasileiro com outro Estado são, dentre outras: a) o conteúdo do pedido de cooperação for manifestamente incompatível com a ordem pública do Estado brasileiro; b) a decisão a ser objeto de cooperação tiver sido obtida mediante fraude processual; c) pedido de prisão de devedor em matéria civil, cujo encarceramento não seja autorizado pela Constituição ou por Tratados dos quais o Brasil seja parte; d) o demandado não tiver comparecido nem tiver sido representado no Estado de origem.

6. Autoridade Central

A transmissão e recepção dos pedidos de cooperação jurídica internacional serão feitas por intermédio de uma *autoridade central*.

Os pedidos de cooperação internacional serão remetidos à Autoridade Central do Estado brasileiro por meio da Autoridade Central do Estado requerente.

Os pedidos formulados de cooperação internacional, em regra, deverão conter: a) declaração relativa à natureza do pedido ou dos pedidos; b) nome e dados de contato do demandante, incluídos endereço e data de nascimento; c) nome do demandado e, quando conhecidos, endereço e data de nascimento; d) motivos em que se fundamenta o pedido; e) qualquer informação ou documento especificado por declaração formulada pelo Estado requerido; f) nome e dados de contato da pessoa ou do setor da Autoridade Central do Estado requerente responsável pelo processamento do pedido.

Caberá ao *Ministério da Justiça* do Brasil a função de autoridade central, na ausência de designação específica.[128]

Por sua vez, caberá ao Estado estrangeiro designar a quem compete a função de Autoridade Central.

A designação da Autoridade Central ou das Autoridades Centrais, seus dados de contato e, quando cabível, o alcance de suas funções, serão comunicados ao Estado contratante, em caso de tratado ou ao Estado requerente em caso de reciprocidade.

As Autoridades Centrais deverão cooperar entre si e promover a cooperação entre as autoridades competentes de seus respectivos Estados para alcançar os objetivos da cooperação internacional; procurar, na medida do possível, soluções para as dificuldades que surjam em decorrência da cooperação prevista em tratado ou por reciprocidade.

As Autoridades Centrais prestarão auxílio com relação aos pedidos formulados na cooperação internacional, em especial, transmitir e receber referidos pedidos; iniciar ou facilitar o início de procedimentos relativos aos pedidos formulados.

A Autoridade Central não poderá exercer funções que seja de competência exclusiva de autoridades judiciais.

[128] As funções da Autoridade Central poderão ser desempenhadas, na medida do permitido na lei do respectivo Estado, por órgãos públicos ou outras instituições submetidas à supervisão das autoridades competentes do Estado brasileiro.

Os custos da Autoridade Central poderão ser repassados ao Estado requerente arcados diretamente pelo Estado brasileiro.

A Autoridade Central do Estado requerente assistirá o demandante a certificar-se de que o pedido esteja acompanhado de todas as informações e documentos que, no entender dessa Autoridade, sejam necessários para a análise do pedido.

A Autoridade Central do Estado requerente, satisfeitos os requisitos do tratado ou da reciprocidade, transmitirá o pedido à Autoridade Central do Estado requerido em favor do demandante e com o consentimento deste. O pedido poderá estar acompanhado de formulário de transmissão previsto em norma regulamentar.

A Autoridade Central do Estado requerente, quando solicitado pela Autoridade Central do Estado requerido, fornecerá cópia completa, certificada pela autoridade competente do Estado de origem, de qualquer dos documentos indicados em tratado ou em reciprocidade.

A Autoridade Central deverá acusar o recebimento da solicitação e dos documentos no prazo e na forma estabelecida em tratado ou decorrente de reciprocidade.

A Autoridade Central deverá informar à Autoridade Central do Estado requerente quais providências iniciais foram ou serão adotadas para dar efetividade ao pedido de cooperação internacional e poderá solicitar quaisquer outros documentos ou informações.

De acordo com o que for estabelecido em tratado ou reciprocidade, a Autoridade Central requerida fornecerá à Autoridade Central requerente nome e dados de contato da pessoa ou do setor responsável por responder às consultas relativas ao estado de tramitação do pedido.

As Autoridades Centrais, requerida e requerente, devem manter-se mutuamente informadas sobre: a) nome da pessoa ou do setor responsável por um caso concreto;

b) estado de tramitação do caso, fornecendo respostas aos pedidos de informações em prazo razoável.

As Autoridades Centrais processarão os casos com a celeridade que permita o exame adequado do seu conteúdo.

As Autoridades Centrais utilizarão os meios de comunicação mais ágeis e eficazes de que disponham.

A Autoridade Central brasileira poderá denegar o processamento do pedido somente quando manifestamente não cumprir os requisitos estabelecidos pelo Código de Processo Civil, pelo tratado ou pela reciprocidade. Nesses casos, a Autoridade Central brasileira informará prontamente os motivos da recusa à Autoridade Central requerente.

O ideal é que o tratado estabeleça que a Autoridade Central requerida não possa recusar pedido pelo simples motivo da necessidade de documentos ou informações adicionais. A Autoridade Central requerida poderá solicitar à Autoridade Central requerente que apresente documentos ou informações adicionais. Caso a Autoridade Central requerente não os apresente dentro do prazo fixado pela Autoridade Central requerida, esta poderá decidir que não mais processará o pedido. Nesse caso, comunicará sua decisão à Autoridade Central requerente.

O ideal é que conste no tratado ou na reciprocidade que nenhum pedido apresentado por meio das Autoridades Centrais dos Estados contratantes possa ser impugnado pelo demandado, a não ser pelos meios de comunicação utilizados entre as Autoridades Centrais.[129]

[129] A Portaria Interministerial n. 501, de 21.03.2012, do Ministério das Relações Exteriores do Brasil, assim dispõe sobre o trâmite de cartas rogatórias e a cooperação jurídica internacional em matéria civil e penal:

O Ministro de Estado das Relações Exteriores e o Ministro de Estado da Justiça, no uso de suas atribuições legais, previstas nos incisos I e II do parágrafo único do art. 87 da Constituição Federal, na Lei nº 10.683, de 28 de maio de 2003, e nos Decretos nos. 7.304, de 22 de setembro de 2010, e 6.061, de 15 de março de 2007;

Considerando o disposto no artigo 105, inciso I, alínea "i", da Constituição Federal, nos artigos 202, 210 e 212 da Lei nº 5.869, de 11 de janeiro de 1973 – Código de Processo Civil, nos artigos 783 a 786 do Decreto-Lei nº 3.689, de 3 de outubro de 1941 – Código de Processo Penal, bem como nos tratados vigentes na República Federativa do Brasil sobre tramitação de cartas rogatórias e outros instrumentos de cooperação jurídica internacional;

Considerando a Resolução nº 9, de 04 de maio de 2005, do Superior Tribunal de Justiça;

Considerando a Portaria Conjunta MJ/PGR/AGU nº 1, de 27 de outubro de 2005, que dispõe sobre a tramitação de pedidos de cooperação jurídica internacional em matéria penal entre o Ministério da Justiça, o Ministério Público Federal e a Advocacia Geral da União;

Considerando a Portaria MJ nº 1.876, de 27 de outubro de 2006, que dispõe sobre a tramitação de pedidos de cooperação jurídica internacional em matéria penal no âmbito do Ministério da Justiça;

Considerando a necessidade de uniformizar o trâmite de cartas rogatórias e pedidos de auxílio direto referentes a países que não têm tratado de cooperação jurídica internacional com a República Federativa do Brasil;

Considerando a necessidade de reduzir o tempo de tramitação das cartas rogatórias e dos pedidos de auxílio direto e as hipóteses de descumprimento das solicitações por falta de definição dos procedimentos; Resolvem:

Art. 1º – Esta Portaria define a tramitação de cartas rogatórias e pedidos de auxílio direto, ativos e passivos, em matéria penal e civil, na ausência de acordo de cooperação jurídica internacional bilateral ou multilateral, aplicando-se neste caso apenas subsidiariamente.

Art. 2º – Para fins da presente Portaria, considera-se:

I.pedido de auxílio direto passivo, o pedido de cooperação jurídica internacional que não enseja juízo de delibação pelo Superior Tribunal de Justiça, nos termos do art. 7º, parágrafo único da Resolução STJ nº. 9, de 04 de maio de 2005; e

II.carta rogatória passiva, o pedido de cooperação jurídica internacional que enseja juízo de delibação pelo Superior Tribunal de Justiça.

Parágrafo Único. A definição de pedido de auxílio direto ativo e de carta rogatória ativa observará a legislação interna do Estado requerido.

Art. 3º – Nos casos em que o pedido de cooperação jurídica internacional passivo não enseje a concessão de exequatur pelo Superior Tribunal de Justiça, e puder ser atendido pela via administrativa, não necessitando da intervenção do Poder Judiciário, caberá ao Ministério da Justiça diligenciar seu cumprimento junto às autoridades administrativas competentes.

Art. 4º – O Ministério das Relações Exteriores encaminhará ao Ministério da Justiça os pedidos de cooperação jurídica internacional passivos, em matéria penal e civil, tramitados pela via diplomática.

Art. 5º – Na ausência de acordo de cooperação jurídica internacional bilateral ou multilateral, o Ministério da Justiça encaminhará ao Ministério das Relações Exteriores os pedidos de cooperação jurídica internacional ativos, em matéria penal e civil, para tramitarem pela via diplomática.

Art. 6º – Cabe ao Ministério da Justiça:

I. instruir, opinar e coordenar a execução dos pedidos de cooperação jurídica internacional, em matéria penal e civil, encaminhando-os à autoridade judicial ou administrativa competente;

II. exarar e publicar entendimentos sobre cooperação jurídica internacional no âmbito de suas competências.

Art. 7º – As cartas rogatórias deverão incluir:

I.indicação dos juízos rogante e rogado;

II.endereço do juízo rogante;

III.descrição detalhada da medida solicitada;

IV.finalidade a ser alcançada com a medida solicitada;

V.nome e endereço completos da pessoa a ser citada, notificada, intimada ou inquirida na jurisdição do juízo rogado, e, se possível, sua qualificação, especificando o nome da genitora, data de nascimento, lugar de nascimento e o número do passaporte;

VI.encerramento, com a assinatura do juiz; e

VII.qualquer outra informação que possa a ser de utilidade ao juízo rogado para os efeitos de facilitar o cumprimento da carta rogatória.

§ 1º – No caso da medida solicitada consistir em interrogatório da parte ou inquirição de testemunha, recomenda-se, sob pena de impossibilidade de cumprimento da medida, que as cartas rogatórias incluam ainda:
a) texto dos quesitos a serem formulados pelo juízo rogado;
b) designação de audiência, a contar da remessa da carta rogatória ao Ministério da Justiça, com antecedência mínima de:
(i) 90 (noventa) dias, quando se tratar de matéria penal; e
(ii) 180 (cento e oitenta) dias, quando se tratar de matéria cível.
§ 2º – No caso de cooperação civil, as cartas rogatórias deverão ainda incluir, quando cabível, o nome e endereço completos do responsável, no destino, pelo pagamento das despesas processuais decorrentes do cumprimento da carta rogatória no país destinatário, salvo as extraídas das ações:
I. que tramitam sob os auspícios da justiça gratuita;
II. de prestação de alimentos no exterior, para os países vinculados à Convenção de Nova Iorque, promulgada no Brasil pelo Decreto nº. 56.826, de 2 de setembro de 1965, nos termos do artigo 26 da Lei nº. 5.478 de 25 de julho de 1968;
III. da competência da justiça da infância e da juventude, nos termos da Lei nº. 8.069, de 13 de junho de 1990.
Art. 8º – As cartas rogatórias deverão vir acompanhadas dos seguintes documentos:
I.petição inicial, denúncia ou queixa, a depender da natureza da matéria;
II. documentos instrutórios;
III. despacho judicial ordenando a sua expedição;
IV. original da tradução oficial ou juramentada da carta rogatória e dos documentos que os acompanham;
V. duas cópias dos originais da carta rogatória, da tradução e dos documentos que os acompanham; e
VI. outros documentos ou peças processuais consideradas indispensáveis pelo juízo rogante, conforme a natureza da ação.
Parágrafo único. No caso do objeto da carta rogatória consistir em exame pericial sobre documento, recomenda-se que o original seja remetido para o juízo rogado, permanecendo cópia nos autos do juízo rogante, sob pena de impossibilidade de cumprimento da medida.
Art. 9º – Os pedidos de auxílio direto deverão incluir:
I.indicação de previsão em acordo de cooperação jurídica internacional bilateral ou multilateral ou compromisso de reciprocidade;
II. indicação da autoridade requerente;
III. indicação das Autoridades Centrais dos Estados requerente e requerido;
IV. sumário contendo número(s) e síntese(s) do(s) procedimento(s) ou processo(s) no Estado requerente que servem de base ao pedido de cooperação;
V. qualificação completa e precisa das pessoas às quais o pedido se refere (nome, sobrenome, nacionalidade, lugar de nascimento, endereço, data de nascimento, e, sempre que possível, nome da genitora, profissão e número do passaporte);

7. Objeto da Cooperação Jurídica Internacional

O art. 27 do atual C.P.C. estabelece o objeto da cooperação jurídica internacional, ou seja, aquilo que pode ser solicitado ao ou pelo Estado estrangeiro mediante a cooperação jurídica internacional.

Dentre as hipóteses estabelecidas no art. 27 do novo C.P.C., encontram-se:

a) *comunicação de atos processuais*, como a citação, intimação e notificação judicial e extrajudicial;
b) *produção de provas*, mediante sua indicação e colheita no país estrangeiro, bem como a obtenção de informações sobre as provas que poderão ser produzidas;

VI. narrativa clara, objetiva, concisa e completa, no próprio texto do pedido de cooperação jurídica internacional, dos fatos que lhe deram origem, incluindo indicação:
a) do lugar e da data;
b) do nexo de causalidade entre o procedimento em curso, os envolvidos e as medidas solicitadas no pedido de auxílio; e
c) da documentação anexada ao pedido.
VII.referência e transcrição integral dos dispositivos legais aplicáveis, destacando-se, em matéria criminal, os tipos penais;
VIII. descrição detalhada do auxílio solicitado, indicando:
a) nos casos de rastreio ou bloqueio de contas bancárias, o número da conta, o nome do banco, a localização da agência bancária e a delimitação do período desejado, bem como, expressamente, a forma de encaminhamento dos documentos a serem obtidos (meio físico ou eletrônico);
b) nos casos de notificação, citação ou intimação, a qualificação completa da pessoa a ser notificada, citada ou intimada, e seu respectivo endereço;
c) nos casos de interrogatório e inquirição, o rol de quesitos a serem formulados.
IX. descrição do objetivo do pedido de cooperação jurídica internacional; requerida, para os efeitos de facilitar o cumprimento do pedido de cooperação jurídica internacional;
XI. outras informações solicitadas pelo Estado requerido; e
XII. assinatura da autoridade requerente, local e data.
Art. 10º – Esta Portaria revoga a Portaria Interministerial MRE/MJ nº 26, de 14 de agosto de 1990, e a Portaria Interministerial MRE/MJ de 16 de setembro de 2003, publicada no Diário Oficial da União de 19 de setembro de 2003.
Art. 11 – Esta Portaria entra em vigor na data de sua publicação.
JOSÉ EDUARDO CARDOZO
Ministro de Estado da Justiça

c) *homologação de cumprimento de decisão* proferida no estrangeiro, homologação essa que é de competência do S.T.J.;
d) *cumprimento de medidas de urgência,* tais como decretação de indisponibilidade, sequestro, arresto, busca e apreensão de bens, documentos, direitos e valores (essas hipóteses dependem do *exequatur* expedido pelo S.T.J.);
d) *perdimento de bens, direitos e valores* (também depende de *exequatur* do S.T.J.);
e) *reconhecimento e execução de outras espécies de decisões estrangeiras*, podendo ou não depender de homologação do S.T.J., de acordo com o seu conteúdo;
f) *obtenção de outras espécies de decisões nacionais, inclusive em caráter definitivo*;
g) *informação de direito estrangeiro*, quando for necessário para o conhecimento da causa a ser julgada no Brasil (isso pode ser por meio de cooperação direta);
h) *prestação de qualquer outra medida judicial ou extrajudicial não proibida pela lei brasileira*, o que significa dizer que as hipóteses previstas no art. 27 do atual C.P.C. são meramente exemplificativas e não taxativas.

Há, também, a possibilidade de cooperação jurídica internacional para efeito de concessão de assistência judiciária gratuita.

Em relação aos pedidos que possam ser formulados na cooperação internacional, a Autoridade Central poderá adotar as seguintes medidas:

a) prestar ou facilitar a prestação de assistência jurídica, quando as circunstâncias assim o requeiram;
b) ajudar a localizar a parte autora ou ré;
c) ajudar a obter informações pertinentes relativas à renda e, se necessário, a outros aspectos econômicos do autor ou do réu, incluindo a localização de ativos;
d) estimular soluções amigáveis a fim de por fim à demanda, recorrendo, quando apropriado, à mediação, à conciliação ou a outros procedimentos análogos;
e) facilitar a obtenção de documentos ou outros elementos de prova;
f) facilitar a comunicação de atos processuais.

Algumas atribuições da Autoridade Central estão bem delineadas na Convenção sobre os Aspectos Civis do Sequestro Internacional de Crianças, concluída na cidade de Haia, em 5 de outubro de 1980, tendo sido promulgada no Brasil pelo Decreto n.3.413, de 14 de abril de 2000.[130]

[130] Capítulo II
Autoridades Centrais
Artigo 6º
Cada Estado Contratante designará uma Autoridade Central encarregada de dar cumprimento às obrigações que lhe são impostas pela presente Convenção.
Estados federais, Estados em que vigorem vários sistemas legais ou Estados em que existam organizações territoriais autônomas terão a liberdade de designar mais de uma Autoridade Central e de especificar a extensão territorial dos poderes de cada uma delas. O Estado que utilize esta faculdade deverá designar a Autoridade Central à qual os pedidos poderão ser dirigidos para o efeito de virem a ser transmitidos à Autoridade Central internamente competente nesse Estado.
Artigo 7º
As autoridades centrais devem cooperar entre si e promover a colaboração entre as autoridades competentes dos seus respectivos Estados, de forma a assegurar o retorno imediato das crianças e a realizar os demais objetivos da presente Convenção.
Em particular, deverão tomar, quer diretamente, quer através de um intermediário, todas as medidas apropriadas para:
a) localizar uma criança transferida ou retida ilicitamente;
b) evitar novos danos à criança, ou prejuízos às partes interessadas, tomando ou fazendo tomar medidas preventivas;
c) assegurar a entrega voluntária da criança ou facilitar uma solução amigável;
d) proceder, quando desejável, à troca de informações relativas à situação social da criança;
e) fornecer informações de caráter geral sobre a legislação de seu Estado relativa à aplicação da Convenção;
f) dar início ou favorecer a abertura de processo judicial ou administrativo que vise o retorno da criança ou, quando for o caso, que permita a organização ou o exercício efetivo do direito de visita;
g) acordar ou facilitar, conforme ás circunstâncias, a obtenção de assistência judiciária e jurídica, incluindo a participação de um advogado;
h) assegurar no plano administrativo, quando necessário e oportuno, o retorno sem perigo da criança;
i) manterem-se mutuamente informados sobre o funcionamento da Convenção e, tanto quanto possível, eliminarem os obstáculos que eventualmente se oponham à aplicação desta. (...).
Artigo 9º
Quando a Autoridade Central que recebeu o pedido mencionado no Artigo 8 tiver razões para acreditar que a criança se encontra em outro Estado Contratante, deverá transmitir o pedido,

É importante salientar que não ofende a ordem jurídica nacional a concessão de *exequatur* às cartas rogatórias originadas de autoridade estrangeira competente de acordo com a legislação local, mesmo que não integrada ao Judiciário, se transmitidas via diplomática ou pelas autoridades centrais e em respeito aos tratados de cooperação jurídica internacionais. (Precedente do STF) (AgRg na CR 5.694/EX, Rel. Ministro FELIX FISCHER, CORTE ESPECIAL, julgado em 17/04/2013, DJe 02/05/2013).

8. Auxílio Direto

O *auxílio direto* é um método de cooperação jurídica internacional que permite levar o conhecimento do pedido de cooperação diretamente ao órgão jurisdicional ou administrativo competente para apreciá-lo, sendo desnecessário o juízo prévio de delibação do Superior Tribunal de Justiça.

Quando não for o caso de reconhecimento e execução de decisões estrangeiras (hipóteses que exigem a *homologação* e o *exequatur* pelo S.T.J.) a prática de atos processuais no Brasil e no estrangeiro poderá ser realizada por meio de pedidos de *auxílio direto*.[131]

diretamente e sem demora, à Autoridade Central desse Estado Contratante e disso informará a Autoridade Central requerente ou, se for caso, o próprio requerente.

Artigo 10º

A Autoridade Central do Estado onde a criança se encontrar deverá tomar ou fazer com que se tomem todas as medidas apropriadas para assegurar a entrega voluntária da mesma.

Artigo 11º

As autoridades judiciais ou administrativas dos Estados Contratantes deverão adotar medidas de urgência com vistas ao retomo da criança.

Se a respectiva autoridade judicial ou administrativa não tiver tomado uma decisão no prazo de 6 semanas a contar da data em que o pedido lhe foi apresentado, o requerente ou a Autoridade Central do Estado requerido, por sua própria iniciativa ou a pedido da Autoridade Central do Estado requerente, poderá solicitar uma declaração sobre as razões da demora. Se for a Autoridade Central do Estado requerido a receber a resposta, esta autoridade deverá transmiti-la à Autoridade Central do Estado requerente ou, se for o caso, ao próprio requerente.

[131] RECLAMAÇÃO CONSTITUCIONAL. USURPAÇÃO DE COMPETÊNCIA. COOPERAÇÃO JURÍDICA INTERNACIONAL. PEDIDO DE SEQUESTRO DECORRENTE DE SENTENÇA PENAL CONDENATÓRIA PROFERIDA NO EXTERIOR. NECESSIDADE DE DELIBAÇÃO PELO SUPERIOR TRIBUNAL DE JUSTIÇA.

1. Tratando-se de ato judicial que deve ser cumprido no Brasil (sequestro de bens para garantia da execução dos efeitos civis de sentença penal condenatória proferida pela Justiça paraguaia), a sua execução, por Juiz Federal, supõe a prévia concessão do 'exequatur' pelo

Conforme já afirmou o Ministro do S.T.F., Marco Aurélio de Mello, nos autos do Habeas Corpus n.º 105.905/MS, (DJe de 16/11/2011), a teor do disposto no artigo 105, inciso I, alínea 'i', da Constituição Federal e presente o artigo 15 da Lei de Introdução ao Código Civil brasileiro, ato de Juízo estrangeiro a implicar constrição deve ser examinado pelo Superior Tribunal de Justiça. Descabe apresentá-lo diretamente a Juízo Federal, objetivando o implemento. A atuação deste último, conforme o artigo 109, inciso X, da Carta da República, pressupõe o *exequatur.*[132]

Superior Tribunal de Justiça (art. 105, inciso I, alínea i, da Constituição Federal combinado com o art. 15 da Lei de Introdução às normas do Direito Brasileiro).
2. Hipótese em que a Justiça Federal deferiu o pedido de auxílio direto formulado pela União, determinando a constrição de bens do Reclamante, em manifesta usurpação da competência deste Tribunal.
3. Reclamação procedente, agravo regimental prejudicado.
(Rcl 3.364/MS, Rel. Ministra LAURITA VAZ, CORTE ESPECIAL, julgado em 05/10/2016, DJe 26/10/2016)

[132] No voto do Ministro Marco Aurélio de Mello, ficou assim consignado:
"(...).
2. Iniludivelmente, trata-se de ato de constrição, alcançando os bens do paciente, a ser implementado no território brasileiro, ante o que previsto em sentença estrangeira. Segundo decorre da Constituição Federal, compete ao Superior Tribunal de Justiça, como antes cabia ao Supremo fazer, a homologação de sentenças estrangeiras e a concessão de exequatur às cartas rogatórias artigo 105, inciso I, alínea i. Aos juízes federais cumpre a execução de carta rogatória e de sentença estrangeira após o exequatur e a homologação inciso X do artigo 109 também da Carta da República. De início, protocolo de assistência mútua em assuntos penais, acordo de cooperação internacional, não se sobrepõe aos ditames constitucionais. [...] Esse entendimento é robustecido pelo fato de, como consignado, a Lei Maior jungir a execução de atos no território brasileiro, decorrentes de pronunciamento de órgão ou autoridade judiciária estrangeira, ao crivo do Superior Tribunal de Justiça. A circunstância de haver acordo de cooperação entre os países não prescinde da formalidade essencial – o exame do citado Tribunal".
No mesmo julgamento, o Ministro Luiz Fux, ao acompanhar o voto do Ministro Marco Aurélio de Mello (então relator), fez a seguinte consideração:
"Mas o Ministro Marco Aurélio tocou num aspecto muito importante, muito interessante com a sua percuciente visão que lhe é peculiar. É que, na verdade, esse sequestro, ele faz as vezes de uma reparação do dano, ex delito, porque o que se pretende é que esse dinheiro, fruto do delito praticado, seja revertido de onde ele provém. Ora, evidentemente que essa medida requerida não é uma medida de cooperação direta, de auxílio direto, de troca de provas. Isso é uma medida de execução de uma sentença penal condenatória que precisa ser submetida à delibação da jurisdição nacional . Anteriormente era competência do Supremo Tribunal Federal e agora é competência do Superior Tribunal de Justiça.".

Deve-se fazer referência também ao julgamento proferido na Reclamação n.º 2.645/SP, da Relatoria do falecido Ministro Teori Albino Zavascki (enquanto Ministro do S.T.J.), no qual se chegou à conclusão de que as decisões de autoridades judiciárias estrangeiras estão sujeitas à homologação ou à concessão de *exequatur* pelo Superior Tribunal de Justiça para que produzam seus respectivos efeitos no Brasil, diversamente do que ocorre com as diligências de natureza extrajudiciais, que, por não dependerem de prévia autorização do Poder Judiciário brasileiro, devem ser solicitadas por meio de auxílio direto.

Sobre o auxílio direto, anota Maria Rosa Guimarães Loula, em sua tese de doutorado apresentada e aprovada pela Faculdade da UERJ:

> A 'assistência direta' é um novo mecanismo de cooperação jurídica internacional que não se confunde com a carta rogatória e nem com a homologação de sentença estrangeira. Trata-se de um procedimento inteiramente nacional, que começa com uma solicitação de ente estrangeiro para que o juiz nacional conheça de seu pedido como se o procedimento fosse interno, ou seja, a autoridade ou parte estrangeira fornece os elementos de prova para a autoridade central que encaminha o caso para o MPF (pena) ou AGU (civil) propor a demanda desde o início. Por isso a assistência direta difere da carta rogatória. Na carta rogatória passiva há uma ação no estrangeiro e o juiz estrangeiro solicita que o juiz nacional pratique certo ato (e já diz qual é o ato). O juiz nacional só pode praticar aquele ato ou negar aplicação (no caso de ofensa a ordem pública). A assistência direta começou nos países da Common Law e nestes ela não difere muito da carta precatória. Este procedimento começou

No voto do Ministro Dias Toffoli, a questão também ficou bem destacada, conforme se verifica do seguinte trecho:
"(...) parece realmente inafastável, do ponto de vista da ordem constitucional, a necessidade do exaquatur, mesmo nesses atos de cooperação internacional em que o Estado brasileiro, de maneira soberana, se corresponde com outros países – aqui, no caso, esse termo de cooperação estabeleceu-se com os países integrantes do Mercosul –, para, em nome desses países, realizar persecução em território nacional. Tanto é que quem peticiona nos autos é a União. A União está peticionando nos autos numa cooperação com o Estado paraguaio. E ele peticiona em seu nome próprio: União brasileira, na defesa dos interesses do Estado paraguaio, em razão desse termo de cooperação. O que deveria ter feito a União antes de peticionar no Juízo de piso? Deveria ter pedido ao Superior Tribunal de Justiça a concessão do exequatur, o que provavelmente obteria com a devida rapidez, com a devida celeridade".

a ser utilizado no Brasil para resolver o impasse criado pela jurisprudência do STJ sobre cartas rogatórias executórias. Este procedimento está bem descrito no acordo bilateral BR-EUA e no Protocolo de São Luis, Mercosul (assistência judicial em matéria penal).[133]

Em regra, a cooperação jurídica internacional realizada por meio do auxílio direto dar-se-á de acordo com as condições e os requisitos existentes em tratados internacionais dos quais o Brasil seja signatário.

Na ausência de tratado, o auxílio direto poderá se realizado com base em *reciprocidade*, manifestada por via diplomática.

É importante não se confundir a cooperação direta com o instituto do auxílio direto. A primeira ocorre sem intermediários, ao tempo que o auxílio direto tramita pelas Autoridades Centrais dos Estados envolvidos. Ambas as formas de cooperação formal e informal são importantes e, mais que isso, são complementares. Se aplicadas corretamente, observando-se os fins e os limites que se atribui a cada uma delas, chega-se a um ponto benéfico para a sociedade.[134]

Segundo estabelece o art. 28 do atual C.P.C., caberá auxílio direto quando a medida não decorrer diretamente de decisão de autoridade jurisdicional estrangeira a ser submetida a juízo de delibação no Brasil.

Dispositivo similar ao do art. 28 do atual C.P.C. encontra-se no artigo 7º, parágrafo único, da Resolução n. 9/2005 do S.T.J., que assim preceitua quanto ao pedido direto de cooperação internacional:

> Art. 7º As cartas rogatórias podem ter por objeto atos decisórios ou não decisórios.
>
> Parágrafo único. Os pedidos de cooperação jurídica internacional que tiverem por objeto atos que não ensejem juízo de delibação pelo Superior Tribunal de Justiça, ainda que denominados como carta rogatória, serão encaminhados ou devolvidos ao Ministério da Justiça para as providências necessárias ao cumprimento por auxílio direto.

133 Apud, ARAUJO, Nádia. Cooperação jurídica internacional para atuação do estado brasileiro no plano interno e internacional. In: *Manual de cooperação jurídica internacional e recuperação de ativos*, op. cit., pág. 45 e 46.

134 SAADI, Ricardo Andrade; BEZERRA, Camíla Colares. A autoridade central da cooperação jurídica internacional. In: *Manual de cooperação jurídica internacional e recuperação de ativos*, op. cit., p. 24.

Assim, não havendo necessidade de deliberação por parte de órgão jurisdicional brasileiro, como, por exemplo, homologação de sentença estrangeira ou expedição de *exequatur*, o pedido de auxílio direto será encaminhado à Autoridade Central, que adotará as providências necessárias.

Muito embora as cartas rogatórias expedidas por Estados estrangeiros estejam condicionadas, para seu cumprimento em território nacional, ao *exequatur* do S.T.J., se essas cartas rogatórias não tiverem por objeto atos que exijam uma prévia análise do aludido tribunal superior, poderá o seu cumprimento ser realizado por meio do *auxílio direto*.

O auxílio direto tem por finalidade tornar mais ágil os procedimentos de cooperação jurídica tradicional, em vista da morosidade a eles associada.

No caso do Brasil, com a norma estabelecida no art. 28 do atual C.P.C., poderá haver a colaboração sem necessidade de despacho judicial, quando não haja razão para o exercício de atividade jurisdicional, como na hipótese de homologação de sentença estrangeira ou de determinados conteúdos de carta rogatória que obrigatoriamente devem passar pela delibação do S.T.J.[135]

A intervenção judicial poderá ser dispensada quando a situação não for de molde a exigi-la, como, por exemplo, se o requerimento for de informações disponíveis sem a necessidade de intervenção judicial.

A cooperação para a informação sobre o direito nacional vigente em um determinado Estado para uso judicial em outro Estado, poderá ocorrer pelo auxílio direto judicial ou meramente administrativo.

No Mercosul, o Protocolo de Lãs Lenas sobre cooperação jurídica internacional estabelece que essa informação pode ser enviada diretamente pela Autoridade Central designada. Há, ainda, pedidos de cooperação administrativa provenientes do exterior, que não necessitam de realização de um ato jurisdicional e podem ser cumpridos diretamente pelos órgãos competentes, como no caso, o Departamento de Ativos e Cooperação Internacional.

A Resolução n. 9 do S.T.J. faz referência expressa ao auxílio direto em seu artigo 7º, parágrafo único, preconizando que 'os pedidos de cooperação jurídica internacional que tiverem por objeto atos que não ensejem juízo de delibação pelo Superior Tribunal de Justiça, ainda que denominados

[135] A carta rogatória será encaminhada pelo Ministério das Relações Exteriores ao STJ para a análise do "exequatur".

como carta rogatória, serão encaminhados ou devolvidos ao Ministério de Justiça para as providências necessárias ao cumprimento do auxílio direto.

Dentre as hipóteses em que não se admite o *auxílio direto* encontram-se o sequestro de bens, busca e apreensão de pessoas, penhora e alienação de bens.

No Auxílio Direto não há comunicação direta entre juiz brasileiro e a autoridade estrangeira, uma vez que o pedido de cooperação internacional será encaminhado pelo órgão estrangeiro interessado à Autoridade Central, na forma estabelecida em tratado ou decorrente de reciprocidade, cabendo ao Estado requerente assegurar a autenticidade e a clareza do pedido.

A mesma sistemática verifica-se no caso do auxílio direto ativo: a Autoridade Central brasileira fará o encaminhamento do auxílio direto à Autoridade Central estrangeira.

Em que pese a inexistência de relação direta entre os juízes brasileiros e os juízes estrangeiros, o certo é que a Autoridade Central não realiza juízo de delibação do ato jurisdicional, diferentemente do que ocorre com a Carta Rogatória sujeita a análise do S.T.J.[136]

Portanto, a tramitação desses pedidos é coordenada pela Autoridade Central brasileira designada em cada tratado firmado ou em decorrência de reciprocidade.

Esse novo mecanismo é sem dúvida mais consentâneo à realidade atual, tomando-se por base o crescimento exponencial do número de pedidos de cooperação jurídica que o Brasil requer aos países estrangeiros (cooperação ativa) e também se analisando o aumento dos pedidos que recebe (cooperação passiva).[137]

O pedido de cooperação jurídica internacional, por meio de *auxílio direto*, além do que for estabelecido em tratado ou em compromisso de reciprocidade, poderá ter por objeto: a) comunicação de atos processuais;

[136] "Questões de mérito não comportam apreciação em sede de carta rogatória, ficando o exame a cargo da Justiça rogante." (STJ, AgRg na CR 733/IT, Trecho da ementa. Rel. Ministro CÉSAR ASFOR ROCHA, CORTE ESPECIAL, julgado em 19/12/2005, DJ 10/04/2006 p. 106)

[137] PIRES JÚNIOR, Paulo Abraão. O papel da cooperação jurídica internacional, In: *Manual de cooperação jurídica internacional e recuperação de ativos*. Ministério da Justiça Secretaria de Justiça – Departamento de Recuperação de Ativos e Cooperação Jurídica Internacional, Brasília, 2012, 2ª edição, Ministro José Eduardo Cardozo, pág. 18.

b) obtenção e prestação de informações sobre o ordenamento jurídico e sobre processos administrativos ou jurisdicionais findos ou em curso; b) produção de provas, salvo se a medida for adotada em processo, em curso no estrangeiro, de competência exclusiva de autoridade judiciária brasileira; c) informação de direito estrangeiro; d) prestação de qualquer outra forma de cooperação não proibida por lei.

O pedido de *auxilio direto* deverá tramitar perante as Autoridades Centrais dos países envolvidos.

A Autoridade Central brasileira comunicar-se-á diretamente com suas congêneres e, se necessário, com outros órgãos estrangeiros responsáveis pela tramitação e pela execução de pedidos de cooperação enviados e recebidos pelo Estado brasileiro, respeitadas disposições específicas constantes de tratado.[138]

[138] A figura da Autoridade Central aparece como parte determinante desse pacote de medidas voltadas à modernização da ajuda jurídica internacional. O modelo foi inaugurado com a Convenção de Haia de Comunicação de Atos Processuais, de 1965, que trouxe a obrigação de cada Estado-parte designar uma Autoridade Central para receber os pedidos de cooperação jurídica elaborados com base naquele instrumento, e posteriormente reproduzido na grande maioria dos acordos e tratados que tratam de assistência jurídica. A idéia de concentrar em um único órgão o envio e recebimento dos pedidos representa, sem dúvida, um grande avanço na organização da cooperação jurídica internacional, especialmente se considerarmos que o fluxo de pedidos dessa natureza aumenta exponencialmente a cada ano. No entanto, o papel da Autoridade Central vai além da tramitação de documentos, se estendendo a aspectos ligados à efetividade, celeridade e lisura da cooperação. A Autoridade Central é um órgão técnico-especializado responsável pela boa condução da cooperação jurídica que cada Estado exerce com as demais soberanias, cabendo-lhe, ademais do recebimento e transmissão dos pedidos de cooperação jurídica, a análise e adequação destas solicitações quanto à legislação estrangeira e ao tratado que a fundamenta. Tem como função promover a efetividade da cooperação jurídica e, principalmente, desenvolver conhecimento agregado acerca da matéria. Mediante especialização do seu corpo de servidores e das suas rotinas, a Autoridade Central confere maior celeridade à relação da cooperação, conformando a solicitação aos requisitos que podem variar de acordo com diferentes aspectos, dentre eles a medida que se solicita, o país destinatário e a base jurídica. O espectro de variantes pode ser enorme e o rol de requisitos a ser preenchido por cada solicitação é sempre peculiar. Cabe à Autoridade Central, conhecendo cada uma dessas peculiaridades, instruir as autoridades nacionais e estrangeiras de modo a tornar o intercâmbio entre os Estados o mais fluído e eficiente possível. Outro aspecto relevante é que as autoridades centrais se comunicam diretamente, eliminando, em regra, a necessidade de instância diplomática para tramitação dos documentos. Esse contado direto, além de diminuir o número de interlocutores e consequentemente a probabilidade de haver ruídos na comunicação interestatal, favorece a que se forme uma rede de órgãos

Esse trâmite poderá ser transmitido por meios não regulares, como por *fax* ou correio eletrônico, nos casos em que a adoção das medidas demanda urgência.

Enquanto não indicada outra Autoridade Central para o trâmite do pedido de cooperação internacional, competirá ao Ministério da Justiça encaminhar à autoridade congênere no exterior o pedido de auxílio direto ativo.

Compete ao Ministério da Justiça verificar junto à autoridade estrangeira qual a autoridade que se encontra investida dessa função.

Em regra, os pedidos de cooperação jurídica internacional são encaminhados pela via diplomática, por meio do Ministério das Relações Exteriores.

De qualquer forma, havendo tratado sobre a forma de tramitação do pedido de cooperação internacional, este deverá ser observado para todos os fins procedimentais.

A Autoridade Central brasileira poderá comunicar-se diretamente com órgãos administrativos no exterior para dar eficácia ao pedido de auxílio direto formulado pela autoridade judiciária brasileira.

No caso de auxílio direto para a prática de atos que, segundo a lei brasileira, não necessitem de prestação jurisdicional, a Autoridade Central adotará as providências necessárias para seu cumprimento.

No Brasil, em face do que dispõe o art. 32 do atual C.P.C., poderá haver a colaboração sem necessidade de despacho judicial, quando não haja razão para o exercício de atividade jurisdicional.

A cooperação para a informação sobre o direito vigente em um determinado Estado, para uso judicial em outro Estado, pode ser realizada através de um pedido judicial ou meramente administrativo. Por exemplo, no Mercosul, o Protocolo de *Lãs Lenas* sobre cooperação jurídica internacional prevê que esta informação pode ser enviada diretamente pela Autoridade Central designada. Há ainda pedidos de cooperação administrativa provenientes do exterior, que não necessitam de realização de um ato jurisdicional e podem ser cumpridos diretamente pelos órgãos competentes, atualmente o Departamento de Ativos e Cooperação Internacional. Não há

especializados que estão sempre buscando junto à comunidade internacional melhorias no sistema de cooperação e a padronização de boas práticas na área. (*Manual de cooperação jurídica internacional e recuperação de ativos.* op. cit., p. 23).

uma norma específica sobre essa matéria, mas a Resolução n. 9 do S.T.J. a ela aludiu no seu artigo 7º, parágrafo único, ao estabelecer que 'os pedidos de cooperação jurídica internacional que tiverem por objeto atos que não ensejem juízo de delibação pelo Superior Tribunal de Justiça, ainda que denominados como carta rogatória, serão encaminhados ou devolvidos ao Ministério de Justiça para as providências necessárias ao cumprimento do auxílio direto.

Recebido o pedido de auxílio direto passivo, a Autoridade Central, no caso o Ministério da Justiça, encaminhará a documentação e a solicitação formulada à Advocacia-Geral da União, órgão encarregado de requerer em juízo a medida solicitada, quando a medida depender de prestação jurisdicional.

Note-se que a Advocacia-Geral da União não é representante da parte solicitante do pedido de auxílio direto.

A função da Advocacia-Geral da União é promover a provocação da atividade jurisdicional para a prática do ato judicial requerido no auxílio direto.

Não dependendo o pedido de auxílio direto de atividade jurisdicional, a Advocacia-Geral da União poderá requerer a outro órgão administrativo diretamente o objeto requerido no auxílio direto.

Exercendo o Ministério Público a função de Autoridade Central, na hipótese de pedido de auxílio direto passivo, caberá a essa instituição promover em juízo a medida solicitada.

Compete ao juízo federal do lugar em que deva ser executada a medida solicitada apreciar o pedido de auxílio direto passivo que demande prestação de atividade jurisdicional.

Tendo em vista que o auxílio direto, em regra geral, decorre de pedido formulado pela Advocacia-Geral da União ou pelo Ministério Público Federal, a competência para analisar a medida solicitada será da Justiça Federal do lugar em que deva ser executada a medida. A competência somente será da Justiça Federal quando o pedido de auxílio direto passivo exigir exercício de atividade jurisdicional; caso contrário, o auxílio direto deverá ser postulado diretamente pela Autoridade Central ao órgão administrativo correspondente.

9. Carta Rogatória

A Carta Rogatória representa um dos mecanismos mais antigos de cooperação jurídica entre os Estados, sendo seu cumprimento sujeito às determinações legais do país rogado.

As cartas rogatórias são de duas espécies. Se forem enviadas do Brasil a outro país, são denominadas de *carta rogatória ativa*; se forem remetidas de outro país para o Brasil, são denominadas de *carta rogatória passiva*.

A carta rogatória ativa deverá observar, além das regras previstas na legislação brasileira, também as normatizações impostas pelas convenções internacionais.

Em regra, a carta rogatória ativa será remetida diretamente ao Ministério das Relações Exteriores, que a encaminhará à missão diplomática brasileira no país de destino. Algumas vezes esse documento é encaminhado ao Ministério da Justiça.

Já as cartas rogatórias passivas, para que possam ter eficácia em território brasileiro, devem ser submetidas ao *exequatur* perante o Superior Tribunal de Justiça (C.F. art. 105, inc. I, letra 'i').

A Carta Rogatória, assim como o auxílio direto, são métodos internacionais destinados a solicitação de assistência jurídica internacional.[139]

A questão que surge diz respeito à diferença entre o auxílio direto e a carta rogatória.

Segundo estabelece o art. 28 do novo C.P.C., "cabe auxílio direto quando a medida não decorrer diretamente de decisão de autoridade jurisdicional estrangeira a ser submetida a juízo de delibação no Brasil".

[139] O artigo 105, inciso I, alínea i, da Constituição Federal, dispõe:
"Art. 105. Compete ao Superior Tribunal de Justiça:
I — processar e julgar, originariamente:
(...).
i) a homologação de sentenças estrangeiras e *a concessão de* exequatur *às cartas rogatórias*;"
"O texto constitucional, ao outorgar competência ao Superior Tribunal de Justiça para processar e julgar, originariamente, as cartas rogatórias, qualifica esta competência com a expressão "concessão de exequatur". Não diz a norma constitucional que ao STJ, em instância originária, compete processar e julgar as cartas rogatórias, mas sim processar e julgar "a concessão de exequatur" às cartas rogatórias". (MADRUGA, Antenor. *A diferença entre Auxílio Direto e Carta Rogatória*, https://www.conjur.com.br/2011-jul-13/auxilio-direto-carta-rogatoria-diferenca-nao-rotulo)

Portanto, o auxílio direto somente será utilizado quando a medida solicitada não decorrer de decisão que obrigatoriamente deverá ser submetida à delibação do Superior Tribunal de Justiça, seja para expedição do *exequatur*, seja para homologação de sentença estrangeira.

Havendo necessidade de deliberação no Brasil sobre a decisão proveniente da autoridade estrangeira, a medida deverá seguir os trâmites da carta rogatória ou da homologação de sentença estrangeira.

Não obstante o auxílio direto seja a forma mais simplificada e menos burocrática para o cumprimento de pedido de cooperação jurídica internacional, quando o objeto dessa cooperação disser respeito à decisão que exija o *exequatur*, a comunicação entre o Brasil e o país estrangeiro dar-se-á por meio de *carta rogatória.*

As cartas rogatórias são admissíveis, em regra, para a prática de atos de informação ou de comunicação processual, como, por exemplo, notificações, citações, assim como colheita de prova (perícia, testemunhas, depoimento pessoal).

Se a colheita de prova, por exemplo, não necessitar de ato de delibação do S.T.J., poderá ser feita por meio do auxílio direto.[140]

A Convenção Interamericana sobre Cartas Rogatórias, promulgada no Brasil pelo Decreto n. 1.899, de 9 de maio de 1996, preconiza que as cartas rogatórias, *commissions rogatoires' ou 'letters rogatory'* não podem ser utilizadas para execução coativa de ato processual. Nesse sentido estabelece o art. 3 da Convenção: "Esta Convenção não se aplicará a nenhuma carta rogatória relativa a atos processuais outros que não os mencionados nos artigos anterior; em especial, *não se aplicará àqueles que impliquem execução coativa.*"[141]

[140] Se o pedido de produção probatória não está amparado em decisão proferida pela Justiça estrangeira, a ser submetida ao juízo delibatório exercido pelo S.T.J. na concessão de exequatur nas cartas rogatórias, tal pedido poderá ser solicitado via auxílio direto. Ministro Gilson Dipp, ao proferir voto-vista no Agravo Regimental na Carta Rogatória n. 998-IT, enfatizou que, não havendo, na rogatória, "uma decisão de quebra de sigilo bancário ou de seqüestro de bens, mas um pedido para que essa decisão seja obtida perante o Poder Judiciário brasileiro", não se seria o caso de juízo de delibação a ser exercido por esta Corte, mas de pedido de "auxílio jurídico".

[141] Sobre a impossibilidade de se veicular atos processuais com natureza coativa no âmbito de carta rogatória, eis a seguinte decisão do S.T.F.:

"Carta Rogatória. Busca e apreensão de menor. Ato de caráter executório. Impossibilidade. A Convenção Interamericana sobre Cartas Rogatórias, celebrada no Panamá, formalmente incorporada ao direito positivo interno brasileiro, em 1996, ao definir a natureza das atividades processuais passíveis de cumprimento em sede de comissão rogatória, excluiu, de maneira expressa, os atos "que impliquem execução coativa" (Artigo 3). Exequatur denegado. Precedentes. A Justiça da República do Panamá, em sede de carta rogatória passiva, postula o reconhecimento e execução de sentença por ela proferida, para que, após a sua homologação pelo Presidente do Supremo Tribunal Federal, seja efetivado o ato de busca e apreensão concernente a duas (2) menores, uma das quais, posteriormente, veio a ser devolvida à sua mãe (fls. 127). Pretende-se, desse modo, mediante simples procedimento rogatório, a homologação de sentença estrangeira, com o objetivo de conferir-lhe eficácia executiva em território brasileiro. O caráter executório da medida ora solicitada na presente carta rogatória basta, por si só, para inviabilizar a pretendida concessão de exequatur. É por esse motivo que o Ministério Público Federal, destacando a natureza essencialmente executória da diligência rogada, opinou pela denegação do exequatur (fls. 324/325). Entendo assistir razão à douta Procuradoria-Geral da República. É que a jurisprudência do Supremo Tribunal Federal, em tema de cartas rogatórias passivas, tem, invariavelmente, repelido a possibilidade jurídica de concessão do exequatur para efeito de realização, em território brasileiro, de diligências de natureza executória: "Sempre se entendeu que as cartas rogatórias executórias são insuscetíveis de cumprimento no Brasil. É preciso notar, porém, que o caráter executório de uma rogatória se há de aferir, não pela natureza da demanda que lhe dá origem, mas pela finalidade que a anima, traduzida na realização, no Brasil, de atos de constrição judicial inerentes à execução forçada." (RTJ 72/659-667, 664, Rel. Min. OSWALDO TRIGUEIRO – trecho do voto do Min. XAVIER DE ALBUQUERQUE – grifei) "(...) constitui princípio fundamental do direito brasileiro sobre rogatórias o de que nestas não se pode pleitear medida executória de sentença estrangeira que não haja sido homologada pela Justiça do Brasil." (RTJ 93/517, 519, Rel. Min. ANTONIO NEDER – grifei) "A Carta Rogatória é a solicitação de autoridade judiciária estrangeira para autoridade judiciária brasileira, ou vice-versa, tendo por objeto a realização de um ato processual relativo a um pleito. A carta pode ter por escopo a citação, intimação, notificação, inquirição, exames, etc... Na tradição do direito brasileiro, inspirada no princípio da cooperação judiciária internacional, sempre se acolheu a Carta Rogatória com a finalidade de citação ou inquirição. Isto já vem do Aviso nº 1, de 1º de outubro de 1847, contanto que fosse desprovida de caráter executivo (...). .... (...) Ora, a jurisprudência desta Corte é pacífica em conceder exequatur à Carta Rogatória de intimação, porque ela não requer a prática de qualquer ato de execução." (RTJ 103/536, 541, Rel. p/ o acórdão Min. ALFREDO BUZAID – grifei) Essa orientação jurisprudencial – reiterada em outros julgamentos do Supremo Tribunal Federal (CR 5.715 – CR 6.958) – encontra apoio em autorizado magistério doutrinário, que, na análise do tema, e na perspectiva do sistema jurídico brasileiro, adverte que as cartas rogatórias passivas não podem revestir-se de eficácia executória (HERMES MARCELO HUCK, "Sentença Estrangeira e Lex Mercatoria", p. 35/39, item n. 6, 1994, Saraiva; WILSON DE SOUZA CAMPOS BATALHA, "Tratado de Direito Internacional Privado", vol. II/408-409, 2ª ed., 1977, RT; AMILCAR DE CASTRO, "Direito Internacional Privado", p. 585-586, item n. 334, 4ª ed., 1987, Forense; AGUSTINHO FERNANDES DIAS DA SILVA, "Direito Processual Internacional", p. 170, item n. 179, 1971,

É importante salientar que no âmbito do MERCOSUL, em razão do *Protocolo de Las Leñas* (incorporador em território brasileiro pelo Decreto legislativo n. 55/95 e pelo Decreto executivo n. 2.067/96), poderá a carta

Rio de Janeiro; HAROLDO VALLADÃO, "Direito Internacional Privado", vol. III/176, 1978, Freitas Bastos; OSCAR TENÓRIO, "Direito Internacional Privado", vol II/370, item n. 1.216, 11ª ed., 1976, Freitas Bastos; MARIA HELENA DINIZ, "Lei de Introdução ao Código Civil Brasileiro Interpretada", p. 304, item n. 6, 1994, Saraiva, v.g.). É por essa razão – insista-se – que a jurisprudência do Supremo Tribunal Federal orienta-se no sentido de considerar insuscetíveis de cumprimento, no Brasil, as cartas rogatórias passivas revestidas de caráter executório, ressalvadas aquelas expedidas com fundamento em atos ou em convenções internacionais de cooperação interjurisdicional (CR 7.899, Rel. Min. CELSO DE MELLO – CR 7.618 (AgRg), Rel. Min. SEPÚLVEDA PERTENCE, v.g.). Vê-se, portanto, que, em princípio, constitui postulado geral do sistema normativo brasileiro a pré-exclusão de qualquer atividade de índole executória em sede de carta rogatória passiva, pois, em tal hipótese, impor-se-á a necessária e prévia homologação da respectiva decisão estrangeira, a efetivar-se em procedimento específico a ser instaurado, no âmbito desta Corte, nos termos do CPC (arts. 483 e 484) e do RISTF (arts. 215 a 224). Em regra, as cartas rogatórias encaminhadas à Justiça brasileira somente devem ter por objeto a prática de simples ato de informação ou de comunicação processual, ausente, desse procedimento, qualquer conotação de índole executória, cabendo relembrar, por necessário, a plena admissibilidade, em tema de rogatórias passivas, da realização, no Brasil, de medidas cientificatórias em geral (intimação, notificação ou citação), consoante expressamente autorizado pelo magistério jurisprudencial prevalecente no âmbito desta Suprema Corte (RTJ 52/299 – RTJ 87/402 – RTJ 95/38 – RTJ 95/518 – RTJ 98/47 – RTJ 103/536 – RTJ 110/55). No caso ora em análise, observo, como precedentemente já enfatizado, que a diligência solicitada pela Justiça rogante reveste-se de caráter executório, eis que a medida de busca e apreensão em referência depende, para efeito de sua efetivação, do prévio e necessário reconhecimento formal da sentença estrangeira "de guarda, educação, regulamentação de visitas e pensão alimentícia (...)" (fls. 2). Sendo assim, revela-se inteiramente aplicável à espécie o que dispõe a Convenção Interamericana sobre Cartas Rogatórias, que, assinada no Panamá (1975), incorporou-se, formalmente, ao direito positivo interno brasileiro, em 1996, em virtude de ato presidencial que a promulgou (Decreto nº 1.899, de 09/5/96). Essa Convenção Interamericana, ao definir a natureza das atividades processuais passíveis de cumprimento em sede de comissão rogatória, excluiu, de maneira expressa, os atos "que impliquem execução coativa" (Artigo 3). É, pois, insuscetível de cumprimento, em nosso País, mediante simples procedimento rogatório, a diligência ora solicitada pela Justiça da República do Panamá. Assim sendo, considerando as razões expostas, e nos termos do parecer da douta Procuradoria-Geral da República, denego o exequatur, e, em conseqüência, determino a devolução, por via diplomática, da presente comissão rogatória. Publique-se. Brasília, 15 de abril de 1999. Ministro CELSO DE MELLO Presidente (CR 8377, Relator(a): Min. PRESIDENTE, Decisão Proferida pelo(a) Ministro(a) CELSO DE MELLO, julgado em 15/04/1999, publicado em DJ 26/04/1999 PP-00003)

rogatória ter por objeto medidas executivas. Assim, as sentenças estrangeiras, desde que proferidas por autoridades judiciárias de país que façam parte do MERCOSUL, poderão ser submetidas a homologação em território nacional por meio de rito simplificado, ou seja, por meio de *carta rogatória* dirigida à Justiça brasileira.

No que concerne à execução de medidas cautelares em território brasileiro, via carta rogatória, tal regulação está inserida no *Protocolo de Medidas Cautelares*, realizado em Ouro Preto, em 1994, tendo sido incorporado em território brasileiro pelo Decreto legislativo n. 192/95 e pelo Decreto n. 2.626/98. Referido protocolo estabelece que não será necessário a homologação de decisão estrangeira para efeito e execução de medidas cautelares no Brasil.

O S.T.J., no AgInt na CR 11.165/EX, Rel. Ministra LAURITA VAZ, CORTE ESPECIAL, julgado em 06/09/2017, DJe 15/09/2017, traçou a diferença existente entre a carta rogatória e o auxílio direto, *in verbis:*

> COMPETÊNCIA DA PRESIDÊNCIA DO SUPERIOR TRIBUNAL DE JUSTIÇA PARA MANIFESTAÇÃO QUANTO À PRESCINDIBILIDADE OU NÃO DO EXEQUATUR EM PEDIDOS DE COOPERAÇÃO JURÍDICA INTERNACIONAL. ATRIBUIÇÃO EXCLUSIVA DESTA CORTE SUPERIOR DE JUSTIÇA PELA CONSTITUIÇÃO DA REPÚBLICA. CARTA ROGATÓRIA E AUXÍLIO DIRETO. DEFINIÇÃO. CASO CONCRETO. INEXISTÊNCIA DE DECISÃO JUDICIAL ESTADUNIDENSE PARA A CONCESSÃO DO EXEQUATUR. PEDIDO ESTRANGEIRO BASEADO EM ACORDO DE ASSISTÊNCIA EM MATÉRIA PENAL CELEBRADO ENTRE BRASIL E OS ESTADOS UNIDOS DA AMÉRICA. EFICÁCIA. AGRAVO DESPROVIDO.
>
> 1. Compete ao Superior Tribunal de Justiça, exclusivamente, como antes competia ao Supremo Tribunal Federal, a análise dos requisitos para a concessão de exequatur às cartas rogatórias, nos termos do art. 105 da Constituição da República e do art. 216-O do Regimento Interno do Superior Tribunal de Justiça.
>
> 2. A carta rogatória e o auxílio direto convivem no ordenamento jurídico como sistemas de cooperação internacional em matéria penal, entretanto são institutos com ritos e procedimentos diversos, mormente em razão das normas aplicáveis e da origem da decisão que ensejou o pedido estrangeiro.

3. O pedido de assistência direta dos Estados Unidos da América (mutual legal assistance) firmou-se no Acordo de Assistência Judiciária em Matéria Penal, celebrado entre Brasil e Estados Unidos, devidamente integrado ao nosso ordenamento jurídico. A jurisprudência do Supremo Tribunal Federal e do Superior Tribunal de Justiça é no sentido de que os tratados e convenções internacionais de caráter normativo incorporados ao sistema jurídico brasileiro têm eficácia de lei ordinária e força normativa.

4. Na carta rogatória passiva, existe decisão judicial oriunda de juízos ou tribunais estrangeiros que, para serem executados em território nacional, precisam do juízo de delibação do Superior Tribunal de Justiça, sem, contudo, adentrar-se no mérito da decisão proveniente do país alienígena. No auxílio direto, há um pedido de assistência do Estado estrangeiro diretamente ao Estado rogado, no exercício de atividade investigatória, para que este preste as informações solicitadas ou, havendo necessidade legal, submeta o pedido à Justiça Federal competente para julgar a providência requerida (medidas acautelatórias), conforme o caso concreto. A assistência direta decorre de acordo ou tratado internacional de cooperação em que o Brasil é, necessariamente, signatário.

5. No caso em apreço, não há decisão judicial norte-americana a ser submetida ao juízo delibatório do Superior Tribunal de Justiça. O que se tem é pedido de assistência direta formulado por autoridade estrangeira no exercício de atividade investigatória, dirigido à autoridade congênere no Brasil, qual seja, o Ministério Público Federal, que, no intuito de cooperação internacional, submeteu o pedido estrangeiro ao crivo da Justiça Federal do Estado do Rio de Janeiro.

6. Prescindibilidade da concessão do exequatur, uma vez que o pedido estrangeiro não se amolda na definição de carta rogatória, podendo, dessa forma, prosseguir o feito como auxílio direto. Precedentes.

7. Agravo interno desprovido.

(AgInt na CR 11.165/EX, Rel. Ministra LAURITA VAZ, CORTE ESPECIAL, julgado em 06/09/2017, DJe 15/09/2017)

A possibilidade de cumprimento de pedido de cooperação jurídica internacional sem necessidade de *exequatur*, também foi objeto de análise pela Corte Especial do S.T.J. no julgamento da Reclamação n. 2645-SP, ocorrido em 18/11/2009, *in verbis*:

[...] 3. O sistema de cooperação, estabelecido em acordos internacionais bilaterais e plurilaterais, não exclui, evidentemente, as relações que se estabelecem entre os órgãos judiciários, pelo regime das cartas precatórias, em processos já submetidos à esfera jurisdicional. Mas, além delas, engloba outras muitas providências, afetas, no âmbito interno de cada Estado, não ao Poder Judiciário, mas a autoridades policiais ou do Ministério Público, vinculadas ao Poder Executivo.

4. As providências de cooperação dessa natureza, dirigidas à autoridade central do Estado requerido (que, no Brasil, é o Ministério da Justiça), serão atendidas pelas autoridades nacionais com observância dos mesmos padrões, inclusive dos de natureza processual, que devem ser observados para as providências semelhantes no âmbito interno (e, portanto, sujeitas a controle pelo Poder Judiciário, por provocação de qualquer interessado). Caso a medida solicitada dependa, segundo o direito interno, de prévia autorização judicial, cabe aos agentes competentes do Estado requerido atuar judicialmente visando a obtê-la. Para esse efeito, tem significativa importância, no Brasil, o papel do Ministério Público Federal e da Advocacia Geral da União, órgãos com capacidade postulatória para requerer, perante o Judiciário, essas especiais medidas de cooperação jurídica.' Na hipótese dos autos, ausente a decisão a ser submetida a juízo de delibação, deve, por isso, tal qual o mencionado precedente, ser cumprido o pedido por meio do auxílio direto, previsto no parágrafo único do art. 7º da Resolução n. 9/2005 deste Tribunal, segundo o qual "os pedidos de cooperação jurídica internacional que tiverem por objeto atos que não ensejem juízo de delibação pelo Superior Tribunal de Justiça, ainda que denominados como carta rogatória, serão encaminhados ou devolvidos ao Ministério da Justiça para as providências necessárias ao cumprimento por auxílio direto." Ressalto ainda que a Corte Especial deste Superior Tribunal de Justiça, em julgamento acerca de pedido internacional de sequestro de bens (CR 3.162/CH, Rel. Min. César Asfor Rocha), reiterou o entendimento segundo o qual "ausente a decisão a ser submetida a juízo de delibação, como ocorre no caso dos autos, o cumprimento do pedido se dá por meio do auxílio direto, previsto no parágrafo único do art. 7º da Resolução n. 9/2005 deste Tribunal, a informar que "os pedidos de cooperação jurídica internacional que tiverem por objeto atos que não ensejem juízo de delibação pelo Superior Tribunal de Justiça, ainda que denominados como carta rogatória, serão encaminhados ou devolvidos ao Ministério da Justiça para as providências necessárias ao cumprimento por auxílio direto.

A Corte Especial do Superior Tribunal de Justiça, no julgamento da Reclamação n.º 2.645/SP, julgada em 18 de novembro de 2009, sob a relatoria do então (falecido) Ministro Teori Zavascki, assentou que:

> [...] conforme reiterada jurisprudência do STF, os tratados e convenções internacionais de caráter normativo, "(...) uma vez regularmente incorporados ao direito interno, situam-se, no sistema jurídico brasileiro, nos mesmos planos de validade, de eficácia e de autoridade em que se posicionam as leis ordinárias" (STF, ADI-MC 1480-3, Min. Celso de Mello, DJ de 18.05.2001), ficando sujeitos a controle de constitucionalidade e produzindo, se for o caso, eficácia revogatória de normas anteriores de mesma hierarquia com eles incompatíveis (lex posterior derrogat priori). Portanto, relativamente aos tratados e convenções sobre cooperação jurídica internacional, ou se adota o sistema neles estabelecido, ou, se inconstitucionais, não se adota, caso em que será indispensável também denunciá-los no foro próprio. O que não se admite, porque então sim haverá ofensa à Constituição, é que os órgãos do Poder Judiciário pura a simplesmente neguem aplicação aos referidos preceitos normativos, sem antes declarar formalmente a sua inconstitucionalidade (Súmula vinculante 10/STF)

Do referido julgado, cabe ressaltar o seguinte trecho do acórdão quanto ao cumprimento de pedido de cooperação jurídica sem a intervenção obrigatória do Superior Tribunal de Justiça:

> No caso concreto, o que se tem é pedido de cooperação jurídica consistente em compartilhamento de prova, formulado por autoridade estrangeira (Procuradoria Geral da Federação da Rússia) no exercício de atividade investigatória, dirigido à congênere autoridade brasileira (Procuradoria Geral da República), que obteve a referida prova também no exercício de atividade investigatória extrajudicial. O compartilhamento de prova é uma das mais características medidas de cooperação jurídica internacional, prevista nos acordos bilaterais e multilaterais que disciplinam a matéria, inclusive na "Convenção das Nações Unidas contra o Crime Organizado Transnacional" (Convenção de Palermo), promulgada no Brasil pelo Decreto 5.015, de 12.03.04, e na "Convenção das Nações Unidas contra a Corrupção" (Convenção de Mérida), de 31.10.03, promulgada pelo Decreto 5.687, de 31.01.06, de que a Federação da Rússia também é signatária. Consideradas essas circunstâncias,

bem como o conteúdo e os limites próprios da competência prevista no art. 105, I, i da Constituição, a cooperação jurídica requerida não dependia de expedição de carta rogatória por autoridade judiciária da Federação da Rússia e, portanto, nem de exequatur ou de outra forma de intermediação do Superior Tribunal de Justiça, cuja competência, conseqüentemente, não foi usurpada

Por fim, destaque-se que o Supremo Tribunal Federal manifestou-se recentemente a respeito do tema, *in verbis*

AGRAVO REGIMENTAL EM FACE DE DECISÃO MONOCRÁTICA DE RELATOR NO STF. PEDIDO DE COOPERAÇÃO JURÍDICA INTERNACIONAL. AUXÍLIO DIRETO. PLEITO DO MINISTÉRIO PÚBLICO PORTUGUÊS. TRATADO DE AUXÍLIO MÚTUO EM MATÉRIA PENAL. DECRETO 1.320/94. OITIVA DE PRESO. CUSTÓDIA PARA FINS DE EXTRADIÇÃO SUBMETIDA AO STF. COMPETÊNCIA. CARTA ROGATÓRIA E EXEQUATUR NO STJ. DESNECESSIDADE. AGRAVO PROVIDO. 1. O pedido de cooperação jurídica internacional, na modalidade de auxílio direto, possui natureza distinta da carta rogatória. Nos moldes do disposto nos arts. 28, 33, caput, e 40, todos do Código de Processo Civil, caberá auxílio direto quando "a medida não decorrer diretamente de decisão de autoridade jurisdicional estrangeira", enquanto necessitará de carta rogatória quando for o caso de cumprir decisão jurisdicional estrangeira. 2. Formulado pedido de assistência direta pelo Ministério Público português ao Parquet brasileiro, com base em tratado internacional de mútua cooperação em matéria penal, firmado entre Brasil e Portugal – Decreto 1.320/1994 –, o cumprimento em território pátrio depende de mero juízo de delibação, sendo desnecessária a atuação homologatória em exequatur pelo Superior Tribunal de Justiça. 3. Encontrando-se o preso sob a custódia do Supremo Tribunal Federal, para fins de extradição, a esta Corte deve ser dirigida a comunicação de que o custodiado será ouvido em razão de pedido de cooperação formulado pela autoridade central portuguesa e encaminhado ao Ministério Público brasileiro. 4. Agravo regimental provido.

(Pet 5946, Relator(a): Min. MARCO AURÉLIO, Relator(a) p/ Acórdão: Min. EDSON FACHIN, Primeira Turma, julgado em 16/08/2016, ACÓRDÃO ELETRÔNICO DJe-237 DIVULG 07-11-2016 PUBLIC 08-11-2016).

Eis, ainda, a seguinte decisão do S.T.J.:

> AGRAVO REGIMENTAL. CARTA ROGATÓRIA. PEDIDO DE SEQUESTRO DE BEM. AUSÊNCIA DE DECISÃO PROFERIDA NA ORIGEM. JUÍZO MERAMENTE DELIBATÓRIO A SER EXERCIDO POR ESTA CORTE. ART. 7º DA RESOLUÇÃO N. 9/2005 DESTE TRIBUNAL. CUMPRIMENTO DO PEDIDO POR AUXÍLIO DIRETO. PRECEDENTES DESTA CORTE.
>
> – Nos termos do decidido no julgamento do Agravo Regimental na Carta Rogatória n. 998/IT e da Reclamação n. 2645/SP, a realização de quebra de sigilo bancário ou de sequestro de bens por meio de carta rogatória depende de decisão proferida na Justiça estrangeira, a ser delibada por esta Corte.
>
> – Ausente a decisão a ser submetida a juízo de delibação, como ocorre no caso dos autos, o cumprimento do pedido se dá por meio do auxílio direto, previsto no parágrafo único do art. 7º da Resolução n. 9/2005 deste Tribunal.
>
> Agravo regimental improvido.
>
> (AgRg na CR 3.162/CH, Rel. Ministro CÉSAR ASFOR ROCHA, CORTE ESPECIAL, julgado em 18/08/2010, DJe 06/09/2010)

Os diversos mecanismos de cooperação entre países estão descritos no sitio no Portal do Ministério da Justiça.[142-143]

[142] http://portal.mj.gov.br/data/Pages/MJE1AEA228ITEMIDB07566BFEED64A018FE908345CB79EC0PTBRIE.htm.

[143] No sitio do Ministério da Justiça há as seguintes informações:
A 'ação de homologação de sentença estrangeira' traz em si um ato jurisdicional não sujeito a recurso, que encerra definitivamente o litígio. Toda e qualquer sentença estrangeira em matéria civil pode ser executada no Brasil, salvo se em desacordo com as regras de competência internacional exclusiva da autoridade judiciária brasileira, previstas no artigo 89 do Código de Processo Civil (1973). Sentenças criminais estrangeiras, por sua vez, só podem ser executadas no Brasil para obrigar o condenado a reparar o dano, a restituições e outros efeitos civis, assim como para permitir o cumprimento de medida de segurança, nos termos do artigo 9º do Código Penal. A ação de homologação de sentença estrangeira é, como o nome já anuncia, uma ação, com rito processual completo. Trata-se de mecanismo de cooperação jurídica internacional que já se inicia no Brasil. Infere-se, desse modo, que a ação de homologação é sempre um pedido de cooperação patrocinado pelo interessado, sem qualquer participação direta de autoridades administrativas dos Estados envolvidos na sua execução. A competência para homologar sentenças estrangeiras no Brasil é do Superior Tribunal de Justiça, nos termos do artigo 105, I, i, da Constituição. Concedida a homologação, inicia-se na

Segundo preceitua o art. 36 do atual C.P.C., o procedimento a ser adotado pelo S.T.J. para conferir o *exequatur* às cartas rogatórias é de natureza de jurisdição contenciosa, razão pela qual deverá observar o princípio constitucional do devido processo legal, especialmente o contraditório.

O procedimento para cumprimento de carta rogatória em território brasileiro encontra-se regulado na Resolução n. 9/2005 do S.T.J.[144]

ação de homologação de sentença estrangeira a segunda fase de seu procedimento. Passa-se à execução do ato jurisdicional estrangeiro por meio do juízo federal do local da execução. A 'carta rogatória' carrega em seu bojo atos não-decisórios e atos decisórios não definitivos. Por meio da carta rogatória, a autoridade judicial, e somente ela, solicita ao Estado requerido que execute ato jurisdicional já proferido, de modo que não cabe àquele outro Estado exercer qualquer cognição de mérito sobre a questão processual.
São exemplos mais comuns de uso da carta rogatória os pedidos de comunicação de atos processuais (citações, intimações e notificações) e de obtenção de provas no exterior. Em certas hipóteses, a obtenção de medidas cautelares no estrangeiro também é possível por meio deste instrumento, assim como o cumprimento de decisões de tutela antecipada. Pode o legislador, ademais, permitir que a carta rogatória sirva de veículo também para executar sentenças estrangeiras. É o que já ocorre, por exemplo, na cooperação levada a cabo dentre os Estados membros do Mercosul: "*O pedido de reconhecimento e execução de sentenças e de laudos arbitrais por parte das autoridades jurisdicionais será transmitido por via de cartas rogatórias e por intermédio da Autoridade Central*" (Decreto nº 2.067/1996. Artigo 19. Protocolo de Cooperação e Assistência Jurisdicional em Matéria Civil, Comercial, Trabalhista e Administrativa). A carta rogatória se concretiza em documento oficial que serve de veículo para um pedido de cooperação. Esse veículo é aproveitado em todas as instâncias responsáveis por sua execução, sejam estrangeiras ou nacionais. Na prática, o mesmo documento assinado pelo juiz rogante é aquele que chegará, após análise e seguimento pelas diversas autoridades competentes, ao juízo rogado. A competência para proferir *exequatur* às cartas rogatórias no Brasil é do Superior Tribunal de Justiça, nos termos do artigo 105, I, i, da CF. Concedido o *exequatur*, inicia-se na carta rogatória a segunda fase de seu procedimento. Passa-se à execução do ato jurisdicional estrangeiro por meio do juízo federal do local da execução.

144 Resolução n. 9/2005 do S.T.J.:
Art. 1º Ficam criadas as classes processuais de Homologação de Sentença Estrangeira e de Cartas Rogatórias no rol dos feitos submetidos ao Superior Tribunal de Justiça, as quais observarão o disposto nesta Resolução, em caráter excepcional, até que o Plenário da Corte aprove disposições regimentais próprias.
Parágrafo único. Fica sobrestado o pagamento de custas dos processos tratados nesta Resolução que entrarem neste Tribunal após a publicação da mencionada Emenda Constitucional, até a deliberação referida no caput deste artigo.
Art. 2º É atribuição do Presidente homologar sentenças estrangeiras e conceder exequatur a cartas rogatórias, ressalvado o disposto no artigo 9º desta Resolução.

Art. 3º A homologação de sentença estrangeira será requerida pela parte interessada, devendo a petição inicial conter as indicações constantes da lei processual, e ser instruída com a certidão ou cópia autêntica do texto integral da sentença estrangeira e com outros documentos indispensáveis, devidamente traduzidos e autenticados.
Art. 4º A sentença estrangeira não terá eficácia no Brasil sem a prévia homologação pelo Superior Tribunal de Justiça ou por seu Presidente.
§1º Serão homologados os provimentos não-judiciais que, pela lei brasileira, teriam natureza de sentença.
§2º As decisões estrangeiras podem ser homologadas parcialmente.
§3º Admite-se tutela de urgência nos procedimentos de homologação de sentenças estrangeiras.
Art. 5º Constituem requisitos indispensáveis à homologação de sentença estrangeira:
I – haver sido proferida por autoridade competente;
II – terem sido as partes citadas ou haver-se legalmente verificado a revelia;
III – ter transitado em julgado; e
IV – estar autenticada pelo cônsul brasileiro e acompanhada de tradução por tradutor oficial ou juramentado no Brasil.
Art. 6º Não será homologada sentença estrangeira ou concedido exequatur a carta rogatória que ofendam a soberania ou a ordem pública.
Art. 7º As cartas rogatórias podem ter por objeto atos decisórios ou não decisórios.
Parágrafo único. Os pedidos de cooperação jurídica internacional que tiverem por objeto atos que não ensejem juízo de delibação pelo Superior Tribunal de Justiça, ainda que denominados como carta rogatória, serão encaminhados ou devolvidos ao Ministério da Justiça para as providências necessárias ao cumprimento por auxílio direto.
Art. 8º A parte interessada será citada para, no prazo de 15 (quinze) dias, contestar o pedido de homologação de sentença estrangeira ou intimada para impugnar a carta rogatória.
Parágrafo único. A medida solicitada por carta rogatória poderá ser realizada sem ouvir a parte interessada quando sua intimação prévia puder resultar na ineficácia da cooperação internacional.
Art. 9º Na homologação de sentença estrangeira e na carta rogatória, a defesa somente poderá versar sobre autenticidade dos documentos, inteligência da decisão e observância dos requisitos desta Resolução.
§ 1º Havendo contestação à homologação de sentença estrangeira, o processo será distribuído para julgamento pela Corte Especial, cabendo ao Relator os demais atos relativos ao andamento e à instrução do processo.
§ 2º Havendo impugnação às cartas rogatórias decisórias, o processo poderá, por determinação do Presidente, ser distribuído para julgamento pela Corte Especial. § 3º Revel ou incapaz o requerido, dar-se-lhe-á curador especial que será pessoalmente notificado.
Art. 10 O Ministério Público terá vista dos autos nas cartas rogatórias e homologações de sentenças estrangeiras, pelo prazo de dez dias, podendo impugná-las.

A defesa no procedimento de expedição do *exequatur* restringir-se-á à discussão quanto ao atendimento dos requisitos para que o pronunciamento judicial estrangeiro produza efeitos no Brasil.

Não obstante a jurisdição prestada pelo S.T.J. para conferir o *exequatur* às cartas rogatórias tenha natureza contenciosa, devendo ser observado o princípio constitucional do devido processo legal, isso não significa que haverá amplitude de argumentações ou de defesa no procedimento instaurado perante o S.T.J., uma vez que a cognição a ser realizada pelo respectivo tribunal é limitada.

Assim, a defesa restringir-se-á apenas ao atendimento dos requisitos exigidos pelas normas para que o pronunciamento judicial estrangeiro produza seus efeitos no Brasil.

Em qualquer hipótese, é vedada a revisão do mérito do pronunciamento judicial estrangeiro pela autoridade judiciária brasileira. Isso significa dizer que a atividade jurisdicional contenciosa exercida pelo S.T.J. na expedição do *exequatur* é meramente procedimental, não podendo ingressar ou mesmo rever o mérito do pronunciamento judicial estrangeiro.

Há, portanto, limitação à atividade jurisdicional contenciosa exercida pelo STJ em relação às cartas rogatórias.

Ao processar e julgar as cartas rogatórias, o espaço de cognição do STJ está limitado ao juízo (concessão ou denegação) de *exequatur*. Parece não

Art. 11 Das decisões do Presidente na homologação de sentença estrangeira e nas cartas rogatórias cabe agravo regimental.

Art. 12 A sentença estrangeira homologada será executada por carta de sentença, no Juízo Federal competente.

Art. 13 A carta rogatória, depois de concedido o exequatur, será remetida para cumprimento pelo Juízo Federal competente.

§1º No cumprimento da carta rogatória pelo Juízo Federal competente cabem embargos relativos a quaisquer atos que lhe sejam referentes, opostos no prazo de 10 (dez) dias, por qualquer interessado ou pelo Ministério Público, julgando-os o Presidente.

§2º Da decisão que julgar os embargos, cabe agravo regimental.

§3º Quando cabível, o Presidente ou o Relator do Agravo Regimental poderá ordenar diretamente o atendimento à medida solicitada.

Art. 14 Cumprida a carta rogatória, será devolvida ao Presidente do STJ, no prazo de 10 (dez) dias, e por este remetida, em igual prazo, por meio do Ministério da Justiça ou do Ministério das Relações Exteriores, à autoridade judiciária de origem.

Art. 15 Esta Resolução entra em vigor na data de sua publicação, revogados a Resolução nº 22, de 31/12/2004 e o Ato nº 15, de 16/02/2005.

haver dúvida quanto à leitura de que o juízo de *exequatur* restringe o âmbito do julgamento das cartas rogatórias, impondo sistema de contenciosidade limitado, também conhecido como "juízo de delibação", no qual o interessado não pode impugnar o mérito da diligência pretendida à luz do Direito brasileiro, salvo quando atingidas a soberania e a ordem pública.[145] Nesse sentido, é uníssona a jurisprudência do próprio STJ e, antes da Emenda Constitucional n. 45, também a do Supremo Tribunal Federal.[146]

A autoridade judiciária brasileira cumprirá, concedido o *exequatur* e segundo a forma estabelecida pela lei brasileira, as diligências deprecadas por autoridade estrangeira competente, *observando a lei desta*, quanto ao objeto das diligências (art. 12, §2º, do Decreto-lei n. 4.657/42 – Lei de Introdução às normas do Direito Brasileiro).

[145] MADRUGA, A., op. cit. loc. cit.

[146] "Questões de mérito não comportam apreciação em sede de carta rogatória, ficando o exame a cargo da Justiça rogante."
(STJ, AgRg na CR 733/IT, Trecho da ementa. Rel. Ministro CÉSAR ASFOR ROCHA, CORTE ESPECIAL, julgado em 19/12/2005, DJ 10/04/2006 p. 106)
"Em tema de comissões rogatórias passivas — tanto quanto em sede de homologação de sentenças estrangeiras —, o ordenamento normativo brasileiro instituiu o sistema de contenciosidade limitada, somente admitindo impugnação contrária à concessão do exequatur, quando fundada em pontos específicos, como a falta de autenticidade dos documentos, a inobservância de formalidades legais ou a ocorrência de desrespeito à ordem pública, aos bons costumes e à soberania nacional.
Torna-se inviável, portanto, no âmbito de cartas rogatórias passivas, pretender discutir, perante o Tribunal do foro (o Supremo Tribunal Federal, no caso), o fundo da controvérsia jurídica que originou, no juízo rogante, a instauração do pertinente processo, exceto se essa questão traduzir situação caracterizadora de ofensa à soberania nacional ou de desrespeito à ordem pública brasileira. Precedentes."
(STF, AgRg na CR 7870/EUA, trecho da decisão monocrática do Min. CELSO DE MELLO (Presidente), decisão em 24/02/1999, DJ 04/03/1999 P. 5)
"Questões de mérito devem ser apresentadas à Justiça rogante."
(STF, CR 9194 AgR, Relator(a): Min. CARLOS VELLOSO, TRIBUNAL PLENO, julgado em 16/11/2000, DJ 07-12-2000 PP-00012 EMENT VOL-02015-02 PP-00288)
"O que pretende a agravante é que o Supremo Tribunal Federal aprecie o mérito da questão posta no Juízo rogante, o que não é possível. As razões aqui expendidas devem ser apresentadas no Juízo rogante. Aqui, é pedida, apenas, a citação da ora agravante."
(STF, CR 9136 AgR-AgR, Trecho do voto do Min. Rel. CARLOS VELLOSO, Tribunal Pleno, julgado em 16/11/2000, DJ 15-12-2000 PP-00065 EMENT VOL-02016-01 PP-00165)

10. Recusa do Pedido Passivo de Cooperação Jurídica Internacional

O pedido passivo de cooperação jurídica internacional (seja ele auxílio direto ou carta rogatória) será recusado quando configurar manifesta ofensa à ordem pública.

Esse motivo de recusa de cooperação jurídica está previsto no art. 278 da *Ley Orgánica del Poder Judicial espanhol:*

> Art. 278. 1. Se se comprova a existência de reciprocidade ou se oferece esta por parte da autoridade judicial estrangeira requerente, a prestação de cooperação internacional somente será denegada pelos Tribunais espanhóis:
>
> 1. quando o processo de que dimane a solicitação de cooperação seja de exclusiva competência da jurisdição espanhola;
>
> 2. quando o conteúdo do ato a realizar não corresponda às atribuições próprias da autoridade espanhola requerida. Neste caso, está remeterá a solicitação à autoridade judiciária competente, informando tal fato à autoridade requerente;
>
> 3. quando a comunicação que contenha a solicitação de cooperação não reúna os requisitos de autenticidade suficiente ou se foi redigida em idioma que não seja o castelhano;
>
> 4. quando o objeto da cooperação solicitada seja manifestamente contrário à ordem pública espanhola.
>
> 2. A determinação de existência de reciprocidade com o Estado requerente será de competência do Governo, por meio do Ministério de Justiça.

A Autoridade Central brasileira poderá recusar o pedido passivo de cooperação internacional se o ato de colaboração solicitado à autoridade brasileira ofender a ordem pública ou ferir os direitos e garantias fundamentais previstos na Constituição Federal da República Federativa do Brasil.

No caso do auxílio direto, poderá a análise do pedido passivo de cooperação internacional ser feita também pela autoridade judiciária brasileira antes de realizar a cooperação, indeferindo a cooperação na hipótese de ela ofender a ordem pública.

Também o Superior Tribunal de Justiça poderá indeferir a homologação de sentença estrangeira ou não firmar o *exequatur* em carta rogatória caso o seu conteúdo ofenda a ordem pública e os princípios e garantias fundamentais previstos na Constituição da República Federativa do Brasil.

Em que pese a autoridade brasileira não possa ingressar no mérito do pedido formulado na cooperação jurídica internacional, o certo é que a medida solicitada não será cumprida pelo Brasil caso o seu conteúdo ofenda a ordem pública ou os direitos e garantias fundamentais previstos na Constituição Federal.

Estabelece o art. 17 do Decreto-lei n. 4.657/42 (Lei de Introdução às normas de Direito Brasileiro), que as leis, atos e *sentenças* de outro país, bem como quaisquer declarações de vontade, não terão eficácia no Brasil, quando ofenderem a soberania nacional, a ordem pública e os bons costumes.

Em legislação mais recente, encontra-se o disposto no art. 2º, §1º, da Lei n. 9.307/96 – Lei da Arbitragem, que estabelece que as partes poderão escolher, livremente, as regras de direito que serão aplicadas na arbitragem, desde que não haja violação aos bons costumes e à ordem pública.

É evidente que as autoridades brasileiras deverão ter muito cuidado na apreciação do significado de 'ordem pública', para não ingressar em discricionariedade moral ou religiosa com o fim de impedir o cumprimento da medida.

11. Autenticidade dos Documentos que Instruem o Pedido de Cooperação Jurídica Internacional

O pedido de cooperação jurídica internacional deverá estar acompanhado dos documentos necessários que justifiquem a autorização da medida requerida.

O art. 41 do atual C.P.C. procura desburocratizar a forma de autenticação dos documentos que compõem o pedido passivo de cooperação jurídica internacional.

Consideram-se autênticos os documentos que instruem os pedidos de cooperação jurídica internacional, inclusive as traduções para a língua portuguesa, quando encaminhados ao Estado brasileiro por meio de Autoridades Centrais, no caso, Ministério da Justiça, ou pelas vias diplomáticas, Ministério das Relações Exteriores.

Quando a documentação for encaminhada pela Autoridade Central ou for proveniente das vias diplomáticas, não haverá necessidade de tradução juramentada, muito menos necessitará de autenticação ou de qualquer outro procedimento de legalização.

A autenticação e a validação dos documentos decorrem de sua própria procedência, ou seja, advêm da Autoridade Central do Estado estrangeiro ou foram remetidos pelas vias diplomáticas.

Porém, conforme estabelece o parágrafo único do art. 41 do atual C.P.C., essa faculdade concedida à autoridade brasileira para reconhecer a autenticidade dos documentos em razão de sua própria procedência somente terá aplicação se o país estrangeiro conceder o mesmo tratamento aos pedidos ativos de cooperação jurídica internacional. Consequentemente, se o Estado estrangeiro exigir para a autenticação dos documentos outros requisitos que não aqueles descritos no *caput* do art. 41 do atual C.P.C., tal exigência deverá ser observada pela autoridade brasileira, nos termos do que dispõe o *princípio da reciprocidade.*

12. Cooperação Jurídica Internacional "Ativa"

O pedido de cooperação jurídica internacional, oriundo de autoridade brasileira competente, será encaminhado à Autoridade Central para posterior envio ao Estado requerido.

Tal procedimento encontra-se previsto no art. 276 da *Ley Orgánica del Poder Judicial* espanhol:

> Art. 276. As petições de cooperação internacional serão encaminhadas por meio do Presidente do Tribunal Supremo, do Tribunal Superior de Justiça ou da Audiência do Ministério da Justiça, os quais farão chegar às autoridades competentes do Estado requerido, através da via consular ou diplomática ou diretamente se assim prevêem os Tratados internacionais.

O pedido ativo de cooperação jurídica internacional deverá ser enviado à Autoridade Central, que ficará encarregada de encaminhar o pedido ao Estado requerido. Esse encaminhamento ocorre, normalmente, por intermédio do Ministério das Relações exteriores, órgão incumbido de realizar os contatos internacionais, especialmente para fins de cooperação entre o Brasil e os Estados estrangeiros.

Enquanto não for designada outra autoridade, o Ministério da Justiça será considerado como *Autoridade Central* para fins de recebimento do pedido de cooperação internacional ativa.

No direito espanhol, por exemplo, segundo estabelece o art. 276 da Lei Orgânica do Poder Judiciário, as petições de cooperação internacional serão encaminhadas por meio do Presidente do Tribunal Supremo, do Tribunal Superior de Justiça ou da Audiência do Ministério da Justiça, que farão chegar às autoridades competentes do Estado requerido através da via consular ou diplomática ou diretamente se assim prevêem os Tratados internacionais.

Incumbe à Autoridade Central fazer a análise dos requisitos de admissibilidade formais dos pedidos de cooperação jurídica internacional, podendo devolvê-los ao órgão requerente caso haja alguma irregularidade ou falte algum documento necessário para que o ato seja cumprido no Estado estrangeiro.

A tramitação do pedido de cooperação jurídica internacional poderá ser simplificada, mediante tratativa direta entre autoridades judiciárias do Brasil e dos Estados estrangeiros, valendo-se inclusive do sistema eletrônico de comunicação via internet, desde que esse método esteja previsto em tratados firmados pelo Brasil.

O pedido de cooperação oriundo de autoridade brasileira competente e os documentos anexos que o instruem serão encaminhados à Autoridade Central, acompanhados de tradução para a língua oficial do Estado requerido.

Se o Estado brasileiro depender do auxílio de Estado estrangeiro para a prática de determinados atos processuais, esse pedido de cooperação ativa deverá ser encaminhado à Autoridade Central, que, neste momento, é o Ministério da Justiça, juntamente com os documentos necessários, a fim de que a autoridade judiciária ou administrativa estrangeira possa atender à solicitação da autoridade brasileira.

Os documentos que deverão acompanhar o pedido de cooperação deverão ser traduzidos para a língua oficial do Estado requerido, sob pena de não serem admitidos pela Autoridade Central. Não há necessidade de que a tradução seja feita por tradutor juramentado.

Capítulo 3
Competência Interna

1. Definição de Competência

O artigo 5º, inciso XXXV, da Constituição Federal brasileira, estabelece que a lei não poderá excluir da apreciação do Poder Judiciário lesão ou ameaça de lesão a Direito, incorporando no texto constitucional o princípio da *ubiquidade* ou do acesso à jurisdição estatal como sendo uma garantia e um direito fundamento da pessoa humana.

O art. 6 da Convenção Interamericana de Direitos Humanos de 1969 (*Pacto de San José da Costa Rica*) estabelece que toda pessoa privada da liberdade tem direito a recorrer a um juiz ou tribunal competente, a fim de que este decida, sem demora, sobre a legalidade de sua prisão ou detenção e ordene sua soltura, se a prisão ou a detenção forem ilegais.

O artigo 6, n.1., do Convênio Europeu de Direitos Humanos, descreve o direito a um justo processo, como sendo uma garantia, antes de tudo, de que toda pessoa possa estar segura de que sua *causa será examinada equitativamente por um tribunal.*

Da mesma forma, o artigo 24 da Constituição Italiana preconiza que "todos podem agir em juízo para tutela dos próprios direitos e interesses legítimos".

Com essas garantias e preceitos de ordem fundamental, emerge então a concretização solene do denominado direito de ação, como sendo um direito público e abstrato ao exercício da atividade jurisdicional.

Por meio do exercício do direito de ação, provoca-se a jurisdição, isto é, reclama-se o exercício de uma atividade estatal exclusiva do Poder Judiciário.

Diante da complexidade de demandas e litígios existentes em um determinado ordenamento jurídico, torna-se impossível concentrar em apenas um único órgão do Poder Judiciário a prerrogativa de se exercer a atividade jurisdicional.[147]

O problema da distribuição de competência decorre justamente da pluralidade de juízos, já que, se em um hipotético determinado ordenamento jurídico existisse apenas um juízo, não haveria problema de jurisdição e de competência.

A divisão da jurisdição, que por sua vez não se considera fracionamento, preordenada e sistemática ocorre mediante a delimitação de competências.

Regra jurídica processual de delimitação de competências encontra-se igualmente no direito comparado, a saber:

Código de Processo Civil Português:

> Artigo 60.º Fatores determinantes da competência na ordem interna
>
> 1 – A competência dos tribunais judiciais, no âmbito da jurisdição civil, é regulada conjuntamente pelo estabelecido nas leis de organização judiciária e pelas disposições deste Código.
>
> 2 – Na ordem interna, a jurisdição reparte-se pelos diferentes tribunais segundo a matéria, o valor da causa, a hierarquia judiciária e o território.
>
> Código de Processo Civil Espanhol (Ley 1/2000 de Enjuiciamiento Civil):
>
> Art. 44. Para que os tribunais civis tenham competência em cada caso se requer que o conhecimento do pleito lhe esteja atribuído por normas com base em lei que seja anterior à competência que lhe foi outorgada.

Código de Processo Civil italiano:

> Art. 5º Momento determinante da jurisdição e da competência – A jurisdição e a competência determinam-se de acordo com a lei vigente e com o estado de fato existente no momento da propositura da demanda, e não tem relevância sobre a competência as sucessivas mutações da lei e do próprio estado de fato.

[147] "É este o problema da 'competência', que é então um problema de distribuição do poder de decidir entre os diversos juízos ordinários". (MANDRIOLI, C., op. cit. p. 221).

Portanto, em que pese a jurisdição, como função estatal, seja única e uniforme para todos os juízes em exercício no território nacional, o certo é que nem todo órgão jurisdicional poderá exercer sua jurisdição em relação a toda e qualquer causa que possa ser levada ao conhecimento do Poder Judiciário brasileiro.

A jurisdição seria o todo, enquanto que a competência seria uma determinação fração desse todo.

Pode-se dizer que a competência seria a jurisdição que de abstrata se faz concreta.

Conforme já teve oportunidade de afirmar Liebman:

> a competência é a quantidade de jurisdição cujo exercício é atribuído a cada órgão, ou seja, a 'medida da jurisdição. Em outras palavras, ela determina em que casos e com relação a que controvérsias tem cada órgão em particular o poder de emitir provimentos, ao mesmo tempo em que delimita, em abstrato, o grupo de controvérsias que lhe são atribuídas.[148]

O efetivo exercício da jurisdição é delimitado por regras processuais ou procedimentais de competência.

Na realidade, a definição de competência tem por pressuposto a existência de uma diversidade de órgãos do Poder Judiciário para o exercício de jurisdição. Daí por que afirmar-se que todo juiz tem jurisdição, mas nem todo juiz tem competência para o efetivo exercício da função jurisdicional.

A rigor, a competência caracteriza-se como limite imposto pelas normas processuais ao exercício do poder jurisdicional.

Competência, termo latino, *competentia*, significa ter capacidade para realizar algo, e na hipótese aqui tratada, configura imperativo de divisão do trabalho decorrente do exercício da função jurisdicional.

A competência, em outras palavras, seria a medida proporcional da jurisdição.[149]

[148] LIEBMAN, Enrico Tullio. *Manual de direito processual civil*. Rio de Janeiro: Forense, 1984. vol. 1. n. 24. p. 55).

[149] TARZIA, Giuseppe. *Lineamenti del processo civile di cognizione*. Seconda edizione. Milano: Dott. A. Giuffre Editore, 2002. p. 42. A noção da competência como fração ou medida da jurisdição que advém de CHIOVENDA, foi acolhida por Liebman e Rocco. (MANDRIOLI, C., op. cit. p. 223.).

O instituto da competência tem origem na distribuição do trabalho entre os diversos ofícios judiciais ou entre os diversos componentes deles. O efeito de tal distribuição manifesta-se no sentido de que a massa das demandas divide-se em tantos grupos, cada um dos quais designado para cada um dos ofícios. Resulta disso que competência pode referir-se tanto ao ofício em seu conjunto como a uma porção ou a um componente dele. Daí por que distinguir-se entre competência *externa* (competência hierárquica e competência territorial) e competência *interna* (competência dos foros e seções judiciárias na divisão de ofícios).[150]

Nas palavras de Luigi Paolo Comoglio, Corrado Ferri e Michele Taruffo:

> a competência é tradicionalmente definida como a 'medida' ou a 'fração' da jurisdição que pertence no âmbito do ordenamento a um determinado juiz que tem, por sua vez, o poder de decidir em concreto o mérito da controvérsia. A competência estabelece, então, a repartição da jurisdição entre ofícios judiciários e não a regulação interna dos ofícios; portanto, não é questão de competência aquela de atribuição de controvérsia ao juiz em composição colegiada ou monocrática; em conclusão, podemos entender que a competência consiste em uma relação entre o ofício judiciário na sua complexidade e os atos jurisdicionais que legitimamente desse pode emanar: a competência refere-se à relação entre ofícios judiciários.[151]

Diante de uma determinada demanda, o que se deve verificar é qual o juízo, dentre os muitos existentes, que poderá apreciá-la.

A competência apresenta-se como um requisito, mais precisamente como um requisito do processo que permite uma pronúncia sobre o mérito, ou seja, como um pressuposto processual para emanação do provimento final.

As normas que tratam da competência têm a finalidade de indicar o juízo competente.

Supondo que a multiplicidade dos diversos juízos resolve-se em multiplicidade de *tipos, de graus* e de *sedes,* a eleição deve ser realizada em todos e em cada um desses sentidos.

[150] CARNELUTTI, Francesco. *Instituciones del proceso civil.* Trad. Santiago Sentis Melendo. Vol. I. Buenos Aires: Ediciones Jurídicas Europa-America, 1956. p. 209.

[151] COMOGLIO, Luigi Paolo; FERRI, Corrado; TARUFFO, Michele. *Lezioni sul processo civile* – I. Il processo ordinario di cognizione. Bologna: Il Mulino, 2006. p. 132.

2. Classificação ou Distribuição da Competência

Para que o órgão do Poder Judiciário possa exercer sua função jurisdicional, é necessário que sejam observados os critérios de classificação ou distribuição de competências estabelecidos pelas normas processuais.[152]

A classificação ou distribuição de competência ocorre de acordo com determinados critérios escolhidos pelo legislador, isoladamente ou em conjunto, como, por exemplo, a soberania estatal (fixação de competência nacional), o interesse, o local, ou hipossuficiência de uma das partes (critério territorial), a complexidade de causa (competência dos juizados especiais), a constituição diferenciada de órgãos judiciários (justiça do trabalho, eleitoral, militar etc).[153]

Os critérios de determinação de competência, como regra geral, têm por base os elementos componentes do caso concreto relacionados ao processo a instaurar e à demanda que se irá propor.[154]

Um esquema de distribuição muito conhecido entre os doutrinadores é o da chamada *repartição tríplice*, proposto por autores europeus (Wach e Chiovenda), contando com larga aceitação entre os italianos e alemães. A *repartição tríplice* ocorre da seguinte forma: "a) *competência objetiva* (valor ou natureza da causa, qualidade das partes); b) *competência funcional;* c) *competência territorial*".[155]

É possível afirmar que o novo C.P.C. brasileiro de 2015 adotou, de certa forma, a chamada *repartição tríplice*, conforme se pode observar pelo disposto nos arts. 62 e 63, *in verbis:*

[152] "A determinação dos critérios não é definitiva e irreversível, na medida em que a qualquer momento novos critérios poderão servir de base para esta divisão, com a substituição ou manutenção dos anteriores. O surgimento de novos critérios ou métodos de definição de competência por meio da produção normativa está ligado ao crescimento populacional e à complexidade e aumento das relações sociais e jurídicas e à readequação dos órgãos jurisdicionais às expectativas sociais e aos processos de gestão administrativa e de implementação, ou não, de novas tecnologias (a execução do processo eletrônico" (BOCHENEK, Antônio César; DALAZOANA, Vinicius. *Competência cível – da justiça federal e dos juizados especiais federais.* 4ª ed. Curitiba: Editora Juruá, 2017, p. 31.

[153] BOCHENEK, A. C.; DALAZOANA, V., idem, ibidem.

[154] BOCHENEK, A. C.; DALAZOANA, V., idem, ibidem.

[155] CINTRA, Antonio Carlos de Araujo; GRINOVER, Ada Pellegrini; DINAMARCO, Cândido Rangel. *Teoria geral do processo.* 28ª ed. São Paulo: Malheiros, 2012, p. 265.

> Art. 62. A competência determinada em razão da matéria, da pessoa ou da função é inderrogável por convenção das partes.
>
> Art. 63. As partes podem modificar a competência em razão do valor e do território, elegendo foro onde será proposta ação oriunda de direitos e obrigações.

Nos referidos dispositivos, há menção aos seguintes critérios de delimitação de competência: a) valor; b) natureza da causa (matéria); c) função (funcional) ou qualidade das partes (pessoa); d) território.

A distribuição e o delineamento da competência serão realizados pelas normas constitucionais, pelas leis processuais e pela lei de organização judiciária, além dos regimentos internos dos tribunais.

Contudo, é possível que a competência não advenha expressamente de textos normativos, mas, sim, de (*implied power*- Canotilho), ou seja, competência implícita, como é o caso dos embargos de declaração de competência do S.T.F. ou do S.T.J.[156]

A doutrina ainda costuma classificar as regras de competência em:

a) internacional e interna (diferencia as causas que são afastadas da justiça brasileira);
b) originária e derivada (diferencia a competência inicial do órgão ou a competência recursal);
c) objetiva e subjetiva (diferencia o critério de competência, material (objetivo) ou pessoal (subjetivo);
d) exclusiva e concorrente (quando é exclusiva de apenas um órgão ou pode ser de competência de mais de um órgão);
e) absoluta e relativa (que pode ou não ser derrogada ou prorrogada);
f) de foro e de juízo (dependendo se a competência pertence à comarca ou à subseção judiciária diversa ou se deve ser analisada entre diversos juízos de uma mesma comarca ou de uma mesma subseção judiciária);
g) material (tem por fundamento o objeto da controvérsia);
h) funcional (tem por fundamento a função exercida pelo órgão jurisdicional);

[156] DIDIER JR. Fredi. *Curso de direito processual civil. – teoria geral do processo e processo de conhecimento.* Salvador: Editora: PODIVM, 2007. p. 94.

i) valor da causa (tem por fundamento o conteúdo monetário ou econômico da causa);
j) territorial (tem por fundamento o foro).[157]

De toda maneira, as causas cíveis, em contraposição às causas penais, serão processadas e decididas pelos órgãos jurisdicionais nos limites de sua competência estabelecida pela norma jurídica, ressalvadas às partes a faculdade de instituir juízo arbitral, nos termos da Lei n. 9.307/96.

2.1. Competência em Razão do Valor

A competência em razão do valor consiste na referência a um determinado nível (expressão em termos monetários) do *valor econômico* do objeto da demanda.

A competência *em razão do valor* é aquela fixada segundo o valor que a parte autora atribuir à causa trazida em juízo.

Conforme estabelece o art. 291 do novo C.P.C., a toda causa será atribuído valor certo, ainda que não tenha conteúdo econômico imediatamente aferível.

O valor da causa constará da petição inicial ou da reconvenção e será: a) na ação de cobrança de dívida, a soma monetariamente corrigida do principal, dos juros de mora vencidos e de outras penalidades, se houver, até a data de propositura da ação; b) na ação que tiver por objeto a existência, a validade, o cumprimento, a modificação, a resolução, a resilição ou a rescisão de ato jurídico, o valor do ato ou o de sua parte controvertida; c) na ação de alimentos, a soma de 12 (doze) prestações mensais pedidas pelo autor; d) na ação de divisão, de demarcação e de reivindicação, o valor de avaliação da área ou do bem objeto do pedido; e) na ação indenizatória, inclusive a fundada em dano moral, o valor pretendido; f) na ação em que há cumulação de pedidos, a quantia correspondente à soma dos valores de todos eles; g) na ação em que os pedidos são alternativos, o de maior valor; h) na ação em que houver pedido subsidiário, o valor do pedido principal.

Quando se pedirem prestações vencidas e vincendas, considerar-se-á o valor de umas e outras.

[157] NERY JUNIOR, Nelson; ANDRADE NERY, Rosa Maria. *Código de processo civil comentado e legislação processual civil extravagante em vigor.* 3. ed. São Paulo: Ed. R.T.: 1997. p. 386 e 387.

O valor das prestações vincendas será igual a uma prestação anual, se a obrigação for por tempo indeterminado ou por tempo superior a 1 (um) ano, e, se por tempo inferior, será igual à soma das prestações.

O juiz corrigirá, de ofício e por arbitramento, o valor da causa quando verificar que não corresponde ao conteúdo patrimonial em discussão ou ao proveito econômico perseguido pelo autor, caso em que se procederá ao recolhimento das custas correspondentes.

O réu poderá impugnar, em preliminar da contestação, o valor atribuído à causa pelo autor, sob pena de preclusão, e o juiz decidirá a respeito, impondo, se for o caso, a complementação das custas.

De um ponto de vista abstrato, o critério de competência em razão do valor poderá ser suficiente para determinar a competência do juízo.

A distribuição da competência com base no valor econômico do objeto da demanda visa a atribuir o processo e julgamento da causa de maior valor a juízes ordinários, com recurso a tribunais compostos com membros específicos, enquanto que as causas com menor valor são atribuídas a outros órgãos jurisdicionais, como, por exemplo, os juizados especiais, com recurso a juízes de primeiro grau reunidos em turmas recursais.

A competência em razão do valor pode dar ensejo a uma competência absoluta ou relativa.[158]

A competência atribuída aos juizados especiais federais, em razão do valor, é considerada absoluta, nos termos do art. 3º, §3º, da Lei n. 10.259/01.[159]

[158] "Se houver determinação absoluta de competência de um órgão jurisdicional, em face da relevância do critério utilizado, não há opção de a parte autora ajuizar a demanda em órgão diverso, sob pena de decretação, de ofício, da incompetência. Por outro lado, se o critério for relativo, a competência poderá ser prorrogada, caso não seja alegada ou aceita a alegação de incompetência relativa (com o novo Código de Processo Civil, em sede de preliminar de contestação, cf. art. 337, II). Assim, um órgão originariamente incompetente, de acordo com as regras predefinidas, torna-e competente para a apreciação da demanda" (BOCHENEK, A. C.; DALAZOANA, V., op. cit., págs. 32 e 33).

[159] PROCESSO CIVIL. RECURSO ESPECIAL. COMPETÊNCIA DO JUIZADO ESPECIAL FEDERAL. AFASTAMENTO. VALOR DA CAUSA SUPERIOR AO LIMITE LEGAL. CUMULAÇÃO DE PEDIDOS. PROVEITO ECONÔMICO ESTABELECIDO A PARTIR DAS PROVAS DOS AUTOS. REVISÃO DO JULGADO. IMPOSSIBILIDADE. NECESSIDADE DE REEXAME DOS ELEMENTOS FÁTICOS. SÚMULA 7/STJ.

Já em relação aos juizados especiais estaduais, a competência, em razão do valor, foi considerada relativa.[160]

2.2. Competência em Razão da Matéria (Natureza da Causa)

A competência do juízo também poderá ser determinada de acordo com a natureza da causa ou da matéria inserida na demanda.

A competência em razão da matéria é delimitada tanto pela Constituição Federal, Constituição Estadual, como pelas normas jurídicas processuais.

A Constituição Federal, por exemplo, utiliza o critério material da natureza da demanda para delimitar a competência da Justiça Eleitoral, da Justiça do Trabalho, da Justiça Militar.

A Constituição Federal também delimita a competência da Justiça Federal com base na matéria posta na demanda, como, por exemplo, as causas relativas a *direitos humanos* a que se refere o § 5º do art. 109 da C.F. ou a disputa sobre direitos indígenas.

1. A jurisprudência desta Corte Superior firmou-se no sentido de que a competência atribuída aos Juizados Especiais Federais é absoluta, consoante o art. 3º, § 3º, da Lei n. 10.259/2001, a ser determinada em conformidade com o valor da causa.
2. No caso, concluiu a Corte regional, a partir dos elementos de prova constantes dos autos, que deve ser reconhecida a competência do Juízo Federal Comum para o processamento da demanda, pois a cumulação dos pedidos formulados na origem atribuiu à causa valor superior ao teto legal fixado para a competência dos Juizados Especiais Federais à época do ajuizamento da ação. Nesse contexto, a inversão do julgado exigiria, inequivocamente, incursão na seara fático-probatória dos autos, o que é inviável, na via eleita, nos termos do enunciado sumular n. 7/STJ.
3. Recurso especial não conhecido.

(REsp 1707486/PB, Rel. Ministro OG FERNANDES, SEGUNDA TURMA, julgado em 03/04/2018, DJe 09/04/2018).

[160] CONDOMÍNIO. DESPESAS COMUNS. COMPETÊNCIA. JUIZADO ESPECIAL. MULTA DE 20%. INAPLICABILIDADE, IN CASU, DO CDC.
– A competência do Juizado Especial é relativa, sendo facultada ao autor a opção pelo ajuizamento do pedido junto à Justiça Comum.
Precedentes.
– Não se aplica o Código de Defesa do Consumidor às relações jurídicas estabelecidas entre o condomínio e os condôminos.
Precedentes.
Recurso especial não conhecido.
(REsp 280.193/SP, Rel. Ministro BARROS MONTEIRO, QUARTA TURMA, julgado em 22/06/2004, DJ 04/10/2004, p. 302).

A competência em razão da matéria também poderá ser configurada mediante a criação de varas especializadas em determinada Seção ou Subseção Judiciária ou Comarca. Um exemplo dessa prerrogativa encontra-se no art. 126 da C.F., *in verbis: Para dirimir conflitos fundiários, o Tribunal de Justiça proporá a criação de varas especializadas, com competência exclusiva para questões agrárias.*

Outras hipóteses são as competências fixadas em razão das seguintes matérias: a) previdenciária; b) execução fiscal; c) tributária; d) direito público; e) família; f) registro público; g) idosos; h) locação; i) relação de vizinhança etc.

2.3. Competência em Razão do Território

Todo ofício judiciário assume uma determinada localização territorial.

No Brasil, em especial pela sua extensão geográfica, exige-se uma divisão territorial da competência dos órgãos do Poder Judiciário, por vezes complexa.

O problema concretiza-se, portanto, na escolha do critério de ligação entre uma determinada demanda e uma determina zona territorial.

Por isso a necessidade de se estabelecer a competência do juízo com base no território em que se encontra instalado ou com base na extensão de sua autoridade.

A competência territorial visa a delimitar a competência de cada juízo de primeiro grau e dos tribunais de acordo com a sua localização territorial.[161]

Conforme anota Giuseppe Tarzia:

> A competência pelo território responde à exigência de repartir as causas civis entre os diversos ofícios judiciários igualmente competentes por matéria ou pelos valores existentes sobre o território do Estado. Dois são os critérios fundamentais que o legislador teve presente ao editar as respectivas regras: em primeiro lugar, a necessidade de agilizar a defesa das partes, e em particular modo aquela exercida pelo réu, que se encontra exposto à iniciativa judiciária do autor que escolhe o juízo perante o qual propõe a demanda; em segundo lugar, a necessidade que em alguns casos venha indicado como competente

[161] Súmula 206 do S.T.J.: "A existência de vara privativa, instituída por lei estadual, não altera a competência territorial resultante das leis de processo".

aquele juízo que, em razão de sua colocação territorial, surge como o mais idôneo para decidir a controvérsia.[162]

Os critérios referidos complementam-se, tendo em vista que tendem a tutelar, seja o direito de ação, seja o correto exercício da atividade jurisdicional.

Atendidos os dois critérios acima indicados, tutela-se no primeiro caso o direito de defesa do réu no processo, e no segundo caso o melhor exercício da jurisdição.[163]

Interessante é a seguinte advertência feita por Francesco Carnelutti, no que concerne à competência territorial:

> A primeira distinção que se há de fazer no campo da competência externa é esta. Se até agora a competência territorial há sido posta no mesmo plano que a competência em razão da matéria, por razão do valor e por razão da função, isso tem sido um erro de perspectiva que finalmente deve ser corrigido: a competência territorial é um gênero frente ao qual não estão nem a competência em razão da matéria nem a competência em razão do valor nem a competência em razão da função, senão o gênero que compreende a todas elas e deve denominar-se 'competência hierárquica'.[164]

Em linha de princípio, os critérios de delimitação da competência territorial podem ser diversos: *subjetivo*, com referência aos sujeitos da controvérsia, ou *objetivos*, com referência ao pedido (ao lugar onde se encontra a coisa) ou à causa de pedir (lugar onde é aberta a sucessão ou ao cumprimento da obrigação.[165]

[162] TARZIA, Giuseppe. *Lineamenti del processo civile di cognizione.* Seconda Edizione. Milano: Dott. A. Giuffré, 2002. pás. 47 e 48

[163] "(...) compreende-se que as regras que respondem à primeira *ratio* (a qual, em contraposição às regras da segunda espécie, podem ser definidas como regras de competência territorial 'simples') podem livremente ser derrogadas pelas partes, enquanto aquelas da segunda espécie, que definem assim a denominada competência 'funcional', sejam inderrogáveis. Intermediando as duas, existe, pois, a categoria dos *foros exclusivos, mas derrogáveis* pelas partes, que limita a possibilidade de escolha do autor a um só foro competente, mas que permite, todavia, às partes a derrogação consensual (...)". (TARZIA, G., idem, ibidem).

[164] CARNELUTTI, F., op. cit., p. 211.

[165] MANDRIOLI, C., op. cit., p. 239.

A legislação brasileira tem de certa forma resolvido o problema com base no critério *subjetivo*, porém temperado com o critério *objetivo*.

Para o novo C.P.C. brasileiro de 2015, a competência em razão do território é efetivamente uma competência geral, tendo como critério: a) o *foro do domicílio ou residência do réu (ratione loci)* para as ações fundadas em direito pessoal ou em direito real sobre bens móveis (art. 46 do novo C.P.C.); b) o *foro de localização da coisa (ratione sitae)*, para as ações fundadas em direito real sobre imóveis (art. 47 do novo C.P.C.).[166]

Há, ainda, como delimitação da competência territorial o foro do domicílio ou residência do autor da demanda ou da herança, assim como o do local da sede em se tratando de pessoa jurídica, o local (território) em que deve ser cumprida a obrigação ou onde ocorreu o fato ou o ato jurídico, o vinculo em determinado território e o foro de eleição.

O novo C.P.C. de 2015 apresenta as seguintes hipóteses de competência (jurisdição) territorial:

a) *Domicílio ou residência do réu ou em que for encontrado:* art. 21, inc. I, e p.u.; art. 22, inc. II; art. 46 e §§ 2º e 5º; art. 47, §1º; art. 49; art. 50; art. 51 e p.u.; art. 52 e p.u.; art. 53, inc. I, a, b, c, inc. III, a, b, e, f.
b) *Domicílio ou residência do autor:* art. 22, inc. I, letra 'a' e inc. II; art. 46, §2º, §3º; art. 51, p.u.; art. 52, p.u.; art. 53, inc. I, letra 'a', 'b', inc. II, inc. III, letra b, e, inc. V.

[166] "Em relação ao disposto no art. 47 (equivalente ao art. 95 do CPC/1973), cumpre destacar, somente a título de estratificação conceitual, a interessante diferenciação entre o pensamento de Cândido Dinamarco e as teorias de Ovídio Baptista da Silva e Fábio Gomes. Isto pois, para aquele, quando o Código de Processo Civil estabelece a restrição em relação ao fórum rei sitae, ter-se-ia uma competência absoluta, tal como no direito italiano. Em contrapartida, os últimos autores entendem que com a restrição imposta pelo Código continuaria a existir a competência relativa, mas que passaria a se reger pelos critérios de competência absoluta.
Aluisio G. C. Mendes se manifestava, a respeito ainda do Código de 1973, dizendo que: 'Nada há, entretanto, de função, mas tão-somente de elemento territorial nos casos acima apontados. Por outro lado, a regra de competência modificável em razão do valor e do território pode ser ressalvada por determinação legal, assim como feito na parte final do art. 95, sem que, para tanto, haja necessidade de violação de conceitos'.
Independentemente da classificação adotada, é certo que na disposição da parte final do art. 47, §1º, trata-se de regra de competência absoluta, portanto, inderrogável pelas partes". (BOCHENEK, A.C.; DALAZOANA, V., op. cit. p. 47).

c) *Domicílio do autor da herança:* art. 48.
d) *Local do cumprimento da obrigação ou ocorrência do fato ou ato jurídico:* art. 21, inc. II e III; art. 51, p.u.; art. 52, p.u.; art. 53, inc. III, letra d, inc. IV e V.
e) *Local onde há vínculo jurídico:* art. 22, inc. I, letra b; art. 53, inc. III, letra c.
f) *Local de situação dos bens:* art. 23, inc. I, II e III; art. 47 e §2º; art. 48, p.u., inc. I, II e III; art. 51, p.u.; art. 52, p.u.
g) *Foro de eleição:* art. 22, inc. III; art. 25; art. 46, §3º; art. 47, §1º.

Na execução forçada, o critério de delimitação da competência territorial está previsto no art. 516, na hipótese de cumprimento de sentença, e no art. 781, na hipótese de execução de título extrajudicial, a saber:

> Art. 516. O cumprimento da sentença efetuar-se-á perante:
> I – os tribunais, nas causas de sua competência originária;
> II – o juízo que decidiu a causa no primeiro grau de jurisdição;
> III – o juízo cível competente, quando se tratar de sentença penal condenatória, de sentença arbitral, de sentença estrangeira ou de acórdão proferido pelo Tribunal Marítimo.
> Parágrafo único. Nas hipóteses dos incisos II e III, o exequente poderá optar pelo juízo do atual domicílio do executado, pelo juízo do local onde se encontrem os bens sujeitos à execução ou pelo juízo do local onde deva ser executada a obrigação de fazer ou de não fazer, casos em que a remessa dos autos do processo será solicitada ao juízo de origem.
> Art. 781. A execução fundada em título extrajudicial será processada perante o juízo competente, observando-se o seguinte:
> I – a execução poderá ser proposta no foro de domicílio do executado, de eleição constante do título ou, ainda, de situação dos bens a ela sujeitos;
> II – tendo mais de um domicílio, o executado poderá ser demandado no foro de qualquer deles;
> III – sendo incerto ou desconhecido o domicílio do executado, a execução poderá ser proposta no lugar onde for encontrado ou no foro de domicílio do exequente;
> IV – havendo mais de um devedor, com diferentes domicílios, a execução será proposta no foro de qualquer deles, à escolha do exequente;

V – a execução poderá ser proposta no foro do lugar em que se praticou o ato ou em que ocorreu o fato que deu origem ao título, mesmo que nele não mais resida o executado.

2.4. Competência em Razão da Função (Órgão Jurisdicional ou Pessoa (Parte))

Sendo a competência uma regra delimitadora do exercício da atividade jurisdicional, encontra-se em nosso ordenamento jurídico uma dúplice ordem de critérios para resolver o problema da distribuição do poder jurisdicional entre juízes, a saber:a) *vertical:* "verifica-se entre juízes ordinários diversos graus de hierarquia – competência hierárquica", ou *horizontal:* "verifica-se entre juízes ordinários de igual hierarquia –".

O critério de determinação da competência 'hierárquica' pode decorrer de uma competência *funcional* ou de uma competência *material.*

A competência *funcional* (em especial aquela prevista na Constituição Federal) pode ser *originária* ou *recursal.*

A *competência funcional originária* consiste na possibilidade de se promover a demanda diretamente a determinados órgãos do Poder Judiciário, em especial aos Tribunais, cuja competência é delineada pela Constituição Federal ou pelas Constituições Estaduais.

Há também a competência funcional *originária,* de duvidosa constitucionalidade, decorrente de normas processuais, como é o caso do Incidente de Resolução de Demandas Repetitivas (I.R.D.R.).

A competência funcional originária pode decorrer, ainda, pelo critério da função exercida pela pessoa (parte) que compõem a relação jurídica processual.

Na Constituição Federal, encontram-se diversas hipóteses em que a competência funcional originária dos tribunais tem por pressuposto a função exercida por determinada pessoa.[167]

[167] Art. 102. Compete ao Supremo Tribunal Federal, precipuamente, a guarda da Constituição, cabendo-lhe:

I – processar e julgar, originariamente:

(...).

q) o mandado de injunção, quando a elaboração da norma regulamentadora for atribuição do Presidente da República, do Congresso Nacional, da Câmara dos Deputados, do Senado Federal, das Mesas de uma dessas Casas Legislativas, do Tribunal de Contas da União, de um dos Tribunais Superiores, ou do próprio Supremo Tribunal Federal;

A *competência funcional recursal* advém do poder hierárquico conferido pela norma jurídica Constitucional a determinados órgãos do Poder Judiciário para conhecer de recursos contra decisões proferidas por órgãos jurisdicionais de inferior hierarquia.

A competência originária e a competência recursal são espécies de *competência funcional subjetiva de órgão jurisdicional*, pois a referência à função está ligada ao órgão julgador e não às partes do processo.

A competência funcional pode ainda configurar-se pela delimitação de jurisdição em relação a diversos juízos no mesmo processo e entre diversos processos no mesmo juízo (o juízo se torna competente para conhecer de nova demanda por ter conhecido da anterior, v..g., processo de execução e embargos).[168]

A competência *funcional horizontal* ocorre quando mais de um juízo, no mesmo grau de jurisdição, é convocado para movimentar o processo, v.g., a carta precatória para a produção de prova testemunhal em outra comarca.[169]

A competência funcional é sempre necessária, porém, pode não ser suficiente. Há casos em que basta o critério funcional para se encontrar o

(...).
Art. 105. Compete ao Superior Tribunal de Justiça:
I – processar e julgar, originariamente:
(...).
b) os mandados de segurança e os habeas data contra ato de Ministro de Estado, dos Comandantes da Marinha, do Exército e da Aeronáutica ou do próprio Tribunal; (Redação dada pela Emenda Constitucional nº 23, de 1999)
(...).
h) o mandado de injunção, quando a elaboração da norma regulamentadora for atribuição de órgão, entidade ou autoridade federal, da administração direta ou indireta, excetuados os casos de competência do Supremo Tribunal Federal e dos órgãos da Justiça Militar, da Justiça Eleitoral, da Justiça do Trabalho e da Justiça Federal;
(...).
Art. 108. Compete aos Tribunais Regionais Federais:
I – processar e julgar, originariamente:
(...).
c) os mandados de segurança e os habeas data contra ato do próprio Tribunal ou de juiz federal;
(...).
In: http://www.planalto.gov.br/ccivil_03/constituicao/Emendas/Emc/emc23.htm#art1

[168] BOCHENEK, A. C.; DALAZOANA, V., op. cit., p. 44.

[169] BOCHENEK, A. C.; DALAZOANA, V., idem, ibidem.

tipo de juízo competente. Se não basta, entra em ação a competência em razão da matéria.[170]

3. Momento de Determinação da Competência do Órgão Jurisdicional – *Perpetuatio Jurisdictionis*

Tendo em vista a escolha dos critérios de delimitação de competência, incorporados na norma jurídica processual, a regra geral é da *inderrogabilidade* da competência do órgão jurisdicional.

A derrogação de competência somente será possível nos casos expressamente previstos na norma jurídica processual.

Na realidade, no caso de derrogação ou prorrogação de competência, *um juiz que era incompetente torna-se competente.*

A fixação da competência e a proibição de sua derrogabilidade caracterizam a afirmação e a optimização do princípio Constitucional do *juiz natural.*

Existirá, portanto, no tempo e no espaço jurídico processual um momento em que a competência de um específico órgão jurisdicional será determinada e não poderá, salvo exceções legais, ser mais modificada ou alterada.

Nos termos do art. 43 do novo C.P.C., determina-se a competência no momento do registro (na hipótese de juízo único) ou distribuição da petição inicial (na hipótese de diversos juízos), sendo irrelevantes as modificações do estado de fato ou de direito ocorridas posteriormente, salvo quando suprimirem órgão judiciário ou alterarem a competência absoluta.

O art. 43 do novo C.P.C. estabelece expressamente o momento espaço-temporal em que ocorre a fixação da competência do órgão jurisdicional.[171]

Uma vez registrada ou distribuída a petição inicial, as modificações de estado de fato ou de direito que possam ocorrer futuramente não alteram a competência do juiz natural.[172]

[170] CARNELUTTI, F., op. cit., p. 212.

[171] Assim, se uma demanda é ajuizada em Londrina – Paraná, tendo em vista que o réu era ali domiciliado, eventual mudança posterior de domicílio não afetará a competência do juízo de Londrina, em face do princípio da *perpetuatio jurisdictionis.*

[172] Súmula 58 do S.T.J.: "Proposta a execução fiscal, a posterior mudança de domicílio do executado não desloca a competência já fixada".

Assim, a alteração de domicilio do réu, a morte, convenção jurídica entre as partes, não são circunstâncias capazes de modificar a competência do juízo já definida quando do registro ou distribuição da petição inicial.

Esse fenômeno de inalterabilidade da competência denomina-se de *perpetuatio jurisdictionis*.[173]

Contudo, diante de certas circunstâncias, a regra (para alguns princípio) da *perpetuatio jurisdictionis* poderá ser relativizada.

São as seguintes as hipóteses normativas que autorizam a modificação da competência ou a relativização da *perpetuatio jurisdictionis:* a) supressão do órgão judiciário; b) alteração da competência absoluta; c) questões específicas em demandas sobre alimentos.[174]

O S.T.J., sob a perspectiva de que as hipóteses de relativização da *perpetuatio jurisdictionis* são taxativas, já teve oportunidade de afirmar que a criação de nova vara, em virtude de modificação da Lei de Organização Judiciária, não autorizaria a redistribuição dos processos, *com fundamento no domicílio do réu* (REsp 969.767/GO, Rel. Ministra NANCY ANDRIGHI, TERCEIRA TURMA, julgado em 10/11/2009, DJe 17/11/2009).

O registro ou distribuição de uma petição inicial, apesar de determinar a competência do juízo, não impede a sua modificação pela supressão do órgão jurisdicional.

Ocorrendo a supressão do juízo, a competência até então firmada será modificada, passando a exercê-la outro órgão jurisdicional.

[173] "*Perpetuatio jurisdictionis* – significa a cristalização e subsistência no plano do processo dos elementos (de fato e de direito) em decorrência dos quais se determinou a competência, inclusive do próprio critério legal" (ALVIM, Arruda. *Manual de direito processual civil.* 7 ed. São Paulo: Saraiva, 2001, p. 373).

[174] AGRAVO DE INSTRUMENTO. AÇÃO DE ALIMENTOS. DESLOCAMENTO DA COMPETÊNCIA. PERPETUATIO JURISDICTIONIS. Em se tratando de demanda que versa sobre interesses de menor, a norma do disposto no art. 43 do CPC/2015 deve ser mitigada, frente à regra do art. 147, incisos I e II, do ECA, de forma a possibilitar a redistribuição do feito para comarca em que o menor passou a residir. Assim, tendo como norte a prevalência do princípio de proteção ao melhor interesse da criança, deve ser deslocada a competência para processamento do feito já em curso, excepcionando-se a regra da estabilidade da jurisdição (perpetuatio jurisdictiones). Precedente do STJ. DERAM PROVIMENTO. UNÂNIME. (Agravo de Instrumento Nº 70068822501, Oitava Câmara Cível, Tribunal de Justiça do RS, Relator: Luiz Felipe Brasil Santos, Julgado em 30/06/2016).

(TJ-RS – AI: 70068822501 RS, Relator: Luiz Felipe Brasil Santos, Data de Julgamento: 30/06/2016, Oitava Câmara Cível, Data de Publicação: Diário da Justiça do dia 04/07/2016)

Da mesma forma, se houver alteração da competência absoluta (em razão da matéria ou da hierarquia/funcional),[175] haverá também a modificação da competência do juízo, não prevalecendo nessa hipótese a *perpetuatio jurisdictionis*.[176]

Entendem Bochenek e Dalazoana que a criação de nova Subseção Judiciária federal implica a redistribuição e o deslocamento da competência dos processos que envolvam as pessoas domiciliadas nos municípios desmembrados das subseções originárias e pertencentes à nova subseção, pois, segundo a ótica dos doutrinadores, a competência seria absoluta, não se aplicando a perpetuação da jurisdição, desde que não haja previsão legal ou normativa em sentido contrário.[177] Porém, a questão não é pacífica.[178]

[175] O caráter absoluto da competência consiste na imunidade a prorrogações. Diz-se absoluta a competência que não pode ser desfeita ou alterada por conexidade, por ausência de arguição ou por qualquer ato de vontade das partes, consensual ou unilateral.

[176] "Suprimida uma Vara Cível, obviamente os feitos que nela tramitavam passam aos cuidados de outra vara. Se a lei nova dispuser que as ações de dissolução de sociedade passam a ser de competência de Varas de Falência, e não mais de Varas Cíveis, tal norma aplica-se aos processos em andamento,salvo se a própria lei exceptuar esses processos. Assim também nos casos de alteração da competência do Tribunal de Justiça ou de criação de novas Tribunais" (CARNEIRO, A. G., op. cit. p. 107).

[177] BOCHENEK, A. C.; DALAZOANA, V., op. cit. p. 52.

[178] PROCESSO CIVIL. AGRAVO DE INSTRUMENTO. CRIAÇÃO DE SUBSEÇÃO JUDICIÁRIA. COMPETÊNCIA TERRITORIAL. PRINCÍPIO DA PERPETUATIO JURISDICTIONIS. 1. A criação de Subseção Judiciária não afeta a competência territorial fixada anteriormente. Aplicação do princípio da perpetuatio jurisdictionis. 2. Agravo de instrumento provido.
(TRF-1 – AG: 24169 PA 2006.01.00.024169-2, Relator: DESEMBARGADOR FEDERAL TOURINHO NETO, Data de Julgamento: 17/10/2006, TERCEIRA TURMA, Data de Publicação: 27/10/2006 DJ p.41).
PROCESSUAL CIVIL. MANDADO DE SEGURANÇA. CONFLITO ENTRE JUÍZOS FEDERAIS. CRIAÇÃO DE SUBSEÇÃO JUDICIÁRIA POSTERIOR À IMPETRAÇÃO. INCABÍVEL DESLOCAMENTO DA COMPETÊNCIA. APLICAÇÃO DOS PRINCÍPIOS DA PERPETUAÇÃO DA JURISDIÇÃO E DO JUIZ NATURAL. I. Posterior implantação de Subseção Judiciária, cuja jurisdição abrange cidade onde sediada a autoridade impetrada, não tem o condão de modificar a competência do Juízo para conhecer e decidir o feito. II. Aplicação dos princípios da perpetuação da jurisdição e do juiz natural. A determinação da competência do juízo ocorre com a propositura da ação. III. Conflito provido. Competência do Juízo Suscitado.
(TRF-3 – CC: 69490 SP 97.03.069490-0, Relator: JUIZ MAIRAN MAIA, Data de Julgamento: 05/03/2002, Data de Publicação: DJU DATA:03/04/2002 PÁGINA: 311)

O S.T.F., não obstante tratar-se de matéria penal, entende que a criação de nova vara federal, estando o processo já em andamento em outra vara federal, não é causa justificadora para a derrogação da competência, uma vez que não se está diante de competência absoluta. Nesse sentido é o seguinte precedente:

> EMENTA HABEAS CORPUS. PROCESSUAL PENAL. CRIME DE HOMICÍDIO PRATICADO CONTRA SERVIDORES FEDERAIS. TRIBUNAL DO JÚRI. COMPETÊNCIA. JUSTIÇA FEDERAL. CRIAÇÃO SUPERVENIENTE DE VARA FEDERAL NO LOCAL DO CRIME. PERPETUATIO JURISDICTIONIS. ARTIGO 3º DO CÓDIGO DE PROCESSO PENAL. ARTIGO 87 DO CÓDIGO DE PROCESSO CIVIL. 1. A superveniente criação de Vara Federal com jurisdição no Município do local dos crimes não resulta em incompetência do Juízo Federal que realizou a instrução criminal. 2. No âmbito da Justiça Federal – competência fixada, no caso, em função do crime de homicídio praticado contra quatro servidores federais no exercício das suas funções –, a 9ª Vara Federal da Subseção Judiciária de Belo Horizonte e a Vara Federal criada posteriormente à instauração das ações penais, em Unaí, local dos crimes, são Varas de competência geral. 3. Aplicável o princípio da perpectuatio jurisdictionis (art. 87 do Código de Processo Civil c/c art. 3º do Código de Processo Penal), não demonstradas as situações de excepcionalidade no preceito que o consagra – supressão de órgão do Judiciário ou alteração de competência em razão da matéria ou da hierarquia. Precedente desta Suprema Corte. 4. Ordem de habeas corpus denegada, com a cassação da liminar anteriormente concedida. (HC 117871, Relator(a): Min. MARCO AURÉLIO, Relator(a) p/ Acórdão: Min. ROSA WEBER, Primeira Turma, julgado em 28/04/2015, PROCESSO ELETRÔNICO DJe-128 DIVULG 30-06-2015 PUBLIC 01-07-2015).

A distribuição territorial da competência da Justiça Federal, dentre os seus diversos órgãos jurisdicionais, configura-se como de natureza relativa e não absoluta.[179]

[179] "Demanda reflexão a seguinte afirmação de Fernando da Fonseca: se em determinada Comarca ou Subseção Judiciária for criada uma nova Vara com competência (não absoluta) concorrente com a outra já existente, os processos não deverão ser redistribuídos, pois não se trata de criação de vara com competência própria material; neste caso, os processo

Na realidade, a competência absoluta da Justiça Federal somente se verifica em contraposição a outras esferas de justiça, em especial, a Justiça Estadual.

Em se tratando de criação de vara federal em localidade em que havia competência delegada da justiça estadual, o S.T.J. entende que, nessa hipótese, se está diante de competência absoluta, razão pela qual haverá deslocamento do processo para a vara federal. Nesse sentido, eis a seguinte decisão do S.T.J.

> PREVIDENCIÁRIO. COMPETÊNCIA. CONFLITO NEGATIVO. COMPETÊNCIA DO SUPERIOR TRIBUNAL DE JUSTIÇA. JUÍZOS ESTADUAL E FEDERAL. AÇÃO JULGADA PELO JUÍZO ESTADUAL INVESTIDO DE JURISDIÇÃO FEDERAL. SUPERVENIENTE INSTALAÇÃO DE VARA FEDERAL NA COMARCA. EXECUÇÃO DA SENTENÇA. COMPETÊNCIA FEDERAL ABSOLUTA. ART. 109, I, DA CONSTITUIÇÃO. ART. 87 DO CPC, PARTE FINAL. EXCEÇÃO AO PRINCÍPIO DA PERPETUATIO JURISDICTIONIS. PRECEDENTES. COMPETÊNCIA DO JUÍZO FEDERAL.
>
> 1. Compete ao Superior Tribunal de Justiça dirimir conflito entre juízes vinculados a tribunais diversos, segundo inteligência do art.105, I, d , da Constituição. Não estando o Juízo Estadual investido de jurisdição federal, não incide o verbete 3/STJ, que pressupõe haja "Juiz Estadual investido de jurisdição federal".
>
> 2. A superveniente criação de vara federal no município onde havia sido ajuizada e julgada a ação, à época da execução do julgado, levou a nova fixação de competência. Hipótese de exceção ao princípio da perpetuatio jurisdictionis. Competência absoluta prevista no art. 109, I, da Constituição. Incidência da segunda parte do art. 87 do CPC. Precedentes desta Corte.
>
> 3. Conflito conhecido para declarar a competência do Juízo Federal.
>
> (CC 91.129/GO, Rel. Min. Arnaldo Esteves Lima, DJe de 27/5/2008)

No mesmo sentido: No caso de instalação de Vara Federal em Comarca com competência delegada, os processos serão remetidos à Vara Federal,

deverão permanecer ma vara de origem, sob pena de mácula ao princípio do juízo natural". (GAJARDONI. Fernando da Fonseca. *Os poderes do juiz e o controle das decisões judiciais*. São Paulo: Editora R.T., 2008. p. 263).

pois a competência da Justiça Federal é absoluta (CC 38.713. Rel. orig. Min. Luiz Fux. Relator para o acórdão, Min. Teori Zavascki. *In. Informatvio do S.T.J.*, n. 205/2004).

O deslocamento da competência, segundo o S.T.J., somente ocorrerá se houver modificação da competência absoluta.

Por outro lado, uma vez proposta a demanda, modificação legislativa posterior, que não suprima órgão judicante, ou que não altere a competência em razão da matéria ou da hierarquia, nenhum efeito produzirá na *perpetuatio jurisdictionis.*

Também o princípio da *perpetuatio jurisdictionis* será relativizado nas demandas que tem por objeto alimentos ou que de certa forma envolvam crianças, adolescentes e incapazes de uma maneira geral.

No que concerne às ações fundadas em direito real sobre imóvel, *é absoluta* a competência do *fórum rei sitae,* quando o litígio recair sobre direito de propriedade, vizinhança, servidão, posse, divisão e demarcação de terras. Mas se a área onde se situa o imóvel for transferida para a jurisdição de outra comarca (elevação de um município à categoria de comarca, por exemplo), deve-se aplicar a *perpettuatio jurisdictionis?* Segundo Athos Gusmão Carneiro, há manifestações discrepantes, mas deve prevalecer a tese adotada pelo S.T.J. 4ª Turma, no sentido de que a 'instalação de nova comarca, em cujo território se situa o imóvel objeto da demanda reivindicatória, determina a modificação da competência (REsp n. 156.898. Rel. Min. Ruy Rosado de Aguiar, j. 30.4.1998).[180]

A prestação de alimentos tem por fundamento uma relação jurídica continuativa, por tempo indeterminado, estando sujeita a modificações ditadas por comprovada alteração da situação fática justificadora de sua fixação. Os alimentos podem ser redimensionados ou afastados.

Os alimentos podem ser revistos ainda no trâmite do processo originário ou em nova ação. Essa demanda posterior não precisa ser proposta em face do mesmo juízo que fixou os alimentos originalmente, podendo ser proposta no novo domicílio do alimentando.

Até mesmo a execução do julgado pode se dar em comarca diversa daquela em que tramitou a ação de conhecimento, de modo a possibilitar o acesso à Justiça pelo alimentando.

[180] CARNEIRO, A. G., op. cit. p. 108.

O caráter continuativo da relação jurídica alimentar, conjugado com a índole social da ação de alimentos, autoriza que se mitigue a regra da *perpetuatio jurisdictionis*.

O novo Código de Processo Civil também traz uma nova exceção *à perpetuatio jurisdictionis*, ao permitir que, no âmbito do cumprimento de sentença, o exequente possa optar pelo juízo do atual domicílio do executado, pelo juízo do local onde se encontrem os bens sujeitos à execução ou pelo juízo do local onde deva ser executada a obrigação de fazer ou de não fazer, casos em que a remessa dos autos do processo será solicitada ao juízo de origem (p.u. do art. 516 do novo C.P.C.).

4. Medidas Urgentes Concedidas por Juiz Incompetente

O Projeto Originário do novo C.P.C., n. 166/10, apresentava, em seu art. 28, p.u., uma proposta inovadora quanto à questão da competência do juízo, a saber: "Para evitar perecimento de direito, as medidas urgentes poderão ser concedidas por juiz incompetente".

Essa proposta legislativa alterava substancialmente a jurisprudência consagrada no S.T.F. e nos demais Tribunais brasileiros, no sentido de que somente seriam declarados nulos os atos decisórios praticados por juiz incompetente.

Isso significaria dizer que o princípio da efetividade da tutela jurisdicional deveria prevalecer sobre o princípio do juiz natural, uma vez que diante da possibilidade de *perecimento do direito*, medidas urgentes poderiam ser concedidas por juiz *incompetente*.

Aliás, conforme afirma Giuseppe Tarzia, *"a competência não é uma condição de admissibilidade da demanda"*.[181]

A referida regra tratava de situações de extrema urgência e muito particularizadas, as quais não comportavam qualquer dilação de tempo ou a imediata remessa dos autos ao juízo competente.

Sem que existissem tais circunstâncias especiais, o juízo *incompetente* não poderia apreciar o pedido, e sim remeter imediatamente o processo ao juízo competente.

Dentre as medidas urgentes poder-se-iam destacar as tutelas provisórias e as liminares de uma maneira geral.

[181] TARZIA, G., op. cit. p. 43.

A proposta legislativa prevista no p.u. do art. 28 do Projeto n. 166/10 não distinguia se o juízo seria relativamente ou absolutamente incompetente. Como não distinguia, e como o fundamento para tal tolerância seria o direito fundamental à efetividade da tutela jurisdicional, a medida poderia ser concedida inclusive por juiz absolutamente incompetente.

Porém, essa proposta legislativa não prevaleceu quando o Projeto n. 166/10 foi encaminhado à Câmara dos Deputados Federais, sendo ela suprimida no apagar das luzes.

5. Competência da Justiça Federal

O art. 109, incisos I a XI, da C. F., indica quais são as causas que deverão ser processadas e julgadas pela Justiça Federal.[182]

[182] *Art. 109. Aos juízes federais compete processar e julgar:*
I – as causas em que a União, entidade autárquica ou empresa pública federal forem interessadas na condição de autoras, rés, assistentes ou oponentes, exceto as de falência, as de acidentes de trabalho e as sujeitas à Justiça Eleitoral e à Justiça do Trabalho;
II – as causas entre Estado estrangeiro ou organismo internacional e Município ou pessoa domiciliada ou residente no País;
– Deve-se observar eventual imunidade diplomática (Convenção de Viena de 18.04.1961) , bem como eventuais lides trabalhistas entre entes estrangeiros e pessoas físicas que deverão ser promovidas na Justiça do Trabalho.
– CONSTITUCIONAL. IMUNIDADE DE JURISDIÇÃO. EXECUÇÃO FISCAL PROMOVIDA PELA UNIÃO CONTRA ESTADO ESTRANGEIRO. CONVENÇÕES DE VIENA DE 1961 E 1963. 1. Litígio entre o Estado brasileiro e Estado estrangeiro: observância da imunidade de jurisdição, tendo em consideração as Convenções de Viena de 1961 e 1963. 2. Precedentes do Supremo Tribunal Federal: ACO 522-AgR/SP e ACO 634-AgR/SP, rel. Min. Ilmar Galvão, Plenário, 16.9.98 e 25.9.2002, DJ de 23.10.98 e 31.10.2002; ACO 527-AgR/SP, rel. Min. Nelson Jobim, Plenário, 30.9.98, DJ de 10.12.99; ACO 524 AgR/SP, rel. Min. Carlos Velloso, Plenário, DJ de 09.05.2003. 3. Agravo não provido. (ACO 633 AgR, Relator(a): Min. ELLEN GRACIE, Tribunal Pleno, julgado em 11/04/2007, DJe-042 DIVULG 21-06-2007 PUBLIC 22-06-2007 DJ 22-06-2007 PP-00016 EMENT VOL-02281-01 PP-00001 LEXSTF v. 29, n. 343, 2007, p. 5-31 RDDT n. 143, 2007, p. 219-220 RDDP n. 55, 2007, p. 141-152)
– O recurso interposto contra a decisão do Juiz Federal deverá ser o recurso ordinário de competência do Superior Tribunal de Justiça, nos termos do art. 105, inc. II, letra 'c' da Constituição Federal.
– Nos termos do disposto pelo art. 1.027, II, "b", do Código de Processo Civil de 2015, compete ao Superior Tribunal de Justiça o julgamento de agravo de instrumento interposto contra decisão interlocutória, proferida por juiz federal de primeira instância, em processo em que

forem partes, de um lado, Estado estrangeiro ou organismo internacional e, de outro, município ou pessoa residente ou domiciliada no País.

– Se a demanda for entre Estado estrangeiro ou organismo internacional e a União, o Estado, o Distrito Federal ou o Território, a competência para julgamento é do Supremo Tribunal Federal, nos termos do art. 102, inc. I, letra 'e', da Constituição Federal

III – as causas fundadas em tratado ou contrato da União com Estado estrangeiro ou organismo internacional;

* Essa espécie de competência da Justiça Federal já tinha sido prevista no art. 15, alínea 'f', do Decreto n. 848, de 1890 (que criou a Justiça Federal).

"A invocação de normas previstas em Convenção Internacional, por si só, não desloca para a Justiça Federal a competência para processar e julgar a causa, salvo quando as disposições de "tratado ou contrato da União com Estado estrangeiro ou organismo internacional" forem o próprio objeto da lide".

(REsp 1181954/PR, Rel. Ministra NANCY ANDRIGHI, TERCEIRA TURMA, julgado em 27/08/2013, DJe 04/09/2013)

Essa interpretação restritiva da competência da Justiça Federal também foi firmada pelo S.TF. :

CONFLITO DE JURISDIÇÃO. AÇÃO EXECUTIVA CAMBIAL. COMPETÊNCIA. CONTINUA DA JUSTIÇA ESTADUAL A COMPETÊNCIA PARA A AÇÃO EXECUTIVA CAMBIAL, APÓS A PROMULGAÇÃO DA CONVENÇÃO DE GENEBRA, PARA ADOÇÃO DE LEI UNIFORME SOBRE LETRA DE CAMBIO E NOTA PROMISSORIA. INAPLICAÇÃO DO ART. 119, INC. III, DA CONSTITUIÇÃO.

(CJ 4663, Relator(a): Min. ELOY DA ROCHA, Terceira Turma, julgado em 17/05/1968, DJ 13-02-1969 PP-00380 EMENT VOL-00753-01 PP-00001)

Se a causa posta em juízo disser respeito ao pacto federativo, a competência será da Justiça Federal, conforme precedente abaixo:

EMENTA Agravo regimental no recurso extraordinário. Tributário. Importação de Bacalhau. País signatário do acordo geral de tarifas de comércio (GATT). Isenção de imposto sobre circulação de mercadorias e serviços (ICMS). Competência. Justiça Federal.

1. A jurisprudência da Corte é no sentido de que o julgamento de causas fundadas em tratado ou contrato da União com Estado estrangeiro ou organismo internacional é de competência da Justiça Federal, ainda que se discuta isenção de imposto de competência estadual. 2. Agravo regimental não provido.

(RE 781136 AgR, Relator(a): Min. DIAS TOFFOLI, Segunda Turma, julgado em 27/10/2015, PROCESSO ELETRÔNICO DJe-250 DIVULG 11-12-2015 PUBLIC 14-12-2015)

CONFLITO DE COMPETÊNCIA. UNIVERSIDADE FEDERAL. REVALIDAÇÃO E REGISTRO DE DIPLOMA ESTRANGEIRO. AÇÃO ORDINÁRIA FUNDADA EM CONVENÇÃO E ACORDO INTERNACIONAIS. COMPETÊNCIA DA JUSTIÇA FEDERAL COMUM.

1. A causa fundada em Convenção e Acordo Internacionais encontra-se inserida no rol de exceções da regra que disciplina a competência do Juizado Especial Federal (art. 3º, § 1º, I, da Lei nº 10.259/01).

2. De acordo com o art. 109, III, da Constituição da República, "as causas fundadas em tratado ou contrato da União com Estado estrangeiro ou organismo internacional" são da competência da Justiça Federal.
3. É competente a Justiça Federal Comum para a análise da ação ordinária que busca a revalidação e registro de diploma estrangeiro, com base em Convenção e Acordo Internacionais, como se deduz do exame conjunto dos arts. 3º da Lei nº 10.259/01 e 109, da CF.
4. Conflito conhecido para declarar competente o Juízo Federal da 3ª Vara da Seção Judiciária do Estado do Maranhão, ora suscitado.
(CC 104.102/MA, Rel. Ministro CASTRO MEIRA, PRIMEIRA SEÇÃO, julgado em 24/06/2009, DJe 01/07/2009)
CONFLITO NEGATIVO DE COMPETÊNCIA - PEDIDO DE REGULAMENTAÇÃO DE GUARDA AJUIZADA NA JUSTIÇA ESTADUAL - INEXISTÊNCIA DE PEDIDO DE BUSCA, APREENSÃO E RESTITUIÇÃO DE MENOR - INAPLICABILIDADE DA CONVENÇÃO DE HAIA - COMPETÊNCIA DA JUSTIÇA COMUM ESTADUAL.
1. Na hipótese dos autos, o objeto do pedido inicial não é o cumprimento de obrigação fundada em tratado internacional - Convenção de Haia -, o que atrairia a competência absoluta da Justiça Federal, mas sim a regulamentação da guarda do menor e esta matéria é estritamente ligada ao Direito de Família e, por conseguinte, à Justiça Comum Estadual.
2. Compete à Justiça Comum Estadual processar e julgar pedido de regulamentação de guarda de menor.
(CC 153.274/AC, Rel. Ministro MARCO BUZZI, SEGUNDA SEÇÃO, julgado em 11/10/2017, DJe 27/10/2017)
CONFLITO DE COMPETÊNCIA. JUSTIÇA ESTADUAL E JUSTIÇA FEDERAL. AÇÃO DE RECONHECIMENTO DE PATERNIDADE SOCIO-AFETIVA CUMULADA COM POSSE E GUARDA. AÇÃO DE BUSCA, APREENSÃO E RESTITUIÇÃO DE MENOR AJUIZADA PELA UNIÃO FEDERAL COM FUNDAMENTO NA CONVENÇÃO DE HAIA SOBRE OS ASPECTOS CIVIS DO SEQÜESTRO INTERNACIONAL DE CRIANÇAS.
1. A conexão afigura-se entre duas ou mais ações quando há entre elas identidade de objeto ou de causa de pedir, impondo a reunião das demandas para julgamento conjunto, evitando-se, assim, decisões contraditórias, o que acarretaria grave desprestígio para o Poder Judiciário.
2. Demonstrada a conexão entre a ação de busca, apreensão e restituição e a ação de reconhecimento de paternidade sócio-afetiva cumulada com posse e guarda, ambas com o mesmo objeto comum, qual seja, a guarda do menor, impõe-se a reunião dos processos para julgamento conjunto (arts. 115-III, e 103, CPC), a fim de se evitar decisões conflitantes e incompatíveis entre si.
3. A presença da União Federal nas duas causas, em uma delas na condição de autora e na outra como assistente, torna imprescindível a reunião dos feitos perante a Justiça Federal, a teor do que dispõe o art. 109, I, da Constituição Federal.
4. Ademais, o objeto de uma das demandas é o cumprimento de obrigação fundada em tratado internacional (art. 109, III, da Constituição Federal).
5. Conflito conhecido, declarando-se competente o Juízo Federal da 16ª Vara Cível da Seção Judiciária do Estado Rio de Janeiro, determinando-lhe a remessa pelo Juízo de Direito da

2ª Vara de Família do Foro Central do Rio de Janeiro/RJ dos autos da ação de reconhecimento de paternidade sócio-afetiva.
(CC 100.345/RJ, Rel. Ministro LUIS FELIPE SALOMÃO, SEGUNDA SEÇÃO, julgado em 11/02/2009, DJe 18/03/2009)
IV – os crimes políticos e as infrações penais praticadas em detrimento de bens, serviços ou interesse da União ou de suas entidades autárquicas ou empresas públicas, excluídas as contravenções e ressalvada a competência da Justiça Militar e da Justiça Eleitoral;
V – os crimes previstos em tratado ou convenção internacional, quando, iniciada a execução no País, o resultado tenha ou devesse ter ocorrido no estrangeiro, ou reciprocamente;
V- A as causas relativas a direitos humanos a que se refere o § 5º deste artigo; (Incluído pela Emenda Constitucional nº 45, de 2004 http://www.planalto.gov.br/ccivil_03/constituicao/Emendas/Emc/emc45.htm#art1)
VI – os crimes contra a organização do trabalho e, nos casos determinados por lei, contra o sistema financeiro e a ordem econômico-financeira;
VII – os habeas corpus, em matéria criminal de sua competência ou quando o constrangimento provier de autoridade cujos atos não estejam diretamente sujeitos a outra jurisdição;
VIII – os mandados de segurança e os habeas data contra ato de autoridade federal, excetuados os casos de competência dos tribunais federais;
*Essa regra de competência não se aplica a mandado de segurança e habeas data contra ato que diga respeito à competência da Justiça do Trabalho (art. 114, inc. V, da C.F.).
Nos termos do art. 2º da Lei 12.016 de 7 de agosto de 2009 (Lei do Mandado de Segurança Individual e Coletivo): 'Considerar-se-á federal a autoridade coatora se as consequências de ordem patrimonial do ato contra o qual se requer o mandado houverem de ser suportadas pela União ou entidade por ela controlada'.
São equiparadas às autoridades, para efeitos da Lei do Mandado de Segurança, os representantes ou órgãos de partidos políticos e os administradores de entidades autárquicas, bem como os dirigentes de pessoas jurídicas ou as pessoas naturais no exercício de atribuições do poder público, somente no que disser respeito a essas atribuições.
Nos termos da Súmula 60 do S.T.J.: 'Compete à Justiça Federal decidir da admissibilidade do mandado de segurança impetrado contra ato de dirigentes de pessoas jurídicas privadas, ao argumento de estarem agindo por delegação do poder público federal'.
É importante salientar que o mandado de segurança impetrado contra juízes estaduais em função delegada federal será de competência do Tribunal Regional Federal.
Tendo sido o ato coator praticado por autoridade municipal ou estadual, ou, ainda, mesmo particular, no exercício de função delegada de um ente federal, o mandado de segurança deverá ser julgado pela Justiça Federal. Sobre o tema, eis os seguintes precedentes do S.T.J.:
CONFLITO DE COMPETÊNCIA. JUSTIÇAS ESTADUAL E FEDERAL. MANDADO DE SEGURANÇA QUE IMPUGNA ATO DE DIRIGENTE DE SERVIÇO SOCIAL AUTÔNOMO (SENAI). COMPETÊNCIA DA JUSTIÇA FEDERAL.
1. Esta Seção, ao julgar o CC 35.972/SP (Rel. p/acórdão Min. Teori Albino Zavascki, DJ de 7.6.2004, p. 152), firmou o entendimento de que, havendo mandado de segurança contra ato de entidade privada com função delegada do Poder Público Federal, mostra-se logicamente

inconcebível hipótese de competência estadual. É que, de duas uma: ou há, nesse caso, ato de autoridade (caso em que se tratará necessariamente de autoridade federal delegada, sujeita à competência federal), ou há ato de particular, e não ato de autoridade (caso em que o mandado de segurança será incabível).
2. No caso, trata-se de mandado de segurança impetrado por contribuinte em face de ato do Diretor Administrativo e Financeiro do SENAI, visando a impugnar Notificação de Débito relativa à contribuição adicional de que trata o art. 6º do Decreto-Lei nº 4.048/42. Embora a fiscalização e a arrecadação da contribuição adicional em questão tenham sido atribuídas diretamente à entidade privada destinatária da dita contribuição (cf. art. 10 do Decreto n.60.466/67), ainda assim se trata de tributo instituído pela União e exigível mediante lançamento, atribuição típica de autoridade administrativa federal (art. 142 do CTN), que acabou por constituir crédito tributário relativo à contribuição adicional de que trata o art. 6º do Decreto-Lei n. 4.048/42. Portanto, compete ao Juízo Federal, ora suscitado, processar e julgar o mandado de segurança.
3. Conflito conhecido para anular a sentença proferida na Justiça Estadual e declarar a competência da Justiça Federal.
(CC 122.713/SP, Rel. Ministro MAURO CAMPBELL MARQUES, PRIMEIRA SEÇÃO, julgado em 08/08/2012, DJe 14/08/2012)
CONFLITO NEGATIVO DE COMPETÊNCIA. JUSTIÇAS ESTADUAL E FEDERAL. MANDADO DE SEGURANÇA. ATO DO DIRETOR SUPERINTENDENTE DO ÓRGÃO GESTOR DE MÃO DE OBRA DE SANTOS. PESSOA JURÍDICA DE DIREITO PRIVADO. COMPETÊNCIA DA JUSTIÇA FEDERAL. SÚMULA 60 DO TFR.
1. A competência para o julgamento de mandado de segurança é estabelecida em razão da função ou da categoria funcional da autoridade indicada como coatora. No caso dos autos, a autoridade tida como coatora é o Diretor Superintendente do Órgão Gestor de Mão de Obra de Santos, pessoa jurídica de Direito Privado.
2. No julgamento do CC 37.900/RN, a Primeira Seção fixou entendimento de que, em se tratando de mandado de segurança, "compete à Justiça Federal processá-lo e julgá-lo quando a autoridade apontada como coatora for autoridade federal, considerando-se como tal também o agente de entidade particular investido de delegação pela União. Nesse último caso, é logicamente inconcebível hipótese de competência estadual, já que, de duas uma: ou o ato é de autoridade (caso em que se tratará de autoridade federal delegada, sujeita à competência federal), ou o ato é de particular, e não ato de autoridade (caso em que o mandado de segurança será incabível), e só quem pode decidir a respeito é o juiz federal (súmula 60/TFR)" (DJU de 19.02.03).
3. Cabe ao Juiz Federal, nos termos da Súmula 60 do antigo TFR, decidir se o ato praticado pela autoridade impetrada é, ou não, de delegação federal. Caso entenda que o ato é de delegação, deverá julgar o mandamus, como entender de direito, pois será o Juízo competente para tanto. Caso negativa a resposta, deverá extinguir o mandado de segurança, por ausência de ato de autoridade, e não remeter os autos à Justiça Estadual.
4. Conflito conhecido para declarar-se a competência do Juízo Federal da 2ª Vara de Santos/SP, o suscitado.

(CC 96.026/SP, Rel. Ministro CASTRO MEIRA, PRIMEIRA SEÇÃO, julgado em 12/11/2008, DJe 24/11/2008)

ADMINISTRATIVO E PROCESSUAL CIVIL. AUSÊNCIA DE VIOLAÇÃO DO ART. 535 DO CPC. MANDADO DE SEGURANÇA CONTRA PRESIDENTE DE SUBSEÇÃO DA OAB.

COMPETÊNCIA. JUSTIÇA FEDERAL.

1. Em regra, a competência para o processamento do mandado de segurança é identificada perquirindo-se a natureza da autoridade impetrada. Se for autoridade federal, a competência será da Justiça Federal; se estadual, do Poder Judiciário estadual.

2. Há situações em que a autoridade apontada como coatora exerce funções em entidades que, ou são de direito privado, ou não integram os quadros da administração pública direta ou indireta. No caso da OAB, o STF entende que se trata de um serviço público independente, categoria única no elenco das personalidades jurídicas existentes no direito brasileiro.

3. Nesse contexto, a natureza da pessoa jurídica não será o elemento chave para a identificação da competência para o processamento do mandado de segurança. O que deverá ser observado, nessas situações, é a origem da função que foi delegada à autoridade.

4. As funções atribuídas à OAB pelo art. 44, I e II, da Lei n.

8.906/94 possuem natureza federal. Não há como conceber que a defesa do Estado Democrático de Direito, dos Direitos Fundamentais, a regulação da atividade profissional dos advogados, dentre outras, constituam atribuições delegadas pelos Estados Membros.

5. Portanto, o presidente da seccional da OAB exerce função delegada federal, motivo pelo qual a competência para o julgamento do mandado de segurança contra ele impetrado é da Justiça Federal. Precedente: (EREsp 235.723/SP, Rel. Min. Fontes de Alencar, Corte Especial, julgado em 23.10.2003, DJ 16.8.2004, p. 118.) Agravo regimental improvido.

(AgRg no REsp 1255052/AP, Rel. Ministro HUMBERTO MARTINS, SEGUNDA TURMA, julgado em 06/11/2012, DJe 14/11/2012)

CONFLITO DE COMPETÊNCIA. MANDADO DE SEGURANÇA. DIRIGENTE DE CONCESSIONÁRIA DE ENERGIA ELÉTRICA. ATO QUE DETERMINOU A SUSPENSÃO DO FORNECIMENTO DE ENERGIA. COMPETÊNCIA DA JUSTIÇA FEDERAL.

1. Cuida-se de conflito negativo suscitado pelo Juízo da Quinta Vara Federal de Ribeirão Preto alegando que, no caso de mandado de segurança impetrado contra dirigente de concessionária de energia elétrica, em face de suspensão no fornecimento de energia elétrica, a competência é da justiça estadual pois a ação volta-se contra ato de gestão administrativa da empresa em questão, 2. A competência para julgar mandado de segurança deve levar em consideração a natureza ou condição da pessoa que pratica o ato e não a natureza do ato em si. Assim, o argumento de que a competência para julgar o feito seria da Justiça Estadual porque o ato praticado pelo dirigente da concessionária teria natureza administrativa não pode prevalecer. No caso de mandado de segurança, a competência está estabelecida no retrocitado artigo 109, VIII da Constituição Federal. Efetivamente, é competência da Justiça Federal processar e julgar os mandados de segurança contra ato de autoridade federal, considerando-se como tal também o agente de empresa concessionária de serviços públicos de energia elétrica, quando pratica o ato no exercício de função federal delegada. No caso de empresa concessionária dos

serviços públicos de energia elétrica, o poder concedente é a União, conforme decorre do art. 21, XII, 'b', da Constituição.
3. Conflito conhecido para declarar a competência da Justiça Federal.
(CC 54.854/SP, Rel. Ministro JOSÉ DELGADO, PRIMEIRA SEÇÃO, julgado em 22/02/2006, DJ 13/03/2006, p. 172)

Pode ocorrer, ainda, que o impetrante seja um ente federal e a autoridade coatora seja municipal ou estadual. Nessa hipótese, deverá prevalecer a competência da Justiça Federal com base no inc. I do art. 109 da C.F. Nesse sentido é o teor da Súmula 511 do S.T.F.: Compete à Justiça Federal, em ambas as instâncias, processar e julgar as causas entre autarquias federais e entidades pública locais, inclusive mandado de segurança, ressalvada a ação fiscal, nos termos da Constituição de 1967, art. 119, §3º.

No mesmo sentido é o seguinte precedente do S.T.J.:

PROCESSUAL CIVIL E CONSTITUCIONAL. CONFLITO NEGATIVO DE COMPETÊNCIA: TRIBUNAL DE JUSTIÇA ESTADUAL X TRIBUNAL REGIONAL FEDERAL. MANDADO DE SEGURANÇA IMPETRADO PELO IBAMA CONTRA DECISÃO DE JUIZ ESTADUAL CRIMINAL EM AÇÃO PENAL DE RESTITUIÇÃO DE VEÍCULO APREENDIDO EM PROCESSO ADMINISTRATIVO, POR INFRAÇÃO AMBIENTAL (TRANSPORTAR CARVÃO VEGETAL EM DESACORDO COM LICENÇA OUTORGADA PELO ÓRGÃO COMPETENTE).
PRINCÍPIOS DA HIERARQUIA E DA SIMETRIA. COMPETÊNCIA DO TRIBUNAL REGIONAL FEDERAL.
1. De regra, a competência para processar e julgar mandados de segurança se define em razão da qualidade da autoridade coatora (ratione autoritatis), seja dizer da função por ela exercida, se estadual ou federal.
2. Isso não obstante, nas situações em que o impetrante é autarquia federal e o impetrado é autoridade estadual, tal regra deve ser interpretada em consonância com os dispositivos constitucionais que descrevem a competência da Justiça Federal nos arts. 108 e 109 da CF/88.
3. De consequência, ainda que o mandado de segurança não impugne decisão de autoridade federal, ou de autoridade atuando com jurisdição delegada da Justiça Federal (art. 109, § 3º, da CF), o critério de definição de competência ratione autoritatis pode ceder lugar ao critério ratione persoanae se o impetrante for algum dos entes previstos no art. 109, I, da CF.
4. Conjugada a regra do art. 109, I, da CF com o princípio da hierarquia e com o princípio da simetria, tem-se que não pode o juiz federal julgar mandados de segurança impetrados contra decisão de juiz estadual, de mesma hierarquia, devendo caber tal competência ao Tribunal Regional Federal, por analogia com o disposto no art. 108, I, "c", da CF. Precedentes do STF: RE 266689 AgR, Relator(a): Min. ELLEN GRACIE, Segunda Turma, julgado em 17/08/2004, DJ 03-09-2004 PP-00032 EMENT VOL-02162-02 PP-00294 e RE 176881, Relator(a): Min. CARLOS VELLOSO, Relator(a) p/ Acórdão: Min. ILMAR GALVÃO, Tribunal Pleno, julgado em 13/03/1997, DJ 06-03-1998 PP-00018 EMENT VOL-01901-04 PP-00709.
5. "A competência para julgamento de mandado de segurança impetrado por autarquia federal é da Justiça Federal (art. 109, I, da CF), mesmo que a autoridade coatora seja autoridade estadual. Aplicação do princípio federativo da prevalência do órgão judiciário da

União sobre o do Estado-membro (Súmula 511/STF)." (CC 68.584/SP, Rel. Ministro TEORI ALBINO ZAVASCKI, PRIMEIRA SEÇÃO, julgado em 28/03/2007, DJ 16/04/2007, p. 155)
6. Precedentes desta Corte: CC 58.108/RJ, Rel. Ministra ELIANA CALMON, PRIMEIRA SEÇÃO, julgado em 08/11/2006, DJ 27/11/2006, p. 224 e CC 45.709/SP, Rel. Ministra ELIANA CALMON, Rel. p/ Acórdão Ministro LUIZ FUX, PRIMEIRA SEÇÃO, julgado em 23/08/2006, DJ 18/09/2006, p. 247.
7. Conflito conhecido, para declarar competente para o julgamento do mandado de segurança em questão, o Tribunal Regional Federal da 1ª Região.
(CC 129.174/DF, Rel. Ministro REYNALDO SOARES DA FONSECA, TERCEIRA SEÇÃO, julgado em 09/09/2015, DJe 16/09/2015)
PROCESSUAL CIVIL. RECURSO ESPECIAL. RETENÇÃO DE TRIBUTOS FEDERAIS POR OCASIÃO DO PAGAMENTO DE LICENÇAS-PRÊMIO CONVERTIDAS EM PECÚNIA.
ATO PRATICADO PELO PROCURADOR-GERAL DE JUSTIÇA DO DISTRITO FEDERAL.
EXERCÍCIO DE FUNÇÃO ADMINISTRATIVA FEDERAL. AUTORIDADE COATORA. LEGITIMIDADE. TRF DA 1ª REGIÃO. COMPETÊNCIA.
1. Por força do § 3º do art. 6º da Lei n. 12.016/2009, a retenção de tributos pela fonte pagadora legitima a indicação da autoridade responsável como autoridade coatora.
2. O Procurador-Geral de Justiça do Distrito Federal, ao determinar a retenção de tributos federais por ocasião do pagamento de parcelas remuneratórias (conversão de licenças-prêmio em pecúnia), está no exercício de função administrativa federal, razão pela qual não se pode reconhecer a competência do Tribunal de Justiça do Distrito Federal para o julgamento de mandado de segurança impetrado contra tal ato.
3. Por força do princípio da simetria constitucional e à luz dos arts. 102, I, "d", e 109, VIII, da Constituição Federal, deve-se reconhecer que os mandados de segurança impetrados contra atos do Procurador-Geral de Justiça do Distrito Federal, quando em atividade submetida à jurisdição administrativa de natureza federal, são da competência do Tribunal Regional Federal da 1ª Região.
4. Nos casos em que o writ é mal endereçado, admite-se sua remessa ao tribunal competente para seu processamento e julgamento.
5. Recurso especial provido, com a determinação de remessa dos autos ao TRF da 1ª Região.
(REsp 1303154/DF, Rel. Ministro GURGEL DE FARIA, PRIMEIRA TURMA, julgado em 16/06/2016, DJe 08/08/2016)
ADMINISTRATIVO E PROCESSUAL CIVIL. RECURSO ESPECIAL. MANDADO DE SEGURANÇA. IMPETRAÇÃO CONTRA ATO DO PROCURADOR GERAL DE JUSTIÇA DO MINISTÉRIO PÚBLICO DO DISTRITO FEDERAL E TERRITÓRIOS. AUTORIDADE FEDERAL. PRETENSÃO DE RECEBIMENTO DE VANTAGENS PESSOAIS CUMULADAS COM O DO SUBSÍDIO. ART. 39, § 4º, DA CONSTITUIÇÃO FEDERAL. TETO REMUNERATÓRIO CONSTITUCIONAL. COMPETÊNCIA DO TRIBUNAL DE JUSTIÇA PARA O JULGAMENTO DO MANDAMUS.

1. Conforme dispõe a Lei de Organização Judiciária do Distrito Federal – Lei n. 11.697/2008, artigo 8º, inciso I, alínea "c", o Tribunal de Justiça do Distrito Federal e Territórios é competente para julgar mandado de segurança impetrado contra ato atribuído ao Procurador-Geral de Justiça do Ministério Público do Distrito Federal e Territórios, não obstante esta seja autoridade federal.
Precedente: AR 338/DF, Rel. Ministro Antônio de Pádua Ribeiro, Rel. p/ acórdão Ministro Jose de Jesus Filho, Primeira Seção, DJ 12/05/1997).
2. Não se conhece do recurso especial em razão de alegada divergência jurisprudencial, quando não se indica, com precisão, o artigo de lei federal objeto do dissídio. No caso, verifica-se que não se indicou nenhum dispositivo de lei federal que teria sido objeto de interpretação divergente pelo STJ ou por outro Tribunal pátrio. Aliás, observa-se que o alegado dissídio jurisprudencial se apoia na interpretação do art. 39, § 4º, da Constituição Federal, dispositivo que trata de matéria cuja análise não é da competência do STJ.
3. Recurso especial parcialmente conhecido e, nessa parte, não provido.
(REsp 1236801/DF, Rel. Ministro BENEDITO GONÇALVES, PRIMEIRA TURMA, julgado em 26/04/2011, DJe 02/05/2011)

Súmula 623 do S.T.F.: "Não gera por si só a competência originária do Supremo Tribunal Federal para conhecer do mandado de segurança com base no art. 102, I, 'n', da Constituição, dirigir-se o pedido contra deliberação administrativa do tribunal de origem, da qual haja participado a maioria ou a totalidade de seus membros".

Súmula 624 do S.T.F.: "Não compete ao Supremo Tribunal Federal conhecer originariamente de mandado de segurança contra atos de outros tribunais".

Súmula 627 do S.T.F.: "No mandado de segurança contra a nomeação de magistrado da competência do Presidente da República, este é considerado autoridade coatora, ainda que o fundamento da impetração seja nulidade ocorrida em fase anterior do procedimento".

Súmula 634 do S.T.F.: "Não compete ao Supremo Tribunal Federal conceder medida cautelar para dar efeito suspensivo a recurso extraordinário que ainda não foi objeto de juízo de admissibilidade na origem".

Súmula 635 do S.T.F.: "Cabe ao presidente do tribunal de origem decidir o pedido de medida cautelar em recurso extraordinário ainda pendente do seu juízo de admissibilidade".

Súmula 727 do S.T.F.: "Não pode o magistrado deixar de encaminhar ao Supremo Tribunal Federal o agravo de instrumento interposto da decisão que não admite recurso extraordinário, ainda que referente à causa instaurada no âmbito dos juizados especiais".

Súmula 34 do S.T.J.: "Compete à Justiça Estadual processar e julgar causa relativa a mensalidade escolar, cobrada por estabelecimento particular de ensino".

Súmula 41 do S.T.J.: "O Superior Tribunal de Justiça não tem competência para processar e julgar, originariamente, mandado de segurança contra ato de outros tribunais ou dos respectivos órgãos".

Súmula 177 do S.T.J.: "O Superior Tribunal de Justiça é incompetente para processar e julgar, originariamente, mandado de segurança contra ato de órgão colegiado presidido por ministro de Estado".

Súmula 570 do S.T.J.: "Compete à Justiça Federal o processo e julgamento de demanda em que se discute a ausência de ou o obstáculo ao credenciamento de instituição particular de ensino superior no Ministério da Educação como condição de expedição de diploma de ensino a distância aos estudantes".

IX – os crimes cometidos a bordo de navios ou aeronaves, ressalvada a competência da Justiça Militar;

X – os crimes de ingresso ou permanência irregular de estrangeiro, *a execução de carta rogatória, após o "exequatur", e de sentença estrangeira, após a homologação, as causas referentes à nacionalidade, inclusive a respectiva opção, e à naturalização;*

*Ressalta-se que o art. 109, X, da Constituição Federal determina que as causas referentes à nacionalidade são de competência da Justiça Federal, estando incluídas neste dispositivo as questões relativas à nacionalidade originária (CF, art. 12, I) e à secundária (CF, art. 12, II).

Em relação à execução de carta rogatória e de sentença estrangeira, não há limites objetivos e subjetivos para que o juiz federal promova sua atividade jurisdicional. Qualquer matéria poderá ser objeto de competência da justiça federal, desde que haja o juízo de delibação (homologação ou 'exequatur') por parte do S.T.J.

Não será possível a utilização de auxílio direto quando houver exigência de juízo de delibação pelo S.T.J.

RECLAMAÇÃO CONSTITUCIONAL. USURPAÇÃO DE COMPETÊNCIA. COOPERAÇÃO JURÍDICA INTERNACIONAL. PEDIDO DE SEQUESTRO DECORRENTE DE SENTENÇA PENAL CONDENATÓRIA PROFERIDA NO EXTERIOR. NECESSIDADE DE DELIBAÇÃO PELO SUPERIOR TRIBUNAL DE JUSTIÇA.

1. Tratando-se de ato judicial que deve ser cumprido no Brasil (sequestro de bens para garantia da execução dos efeitos civis de sentença penal condenatória proferida pela Justiça paraguaia), a sua execução, por Juiz Federal, supõe a prévia concessão do exequatur pelo Superior Tribunal de Justiça (art. 105, inciso I, alínea i, da Constituição Federal combinado com o art. 15 da Lei de Introdução às normas do Direito Brasileiro).

2. Hipótese em que a Justiça Federal deferiu o pedido de auxílio direto formulado pela União, determinando a constrição de bens do Reclamante, em manifesta usurpação da competência deste Tribunal.

3. Reclamação procedente, agravo regimental prejudicado.

(Rcl 3.364/MS, Rel. Ministra LAURITA VAZ, CORTE ESPECIAL, julgado em 05/10/2016, DJe 26/10/2016).

Sobre o tema, eis as seguintes decisões do S.T.J.:

AGRAVO REGIMENTAL. CARTA ROGATÓRIA. CITAÇÃO. AÇÃO DE GUARDA, CUSTÓDIA E ALIMENTOS. OFENSA À DIGNIDADE DA PESSOA HUMANA. INEXISTÊNCIA. EXAME DE MÉRITO COMPETÊNCIA DA JUSTIÇA ROGANTE. REMESSA DOS AUTOS À JUSTIÇA FEDERAL. DESNECESSIDADE. COMPARECIMENTO ESPONTÂNEO DO INTERESSADO. AGRAVO REGIMENTAL IMPROVIDO.

I – A presente carta rogatória objetiva a citação da interessada para ação de guarda, custódia e alimentos de seu filho menor, em trâmite no Juízo espanhol.

II – Não sendo hipótese de ofensa à soberania nacional, à ordem pública, à dignidade da pessoa humana ou de inobservância aos requisitos presentes no RI/STJ, cabe apenas ao eg. Superior Tribunal de Justiça emitir julgamento meramente delibatório acerca da concessão do exequatur nas cartas rogatórias, sendo competência da Justiça rogante a análise de eventuais alegações relacionadas ao mérito da causa. Precedentes: AgRg na CR n. 7.852/EX, relator Ministro Felix Fischer, Corte Especial, DJe de 27/8/2014 e AgRg na CR nº 4.218/PT, relator Ministro César Asfor Rocha, Corte Especial, DJe de 3/8/2010.
III – Em virtude do comparecimento espontâneo da parte interessada, inclusive com o oferecimento de impugnação e de agravo regimental, não há necessidade de remessa dos autos à Justiça Federal para o cumprimento da comissão. Precedentes: AgRg na CR 5.490/EX, relator para acórdão Ministro Presidente do STJ, DJe de 6/6/2012 e AgRg na CR n. 2.842/FR, relator Ministro César Asfor Rocha, DJe de 5/8/2010.
Agravo regimental improvido.
(AgRg na CR 10.231/EX, Rel. Ministro FRANCISCO FALCÃO, CORTE ESPECIAL, julgado em 02/03/2016, REPDJe 17/05/2016, DJe 14/04/2016)
PROCESSUAL CIVIL. HOMOLOGAÇÃO DE DECISÃO ESTRANGEIRA. ALIMENTOS. VIOLAÇÃO AO DEVIDO PROCESSO LEGAL E À DIGNIDADE DA PESSOA HUMANA. INOCORRÊNCIA. CITAÇÃO REGULAR E AMPLA DEFESA FACULTADA NO PAÍS DE ORIGEM. MODIFICAÇÃO DA CAPACIDADE ECONÔMICO-FINANCEIRA E DESNECESSIDADE DOS ALIMENTOS. MATÉRIAS ESTRANHAS À AÇÃO DE HOMOLOGAÇÃO DE DECISÃO ESTRANGEIRA. IMPOSSIBILIDADE DE DECRETAÇÃO DA PRISÃO CIVIL. COMPETÊNCIA DO JUÍZO FEDERAL EM QUE SE PROCESSARÁ A EXECUÇÃO DE ALIMENTOS. CUMPRIMENTO DOS REQUISITOS DOS ARTS. 963 DO CPC/15 E 216-C, 216-D E 216-F DO RISTJ.
1. O propósito da presente ação é obter a homologação de decisão proferida pelo Poder Judiciário de Portugal, que homologou o acordo entabulado entre as partes no qual, dentre outras providências, foram também fixados os alimentos devidos pelo genitor ao menor.
2. Se a citação foi válida, se a revelia foi certificada nos termos da legislação portuguesa e, ainda, se foi facultado a parte o direito de influenciar substancialmente a construção da decisão proferida no país de origem, mediante a oportunidade de apresentação de defesa e de produção de provas, não há violação aos princípios do devido processo legal e da dignidade da pessoa humana.
3. As alegações relacionadas a modificação da capacidade econômico-financeira da parte devedora ou as efetivas necessidades da credora dos alimentos devem ser examinadas no país de origem, em razão das restrições cognitivas existentes no processo de homologação de decisão estrangeira, em que se exerce mero juízo de delibação.
4. Cabe ao juízo federal competente sobre a viabilidade e necessidade do emprego da técnica coercitiva consubstanciada na prisão civil para compelir o devedor de alimentos a adimplir a obrigação, bem como o exame de quaisquer outras questões relacionadas à execução de alimentos. Inteligência do art. 965, caput, do CPC/15.
5. Preenchidos os requisitos para a homologação, na forma dos arts. 963 do CPC/15 e 216-C,

A competência da Justiça Federal está em sintonia com os interesses da Federação, representada pela União, autarquias, fundações e empresas públicas federais.

No texto constitucional, a competência cível da Justiça Federal é fixada em *razão da matéria, da função (parte) e por critério territorial.*[183]

216-D e 216-F do RISTJ, não há óbice à homologação da decisão estrangeira que fixou alimentos devidos pelo genitor ao menor.
5 – Pedido de homologação de sentença estrangeira julgado procedente.
(HDE 278/EX, Rel. Ministra NANCY ANDRIGHI, CORTE ESPECIAL, julgado em 07/03/2018, DJe 23/03/2018)
XI – a disputa sobre direitos indígenas.
*Ao estabelecer a competência da Justiça Federal para processar e julgar as questões relativas a disputa sobre direitos indígenas (art. 109, XI, da CF), a Carta Magna colocou sob a jurisdição federal o julgamento de toda e qualquer controvérsia relacionada a direitos dos índios, assim como a direitos dos povos indígenas, neles inclusos os descritos no art. 231, quais sejam, aqueles sobre a organização social, costumes, línguas, crenças e tradições, além dos direitos originários sobre as terras que tradicionalmente ocupam.
AGRAVO REGIMENTAL NO CONFLITO DE COMPETÊNCIA. AÇÃO INDENIZATÓRIA. MORTE DE INDÍGENA DECORRENTE DE ACIDENTE DE TRÂNSITO. SÚMULA 140/STJ. INCIDÊNCIA. COMPETÊNCIA DA JUSTIÇA COMUM ESTADUAL.
1. Compete à Justiça federal processar e julgar as causas referentes a disputa sobre direitos indígenas, entre eles a organização social dos índios, seus costumes, línguas, crenças e tradições, além dos direitos sobre as terras que tradicionalmente ocupam, conforme o disposto nos arts. 109, XI, e 231 da Constituição Federal.
2. Desse modo, verifica-se que é necessária uma efetiva lesão ou ameaça aos direitos indígenas coletivamente considerados.
3. No entanto, a hipótese em discussão se trata de pedido de indenização por danos morais e materiais decorrentes da morte de índio num acidente de trânsito.
4. Aplica-se, portanto, o disposto na Súmula nº 140/STJ: "Compete à Justiça Comum Estadual processar e julgar crime em que o indígena figure como autor ou vítima".
5. Agravo regimental não provido.
(AgRg no CC 133.565/MS, Rel. Ministro RICARDO VILLAS BÔAS CUEVA, SEGUNDA SEÇÃO, julgado em 24/06/2015, DJe 01/07/2015)
CONFLITO NEGATIVO DE COMPETÊNCIA. JUSTIÇA ESTADUAL. JUSTIÇA FEDERAL. AÇÃO DE DESTITUIÇÃO DE PODER FAMILIAR AJUIZADA CONTRA ÍNDIA. INEXISTÊNCIA DE DISPUTA DE DIREITOS INDÍGENAS ELENCADOS NO ART. 231 DA CF. COMPETÊNCIA DA JUSTIÇA COMUM ESTADUAL.
(CC 100.695/MG, Rel. Ministro LUIS FELIPE SALOMÃO, SEGUNDA SEÇÃO, julgado em 26/08/2009, DJe 18/09/2009)

[183] Há, contudo, algumas exceções em que mesmo havendo no pólo da demanda um ente federal, a competência não será da Justiça Federal. Assim, o pedido de alvará para levantamento

Por vezes, a competência da Justiça Federal é fixada mediante a conjugação de mais de um critério.

A competência funcional cível em razão da pessoa encontra-se no art. 109, incs. I, II e VIII da C.F.

A competência em razão da matéria encontra-se no art. 109, inc. III (as causas fundadas em tratado ou contrato internacional), VIII (mandado de segurança e *habeas data*), XI (disputa sobre direitos indígenas); X (referência à nacionalidade e naturalização).

A competência em razão do território encontra-se no art. 109, inc. II.

Em relação aos Tribunais Regionais Federais, o art. 108 da C.F. estabelece os seguintes critérios:

de valores referentes ao FGTS, PIS/PASEP, seguro-desemprego, benefícios previdenciários, a competência não será, em regra, da Justiça Federal, mas, sim, da Justiça Estadual. A competência somente será da Justiça Federal se houver resistência do ente federal.

Súmula 161 do S.T.J.: "É da competência da Justiça Estadual autorizar o levantamento dos valores relativos ao PIS/PASEP e FGTS, em decorrência do falecimento do titular da conta".

Nesse sentido é o seguinte precedente do S.T.J.:

PROCESSUAL CIVIL. CONFLITO NEGATIVO DE COMPETÊNCIA. PEDIDO DE ALVARÁ JUDICIAL. LEVANTAMENTO DE VERBAS DO FGTS. RESISTÊNCIA DA CEF.

JURISDIÇÃO CONTENCIOSA. COMPETÊNCIA DA JUSTIÇA FEDERAL.

1. A jurisprudência da Primeira Seção do STJ firmou-se no sentido de que, sendo, em regra, de jurisdição voluntária a natureza dos feitos que visam à obtenção de alvarás judiciais para levantamento de importâncias relativas a FGTS, PIS/PASEP, seguro-desemprego e benefícios previdenciários, a competência para julgá-los é da Justiça Estadual.

2. Por outro lado, havendo resistência da CEF, competente para processar e julgar a causa é a Justiça Federal, tendo em vista o disposto no art. 109, I, da CF/1988.

3. In casu, verifico que houve obstáculo por parte da Caixa Econômica Federal quanto ao levantamento do FGTS requerido pelo autor, o que evidencia a competência da Justiça Federal para o julgamento da demanda, nos termos do art. 109, I, da Constituição da República.

4. Constatada a competência de um terceiro Juízo, estranho aos autos, admite-se-lhe a remessa do feito.

5. Conflito conhecido para declarar competente a Justiça Federal de Santos/SP, apesar de não integrar o presente conflito.

(CC 105.206/SP, Rel. Ministro HERMAN BENJAMIN, PRIMEIRA SEÇÃO, julgado em 26/08/2009, DJe 28/08/2009)

Súmula 82 do S.T.J.: "Compete à Justiça Federal, excluídas as reclamações trabalhistas, processar e julgar os feitos relativos a movimentação do FGTS".

A competência em razão da matéria encontra-se no art. 108, inc. I, letra 'b', (ação rescisória), inc. I, letra 'c' (mandado de segurança e *habeas data*), inc. I, letra 'e' (conflito de competência)

A competência funcional cível em razão da pessoa encontra-se no art. 108, inc. I, letras 'c' e 'e'

A competência em razão do território encontra-se no art.108, inc. I, letras 'c' e 'e'.

A competência da Justiça Federal estabelecida pela Constituição Federal em seu art. 109, incisos I a XI, é *taxativa*, não podendo ser ampliada ou restringida pela legislação infraconstitucional.[184]

O inciso I do art. 109 da Constituição Federal pode ser considerado a regra matriz de competência da Justiça Federal, ao estabelecer que aos juízes federais compete processar e julgar as causas em que a União, entidade autárquica ou empresa pública federal forem interessadas na condição de autoras, rés, assistentes ou oponentes, exceto as de falência, as de acidentes de trabalho e as sujeitas à Justiça Eleitoral e à Justiça do Trabalho.

Diante da previsão constitucional das causas que devem ser processadas e julgadas pela Justiça Federal, o art. 45 do novo C.P.C. expressamente

[184] EMENTA (...). 1. O princípio do juiz natural não apenas veda a instituição de tribunais e juízos de exceção, mas também impõe que as causas sejam processadas e julgadas por órgão jurisdicional previamente determinado, a partir de critérios constitucionais de repartição taxativa de competência, excluindo-se qualquer discricionariedade. 2. Segurança denegada. (MS 27021, Relator(a): Min. DIAS TOFFOLI, Primeira Turma, julgado em 14/10/2014, ACÓRDÃO ELETRÔNICO DJe-230 DIVULG 21-11-2014 PUBLIC 24-11-2014)
Não obstante a competência da Justiça Federal ser taxativa, a própria Constituição Federal, art. 109, §3º, permite a delegação de competência federal para os juízes estaduais, nos municípios que não sejam sede de Vara Federal.
Em relação à competência para apreciar embargos à execução por carta precatória (delimitados à questão da penhora), assim já decidiu o S.T.J.:
CONFLITO DE COMPETÊNCIA. EXECUÇÃO POR PRECATÓRIA. CAIXA ECONÔMICA FEDERAL. EMBARGOS DO DEVEDOR.
1. A competência para julgar os embargos de devedor opostos à execução promovida pela cef, contra penhora efetivada através de carta precatória, é do juízo federal deprecante.
2. O juízo estadual deprecado não exerce função jurisdicional federal delegada; por isso, se eventualmente proferir sentença, julgando os embargos, a competência recursal de seu ato é do tribunal estadual.
Conflito positivo conhecido e declarada a competência do tribunal estadual.
(CC 10.391/PR, Rel. Ministro RUY ROSADO DE AGUIAR, SEGUNDA SEÇÃO, julgado em 08/03/1995, DJ 27/03/1995, p. 7116)

consignou que tramitando o processo perante outro juízo que não federal, os autos serão remetidos ao juízo federal competente se nele intervier a União, suas empresas públicas, entidades autárquicas e fundações, ou conselho de fiscalização de atividade profissional, na qualidade de parte ou de terceiro interveniente.

O artigo 45 do novo C.P.C. trata de competência funcional da Justiça Federal em decorrência da qualidade da parte que compõe a relação jurídica processual.[185]

Em que pese o art. 45 do novo C.P.C. procure normatizar a competência da Justiça Federal, deverá fazê-lo em consonância com o texto Constitucional, em especial o disposto no art. 109.

É certo, porém, que determinadas matérias, de acordo com o texto constitucional, são de competência da justiça especializada, como as matérias trabalhistas (art. 114 da C.F.),[186] eleitorais (art. 121 da C.F.)[187] e militar (art. 124 da C.F.).[188]

[185] PROCESSUAL CIVIL. AGRAVO REGIMENTAL. CONFLITO NEGATIVO DE COMPETÊNCIA. JUÍZO FEDERAL E JUÍZO ESTADUAL. AÇÃO DE NULIDADE E CANCELAMENTO DE REGISTROS IMOBILIÁRIOS. BANCO CENTRAL DO BRASIL. AUSÊNCIA DE INTERESSE JURÍDICO. ART. 109, I, DA CF. COMPETÊNCIA RATIONE PERSONAE. COMPETÊNCIA DA JUSTIÇA FEDERAL. AFASTAMENTO.
DECISÃO AGRAVADA MANTIDA.
1. Impõe-se o afastamento da competência da Justiça Federal para processar e julgar a demanda, quando ausente o interesse jurídico do Banco Central do Brasil.
2. A teor da jurisprudência do Superior Tribunal de Justiça, a competência cível dos Juízos Federais, consoante previsão do art. 109, I, da CF, é definida **ratione personae,** tendo como base a identidade das pessoas integrantes da relação processual, mas não a natureza da relação jurídica litigiosa.
3. Agravo regimental desprovido.
(AgRg no CC 62.103/BA, Rel. Ministro JOÃO OTÁVIO DE NORONHA, SEGUNDA SEÇÃO, julgado em 13/10/2010, DJe 20/10/2010)

[186] "De se ressaltar, contudo, que as ações cujo objetivo é obtenção de registro sindical, indeferido administrativamente, não tratam de relação de trabalho ou representação sindical, sequer constituem demanda entre sindicatos, sindicatos e trabalhadores ou sindicatos e empregadores. Assim, afasta-se o caráter trabalhista da causa e a competência da Justiça do Trabalho, devendo-se declarar competente a Justiça Federal, com fulcro no art. 109, I, da Constituição (S.TJ. 1ª S. CC 126.372/PA).
A despeito das divergências doutrinais e jurisprudenciais, a competência para processar as ações de indenização decorrentes de acidente de trabalho, propostas por empregado contra

empregador, conforme já se mencionou, é da Justiça do Trabalho, de acordo com a Súmula Vinculante 22.

Ainda interessa ao tema da competência da Justiça Federal ressaltar que, sob a égide da Constituição anterior, a Justiça Federal era competente para apreciar matéria laboral referente às relações de emprego da União, autarquias e empresas públicas federais. Contudo, as causas propostas posteriormente à promulgação da Constituição, mesmo que versassem sobre fatos anteriores, passaram a ser de competência da Justiça do Trabalho. Todavia, com a instituição do regime único para servidores públicos federais, por meio da Lei 8.112/1990, a competência voltou a ser da Justiça Federal

Assim, conforme firme entendimento do Supremo Tribunal Federal (STF – 2ª T. 583619 AgR), a Justiça do Trabalho é competente para processar e julgar as reclamações de servidor federal sujeito a regime estatutário, mas somente no que respeita a contrato de trabalho celebrado antes da vigência do regime único. A partir daí, com a precitada lei, torna-se competente a Justiça Federal. Neste sentido é a Súmula 97 do Superior Tribunal de Justiça: 'Compete à Justiça do Trabalho processar e julgar reclamação de servidor público relativamente a vantagens trabalhistas anteriores à instituição do regime jurídico único'.

(...).

Compete à Justiça Federal, igualmente, apreciar os atos – ou omissões – administrativos expedidos pela Justiça do Trabalho no que diz respeito às relações funcionais com o servidor público do seu quadro. Deste modo, as demandas judiciais relacionadas às questões funcionais (revisão, reajustamento de subsídios, pagamentos de valores devidos e não pagos, ingresso, lotação, remoção) dos servidores da Justiça do Trabalho são processadas e julgadas na Justiça Federal. No mesmo sentido, o Supremo Tribunal Federal reconheceu a competência da Justiça Federal para processar e julgar pedidos que derivem do direito de greve no serviço público federal, dada a natureza administrativa das relações dos servidores com a Administração (MI 708/DF).

(...).

É competente a Justiça Federal, igualmente, para processar e julgar as ações que envolvam direitos de servidor federal temporário, contratado sob o regime disposto no art. 37, IX, da Constituição Federal, porquanto não se configura vínculo trabalhista (STJ – Corte Especial – CC 96.608/PB) (...).

Há precedente, ainda, do STJ, segundo o qual, mesmo após a Emenda Constitucional 45/2004, compete à justiça comum processar e julgar ação de indenização proposta por viúva e filhos de empregado morto em serviço, porquanto, em tal hipótese, a demanda é de índole estritamente civil, já que os autores postulam direitos próprios (STJ – 2ª S. CC 95.413/SP)". (BOCHENEK, A. C.; DALAZOANA, V., op. cit. p. 137, 138 e 139).

Súmula 137 do S.T.J.: "Compete à Justiça Comum Estadual processar e julgar ação de servidor público municipal, pleiteando direitos relativos ao vínculo estatutário".

Súmula 173 do S.T.J.: "Compete à Justiça Federal processar e julgar o pedido de reintegração em cargo público federal, ainda que o servidor tenha sido dispensado antes da instituição do Regime Jurídico Único".

Súmula 218 do S.T.J.: "Compete à Justiça dos Estados processar e julgar ação de servidor estadual decorrente de direitos e vantagens estatutárias no exercício de cargo em comissão".

Súmula 236 do S.T.J.: "Não compete ao Superior Tribunal de Justiça dirimir conflitos de competência entre juízes trabalhistas vinculados a Tribunais Regionais do Trabalho diversos. Súmula 349 do S.T.J.: "Compete à Justiça Federal ou aos juízes com competência delegada o julgamento das execuções fiscais de contribuições devidas pelo empregador do FGTS".

[187] "A Justiça Federal é competente para a revisão dos atos administrativos da Justiça Eleitoral, que não dizem respeito à matéria eleitoral, especialmente quanto às relações com o servidor público dos seus quadros institucionais, contratos, licitações e concursos públicos.

Por outro lado, é da competência da Justiça Eleitoral o processamento e julgamento de execuções fiscais que tenham por objeto multas eleitorais (art. 367, IV, do Código Eleitoral).

As causas que envolvem partido político são de competência da Justiça Estadual, pois a Constituição não ressalvou a competência da Justiça Eleitoral ou Federal, valendo sublinhar que o partido político é uma pessoa jurídica de direito privado. Somente é competente a Justiça Eleitoral, nas causas que envolvem discussão acerca da validade da convenção partidária, se iniciado o processo eleitoral (STJ – 1ª Se. CC 36.655/CE). Discussões exsurgidas antes do período de processo eleitoral, sobretudo em se tratando de matéria 'interna corporis', serão submetidas à Justiça Estadual". (BOCHENEK, A. C.; DALAZOANA, V., op. cit., p. 135).

Súmula 374 do S.T.J.: "Compete à Justiça Eleitoral processar e julgar a ação para anular débito contra ato de juizado especial".

Súmula 368 do S.T.J.: "Compete à Justiça comum estadual processar e julgar os pedidos de retificação de dados cadastrais da Justiça Eleitoral".

"Trata-se de conflito negativo suscitado para por fim à controvérsia acerca da competência para processar e julgar ação de retificação objetivando a correção dos dados eleitorais de [...], com a consequente alteração de sua ocupação profissional de estudante para agricultor. Pretende-se, portanto, a alteração de registro público, com a modificação de um dado profissional, atraindo-se, via de consequência, a competência da Justiça Estadual para processar e julgar o feito

originário, já que nesta é que devem ser apreciadas ações que versem sobre matéria registral. Ressalta-se que, dentre as competências atribuídas à Justiça Eleitoral pelos artigos 121 da Constituição Federal

e 35 da Lei nº 4.737/65, não se encontra, contudo, a situação em debate. Posto isso, conheço do presente conflito para declarar competente o Juízo Estadual, suscitado."

(REsp 41549 ES, Rel. Ministra ELIANA CALMON, SEGUNDA TURMA, julgado em 22/02/2000, DJ 17/04/2000, p. 52).

"Compete à justiça comum estadual processar e julgar os feitos relativos à retificação de dados cadastrais da Justiça Eleitoral."

(CC 49147 PB, Rel. Ministro FRANCISCO PEÇANHA MARTINS, PRIMEIRA SEÇÃO, julgado em

22/03/2006, DJ 08/05/2006, p. 169).

"'Ação ajuizada com o fito de retificar dados profissionais lançados em cadastros da Justiça Eleitoral deve ser processada perante a Justiça Estadual, competente para apreciar matéria registral.' [...]."

Concomitantemente às matérias indicadas como de competência da justiça especializada, a Constituição Federal prevê regras de competência da *justiça comum*, composta pela Justiça Federal e pela Justiça Estadual.

Será de competência da Justiça Estadual toda a matéria de competência da justiça comum que não for de competência exclusiva da Justiça Federal.[189]

A Justiça Federal, segundo o texto constitucional, apresenta competência para processar e julgar as causas discriminadas no art. 109, incisos I a XI, da C.F.

A parte final do inc. I do art. 109 da Constituição Federal excepciona da competência da Justiça Federal, ainda que haja intervenção da União, entidade autárquica ou empresa pública federal, as execuções coletivas (falência e insolvência) e as causas que digam respeito a acidente de trabalho.

Por isso o inc. I do art. 45 do novo Código de Processo Civil preconiza que não serão deslocadas para a competência da Justiça Federal as causas que digam respeito à recuperação judicial, falência, insolvência civil e acidente de trabalho.[190]

A falência é uma forma de execução coletiva de débitos de devedor (empresarial) insolvente.

(CC 56894 PB, Rel. Ministro TEORI ALBINO ZAVASCKI, PRIMEIRA SEÇÃO, julgado em 10/05/2006, DJ 22/05/2006, p. 138).

[188] No âmbito do direito constitucional italiano, segundo aduzem Luigi Paolo Comoglio, Corrado Ferri e Michele Taruffo, "existem jurisdições especiais que são expressamente previstas na Constituição. Os órgãos de jurisdição administrativa, da qual fazem parte os Tribunais Administrativos Regionais e o Conselho de Estado, a Corte de Contas, com atribuição de jurisdição contábil...". (COMOGLIO, L. P.; FERRI, C.; TARUFFO, M., op. cit. p. 111).

[189] "Em síntese, na interpretação das regras constitucionais de competência, tudo o que não for atribuição da Justiça do Trabalho, da Eleitoral e da Militar é da competência da Justiça Comum (Federal e Estadual). Tudo o que não couber na competência da Justiça Federal é da competência residual da Justiça Estadual, ressalvadas as demandas de competência originária dos Tribunais Superiores previstas na própria Constituição". (BOCHENEK, A. C.; DALAZOANA, V., op. cit. p. 35).

[190] Súmula 480 do S.T.J.: "O juízo da recuperação judicial não é competente para decidir sobre a constrição de bens não abrangidos pelo plano de recuperação da empresa".

A insolvência civil é outra forma de execução coletiva de débito de devedor (civil) insolvente, razão pela qual também está abrangida pela regra que excepciona a competência da Justiça Federal.[191]

[191] CONFLITO DE COMPETÊNCIA. PROCESSUAL CIVIL. AÇÃO DECLARATÓRIA DE INSOLVÊNCIA CIVIL. AUTARQUIA FEDERAL. EVENTUAL INTERESSE. ART. 109, I, DA CF/1988. EXCEÇÃO. COMPETÊNCIA DA JUSTIÇA ESTADUAL.
1. Conflito suscitado em ação por meio da qual a autora, sociedade que exercia a atividade de assistência à saúde, pretende a declaração de sua insolvência civil, nos moldes do art. 23, § 1º, da Lei nº 9.656/1998.
2. O art. 109, I, da Constituição Federal afasta a competência da Justiça Federal para julgamento das ações falimentares, mesmo na hipótese em que a União, entidade autárquica ou empresa pública federal forem interessadas.
3. Ausência de razões que justifiquem a adoção de critério diverso de fixação de competência entre a falência e a insolvência civil.
4. Hipótese em que a Agência Nacional de Saúde – ANS – não é parte na relação processual, e mesmo que tivesse interesse no resultado da demanda, por haver decretado a liquidação extrajudicial da sociedade autora, não se justificaria o deslocamento da competência para a Justiça Federal.
5. O art. 99 do CPC/1973, ao estabelecer como competente o foro da capital do estado ou do território para as causas em que a União fosse autora, ré ou interveniente, excetuava dessa regra o processo de insolvência.
6. Dispõe o art. 45, I, do CPC/2015 que os autos devem ser remetidos ao Juízo Federal competente se nele intervier a União, suas empresas públicas, entidades autárquicas e fundações, ou conselho de fiscalização de atividade profissional, exceto as ações de recuperação judicial, falência, insolvência civil e acidente de trabalho.
7. Conflito conhecido para para declarar competente o Juízo de Direito da 1ª Vara Cível do Foro Distrital de Paulínia – Comarca de Campinas – SP, ora suscitado.
(CC 144.238/RJ, Rel. Ministro RICARDO VILLAS BÔAS CUEVA, SEGUNDA SEÇÃO, julgado em 24/08/2016, DJe 31/08/2016)
PROCESSUAL CIVIL. CONFLITO (NEGATIVO) DE COMPETÊNCIA. JUSTIÇA FEDERAL E JUSTIÇA ESTADUAL. INSOLVÊNCIA CIVIL REQUERIDA PELA UNIÃO. COMPETÊNCIA DO JUÍZO UNIVERSAL PARA PROMOVER A EXECUÇÃO CONCURSAL.
1. Nos termos do art. 109, I, da CF/88, aos juízes federais compete processar e julgar "as causas em que a União, entidade autárquica ou empresa pública federal forem interessadas na condição de autoras, rés, assistentes ou oponentes, exceto as de falência, as de acidentes de trabalho e as sujeitas à Justiça Eleitoral e à Justiça do Trabalho" (grifou-se). Não obstante a Constituição Federal não tenha excepcionado a insolvência civil, não há razões que justifiquem a adoção de critério distinto de fixação de competência entre a falência e a insolvência civil.
2. Corroboram esse entendimento: (a) o princípio estabelecido na Súmula 244 do extinto TFR ("a intervenção da União, suas autarquias e empresas públicas em concurso de credores

A liquidação extrajudicial de instituições financeira também afasta a competência da Justiça Federal.[192]

ou de preferência não desloca a competência para a Justiça Federal"); (b) os precedentes da Segunda Seção deste Tribunal: CC 9.867/MG, 2ª Seção, Rel. Min. Waldemar Zveiter, DJ de 20.2.95; REsp 292.383/MS, 3ª Turma, Rel. Min. Carlos Alberto Menezes Direito, DJ de 8.10.2001; REsp 45.634/MG, 4ª Turma, Rel. Min. Sálvio de Figueiredo Teixeira, DJ de 23.6.97; (c) o entendimento doutrinário de Nelson Nery Junior (e Rosa Maria de Andrade Nery), Humberto Theodoro Junior e Cândido Rangel Dinamarco.
3. Destarte, ainda que se trate de insolvência requerida pela União, entidade autárquica ou empresa pública federal, subsiste a competência do juízo universal, sobretudo em razão das peculiaridades existentes no processo de insolvência civil (processo concursal – aspecto em que se assemelha ao processo de falência), ou seja, compete à Justiça Comum Estadual promover a execução concursal, excluída a competência da Justiça Federal.
4. Conflito conhecido para declarar a competência do Juízo de Direito da 2ª Vara Cível e Criminal de Santana do Ipanema/AL, o suscitante.
(CC 117.210/AL, Rel. Ministro MAURO CAMPBELL MARQUES, PRIMEIRA SEÇÃO, julgado em 09/11/2011, DJe 18/11/2011)
Súmula 270 do S.T.J.: "O protesto pela preferência de crédito, apresentado por ente federal em execução que tramita na Justiça Estadual,não desloca a competência para a Justiça Federal".

[192] RECURSO ESPECIAL. PEDIDO DE FALÊNCIA. COMPETÊNCIA. ABSOLUTA. MANEJO DE EXCEÇÃO DE INCOMPETÊNCIA. IMPOSSIBILIDADE. SUSPENSÃO DO PROCESSO PRINCIPAL. DESNECESSIDADE. EMPRESA EM LIQUIDAÇÃO EXTRAJUDICIAL. PROCESSAMENTO DA FALÊNCIA. COMPETÊNCIA. JUSTIÇA ESTADUAL. JULGAMENTO ANTECIPADO DA LIDE. CERCEAMENTO DE DEFESA.. APURAÇÃO. REEXAME FÁTICO-PROBATÓRIO.
1. Nos termos dos arts. 113 e 301, II, do CPC, a irresignação concernente à suposta incompetência absoluta do juízo deve ser veiculada nos próprios autos da ação principal, de preferência em preliminar de contestação, e não via exceção de incompetência, instrumento adequado somente para os casos de incompetência relativa.
2. Incabível a exceção de incompetência, não há falar em suspensão do processo principal. Ausência de nulidade.
3.O fato de se tratar de pedido de falência de empresa em liquidação extrajudicial, ou seja, sob intervenção do Banco Central, não tem o condão de deslocar a competência do feito para a Justiça Federal.
4. A avaliação da suficiência dos elementos probatórios que justificaram o julgamento antecipado da lide demanda o reexame fático-probatório dos autos, soberanamente delineado pelas instâncias ordinárias.
5. O magistrado é o destinatário da prova, cabendo a ele decidir acerca dos elementos necessários à formação do próprio convencimento.
6.RECURSO ESPECIAL DESPROVIDO.

Sob a égide da Lei 7.661/1945 (antiga de lei de falência), a exclusão da competência da Justiça Federal dava-se tanto no processo falimentar quanto no de concordata.

Essa exclusão da competência da Justiça Federal permanece com a entrada em vigor da Lei 11.101 de 2005, que regula a recuperação judicial, a extrajudicial e a falência do empresário e da sociedade empresária.[193]

A Constituição Federal, art. 109, inc. I, parte final, assim como o art. 45, inc. I, do novo C.P.C., também excepcionam da competência da Justiça Federal as causas relacionadas ao *acidente de trabalho*.[194] Por isso as causas

(REsp 1162469/PR, Rel. Ministro PAULO DE TARSO SANSEVERINO, TERCEIRA TURMA, julgado em 12/04/2012, DJe 09/05/2012)

CONFLITO DE COMPETÊNCIA. LIQUIDAÇÃO EXTRAJUDICIAL DE INSTITUIÇÃO FINANCEIRA. AÇÃO DECLARATÓRIA DE NULIDADE DE ATOS. COMISSÃO DE INQUÉRITO. COMPETÊNCIA DA JUSTIÇA FEDERAL.

1. O que se extrai da situação posta nos autos é que a ação declaratória tem por objeto a nulidade dos atos administrativos praticados pela Comissão de Inquérito do Banco Central do Brasil, circunstância que atrai a competência da Justiça Federal, nos termos do artigo 109, I, da Constituição.

2. Referida ação declaratória não discute a intervenção, a liquidação extrajudicial ou a falência propriamente dita das empresas do mencionado grupo econômico, o que poderia atrair a competência do Juízo falimentar, porquanto é sabido que "o fato de se tratar de pedido de falência de empresa em liquidação extrajudicial, ou seja, sob intervenção do Banco Central, não tem o condão de deslocar a competência do feito para a Justiça Federal" (REsp nº 1.162.469/PR, Rel. Ministro Paulo de Tarso Sanseverino, Terceira Turma, julgado em 12/4/2012, DJe 9/5/2012 e REsp nº 459.352/RJ, Rel. Ministro Ricardo Villas Bôas Cueva, Terceira Turma, julgado em 23/10/2012, DJe 31/10/2012).

3. Conflito de competência conhecido para declarar a competência da Justiça Federal.

(CC 128.090/CE, Rel. Ministro RICARDO VILLAS BÔAS CUEVA, SEGUNDA SEÇÃO, julgado em 13/08/2014, DJe 20/08/2014)

[193] É importante salientar que o deferimento da recuperação judicial não suspende a execução fiscal de competência da Justiça Federal, mas os atos de constrição e de alienação de bens sujeitos à recuperação submetem-se ao juízo universal. Precedentes da Segunda Seção do S.T.J.: CC nº 153.627/PE, Rel. Min. Maria Isabel Gallotti, DJe de 17/08/2017; AgInt no CC 145.089/MT, Rel. Ministra NANCY ANDRIGHI, SEGUNDA SEÇÃO, julgado em 08/02/2017, DJe 10/02/2017; AgRg no CC
120.432/SP, Rel. Min. ANTONIO CARLOS FERREIRA, SEGUNDA SEÇÃO, julgado em 14/12/2016, DJe 19/12/2016; AgInt no AREsp 732140/SP, Rel. Min. RICARDO VILLAS BÔAS CUEVA, TERCEIRA TURMA, julgado em 06/12/2016, DJe 15/12/2016.

[194] CONFLITO NEGATIVO DE COMPETÊNCIA. JUSTIÇA DO TRABALHO. JUSTIÇA COMUM ESTADUAL. ACIDENTE FERROVIÁRIO E ACIDENTE DO TRABALHO. AÇÃO

previdenciárias que digam respeito a acidente de trabalho, ainda que haja a intervenção do INSS (autarquia federal), serão de competência da Justiça Estadual. Nesse sentido, aliás, é o que estabelece a Súmula 15 do S.T.J.: "Compete à Justiça Estadual processar e julgar os litígios decorrentes de acidente do trabalho."[195]

DE INDENIZAÇÃO POR DANOS MATERIAIS E MORAIS. RESPONSABILIDADE CIVIL. CAUSA DE PEDIR PRÓXIMA. FUNDAMENTO EXCLUSIVO NO CÓDIGO CIVIL. LIDE DE ÍNDOLE EMINENTEMENTE CIVIL. COMPETÊNCIA DA JUSTIÇA COMUM.
1. Compete à Justiça Comum Estadual processar e julgar ação de indenização por danos materiais e morais decorrentes de acidente ferroviário ocorrido durante a jornada de trabalho, na hipótese em que os autores, filhos e esposa da vítima, postulam reparação somente contra a sociedade de economia mista administradora do serviço de transporte ferroviário, não incluindo no polo passivo da demanda a empregadora do de cujus.
2. Na hipótese, o acidente é descrito em aspectos ensejadores de possível responsabilidade civil, circunstância que afasta a competência da Justiça do Trabalho para processar e julgar a demanda. Lide de cunho eminentemente civil.
3. Conflito conhecido para declarar competente a Justiça Comum Estadual.
(CC 136.915/SP, Rel. Ministro RAUL ARAÚJO, SEGUNDA SEÇÃO, julgado em 27/04/2016, DJe 06/05/2016)

[195] PROCESSUAL CIVIL. AGRAVO REGIMENTAL NO CONFLITO DE COMPETÊNCIA. CÓDIGO DE PROCESSO CIVIL DE 1973. APLICABILIDADE. INDENIZAÇÃO POR DANOS MORAIS E MATERIAIS DECORRENTES DE ACIDENTE DE TRABALHO. SERVIDOR ESTATUTÁRIO. COMPETÊNCIA DA JUSTIÇA ESTADUAL. SÚMULA VINCULANTE N. 22/STF. NÃO INCIDÊNCIA ARGUMENTOS INSUFICIENTES PARA DESCONSTITUIR A DECISÃO ATACADA.
I – Consoante o decidido pelo Plenário desta Corte na sessão realizada em 09.03.2016, o regime recursal será determinado pela data da publicação do provimento jurisdicional impugnado. In casu, aplica-se o Código de Processo Civil de 1973.
II – Esta Corte já firmou o entendimento de que o julgamento das ações de indenização por danos morais e materiais decorrentes de acidente de trabalho, que envolverem servidor estatutário e o ente público, ainda que federal, a competência será da Justiça estadual.
III – Impossibilidade de incidência da Súmula Vinculante n. 22, pois o caso concreto envolve servidor público estatutário e ente público.
IV – A Agravante não apresenta, no regimental, argumentos suficientes para desconstituir a decisão agravada.
V – Agravo Regimental improvido.
(AgRg no CC 127.312/MG, Rel. Ministra REGINA HELENA COSTA, PRIMEIRA SEÇÃO, julgado em 22/02/2018, DJe 28/02/2018)
AGRAVO INTERNO NA RECLAMAÇÃO. AÇÃO DE INDENIZAÇÃO. ACIDENTE DE TRABALHO. COMPETÊNCIA. DECISÃO PROFERIDA PELO STJ NO CC N. 101.556/SP.

ADVENTO DA SÚMULA VINCULANTE N. 22 DO STF. INTERPRETAÇÃO DO ART. 114, I, DA CF/88. PREVALÊNCIA. COMPETÊNCIA DA JUSTIÇA DO TRABALHO.
1. Cuida-se de reclamação ajuizada em face de acórdão prolatado pelo TJ/SP, que reconheceu sua incompetência para o julgamento de ação indenizatória fundada em acidente de trabalho, determinando a remessa dos autos à Justiça do Trabalho, a despeito de prévia decisão do STJ, prolatada no CC 101.556/SP, que declarara a competência da Justiça Comum Estadual.
2. A interpretação atribuída pelo Supremo Tribunal Federal ao art. 114, I, da CF/88, que resultou na edição da Súmula Vinculante n. 22, no sentido de reconhecer a competência absoluta da Justiça do Trabalho para o julgamento de ação indenizatória decorrente de acidente de trabalho, prevalece sobre decisão proferida pelo STJ em sede de conflito de competência. Precedentes da 2ª Seção.
3. Assim, a reclamação não procede, devendo ser mantida a determinação de envio dos autos à Justiça Especializada.
4. Agravo interno não provido.
(AgInt na Rcl 33.214/SP, Rel. Ministra NANCY ANDRIGHI, SEGUNDA SEÇÃO, julgado em 26/04/2017, DJe 02/05/2017)
PREVIDENCIÁRIO E PROCESSUAL CIVIL. CONFLITO DE COMPETÊNCIA. BENEFÍCIO ACIDENTÁRIO. SEGURADO ESPECIAL. QUALIDADE DE SEGURADO. REQUISITO COMUM AOS BENEFÍCIOS PREVIDENCIÁRIOS E ACIDENTÁRIOS. CRITÉRIOS PARA DEFINIÇÃO DA COMPETÊNCIA. PEDIDO E CAUSA DE PEDIR.
1. A Terceira Seção, à época em que detinha competência para matéria previdenciária, firmou entendimento de que, no caso de segurado especial, a concessão de benefícios acidentários seria de competência da Justiça Federal.
2. Constatadas decisões monocráticas em sentido contrário, com fundamento nas Súmulas 15/STJ e 501/STF, faz-se necessário que a Primeira Seção, atualmente competente para a matéria, firme entendimento sobre o tema.
3. Considerando que a qualidade de segurado é condição sine qua non para a concessão de qualquer benefício, seja acidentário ou previdenciário, tem-se, consequentemente, que ela não serviria de critério para definir a competência, restando analisar, apenas, a causa de pedir e o pedido.
4. Diante das razões acima expostas e do teor das Súmulas 15/STJ e 501/STF, chega-se à conclusão de que deve ser alterado o entendimento anteriormente firmado pela Terceira Seção, a fim de se reconhecer a competência da Justiça estadual para a concessão de benefícios derivados de acidente de trabalho aos segurados especiais.
5. Agravo interno provido para, em juízo de retratação, conhecer do conflito e declarar competente o Juízo de Direito da 4ª Vara Cível de Cáceres/MT, o suscitante.
(AgInt no CC 152.187/MT, Rel. Ministro OG FERNANDES, PRIMEIRA SEÇÃO, julgado em 13/12/2017, DJe 01/02/2018)
PREVIDENCIÁRIO E PROCESSUAL CIVIL. CONFLITO DE COMPETÊNCIA. PEDIDO DE CONCESSÃO DE AUXÍLIO-ACIDENTE DECORRENTE DE ACIDENTE DE TRABALHO.

SÚMULAS 15/STJ E 501/STF. CAUSA DE PEDIR. COMPETÊNCIA DA JUSTIÇA ESTADUAL.

1. Nos termos da jurisprudência dominante do Superior Tribunal de Justiça, é competência da Justiça Estadual processar e julgar ação relativa a acidente de trabalho, estando abrangida nesse contexto tanto a lide que tem por objeto a concessão de benefício em razão de acidente de trabalho como também as relações daí decorrentes (restabelecimento, reajuste, cumulação), uma vez que o art. 109, I, da Constituição Federal não fez nenhuma ressalva a este respeito.

2. Nas ações que objetivam a concessão de benefício em decorrência de acidente de trabalho, a competência será determinada com base no pedido e causa de pedir. Precedentes do STJ.

3. No caso dos autos, conforme se extrai da Petição Inicial, o pedido da presente ação é a concessão de benefício acidentário, tendo como causa de pedir a exposição ao agente nocivo ruído. Logo, a competência para processar e julgar a presente demanda é da Justiça estadual. Precedentes do STJ.

4. Assim, caso o órgão julgador afaste a configuração do nexo causal, a hipótese é de improcedência do pleito de obtenção do benefício acidentário, e não de remessa à Justiça Federal. Nessa hipótese, caso entenda devido, pode a parte autora intentar nova ação no juízo competente para obter benefício não-acidentário, posto que diversos o pedido e a causa de pedir.

5. Conflito de Competência conhecido para declarar competente para processar o feito a Justiça Estadual.

(CC 152.002/MG, Rel. Ministro HERMAN BENJAMIN, PRIMEIRA SEÇÃO, julgado em 22/11/2017, DJe 19/12/2017)

AGRAVO REGIMENTAL NO CONFLITO DE COMPETÊNCIA. AÇÃO DECLARATÓRIA DE INEXISTÊNCIA DE ACIDENTE DE TRABALHO PROPOSTA CONTRA O INSTITUTO NACIONAL DO SEGURO SOCIAL. COMPETÊNCIA DA JUSTIÇA ESTADUAL.

1. "A Justiça Estadual é competente para processar e julgar ação relativa a acidente de trabalho, estando abrangida nesse contexto tanto a lide que tem por objeto a concessão de benefício decorrente de acidente de trabalho, como também as relações daí decorrentes (restabelecimento, reajuste, cumulação), uma vez que o art. 109, I da CF não fez qualquer ressalva a este respeito. Súmulas 15/STJ e 501/STF." (AgRg no CC 141.868/SP, Rel. Ministro Napoleão Nunes Maia Filho, Primeira Seção, julgado em 14/12/2016, DJe 2/2/2017).

2. No caso, a empregadora ingressou contra o INSS com ação objetivando o reconhecimento da inexistência do acidente de trabalho, com a consequente conversão do benefício acidentário em comum. Para isso, faz-se necessário o exame do substrato fático/dinâmico dos fatos descritos na exordial, pela qual o julgador, mediante o seu livre convencimento, deverá concluir se o empregado estava ou não a trabalho, ou se estava em trânsito para o trabalho ou dele regressando, o que reforça o entendimento de incidência, na hipótese, da regra de exceção prevista no art. 109, I, da CF, firmando-se a competência do juízo estadual.

3. Agravo regimental a que se nega provimento.

(AgRg no CC 136.147/MG, Rel. Ministro OG FERNANDES, PRIMEIRA SEÇÃO, julgado em 24/05/2017, DJe 30/06/2017)

PREVIDENCIÁRIO. PRETENSÃO QUE VISA À CONCESSÃO DE BENEFÍCIO EM DECORRÊNCIA DE ACIDENTE DE TRABALHO. CRITÉRIOS PARA FIXAÇÃO DA COMPETÊNCIA. PEDIDO E CAUSA DE PEDIR. APLICAÇÃO DO ARTIGO 109, I, DA CF. INCIDÊNCIA DO ENUNCIADOS 15 DA SÚMULA DO STJ. COMPETÊNCIA DA JUSTIÇA COMUM ESTADUAL.
1. A competência ratione materiae, em regra, é determinada em função da natureza jurídica da pretensão deduzida, sendo esta caracterizada pelo pedido e pela causa de pedir. 2. Na hipótese em exame, a recorrida postulou a concessão de benefício previdenciário em decorrência de acidente de trabalho.
3. Portanto, é evidente que a hipótese amolda-se à exceção prevista no artigo 109, inciso I, da Constituição Federal, que, de forma textual, exclui da competência da Justiça Federal o processamento e o julgamento das ações decorrentes de acidentes de trabalho. 4.
Cumpre esclarecer que a questão relativa à ausência de nexo causal entre a lesão incapacitante e a atividade laboral do segurado, embora possa interferir no julgamento do mérito da demanda, não é capaz de afastar a competência da Justiça Estadual para processar as demandas em que o pedido formulado diz respeito a benefício previdenciário decorrente de acidente de trabalho, como é o caso dos autos.
5. Recurso Especial provido para declarar a competência da Justiça Estadual.
(REsp 1655442/MG, Rel. Ministro HERMAN BENJAMIN, SEGUNDA TURMA, julgado em 28/03/2017, DJe 18/04/2017)
PROCESSUAL CIVIL. PREVIDENCIÁRIO. AGRAVO REGIMENTAL NO CONFLITO DE COMPETÊNCIA. COMPETÊNCIA DA JUSTIÇA ESTADUAL PARA O PROCESSAMENTO E JULGAMENTO DAS DEMANDAS QUE VERSEM SOBRE CONCESSÃO E REVISÃO DE BENEFÍCIO DECORRENTE DE ACIDENTE LABORAL. SÚMULAS 15/STJ E 501/STF.
COMPETÊNCIA FIXADA DE ACORDO COM O PEDIDO EXPRESSO NA PETIÇÃO INICIAL. AGRAVO REGIMENTAL DO MINISTÉRIO PÚBLICO FEDERAL A QUE SE NEGA PROVIMENTO.
1. A Justiça Estadual é competente para processar e julgar ação relativa a acidente de trabalho, estando abrangida nesse contexto tanto a lide que tem por objeto a concessão de benefício decorrente de acidente de trabalho, como também as relações daí decorrentes (restabelecimento, reajuste, cumulação), uma vez que o art. 109, I da CF não fez qualquer ressalva a este respeito. Súmulas 15/STJ e 501/STF.
2. O teor da petição inicial é elemento essencial ao deslinde do conflito, uma vez que a definição de competência decorre da verificação da causa de pedir e do pedido apresentados na inicial.
3. Agravo Regimental do MINISTÉRIO PÚBLICO FEDERAL a que se nega provimento.
(AgRg no CC 141.868/SP, Rel. Ministro NAPOLEÃO NUNES MAIA FILHO, PRIMEIRA SEÇÃO, julgado em 14/12/2016, DJe 02/02/2017)
PROCESSUAL CIVIL E PREVIDENCIÁRIO. CONFLITO NEGATIVO DE COMPETÊNCIA. ACIDENTE DO TRABALHO. AUXÍLIO-ACIDENTE. TRABALHADOR ADOLESCENTE. ATIVIDADE LABORAL DE MECÂNICA AUTOMOBILÍSTICA. CONVENÇÃO 182 DA OIT.

Na mesma linha argumentativa, é o teor da Súmula 235 do S.T.F. "É competente para a ação de acidente do trabalho a Justiça cível comum, inclusive em segunda instância, ainda que seja parte autarquia seguradora", e da Súmula 501 do S.T.F.: "Compete à Justiça Ordinária Estadual o processo e o julgamento, em ambas as instâncias, das causas de acidente do trabalho, ainda que promovidas contra a União, suas autarquias, empresas públicas ou sociedade de economia mista".

As causas de acidente de trabalho estão regulamentadas nos arts. 19, 20 e 21 da Lei 8.213/91.

A competência da Justiça Estadual em causas acidentárias decorre da 'causa de pedir' inserida na demanda, abrangendo, igualmente, os pedidos de pensão formulados por eventuais sucessores do empregado falecido em acidente de trabalho.[196]

LISTA TIP. ITENS 77 E 78. ATIVIDADE DE RISCO. RESPONSABILIDADE OBJETIVA DO EMPREGADOR. COMPETÊNCIA DA JUSTIÇA ESTADUAL.
1. O presente conflito de competência, que se instaurou entre a Justiça Federal e a Justiça Estadual, surgiu em autos de ação previdenciária ajuizada por autor que, na idade de 16 anos, perdeu a visão de um olho, trabalhando como mecânico assistente junto à Mecânica Tamanduá.
2. A relação de trabalho identificada nos autos legitima a conclusão de que a atividade laboral de mecânico se enquadra na Lista das Piores Formas de Trabalho Infantil – Lista TIP- como atividade de risco, proibida para menores de 18 anos, assumindo o empregador o risco integral da atividade. A condição de trabalhador segurado contribuinte individual deve ser afastada.
3. Conflito negativo de competência conhecido para declarar competente a Justiça Estadual.
(CC 143.006/SC, Rel. Ministro MAURO CAMPBELL MARQUES, PRIMEIRA SEÇÃO, julgado em 26/10/2016, DJe 08/11/2016)

[196] CONFLITO DE COMPETÊNCIA. JUSTIÇA FEDERAL E JUSTIÇA ESTADUAL. AÇÃO VISANDO A OBTER PENSÃO POR MORTE DECORRENTE DE ACIDENTE DE TRABALHO.
ALCANCE DA EXPRESSÃO "CAUSAS DECORRENTES DE ACIDENTE DO TRABALHO".
1. Nos termos do art. 109, I, da CF/88, estão excluídas da competência da Justiça Federal as causas decorrentes de acidente do trabalho. Segundo a jurisprudência firmada pelo Supremo Tribunal Federal e adotada pela Corte Especial do STJ, são causas dessa natureza não apenas aquelas em que figuram como partes o empregado acidentado e o órgão da Previdência Social, mas também as que são promovidas pelo cônjuge, ou por herdeiros ou dependentes do acidentado, para haver indenização por dano moral (da competência da Justiça do Trabalho – CF, art. 114, VI), ou para haver benefício previdenciário pensão por morte, ou sua revisão (da competência da Justiça Estadual).

O S.T.J., porém, apresenta certo entendimento de que se a discussão advinda de pensão por morte acidentária não se relacionar com a discussão do próprio acidente, a competência seria da Justiça Federal.[197]

2. É com essa interpretação ampla que se deve compreender as causas de acidente do trabalho, referidas no art. 109, I, bem como nas Súmulas 15/STJ ("Compete à justiça estadual processar e julgar os litígios decorrentes de acidente do trabalho") e 501/STF (Compete à justiça ordinária estadual o processo e o julgamento, em ambas as instâncias, das causas de acidente do trabalho, ainda que promovidas contra a união, suas autarquias, empresas públicas ou sociedades de economia mista).
3. Conflito conhecido para declarar a competência da Justiça Estadual.
(CC 121.352/SP, Rel. Ministro TEORI ALBINO ZAVASCKI, PRIMEIRA SEÇÃO, julgado em 11/04/2012, DJe 16/04/2012)
EMENTA: AGRAVO REGIMENTAL NO AGRAVO DE INSTRUMENTO. CONSTITUCIONAL E PREVIDENCIÁRIO. PENSÃO POR MORTE DECORRENTE DE ACIDENTE DE TRABALHO. COMPETÊNCIA DA JUSTIÇA COMUM ESTADUAL PARA PROCESSAR E JULGAR A CAUSA. PRECEDENTES. INCIDÊNCIA DA SÚMULA 501 DO SUPREMO TRIBUNAL FEDERAL. AGRAVO REGIMENTAL AO QUAL SE NEGA PROVIMENTO. (AI 722821 AgR, Relator(a): Min. CÁRMEN LÚCIA, Primeira Turma, julgado em 20/10/2009, DJe-223 DIVULG 26-11-2009 PUBLIC 27-11-2009 EMENT VOL-02384-07 PP-01345 RDECTRAB v. 16, n. 187, 2010, p. 267-270)

[197] PROCESSUAL CIVIL. CONFLITO DE COMPETÊNCIA. PENSÃO POR MORTE DE APOSENTADO EM RAZÃO DE ACIDENTE DE TRABALHO. AUSÊNCIA DE DISCUSSÃO ACERCA DO ACIDENTE DE TRABALHO. COMPETÊNCIA DA JUSTIÇA FEDERAL. AGRAVO REGIMENTAL DESPROVIDO.
1. Hipótese em que viúva de segurado aposentado em razão de acidente de trabalho pede ao INSS a concessão da respectiva pensão, benefício previdenciário estrito, devendo o pedido ser processado e julgado na Justiça Federal.
2. A fixação da competência da Justiça Estadual, nos termos da Súmula 15-STJ ("Compete à Justiça Estadual processar e julgar os litígios decorrentes de acidente de trabalho.") somente ocorre quando o pedido de pensão, a sua revisão ou outro benefício discutem, com causa de pedir, o próprio acidente de trabalho, ou quando há necessidade de prova pericial em derredor do próprio acidente (verificação da redução da capacidade de trabalho do segurado, v.g.), o que não ocorre na espécie.
3. Não está em discussão, próxima ou remotamente, o acidente de trabalho que levou à aposentadoria do autor da pensão. Cuidando-se de pedido de pensão por morte, como benefício previdenciário estrito, não ostentam relevo as circunstâncias nas quais se deu o falecimento do segurado. (Cf. CC 62.531/RJ, Rel. Min. Maria Thereza de Assis Moura, DJU 26/03/2007; AgRg no CC 112.710/MS, Rel. Ministro Og Fernandes, Terceira Seção, julgado em 28/09/2011, DJe 07/10/2011;
e AgRg no CC 113.675/SP, Rel. Ministra Assusete Magalhães, Terceira Seção, julgado em 12/12/2012, DJe 18/12/2012.) 4. Agravo regimental desprovido.

Apesar de alguns doutrinadores sugerirem que não mais se justifica a exclusão da Justiça Federal para julgamento das causas relacionadas ao acidente do trabalho, o S.T.F. reafirmou, em repercussão geral, que a competência continua sendo da Justiça Estadual:

> RECURSO. Extraordinário. Competência para processar e julgar. Benefícios previdenciários. Acidentes de trabalho. Repercussão geral reconhecida. Precedentes. Reafirmação da jurisprudência. Recurso provido. Compete à Justiça Comum Estadual processar e julgar as causas relativas ao restabelecimento de benefícios previdenciários decorrentes de acidentes de trabalho. (RE 638483 RG, Relator(a): Min. MINISTRO PRESIDENTE, julgado em 09/06/2011, REPERCUSSÃO GERAL – MÉRITO DJe-167 DIVULG 30-08-2011 PUBLIC 31-08-2011 EMENT VOL-02577-02 PP-00193)

Diante de um acidente de trabalho, o INSS está legitimado a exigir do empregador, em demanda de regresso, os gastos efetuados com o pagamento dos benefícios acidentários de cunho previdenciário, uma vez que

(AgRg no CC 139.399/RJ, Rel. Ministro OLINDO MENEZES (DESEMBARGADOR CONVOCADO DO TRF 1ª REGIÃO), PRIMEIRA SEÇÃO, julgado em 25/02/2016, DJe 02/03/2016)

PREVIDENCIÁRIO. AGRAVO REGIMENTAL NO CONFLITO NEGATIVO DE COMPETÊNCIA. JUSTIÇA ESTADUAL E JUSTIÇA FEDERAL. CONCESSÃO DE BENEFÍCIO DE PENSÃO POR MORTE, DECORRENTE DE ACIDENTE DE TRABALHO. ENTENDIMENTO SUFRAGADO PELA TERCEIRA SEÇÃO DO STJ. COMPETÊNCIA DA JUSTIÇA FEDERAL. AGRAVO REGIMENTAL IMPROVIDO.

I. Na linha dos precedentes da Terceira Seção do STJ, a concessão e a revisão de pensão por morte, independentemente das circunstâncias do falecimento do segurado, são de natureza previdenciária, e não acidentária típica, o que torna competente a Justiça Federal para o processo e o julgamento do feito, afastando-se a aplicação da da Súmula 15/STJ (CC 62.531/RJ, Rel. Ministra MARIA THEREZA DE ASSIS MOURA, DJU 26/03/2007, entre outros).

II. Decisão do Relator que conheceu do Conflito de Competência, para declarar competente o Juízo Federal do Juizado Especial de Ribeirão Preto, Seção Judiciária do Estado de São Paulo, o suscitante.

III. Agravo Regimental improvido.

(AgRg no CC 113.675/SP, Rel. Ministra ASSUSETE MAGALHÃES, TERCEIRA SEÇÃO, julgado em 12/12/2012, DJe 18/12/2012)

a solidariedade social não pode justificar a falta de cuidado do empregador.[198] Nessa hipótese, a competência não é da Justiça Estadual, mas, sim, da Justiça Federal.[199]

Estabelece o art. 45 do novo C.P.C. que tramitando o processo perante outro juízo, os autos serão remetidos ao juízo federal competente se nele

[198] Estabelece o art. 120 da Lei 8.213/91: "Nos casos de negligência quanto às normas padrão de segurança e higiene do trabalho indicados para a proteção individual e coletiva, a Previdência Social proporá ação regressiva contra os responsáveis".

[199] CONFLITO DE COMPETÊNCIA. ACIDENTE DO TRABALHO. AÇÃO DE RESSARCIMENTO PROPOSTA PELO INSS CONTRA O EMPREGADOR. COMPETÊNCIA DA JUSTIÇA FEDERAL.

Compete à Justiça comum processar e julgar ação proposta pelo INSS objetivando o ressarcimento dos valores despendidos com o pagamento de pecúlio e pensão por morte acidentária, em razão de acidente de trabalho ocorrido nas dependências da empresa ré, por culpa desta. O litígio não tem por objeto a relação de trabalho em si, mas sim o direito regressivo da autarquia previdenciária, que é regido pela legislação civil.

Conflito conhecido para declarar competente o Tribunal Regional Federal da 4ª Região.

(CC 59.970/RS, Rel. Ministro CASTRO FILHO, SEGUNDA SEÇÃO, julgado em 13/09/2006, DJ 19/10/2006, p. 237)

PROCESSUAL CIVIL. VIOLAÇÃO DO ART. 535, II, DO CPC. INEXISTÊNCIA. AÇÃO REGRESSIVA DE INDENIZAÇÃO POR ACIDENTE DO TRABALHO. COMPETÊNCIA. LUGAR DO ATO OU FATO. PRECEDENTES.

1. Apesar de a certidão da Coordenadoria da Segunda Turma, de fl. 218, e-STJ, trazer como termo final para a interposição do agravo regimental o dia 08/09/2015, o recurso é tempestivo, mesmo tendo sido protocolizado em 09/09/2015. Isso porque a parte demonstrou, à fl. 216, e-STJ, que houve indisponibilidade no sistema de peticionamento eletrônico no último dia de prazo, o que prorroga o termo final para o primeiro dia útil seguinte à retomada do funcionamento, nos termos dos arts. 5º e 7º da Resolução 14/STJ de 28/06/2013.

2. A jurisprudência desta Corte superior é assente no entendimento de que a ação que busca o ressarcimento de danos deve ser proposta no local onde ocorreu o dano em observância ao art. 100, V, "a", do Código de Processo Civil. Precedentes.

3. Não pode prosperar o argumento da agravante de que o dano que se busca reparar é o de preservação do erário público. Ora, a ação regressiva do INSS busca a reparação de um possível dano, uma vez provado o nexo de causalidade entre o acidente do trabalho e conduta negligente do empregador. Desse modo, o dano a ser considerado para fins de atribuição da competência deve ser aquele sofrido pelo trabalhador e, conforme consignado pela Corte de origem, "não é lógico deslocar a competência para a capital gaúcha, se o fato gerador da obrigação, bem como todas as provas a serem colhidas estão localizados em Passo Fundo."

Agravo regimental improvido.

(AgRg nos EDcl no AREsp 700.385/RS, Rel. Ministro HUMBERTO MARTINS, SEGUNDA TURMA, julgado em 22/09/2015, DJe 30/09/2015)

intervier a União, suas empresas públicas, entidades autárquicas e fundações, ou conselho de fiscalização de atividade profissional, na qualidade de parte ou de terceiro interveniente.[200]

Questão interessante é saber se haverá deslocamento da competência se a intervenção do ente federal ocorrer na modalidade de *amicus curiae.*

Estabelece o art. 138 do novo C.P.C. que o juiz ou o relator, considerando a relevância da matéria, a especificidade do tema objeto da demanda ou a repercussão social da controvérsia, poderá, por decisão irrecorrível, de ofício ou a requerimento das partes ou de quem pretenda manifestar-se, solicitar ou admitir a participação de pessoa natural ou jurídica, órgão ou entidade especializada, com representatividade adequada, no prazo de 15 (quinze) dias de sua intimação.

As entidades que ingressarem na relação jurídica processual na condição de *amicus curiae* não possuem interesse imediato naquela determinada lide, sendo admitidas apenas com a finalidade de subsidiar o magistrado com informações úteis ao deslinde das discussões judiciais de interesse coletivo.[201]

Caberá ao juiz ou ao relator, na decisão que solicitar ou admitir a intervenção, definir os poderes do *amicus curiae.*

Tenho para mim que a simples intervenção de um ente federal, no âmbito da relação jurídica processual, sem que tal intervenção corresponda a uma participação como parte, assistente ou oponente, não tem o condão de deslocar a competência para a Justiça Federal.[202]

[200] Pode ainda decorrer de qualidade de parte como litisconsorte unitário ou facultativo. Como terceiro interveniente: assistente simples, assistente litisconsorcial, denunciação da lide, oposição ou chamamento ao processo.

[201] (EDcl no REsp 1261020/CE, Rel. Ministro MAURO CAMPBELL MARQUES, PRIMEIRA SEÇÃO, julgado em 13/03/2013, DJe 02/04/2013)

[202] PROCESSO CIVIL. AGRAVO REGIMENTAL NO CONFLITO NEGATIVO DE COMPETÊNCIA. AÇÃO CIVIL PÚBLICA. AUSÊNCIA DE INTERESSE JURÍDICO DA ANATEL NA LIDE. SÚMULA 150/STJ.

1. Não há falar em litisconsórcio passivo necessário da Anatel, pois esta pleiteia a intervenção no feito apenas como amicus curiae;

além disso, a ação proposta pelo Parquet estadual cinge-se à irregularidade imputada somente à concessionária do serviço de telefonia (deficiência no serviço), sem alcançar a esfera do poder regulador daquela Entidade reguladora.

2. A competência cível da Justiça Federal encontra-se definida, como regra geral, com base na natureza das partes envolvidas no processo (ratione personae), independentemente da índole

Aliás, o próprio §1º do art. 138 do novo C.P.C. preconiza que "a intervenção de que trata o caput não implica alteração de competência nem autoriza a interposição de recursos, ressalvadas a oposição de embargos de declaração e a hipótese do § 3º".

É certo, porém, que o S.T.J. reconheceu a competência da Justiça Federal quando o CADE interveio no processo como *amicus curiae*, com base no art. 5º, p.u., da Lei nº 9.469/97 e art. 89 da Lei 8.884/94. Porém, o S.T.J. reconheceu que essa intervenção como *amicus curiae* tinha natureza de verdadeira *assistência*, uma vez que se tratava de uma intervenção para a prevenção e repressão da ordem econômica.[203]

da controvérsia exposta em juízo, por força das disposições do art. 109, I, da Constituição Federal 3. Desse modo, nos termos do que dispõe a Súmula 150/STJ, "compete à Justiça Federal decidir sobre a existência de interesse jurídico que justifique a presença, no processo, da União, suas autarquias ou empresas públicas".
4. Competência para o julgamento da demanda do Juízo Direito da 1ª Vara de Ouricuri – PE. Agravo regimental improvido.
(AgRg no CC 120.783/PE, Rel. Ministro HUMBERTO MARTINS, PRIMEIRA SEÇÃO, julgado em 23/05/2012, DJe 30/05/2012)

[203] RECURSO ESPECIAL. ANTV. AÇÃO CIVIL PÚBLICA. INTERVENÇÃO DO CADE COMO AMICUS CURIAE. INTERVENÇÃO DA UNIÃO COMO ASSISTENTE DO MINISTÉRIO PÚBLICO FEDERAL. COMPETÊNCIA DA JUSTIÇA FEDERAL.
1. Recurso especial interposto contra acórdão proferido em sede de agravo de instrumento que desafiou decisão saneadora, verbis: "A competência deste juízo já foi firmada, oportunamente, com a intervenção do CADE na lide, autarquia federal, cuja presença, nos termos do arts. 109, I, da CF, atrai a competência da Justiça Federal." 2. É assente na Corte que inexiste ofensa ao art. 535 do CPC, quando o Tribunal de origem, embora sucintamente, pronuncia-se de forma clara e suficiente sobre a questão posta nos autos. Ademais, o magistrado não está obrigado a rebater, um a um, os argumentos trazidos pela parte, desde que os fundamentos utilizados tenham sido suficientes para embasar a decisão.
3. A regra inscrita no art. 5º, parágrafo único, da Lei nº 9.469/97 e art. 89 da Lei 8.884/94 contém a base normativa legitimadora da intervenção processual do amicus curiae em nosso Direito. Deveras, por força de lei, a intervenção do CADE em causas em que se discute a prevenção e a repressão à ordem econômica, é de assistência.
4. In casu, a própria União confirmou sua atuação como assistente do Ministério Público Federal (fls. 561/565 e fl. 375), o que, à luz do art. 109, I, da Constituição Federal, torna inarredável a competência da Justiça Federal.
5. Por derradeiro, atuando o Ministério Público Federal no pólo ativo da Ação Civil Pública, inequívoca é a competência da Justiça Federal, consoante o entendimento deste Eg. STJ, verbis: "Em ação proposta pelo Ministério Público Federal, órgão da União, somente a Justiça Federal está constitucionalmente habilitada a proferir sentença que vincule tal órgão, ainda que seja

De qualquer sorte, para que os entes federados possam intervir no processo, com deslocamento da competência para a Justiça Federal, é necessário que haja interesse jurídico na causa. Nesse sentido estabelecia a Súmula 61 do extinto Tribunal Federal de Recursos – T.F.R.:

> Para configurar a competência da Justiça Federal, é necessário que a União, entidade autárquica ou empresa pública federal, ao intervir como assistente, demonstre legítimo interesse jurídico no deslinde da demanda, não bastando simples alegação de interesse na causa.

É bem verdade que o p.u. do art. 5º da Lei n. 9.469/97 estabelece que

> As pessoas jurídicas de direito público poderão, nas causas cuja decisão possa ter reflexos, ainda que indiretos, de natureza econômica, intervir, independentemente da demonstração de interesses jurídico, para esclarecer questões de fato e de direito, podendo juntar documentos e memoriais reputados úteis ao exame da matéria e, se for o caso, recorrer, hipótese em que, para fins de deslocamento de competência, serão consideradas partes.

Interpretando o p.u. do art. 5º da Lei n. 9.469/97, assim ressaltou o S.T.J.:

> (...).
>
> 1. Esta Corte Superior já pacificou a compreensão de que conquanto seja tolerável a intervenção anódina da União plasmada no art. 5º. da Lei 9.469/97, tal circunstância não tem o condão de deslocar a competência para a Justiça Federal, o que só ocorre no caso de demonstração de legítimo interesse jurídico na causa, nos termos do art. 50 e 54 do CPC/73 (REsp. 1.097.759/BA, Rel. Min. LUIS FELIPE SALOMÃO, DJe 1.6.2009) [AgRg no REsp nº 1.118.367/

sentença negando a sua legitimação ativa. E enquanto a União figurar no pólo passivo, ainda que seja do seu interesse ver-se excluída, a causa é da competência da Justiça Federal, a quem cabe, se for o caso, decidir a respeito do interesse da demandada (súmula 150/STJ)." (CC 40. 534, Rel. Min. Teori Albino Zavascki, DJ de 17/05/2004)
6. Ademais, o amicus curiae opina em favor de uma das partes, o que o torna um singular assistente, porque de seu parecer exsurge o êxito de uma das partes, por isso a lei o cognomina de assistente. É assistente secundum eventum litis.
7. Recurso especial desprovido.
(REsp 737.073/RS, Rel. Ministro LUIZ FUX, PRIMEIRA TURMA, julgado em 06/12/2005, DJ 13/02/2006, p. 700)

SC, Rel. Ministro NAPOLEÃO NUNES MAIA FILHO, Primeira Turma, DJe 22/5/2013]. Somente nas hipóteses em que a pessoa de direito público recorrer é que haverá o deslocamento, o que não é o caso.

2. A Primeira Seção desta Corte possui o entendimento de que, embora permitida essa peculiar modalidade de intervenção da União e de outras pessoas jurídicas de direito público, quando constatada a potencialidade de eventual lesão econômica, a admissão do ente público não traz comando suficiente a modificar a competência originária para julgamento da demanda. E isto porque a lei ordinária não tem a força de ampliar a enumeração taxativa da competência da Justiça Federal estabelecida no art. 109, I, da Constituição Federal, razão pela qual o deslocamento da competência para a Justiça especializada somente se verificaria se configurado o efetivo interesse jurídico da União ou de outro ente federal (EDcl no AgRg no CC nº 89.783/RS, Rel. Ministro MAURO CAMPBELL MARQUES, Primeira Seção, DJe 18/6/2010).

3. Agravo regimental não provido.

(AgRg no REsp 1533507/RJ, Rel. Ministro MOURA RIBEIRO, TERCEIRA TURMA, julgado em 18/08/2015, DJe 28/08/2015)[204]

A competência funcional da Justiça Federal é, portanto, constitucional e taxativa.

Por isso, somente será de competência da justiça federal as causas em que haja efetiva intervenção da União, suas empresas públicas, entidades autárquicas e fundação, ou conselho de fiscalização de atividade profissional.[205]

[204] Se o interesse for meramente econômico, julgamento deverá ser realizado pela Justiça Estadual, sem deslocamento para a Justiça Federal. Somente será deslocada a competência se houver recurso do ente federado, sendo que nessa hipótese, o tribunal competente para julgar o recurso será o Tribunal Regional Federal respectivo.

[205] ADMINISTRATIVO. PROCESSUAL CIVIL. CONCESSÃO DE BENEFÍCIO PREVIDENCIÁRIO (PENSÃO POR MORTE). RECONHECIMENTO. UNIÃO ESTÁVEL. PREJUDICIAL DE MÉRITO. COMPETÊNCIA DO JUÍZO FEDERAL.

1. Discute-se nos autos a competência para processar e julgar pedido de concessão de benefício previdenciário (pensão por morte), tendo como prejudicial de mérito o reconhecimento de união estável.

2. Nos casos em que a pretensão deduzida na inicial não diz respeito ao reconhecimento da união estável, mas à concessão de benefício previdenciário, a competência para processar e

Contra a decisão do juiz federal que não reconhecer a legitimidade do ente federal como parte na relação jurídica federal caberá o recurso de agravo de instrumento, nos termos do art. 1.015, inc. VII, do novo C.P.C., para o respectivo Tribunal Regional Federal. No caso não haverá suscitação de conflito negativo de competência, pois a última palavra é da Justiça Federal que vinculará a Justiça Estadual.

5.1. Intervenção da União

No que concerne à determinação de competência da Justiça Federal, a União deverá intervir nas causas que envolvam:

> os seus bens; os serviços públicos prestados; os servidores públicos, desde o ingresso, a remuneração, a aposentadoria, até eventual responsabilidade civil; agentes políticos e seus atos; a administração federal; instituição, arrecadação e aplicação de tributos federais; além das demais causas constantes das previsões constitucionais.[206]

A representatividade da União será em relação aos seus órgãos, como, por exemplo, Ministérios e Secretarias, assim como em relação a determinados Conselhos, como, por exemplo, o CNJ (Conselho Nacional de Justiça) e o CNMP (Conselho Nacional do Ministério Público),[207] alguns

julgar a demanda é da Justiça Federal. Precedente: CC 126.489/RN, Rel. Ministro HUMBERTO MARTINS, PRIMEIRA SEÇÃO, julgado em 10/4/2013, DJe 7/6/2013.
3. O enfrentamento da questão referente à caracterização ou não de união estável numa ação em que pleiteia o beneficio previdenciário, como é o caso dos autos, deverá ser enfrentada como uma prejudicial de mérito, de forma lateral. Logo, não restará usurpada a competência da Justiça Estadual.
Recurso especial improvido.
(REsp 1501408/RS, Rel. Ministro HUMBERTO MARTINS, SEGUNDA TURMA, julgado em 28/04/2015, DJe 06/05/2015)
"Outro aspecto relevante é a definição do que abrange o termo 'causa', inserido no art. 109, I, II, III, V-A e X, da Constituição. A expressão 'causa' deve ser tomada em sentido amplo, de modo a compreender qualquer procedimento em que contenha decisão proferida sobre o direito ou interesse da parte, independentemente de ser caso de jurisdição voluntária ou contenciosa". (BOCHENEK, A. C.,; DALAZOANA, V., op. cit. p. 66).

206 BOCHENEK, A. C.; DALAZOANA, V., idem, p. 76.

207 EMENTA Agravo regimental em ação cível originária. Demanda proposta em face do Conselho Nacional de Justiça. Incompetência do Supremo Tribunal Federal. Não conhecimento do feito. Agravo regimental não provido.

serviços, como o da Polícia Federal, Polícia Marítima, Polícia Aeroportuária, do Exército brasileiro, Poder Judiciário e Ministério Público, Poder Legislativo.[208]

1. A jurisprudência prevalecente do STF está orientada no sentido de que a competência prevista no art. 102, I, r, da Constituição Federal alcança apenas as demandas manejadas por meio de ações de natureza mandamental (mandado de segurança, mandado de injunção, habeas data e habeas corpus). Tratando-se de demanda em face do Conselho Nacional de Justiça (CNJ) manejada pela via ordinária, sua apreciação compete à Justiça Federal de primeira instância, e não ao Supremo Tribunal Federal. Entendimento firmado pelo Plenário na AO nº 1.706-AgR/DF. 2. O entendimento apresentado pelo Ministro Dias Toffoli nos autos da AO nº 1814-QO/MG e da ACO nº 1680-AgR/AL tem sido avaliado pontualmente por esta Corte, sem que represente a regra adotada pelo Supremo Tribunal. 3. Agravo regimental não provido. (ACO 2891 AgR, Relator(a): Min. DIAS TOFFOLI, Tribunal Pleno, julgado em 31/03/2017, PROCESSO ELETRÔNICO DJe-087 DIVULG 26-04-2017 PUBLIC 27-04-2017)

[208] Questão interessante diz respeito à propositura de demandas pelo Ministério Público Federal contra pessoas não indicadas no art. 109 da Constituição Federal. Para alguns, o Ministério Público Federal não tem personalidade jurídica própria, pois se trata de um órgão que se encontra na estrutura da União, razão pela qual a competência seria da Justiça Federal. Outra corrente entende que o Ministério Público Federal está vinculado somente às demandas em que haja alguma das pessoas indicadas no art. 109 da C.F., caso contrário a legitimidade será do Ministério Público Estadual.

Sobre o tema, o S.T.J. tem assim se posicionado:

Súmula 489: Reconhecida a continência, devem ser reunidas na Justiça Federal as ações civis públicas propostas nesta e na Justiça estadual.

ADMINISTRATIVO. AGRAVO REGIMENTAL NO RECURSO ESPECIAL. AÇÃO DE IMPROBIDADE ADMINISTRATIVA AJUIZADA PELO MINISTÉRIO PÚBLICO FEDERAL. COMPETÊNCIA DA JUSTIÇA FEDERAL. PRECEDENTES.

1. Tratando-se de ação civil pública de improbidade administrativa ajuizada pelo Ministério Público Federal para apuração de ilegalidades na execução de Convênio celebrado entre a Fundação Nacional da Saúde (FUNASA) e o respectivo ente municipal, competente será a Justiça Federal para o processamento e julgamento da ação.

Precedentes: REsp 1283737/DF, Rel. Min. Luis Felipe Salomão, Quarta Turma, DJe 25/03/2014, AgRg no CC 107638/SP, Rel. Ministro Castro Meira, Primeira Seção, DJe 20/04/2012, CC 112.137/SP, Rel. Ministro Paulo de Tarso Sanseverino, Segunda Seção, DJe 01/12/2010; REsp 440002/SE, Rel. Ministro Teori Albino Zavascki, Primeira Turma, DJ 06/12/2004.

2. Agravo regimental não provido.

(AgRg no REsp 1368489/RN, Rel. Ministro BENEDITO GONÇALVES, PRIMEIRA TURMA, julgado em 25/08/2015, DJe 03/09/2015)

CONSTITUCIONAL. ADMINISTRATIVO. PROCESSUAL CIVIL. AÇÃO DE IMPROBIDADE AJUIZADA NA JUSTIÇA FEDERAL PARA APURAÇÃO DE

IRREGULARIDADES NA CELEBRAÇÃO DE ACORDOS JUDICIAIS TRABALHISTAS EM PREJUÍZO DE SOCIEDADE DE ECONOMIA MISTA (CODESA). DECLÍNIO EX OFFICIO DA COMPETÊNCIA. PRESENÇA DO MINISTÉRIO PÚBLICO FEDERAL NO POLO ATIVO DA AÇÃO. INTERESSE JURÍDICO DA UNIÃO COMO ACIONISTA MAJORITÁRIA. COMPETÊNCIA DA JUSTIÇA FEDERAL RECONHECIDA.
1. Na origem, o Ministério Público Federal ajuizou ação de improbidade administrativa para apurar responsabilidades pela prática de irregularidades consistentes na celebração de acordos judiciais em demandas trabalhistas por valores superiores àqueles aos quais a Codesa – Companhia Docas do Espírito Santo havia sido condenada, acarretando prejuízo de R$ 502.443,57 (fl. 25), cujo valor atualizado para a presente data corresponde a R$ 1.001.473,78 (um milhão, mil quatrocentos e setenta e três reais e setenta e oito centavos), conforme os critérios da Tabela Prática do TJSP.
2. A específica questão sobre a competência para processar e julgar ação de improbidade para apuração de atos em prejuízo da Codesa foi solucionada no recentíssimo julgamento do AgRg no CC 122.629/ES, Rel. Min. Benedito Gonçalves, DJe 2/12/2013, quando a colenda Primeira Seção consignou que "o mero ajuizamento da ação pelo Ministério Público Federal, por entender estar configurado ato de improbidade administrativa, fixa a competência na Justiça Federal (AgRg no AgRg no CC 104.375/SP, Rel. Ministro Humberto Martins, Primeira Seção, DJe 04/09/2009)". No mesmo sentido, os seguintes precedentes: CC 40534/RJ, Rel. Min. Teori Albino Zavaski, DJU de 17.05.04; AgRg no CC 107.638/SP, Rel. Ministro Castro Meira, Primeira Seção, DJe 20/4/2012; CC 116.282/PR, Rel. Ministro Herman Benjamin, Primeira Seção, DJe 6/9/2011; CC 112.137/SP, Rel. Ministro Paulo de Tarso Sanseverino, Segunda Seção, DJe 1º/12/2010.
3. No mesmo julgamento (AgRg no CC 122.629/ES), a Primeira Seção reconheceu a presença de interesse jurídico ao afirmar que, "Se a União detém o capital majoritário da sociedade de economia mista, naturalmente, é do seu interesse a apuração de atos ilícitos praticados pelos seus dirigentes que importem prejuízo patrimonial à sociedade empresarial." Em idêntico sentido – inclusive versando caso análogo que envolve a Companhia Docas do Rio de Janeiro – o entendimento perfilhado no REsp 1281945/DF, Rel. Ministro Mauro Campbell Marques, Segunda Turma, DJe 1º/12/2011, que trata de hipótese em tudo semelhante ao caso concreto.
4. Assim, adotar entendimento diverso do aqui exposto desaguaria em julgamento flagrantemente contraditório à orientação fixada pela Colenda Primeira Seção nos autos do Conflito de Competência 122.629/ES, oportunidade em que, debruçando-se sobre a específica questão aqui debatida, o Superior Tribunal de Justiça reconheceu a competência da justiça federal.
5. A orientação firmada pelo Supremo Tribunal Federal no julgamento da ACO 987 – "a presença de sociedade de economia mista em procedimento investigatório não acarreta, por si só, na presunção de violação de interesse, econômico ou jurídico, da União" – em nada conflita com o entendimento aqui exposto, já que, no caso concreto, o interesse da União não fora presumido, mas sim evidenciado pela sua condição de acionista majoritária da Codesa,

ostentando nada menos que 89,271% das suas ações e o controle acionário da mencionada sociedade de economia mista, que somente no ano de 2013 recebeu dos cofres públicos aportes financeiros superiores a 90 milhões de reais, de modo que é inegável o interesse da União em investigar danos causados, em última análise, ao seu próprio patrimônio.
6. Os precedentes do Colendo STF mencionados pelo nobre causídico da Tribuna, na sessão de 6.2.2014, não se amoldam ao presente caso, na medida em que neste a competência foi fixada não somente pelo polo ativo da demanda, mas também pelo já reconhecido interesse da União no feito.
7. Recursos Especiais providos.
(REsp 1249118/ES, Rel. Ministro HERMAN BENJAMIN, SEGUNDA TURMA, julgado em 26/08/2014, DJe 28/11/2014)
RECURSO ESPECIAL. AÇÃO CIVIL PÚBLICA AJUIZADA PELO MINISTÉRIO PÚBLICO FEDERAL. COMPETÊNCIA DA JUSTIÇA FEDERAL. DISSÍDIO NOTÓRIO.
1. Os arts. 8º, inc. III e art. 26, § 3º da Lei n. 6.385/1976, arts. 10, IX e 11, VII, da Lei n. 4.595/1964; e art. 81, parágrafo único, inc. I, da Lei 8.078/1990, tidos por violados, não possuem aptidão suficiente para infirmar o fundamento central do acórdão recorrido – a competência para apreciação da ação civil pública ajuizada pelo Ministério Público Federal –, o que atrai a incidência analógica da Súmula 284 do STF, do seguinte teor: É inadmissível o recurso extraordinário, quando a deficiência na sua fundamentação não permitir a exata compreensão da controvérsia.
2. A ação civil pública, como as demais, submete-se, quanto à competência, à regra estabelecida no art. 109, I, da Constituição, segundo a qual cabe aos juízes federais processar e julgar "as causas em que a União, entidade autárquica ou empresa pública federal forem interessadas na condição de autoras, rés, assistentes ou oponentes, exceto as de falência, as de acidente de trabalho e as sujeitas à Justiça Eleitoral e à Justiça do Trabalho". Assim, figurando como autor da ação o Ministério Público Federal, que é órgão da União, a competência para a causa é da Justiça Federal.
3. Recurso especial parcialmente conhecido e nesta parte provido para determinar o prosseguimento do julgamento da presente ação civil pública na Justiça Federal.
(REsp 1283737/DF, Rel. Ministro LUIS FELIPE SALOMÃO, QUARTA TURMA, julgado em 22/10/2013, DJe 25/03/2014)
Processual Civil. Ministério Público Federal. Ação Civil Pública Promovida Contra a União. Competência da Justiça Federal (art. 109, Incisos e Parágrafos, C.F.). Legitimação do Ministério Público Federal. Lei Complementar nº 75/93 (art. 37).
1. Manifesto o interesse jurídico da União, com desfrute da competência da Justiça Federal, legitima-se ativamente o Ministério Público Federal para promover a ação que a qualifica no pólo passivo da relação processual. Ilegitimação ativa do Ministério Público Estadual. Impossibilidade deste agir como "custos legis" ou de litisconsorciar-se ativamente com o parquet federal.
2. Doutrina e jurisprudência.
3. Recurso provido.

É importante salientar que será de competência do Supremo Tribunal Federal e não da Justiça Federal, nos termos do art. 102, inc. I, letras 'e' e 'f', da C.F.: e) o litígio entre Estado estrangeiro ou organismo internacional e a União, o Estado, o Distrito Federal ou o Território; f) as causas e os conflitos entre a União e os Estados, a União e o Distrito Federal, ou entre uns e outros, inclusive as respectivas entidades da administração indireta.

5.2. Intervenção de Autarquias, Agências Reguladoras, Agências Executivas, Consórcios Públicos, Conselhos de Fiscalização Profissional, Fundações Públicas e Empresas Públicas

Tramitando o processo perante outro juízo, os autos serão remetidos ao juízo federal competente se nele intervier entidades autárquicas, fundações ou conselho de fiscalização de atividade profissional, na qualidade de parte ou de terceiro interveniente.

5.2.1. Autarquias

O art. 45 do novo C.P.C. faz expressa referência à intervenção de autarquias federais quando determina a remessa dos autos à Justiça Federal.

Sobre a definição de autarquia, ensina Hely Lopes Meirelles: "Autarquias são entes administrativos autônomos, criados por lei específica, com personalidade jurídica de Direito Público interno, patrimônio próprio e atribuições estatais específicas...".[209]

(REsp 287.389/RJ, Rel. Ministro MILTON LUIZ PEREIRA, PRIMEIRA TURMA, julgado em 24/09/2002, DJ 14/10/2002, p. 190)

ADMINISTRATIVO. PROCESSUAL CIVIL. AÇÃO CIVIL PÚBLICA. COMPETÊNCIA DA JUSTIÇA ESTADUAL. LITISCONSÓRCIO ATIVO. ORGÃOS DO MINISTÉRIO PÚBLICO FEDERAL E ESTADUAL. INADMISSIBILIDADE.

- Em sede de ação civil pública, na qual se discute questão administrativa no âmbito da Secretaria de Segurança do Estado do Ceará, assunto cujo exame compete à Justiça Estadual, não há como se conceder a admissão do MP Federal no pólo ativo da demanda, em litisconsórcio com o MP Estadual.
- Recurso desprovido.

(RMS 4.146/CE, Rel. Ministro VICENTE LEAL, SEXTA TURMA, julgado em 23/10/1995, DJ 26/02/1996, p. 4085)

[209] MEIRELLES, Hely Lopes. *Direito administrativo brasileiro*. 29ª ed., São Paulo: Ed. Malheiros, 2004. p. 334 e 350.

O art. 5º do Dec-lei n. 200/67 estabelece que a autarquia é serviço autônomo, criado por lei, com personalidade jurídica, patrimônio e receitas próprios, para executar atividades típicas da Administração Pública, que requeiram, para seu melhor funcionamento, gestão administrativa e financeira descentralizada.

São exemplos de algumas autarquias federais que deslocam a competência para a Justiça Federal: Instituto Nacional de Propriedade Industrial – INPI (Lei n. 5.648/70);[210] Instituto Nacional do Seguro Social – INSS (Lei n. 8.029/90); Instituto Nacional de Colonização e Reforma Agrária – INCRA (Decreto n. 1.110/70); Instituto Nacional de Metrologia, Qualidade e Tecnologia – INMETRO (Lei n. 5.966/73), Instituto Brasileiro de Turismo (EMBRATUR) (Lei 8.181/91); Instituto Brasileiro do Meio Ambiente e dos Recursos Naturais Renováveis (IBAMA) (Lei 7.735/89) etc.

Existem determinadas autarquias que apresentam regime especial, como é o caso, por exemplo, do Banco Central do Brasil (Lei n. 4.595/64), a Comissão Nacional de Energia Nuclear (Lei n. 4.118/62), a Universidade de São Paulo (Dec-lei n. 13.855/44), assim como as entidades encarregadas

[210] RECURSO ESPECIAL REPRESENTATIVO DE CONTROVÉRSIA. CONCORRÊNCIA DESLEAL. COMPETÊNCIA DA JUSTIÇA ESTADUAL. TRADE DRESS. CONJUNTO-IMAGEM. ELEMENTOS DISTINTIVOS. PROTEÇÃO LEGAL CONFERIDA PELA TEORIA DA CONCORRÊNCIA DESLEAL. REGISTRO DE MARCA. TEMA DE PROPRIEDADE INDUSTRIAL, DE ATRIBUIÇÃO ADMINISTRATIVA DE AUTARQUIA FEDERAL. DETERMINAÇÃO DE ABSTENÇÃO, POR PARTE DO PRÓPRIO TITULAR, DO USO DE SUA MARCA REGISTRADA. CONSECTÁRIO LÓGICO DA INFIRMAÇÃO DA HIGIDEZ DO ATO ADMINISTRATIVO. COMPETÊNCIA PRIVATIVA DA JUSTIÇA FEDERAL.

1. A tese a ser firmada, para efeito do art. 1.036 do CPC/2015 (art. 543-C do CPC/1973), é a seguinte: As questões acerca do trade dress (conjunto-imagem) dos produtos, concorrência desleal e outras demandas afins, por não envolver registro no INPI e cuidando de ação judicial entre particulares, é inequivocamente de competência da justiça estadual, já que não afeta interesse institucional da autarquia federal. No entanto, compete à Justiça Federal, em ação de nulidade de registro de marca, com a participação do INPI, impor ao titular a abstenção do uso, inclusive no tocante à tutela provisória.

2. No caso concreto, dá-se parcial provimento ao recurso interposto por SS Industrial S.A. e SS Comércio de Cosméticos e Produtos de Higiene Pessoal Ltda., remetendo à Quarta Turma do STJ, para prosseguir-se no julgamento do recurso manejado por Indústria e Comércio de Cosméticos Natura Ltda. e Natura Cosméticos S.A.

(REsp 1527232/SP, Rel. Ministro LUIS FELIPE SALOMÃO, SEGUNDA SEÇÃO, julgado em 13/12/2017, DJe 05/02/2018)

por lei para os serviços de fiscalização de profissões regulamentadas (OAB, CONFEA e congêneres) dentre outras.[211]

Também são consideradas como autarquias especiais as denominadas *Agências Reguladoras*,[212] como, por exemplo, Agência Nacional de Telecomunicação (ANATEL),[213] Agência Nacional de Energia Elétrica (ANEEL), Agência Nacional de Petróleo (ANP), Agência Nacional de

[211] MEIRELLES, H. L., op. cit. loc. cit., p. 342.

[212] EMENTA: I. Agências reguladoras de serviços públicos: natureza autárquica, quando suas funções não sejam confiadas por lei a entidade personalizada e não, à própria administração direta. II. Separação e independência dos Poderes: submissão à Assembléia Legislativa, por lei estadual, da escolha e da destituição, no curso do mandato, dos membros do Conselho Superior da Agência Estadual de Regulação dos Serviços Públicos Delegados do Rio Grande do Sul - AGERGS: parâmetros federais impostos ao Estado-membro. 1. Diversamente dos textos constitucionais anteriores, na Constituição de 1988 – à vista da cláusula final de abertura do art. 52, III –, são válidas as normas legais, federais ou locais, que subordinam a nomeação dos dirigentes de autarquias ou fundações públicas à prévia aprovação do Senado Federal ou da Assembléia Legislativa: jurisprudência consolidada do Supremo Tribunal. 2. Carece, pois, de plausibilidade a argüição de inconstitucionalidade, no caso, do condicionamento à aprovação prévia da Assembléia Legislativa da investidura dos conselheiros da agência reguladora questionada. 3. Diversamente, é inquestionável a relevância da alegação de incompatibilidade com o princípio fundamental da separação e independência dos poderes, sob o regime presidencialista, do art. 8º das leis locais, que outorga à Assembléia Legislativa o poder de destituição dos conselheiros da agência reguladora autárquica, antes do final do período da sua nomeação a termo. 4. A investidura a termo – não impugnada e plenamente compatível com a natureza das funções das agências reguladoras – é, porém, incompatível com a demissão ad nutum pelo Poder Executivo: por isso, para conciliá-la com a suspensão cautelar da única forma de demissão prevista na lei – ou seja, a destituição por decisão da Assembléia Legislativa –, impõe-se explicitar que se suspende a eficácia do art. 8º dos diplomas estaduais referidos, sem prejuízo das restrições à demissibilidade dos conselheiros da agência sem justo motivo, pelo Governador do Estado, ou da superveniência de diferente legislação válida. III. Ação direta de inconstitucionalidade: eficácia da suspensão cautelar da norma argüida de inconstitucional, que alcança, no caso, o dispositivo da lei primitiva, substancialmente idêntico. IV. Ação direta de inconstitucionalidade e impossibilidade jurídica do pedido: não se declara a inconstitucionalidade parcial quando haja inversão clara do sentido da lei, dado que não é permitido ao Poder Judiciário agir como legislador positivo: hipótese excepcional, contudo, em que se faculta a emenda da inicial para ampliar o objeto do pedido.
(ADI 1949 MC, Relator(a): Min. SEPÚLVEDA PERTENCE, Tribunal Pleno, julgado em 18/11/1999, DJ 25-11-2005 PP-00005 EMENT VOL-02215-1 PP-00058)

[213] Súmula Vinculante n. 27 do S.T.F.: "Compete à Justiça estadual julgar causas entre consumidor e concessionária de serviço público de telefonia, quando a Anatel não seja litisconsorte passiva necessária, assistente, nem oponente".

Vigilância Sanitária (ANVS), Agência Nacional de Saúde Suplementar (ANS), Agência Nacional de Transportes Terrestres e a Agência Nacional de Transportes Aquários (ANTT), Agência Nacional da Aviação Civil (ANAC), Agência Espacial Brasileira (AEB), Agência Nacional de Transporte Aquaviário (ANTAQ), Agência Nacional de Àguas (ANA) etc.[214]

Igualmente se inserem no conceito de entidades autárquicas as agências executivas. De fato:

> a expressão 'agência executiva' designa um título que pode ser conferido mediante ato discricionário do Presidente da República (decreto) a uma autarquia ou fundação já existente que cumpra os requisitos do art. 51 da Lei 9.649/1998: ter um plano estratégico de reestruturação e de desenvolvimento institucional em andamento; ter celebrado Contrato de Gestão com o respectivo Ministério supervisor (conforme autorização dada pelo art. 37, §8º, da Constituição Federal.[215]

Também no âmbito das autarquias podem ser inseridos os 'consórcios públicos', com natureza de direito público, cuja regulamentação está no art. 241 da Constituição Federal. Nos termos da Lei 11.107/2005, o consórcio será constituído por contrato cuja celebração dependerá da prévia subscrição de protocolo de intenções. Ratificado o protocolo, mediante lei, o contrato será celebrado.[216]

5.2.2. Conselho de Fiscalização de Atividade Profissional

O art. 45 do atual C.P.C., ao determinar a remessa dos autos à Justiça Federal, também faz referência expressa aos conselhos de fiscalização. E assim o faz, tendo em vista que a jurisprudência conferiu a essas entidades a natureza de autarquia federal (RE 696936 ED, Relator(a): Min.

Súmula 506 do S.T.J.: "A Anatel não é parte legítima nas demandas entre a concessionária e o usuário de telefonia decorrentes de relação contratual".

[214] "São, em essência, autarquias especiais que recebem do legislador a autonomia administrativa e são dirigidas por colegiados cujos membros não são demissíveis livremente pelo Presidente da República, o que garantiria a independência de atuação" (SILVA, Fernando Quadros da. *Agência reguladoras.* A sua independência e o princípio do estado democrático de direito. Curitiba: Juruá, 2003, p. 97.

[215] BOCHENEK, A. C.; DALAZOANA, V., op. cit. p. 80.

[216] BOCHENEK, A. C.; DALAZOANA, V., idem, ibidem.

CÁRMEN LÚCIA, Segunda Turma, julgado em 23/04/2013, PROCESSO ELETRÔNICO DJe-102 DIVULG 29-05-2013 PUBLIC 31-05-2013).

O artigo 58, §8º da Lei n. 9.649/98 estabelece a competência da Justiça Federal para apreciar questões envolvendo os conselhos de fiscalização de profissões regulamentadas, quando no exercício de serviços delegados.

O Supremo Tribunal Federal, na ADIN n. 1.717 de 07.11.2002, considerou inconstitucional o 'caput' do art. 58 e §§1º, 2º, 4º, 5º, 6º, 7º e 8º, da Lei n. 9.649/98, porém, mantendo a competência da Justiça Federal, inclusive na questão de execução fiscal.[217]

Os conselhos de fiscalização profissional exercem atividade de natureza pública (fiscalização – poder de polícia sobre atividades profissionais regulamentadas, indelegável às pessoas jurídicas de direito privado), típica da Administração Pública Federal.

Não obstante a discussão doutrinária e jurisprudencial que se trava em relação à natureza jurídica da Ordem dos Advogados do Brasil – OAB, o certo é que compete à Justiça Federal processar e julgar as demandas em que haja interesse da OAB.[218]

[217] Súmula 66 do S.T.J.: "Compete à Justiça Federal processar e julgar execução fiscal promovida por Conselho de fiscalização profissional".

[218] COMPETÊNCIA – ORDEM DOS ADVOGADOS DO BRASIL – ANUIDADES. Ante a natureza jurídica de autarquia corporativista, cumpre à Justiça Federal, a teor do disposto no artigo 109, inciso I, da Carta da República, processar e julgar ações em que figure na relação processual quer o Conselho Federal da Ordem dos Advogados do Brasil, quer seccional.
(RE 595332, Relator(a): Min. MARCO AURÉLIO, Tribunal Pleno, julgado em 31/08/2016, ACÓRDÃO ELETRÔNICO REPERCUSSÃO GERAL – MÉRITO DJe-138 DIVULG 22-06-2017 PUBLIC 23-06-2017)
RECURSO ESPECIAL. PROCESSUAL CIVIL. EMBARGOS INFRINGENTES. TEORIA DA ASSERÇÃO. LEGITIMIDADE ATIVA DA OAB PARA A PROPOSITURA DE AÇÃO CIVIL PÚBLICA. DEFESA DOS CONSUMIDORES A TÍTULO COLETIVO. POSSIBILIDADE.
1. São cabíveis embargos infringentes quando o acórdão não unânime houver reformado, em grau de apelação, a sentença de mérito, acolhendo preliminar de ilegitimidade ativa (art. 530 do CPC/1973).
2. "No sistema recursal brasileiro, vigora o cânone da unicidade ou unirrecorribilidade recursal, segundo o qual, manejados dois recursos pela mesma parte contra uma única decisão, a preclusão consumativa impede o exame do que tenha sido protocolizado por último" (AgInt nos EAg 1.213.737/RJ, Rel. Ministro Luis Felipe Salomão, Corte Especial, julgado em 17/8/2016, DJe 26/8/2016).
3. Conforme decidido em sede de repercussão geral pelo STF, "ante a natureza jurídica de autarquia corporativista, cumpre à Justiça Federal, a teor do disposto no artigo 109, inciso

5.2.3. Fundações Públicas

O art. 45 do novo C.P.C. também faz referência às Fundações Públicas Federais como entidade pública legitimadora do deslocamento da competência para a Justiça Federal.

Isso decorre do fato de que as fundações públicas federais, constituídas pelo patrimônio da União, especificamente afetados aos fins a que se destinam, são equiparadas às autarquias federais para efeito de competência da Justiça Federal.[219]

É certo, porém, que o art. 5º, inc. IV, do Dec-lei n. 200/67, estabelece que a Fundação Pública, na realidade, seria uma entidade dotada de personalidade jurídica de *direito privado* (e não de direito público), sem fins lucrativos, criada em virtude de autorização legislativa, para o desenvolvimento de atividades que não exijam execução por órgãos ou entidades de direito público, com autonomia administrativa, patrimônio próprio gerido pelos respectivos órgãos de direção, e funcionamento custeado por recursos da União e de outras fontes.

Ocorre que o art. 4º do Dec-lei n. 200/67 preconiza que a *Administração Federal* compreende as fundações públicas.

I, da Carta da República, processar e julgar ações em que figure na relação processual quer o Conselho Federal da Ordem dos Advogados do Brasil, quer seccional" (RE 595332, Rel. Min. Marco Aurélio, Tribunal Pleno, julgado em 31/8/2016, Dje 23/6/2017) 4. A Ordem dos Advogados do Brasil, seja pelo Conselho Federal, seja pelos conselhos seccionais, possui legitimidade ativa para ajuizar Ação Civil Pública para a defesa dos consumidores a título coletivo.
5. Em razão de sua finalidade constitucional específica, da relevância dos bens jurídicos tutelados e do manifesto viés protetivo de interesse social, a legitimidade ativa da OAB não está sujeita à exigência da pertinência temática no tocante à jurisdição coletiva, devendo lhe ser reconhecida aptidão genérica para atuar em prol desses interesses supraindividuais.
6. No entanto, "os conselhos seccionais da Ordem dos Advogados do Brasil podem ajuizar as ações previstas – inclusive as ações civis públicas – no art. 54, XIV, em relação aos temas que afetem a sua esfera local, restringidos territorialmente pelo art. 45, § 2º, da Lei n.8.906/84" (REsp 1351760/PE, Rel. Ministro Humberto Martins, Segunda Turma, julgado em 26/11/2013, DJe 9/12/2013).
7. No presente caso, como o recurso de apelação da OAB não foi conhecido, os autos devem retornar ao Tribunal de origem para a reapreciação da causa, dando-se por superada a tese da ilegitimidade do autor.
8. Recurso especial parcialmente provido.
(REsp 1423825/CE, Rel. Ministro LUIS FELIPE SALOMÃO, QUARTA TURMA, julgado em 07/11/2017, DJe 18/12/2017)

[219] BOCHENEK, A. C.; DALAZOANA, V., op. cit. p. 86.

Não obstante a dúvida doutrinária quanto à natureza jurídica das fundações públicas federais, o certo é que compete à Justiça Federal processar e julgar demandas em que haja interesse dessas entidades.[220]

[220] CONFLITO NEGATIVO DE COMPETÊNCIA. AÇÃO ORDINÁRIA. CESPE/UNB. ÓRGÃO INTEGRANTE DA FUNDAÇÃO UNIVERSIDADE DE BRASÍLIA-FUB. EQUIPARAÇÃO COM AUTARQUIA FEDERAL. JUSTIÇA FEDERAL. COMPETÊNCIA TERRITORIAL.
MODIFICAÇÃO DE OFÍCIO. IMPOSSIBILIDADE. PRINCÍPIO DA PERPETUATIO JURISDICTIONIS.
1. Conflito negativo suscitado para definir a competência para julgamento de ação ordinária, com pedido de antecipação da tutela, proposta contra o Estado do Rio Grande do Norte e o Centro de Seleção e Promoção de Eventos Universidade de Brasília-Cespe/Unb, na qual questiona-se a ausência de divulgação, no edital de abertura do concurso público para provimento de vagas no cargo de Delegado de Polícia Civil Substituto do Estado do Rio Grande do Norte, dos critérios que foram utilizados na avaliação da prova discursiva, com a especificação da respectiva pontuação, e pugna-se pela anulação do item 2.3 da referida prova.
2. O julgamento do conflito de competência é realizado secundum eventum litis, ou seja, com base nas partes que efetivamente integram a relação, e não naqueles que deveriam integrar.
3. A eg. Primeira Seção, no julgamento do Conflito de Competência nº 35.972/SP, Relator para acórdão o Ministro Teori Zavascki, decidiu que o critério definidor da competência da Justiça Federal é ratione personae, levando-se em consideração a natureza das pessoas envolvidas na relação processual, sendo irrelevante, para esse efeito e ressalvadas as exceções mencionadas no texto constitucional, a natureza da controvérsia sob o ponto de vista do direito material ou do pedido formulado na demanda.
4. O Cespe/Unb é um órgão integrante da Fundação Universidade de Brasília-FUB, fundação pública federal, criada pela Lei nº 3.998, de 15.12.61, participante da administração federal indireta, nos termos da Lei nº 7.596, de 10.04.87, que alterou dispositivos do Decreto-lei nº 200, de 25.02.67.
5. É assente nesta Corte que a fundação pública federal, que atende à previsão do art. 5º, IV, do Decreto-lei nº 200/67, equipara-se às autarquias federais para efeito da competência da Justiça Federal (CF, art. 109, I).
6. A competência territorial, via de regra, é relativa, não podendo ser modificada de ofício pelo magistrado. Em tal caso, prevalece o foro eleito pelas partes, em detrimento da delimitação contida nas leis processuais. Dessa feita, não poderia o juízo suscitado ter reconhecido ex officio a incompetência para processar e julgar a demanda. Incidência da Súmula 33/STJ: "A competência relativa não pode ser declarada de ofício".
7. Conflito conhecido para declarar competente o Juízo Federal da 5ª Vara da Seção Judiciária do Rio Grande do Norte, o suscitado.
(CC 113.079/DF, Rel. Ministro CASTRO MEIRA, PRIMEIRA SEÇÃO, julgado em 13/04/2011, DJe 11/05/2011)

São exemplos de Fundações Públicas: Fundação Nacional do Índio – FUNAI; Fundação Nacional da Saúde – FUNASA; Fundação Biblioteca Nacional – FBN; Fundação Casa Rui Barbosa – FCRB; Fundação Nacional de Artes – FUNARTE; Fundação Instituto Brasileiro de Geografia e Estatística – IBGE etc.[221]

5.2.4. Empresa Pública

O art. 45 do novo C.P.C. determina a remessa dos autos à Justiça Federal quando haja intervenção de empresa pública federal.

Sobre a definição de empresa pública, ensina Hely Lopes Meirelles:

> As empresas estatais são pessoas jurídicas de Direito Privado cuja criação é autorizada por lei específica (salvo exceção), com patrimônio público ou misto, para a prestação de serviço público ou misto, para a prestação de serviço público ou para a execução de atividade econômica de natureza privada. Serviço Público, no caso, entendido no seu sentido genérico, abrangendo também a realização de obras (estradas, edifícios, casas populares etc.).[222]

Empresa Pública, entidade pertencente à Administração Federal – é dotada de personalidade jurídica de direito privado, com patrimônio próprio e capital exclusivo da União, criada por lei para a exploração de atividade econômica que o Governo seja levado a exercer por força de contingência ou de conveniência administrativa, podendo revestir-se de qualquer das formas admitidas em direito.[223]

[221] Estabelece a Súmula 324 do S.T.J.: "Compete à Justiça Federal processar e julgar ações de que participa a Fundação Habitacional do Exército, equiparada à entidade autárquica federal, supervisionada pelo Ministério do Exército".

[222] MEIRELLES, Hely Lopes. *Direito administrativo brasileiro.* 29ª ed., São Paulo: Ed. Malheiros, 2004. p. 334 e 350.

[223] "Para além da regra de competência, contudo, as empresas públicas não são beneficiadas por outros privilégios processuais estabelecidos no processo civil tradicional em favor das entidades da Administração direta e respectivas autarquias e fundações de direito público, tais como: prazo em dobro para todas as suas manifestações processuais (art. 183, NCPC); a remessa necessária (art. 496, NCPC); a utilização da via de execução fiscal para a cobrança de seus créditos; a impenhorabilidade de bens e o regime diferenciado de execução de seus débitos (art. 910, NCPC); entre outros. Excetua-se desta ressalva a cobrança executiva do FGTS

As autarquias apresentam personalidade jurídica de direito público, enquanto que as empresas públicas apresentam personalidade jurídica de direito privado.

As autarquias titularizam interesse público, já as empresas públicas não podem titularizar tais interesses.

Intervindo no processo empresa pública federal, haverá deslocamento de competência para a Justiça Federal, conforme estabelece o art. 45 do novo C.P.C.

São exemplos de empresas públicas federais: Caixa Econômica Federal – CEF;[224] Companhia Nacional de Abastecimento – CONAB; Empresa de Pesquisa Agropecuária – EMBRAPA; Empresa Brasileira de Correios e

pela Caixa Econômica Federal, que pode se dar mediante execução fiscal devido à natureza social e pública do referido fundo, além dos privilégios concedidos aos Correios (Empresa Brasileira de Correios e Telégrafos – ECT), nos termos do art. 12 do Dec-lei n. 509/1969. Com efeito, à ECT não se aplica a regra do art. 173, §1º, da Constituição Federal, que submete a empresa pública, a sociedade de economia mista e outras entidades que explorem atividade econômica ao regime próprio das empresas privadas, inclusive quanto às obrigações trabalhistas e tributárias. A justificativa desse entendimento radica no fato de que a ECT não exerce atividade econômica, mas presta serviço público desprovido de finalidade lucrativa e de competência exclusiva da União (art. 21, X, CF/1988), equiparando-se, portanto, a uma entidade autárquica" (BOCHENEK, A. C.; DALAZOANA, V., op. cit. p. 88).

[224] Sobre a competência da Justiça Federal em relação à Caixa Econômica Federal, eis as seguintes decisões do S.T.J.:

a) Fundo de Cobertura de Variação Salarial (FCVS) – mútuo:

PROCESSUAL CIVIL. RECURSO ESPECIAL. REPRESENTATIVO DE CONTROVÉRSIA. ART. 543-C, DO CPC. ADMINISTRATIVO. CONTRATO DE MÚTUO. LEGITIMIDADE. CAIXA ECONÔMICA FEDERAL. SUCESSORA DO EXTINTO BNH E RESPONSÁVEL PELA CLÁUSULA DE COMPROMETIMENTO DO FCVS. CONTRATO DE MÚTUO. DOIS OU MAIS IMÓVEIS, NA MESMA LOCALIDADE, ADQUIRIDOS PELO SFH COM CLÁUSULA DE COBERTURA PELO FCVS. IRRETROATIVIDADE DAS LEIS 8.004/90 E 8.100/90.

AUSÊNCIA DE PREQUESTIONAMENTO (SÚMULAS 282 E 356/STF. DEFICIÊNCIA NA FUNDAMENTAÇÃO. SÚMULA 284/STF.

1. A Caixa Econômica Federal, após a extinção do BNH, ostenta legitimidade para ocupar o pólo passivo das demandas referentes aos contratos de financiamento pelo SFH, porquanto sucessora dos direitos e obrigações do extinto BNH e responsável pela cláusula de comprometimento do FCVS – Fundo de Compensação de Variações Salariais, sendo certo que a ausência da União como litisconsorte não viola o artigo 7.º, inciso III, do Decreto-lei n.º 2.291, de 21 de novembro de 1986. Precedentes do STJ: CC 78.182/SP, Rel. Ministro LUIZ FUX, PRIMEIRA SEÇÃO, DJ de 15/12/2008; REsp 1044500/BA, Rel.

Ministra ELIANA CALMON, SEGUNDA TURMA, DJ de 22/08/2008; REsp 902.117/AL, Rel. Ministro TEORI ALBINO ZAVASCKI, PRIMEIRA TURMA, DJ 01/10/2007; e REsp 684.970/GO, Rel. Ministra ELIANA CALMON, SEGUNDA TURMA, DJ 20/02//2006.

(...).

(REsp 1133769/RN, Rel. Ministro LUIZ FUX, PRIMEIRA SEÇÃO, julgado em 25/11/2009, DJe 18/12/2009)

b) Contrato de Seguro no Sistema Financeiro de Habitação:

RECURSO ESPECIAL. SISTEMA FINANCEIRO DA HABITAÇÃO. AÇÃO EM QUE SE CONTROVERTE A RESPEITO DO CONTRATO DE SEGURO ADJECTO A MUTUO HIPOTECARIO. LITISCONSÓRCIO ENTRE A CAIXA ECONÔMICA FEDERAL/CEF E CAIXA SEGURADORA S/A. INVIABILIDADE. COMPETÊNCIA DA JUSTIÇA ESTADUAL. RECURSO ESPECIAL REPETITIVO. LEI N. 11.672/2008. RESOLUÇÃO/STJ N. 8, DE 07.08.2008. APLICAÇÃO.

1. Nos feitos em que se discute a respeito de contrato de seguro adjeto a contrato de mútuo, por envolver discussão entre seguradora e mutuário, não comprometer recursos do SFH e não afetar o FCVS (Fundo de Compensação de Variações Salariais), inexiste interesse da Caixa Econômica Federal a justificar a formação de litisconsórcio passivo necessário, sendo, portanto, da Justiça Estadual a competência para o seu julgamento.

2. Julgamento afetado à 2a. Seção com base no Procedimento da Lei n. 11.672/2008 e Resolução/STJ n. 8/2008 (Lei de Recursos Repetitivos).

3. Recursos especiais conhecidos em parte e, nessa extensão, não providos.

(REsp 1091393/SC, Rel. Ministro CARLOS FERNANDO MATHIAS (JUIZ FEDERAL CONVOCADO DO TRF 1ª REGIÃO), SEGUNDA SEÇÃO, julgado em 11/03/2009, DJe 25/05/2009).

AGRAVO INTERNO NO AGRAVO (ART. 544 DO CPC/73) - CONTRATO DE FINANCIAMENTO - SISTEMA FINANCEIRO DE HABITAÇÃO - SFH - MANIFESTAÇÃO EXPRESSA DA CEF INFORMANDO NÃO POSSUIR INTERESSE JURÍDICO PARA INTEGRAR O FEITO - DECISÃO MONOCRÁTICA NEGANDO PROVIMENTO AO RECLAMO.

IRRESIGNAÇÃO DA PARTE DEMANDADA.

1. Nos feitos em que se discute contrato de seguro privado, apólice de mercado, Ramo 68 adjeto a mútuo imobiliário, por envolver discussão entre seguradora e mutuário e não afetar o FCVS (Fundo de Compensação de Variações Salariais), inexiste interesse da Caixa Econômica Federal - CEF, a justificar a formação de litisconsórcio passivo necessário, sendo, portanto, da Justiça Estadual a competência para seu julgamento.

2. Na hipótese, a Caixa Econômica Federal compareceu em juízo e expressamente manifestou desinteresse, afastando, portanto, o único motivo pelo qual se poderia infirmar a necessidade de participação da empresa pública, no feito, na qualidade de litisconsorte.

3. Agravo interno desprovido.

(AgInt no AREsp 797.903/PR, Rel. Ministro MARCO BUZZI, QUARTA TURMA, julgado em 13/03/2018, DJe 22/03/2018)

AGRAVO INTERNO NO AGRAVO REGIMENTAL NO RECURSO ESPECIAL – AÇÃO DE RESPONSABILIDADE SECURITÁRIA – MANIFESTAÇÃO DE INTERESSE JURÍDICO DA CAIXA ECONÔMICA FEDERAL – COMPETÊNCIA DA JUSTIÇA FEDERAL – DECISÃO MONOCRÁTICA QUE RECONSIDERANDO DELIBERAÇÃO DA PRESIDÊNCIA DO STJ NEGOU PROVIMENTO AO RECLAMO. INSURGÊNCIA DOS AUTORES.
1. A competência do processamento e julgamento das ações securitárias de imóveis financiados pelo SFH, com risco de comprometimento do FCVS, pertence à Justiça Federal.
2. A acolhida da pretensão recursal – no tocante à necessidade de reconhecer a competência da Justiça Estadual para o regular processamento dos autos – demanda prévio exame do conjunto fático-probatório dos autos, com o intuito de aferir se os contratos de SFH estão fundados em apólices públicas (ramo 66) com comprometimento ou não do FCVS, o que é vedado pelas Súmulas 5 e 7/STJ.
2. Agravo interno desprovido.
(AgInt no AgRg no REsp 1441353/RS, Rel. Ministro MARCO BUZZI, QUARTA TURMA, julgado em 01/03/2018, DJe 07/03/2018)
Súmula 121 do Tribunal Regional Federal da 4ª Região: "É competente a Justiça Federal nos feitos em que se discute cobertura securitária, no âmbito do Sistema Financeiro da Habitação (SFH), quando se tratar de apólice pública (ramo 66), vinculada ao FCVS, considerando o advento da Lei 13.000/2014, que assegurou a intervenção da CEF como representante judicial do FCVS".
c) Benefício previdenciário – FUNCEF:
AGRAVO INTERNO NOS EMBARGOS DE DECLARAÇÃO NO CONFLITO DE COMPETÊNCIA. BENEFÍCIO PREVIDENCIÁRIO. REVISÃO. COMPLEMENTO TEMPORÁRIO VARIÁVEL DE AJUSTE DE MERCADO. INCLUSÃO. PEDIDOS. CUMULAÇÃO INDEVIDA. CAIXA ECONÔMICA FEDERAL. FUNCEF.
1. Havendo cumulação indevida de pedidos, em que o reconhecimento do pedido de natureza previdenciária depende da procedência do pedido de natureza trabalhista, compete à Justiça do Trabalho a apreciação e o julgamento do feito, nos limites de sua jurisdição.
2. Agravo interno não provido.
(AgInt nos EDcl no CC 153.413/RJ, Rel. Ministro RICARDO VILLAS BÔAS CUEVA, SEGUNDA SEÇÃO, julgado em 25/04/2018, DJe 30/04/2018)
AGRAVO INTERNO NOS EMBARGOS DE DECLARAÇÃO NO CONFLITO DE COMPETÊNCIA. BENEFÍCIOS DECORRENTES DE CONVENÇÃO COLETIVA DE TRABALHO. AUXÍLIO CESTA-ALIMENTAÇÃO. COMPLEMENTAÇÃO DE APOSENTADORIA. PEDIDO FEITO DIRETAMENTE À EX-EMPREGADORA. CAIXA ECONÔMICA FEDERAL. COMPETÊNCIA DA JUSTIÇA COMUM ESTADUAL. AGRAVO DESPROVIDO.
1. A competência ratione materiae, via de regra, é questão anterior a qualquer outro juízo sobre outras espécies de competência e, sendo determinada em função da natureza jurídica da pretensão deduzida, decorre diretamente do pedido e da causa de pedir deduzidos em juízo.
2. No caso em análise, o pedido é o pagamento de auxílio cesta-alimentação a pensionista, viúva de ex-empregado da Caixa Econômica Federal, e a causa de pedir é o cumprimento de

obrigação de complementação de aposentadoria, cuja relação jurídica supostamente une viúva do falecido empregado à ex-empregadora, Caixa Econômica Federal.
3. O pedido não guarda a natureza trabalhista e a causa de pedir somente reflexa e, indiretamente, guarda pertinência com a relação de trabalho já extinta. Logo, não cuidando o caso de competência em função da pessoa, mas de competência em razão da matéria, é desimportante contra quem a ação é manejada.
4. Consoante esclarecido na decisão embargada, a jurisprudência recente desta egrégia Corte está alinhada no sentido de que "compete à Justiça estadual julgar questão concernente a pedido de inclusão de auxílio de cesta-alimentação em complementação de aposentadoria de previdência privada".
5. Agravo interno desprovido.
(AgInt nos EDcl no CC 154.250/RJ, Rel. Ministro LÁZARO GUIMARÃES (DESEMBARGADOR CONVOCADO DO TRF 5ª REGIÃO), SEGUNDA SEÇÃO, julgado em 08/11/2017, DJe 13/11/2017)
d) Vício de construção e contrato de mútuo:
AGRAVO INTERNO NO AGRAVO (ART. 544 DO CPC/73) – AÇÃO DE INDENIZAÇÃO SECURITÁRIA – VÍCIOS DE CONSTRUÇÃO – MANIFESTAÇÃO EXPRESSA DA CEF INFORMANDO NÃO POSSUIR INTERESSE JURÍDICO PARA INTEGRAR O FEITO – DECISÃO MONOCRÁTICA NEGANDO PROVIMENTO AO RECLAMO. IRRESIGNAÇÃO DA PARTE DEMANDADA.
1. Na hipótese, a Caixa Econômica Federal compareceu em juízo e, expressamente manifestou o seu desinteresse, afastando, portanto, o único motivo pelo qual se poderia afirmar a necessidade de participação da empresa pública, no feito, na qualidade de litisconsorte, bem como a consequente remessa à justiça federal.
2. Agravo interno desprovido.
(AgInt no AREsp 804.315/PR, Rel. Ministro MARCO BUZZI, QUARTA TURMA, julgado em 22/03/2018, DJe 02/04/2018)
AGRAVO INTERNO NO AGRAVO EM RECURSO ESPECIAL. AÇÃO INDENIZATÓRIA SECURITÁRIA. DANOS FÍSICOS NO IMÓVEL FINANCIADO PELO PROGRAMA MINHA CASA MINHA VIDA. COBERTURA PELO FUNDO GARANTIDOR DE HABITAÇÃO POPULAR – FGHAB ADMINISTRADO PELA CAIXA ECONÔMICA FEDERAL. SÚMULAS 5 E 7 DO STJ. AUSÊNCIA DE RELAÇÃO JURÍDICA COM A SEGURADORA. LEGITIMIDADE DO AGENTE FINANCEIRO. PRECEDENTES DO STJ. AGRAVO INTERNO NÃO PROVIDO.
1. O Tribunal estadual amparado no conjunto fático-probatório dos autos e no contrato firmado entre as partes afastou a Seguradora pra figurar no polo passivo da demanda. Incidência das Súmulas n. 5 e 7 do STJ.
2. Em se tratando de empreendimento de natureza popular, destinado a mutuários de baixa renda, como na hipótese em julgamento, o agente financeiro é parte legítima para responder, solidariamente, por vícios na construção de imóvel cuja obra foi por ele financiada com recursos do Sistema Financeiro da Habitação. Precedentes.
2. Agravo interno não provido.

(AgInt no AREsp 1155866/SC, Rel. Ministro LUIS FELIPE SALOMÃO, QUARTA TURMA, julgado em 10/04/2018, DJe 20/04/2018)
AGRAVO INTERNO. AGRAVO EM RECURSO ESPECIAL. CAIXA ECONÔMICA FEDERAL.
LEGITIMIDADE. FISCALIZAÇÃO DA OBRA. SÚMULA 7/STJ.
1. Nos termos da jurisprudência firmada neste Tribunal Superior, a questão da legitimidade passiva da Caixa Econômica Federal merece distinção, a depender do tipo de financiamento e das obrigações a seu cargo, podendo ser distinguidos, a grosso modo, dois gêneros de atuação da empresa pública no âmbito do Sistema Financeiro da Habitação, isso a par de sua ação como agente financeiro em mútuos concedidos fora do SFH: (1) meramente como agente financeiro em sentido estrito, assim como as demais instituições financeiras públicas e privadas, na concessão de financiamentos com recursos do SBPE (alta renda) e do FGTS (média e alta renda); (2) ou como agente executor de políticas federais para a promoção de moradia para pessoas de baixa ou baixíssima renda. Precedentes.
2. Na espécie, as instâncias ordinárias concluíram, com base nas provas constantes dos autos e na interpretação das cláusulas contratuais, que a Caixa Econômica Federal assumiu responsabilidade no contrato firmado, tanto em relação ao financiamento, quanto em relação à fiscalização da obra. Essa conclusão não pode ser revista em sede de recurso especial, porquanto demandaria a alteração das premissas fático-probatórias estabelecidas pelo acórdão recorrido, com o revolvimento das provas carreadas aos autos, assim como a interpretação das cláusulas contratuais, atraindo o óbice das Súmulas 5 e 7 do STJ.
3. Agravo interno a que se nega provimento.
(AgInt no AREsp 738.543/SC, Rel. Ministro LUIS FELIPE SALOMÃO, QUARTA TURMA, julgado em 16/02/2017, DJe 22/02/2017)
RECURSO ESPECIAL. PROGRAMA MINHA CASA MINHA VIDA. PEDIDO DE INDENIZAÇÃO. DANOS MATERIAIS E MORAIS. ATRASO NA ENTREGA DO IMÓVEL.
LEGITIMIDADE DA CEF. AUSÊNCIA. AGENTE FINANCEIRO.
1. Cinge-se a controvérsia a definir se a Caixa Econômica Federal possui legitimidade para responder pelo atraso na entrega de imóvel financiado com recursos destinados ao Programa Minha Casa Minha Vida (PMCMV).
2. O exame da legitimidade passiva da CEF está relacionado com tipo de atuação da empresa pública no âmbito do Sistema Financeiro Habitacional, ora como agente meramente financeiro, em que não responde por pedidos decorrentes de danos na obra financiada, ora como agente executor de políticas federais para a promoção de moradia para pessoas de baixa ou baixíssima renda, em que responde por mencionados danos. Precedente.
3. Para o fim de verificar o tipo de atuação da CEF e concluir pela sua legitimidade para responder por danos relativos à aquisição do imóvel, devem ser analisar os seguintes critérios: i) a legislação disciplinadora do programa de política de habitacional; ii) o tipo de atividade por ela desenvolvida; iii) o contrato celebrado entre as partes e iv) e a causa de pedir.
4. No caso dos autos, considerando-se que a participação da CEF na relação jurídica sub judice ocorreu exclusivamente na qualidade de agente operador do financiamento para fim

Telégrafos – ECT; Empresa Brasileira de Infra-Estrutura Aeroportuária – INFRAERO; Empresa de Tecnologia e Informações da Previdência Social – DATAPREV etc.

5.3. Sociedade de Economia Mista

Para Di Pietro, a sociedade de economia mista e a empresa pública apresentam traços comuns: a) criação e extinção autorizadas por lei; b) personalidade jurídica de direito privado; c) sujeição ao controle estatal;

de aquisição de unidade habitacional, a instituição financeira não detém legitimidade para responder pelo descumprimento contratual relativo ao atraso na entrega do imóvel adquirido com recursos destinados ao Programa Minha Casa Minha Vida (PMCMV).
5. Recurso especial não provido.
(REsp 1534952/SC, Rel. Ministro RICARDO VILLAS BÔAS CUEVA, TERCEIRA TURMA, julgado em 07/02/2017, DJe 14/02/2017)
e) FGTS:
TRIBUTÁRIO. AGRAVO REGIMENTAL NO RECURSO ESPECIAL. FGTS. ABSTENÇÃO DE COBRANÇA DE DÉBITO FUNDIÁRIO AINDA NÃO INSCRITO. CAIXA ECONOMICA FEDERAL – CEF. ILEGITIMIDADE PASSIVA.
1. Esta Corte de Justiça possui entendimento no sentido de que a Caixa Econômica Federal é parte ilegítima para figurar no polo passivo das ações que visam ao reconhecimento da inexigibilidade das contribuições previstas na Lei Complementar n. 110/2001.
2. "Não há razoabilidade em dizer que a União só é parte legítima nos casos que envolvam cobrança de débito fundiário devidamente inscrito. Se a Procuradoria-Geral da Fazenda Nacional tem competência para a inscrição e a correspondente cobrança dos débitos do FGTS, também será competente para a defesa da sua exigibilidade, nos casos em que o contribuinte a questionar, ainda que se trate de débito não inscrito" (REsp 948.535/RS, Rel. Min. José Delgado, Primeira Turma, DJe 5/3/2008).
3. Agravo regimental a que se nega provimento.
(AgRg no REsp 1454615/PE, Rel. Ministro OG FERNANDES, SEGUNDA TURMA, julgado em 16/04/2015, DJe 04/05/2015)
PROCESSUAL CIVIL – EXECUÇÃO FISCAL – COBRANÇA DE FGTS PROMOVIDA PELA CAIXA ECONÔMICA FEDERAL – COMPETÊNCIA DA JUSTIÇA FEDERAL.
1. Esta Corte firmou o entendimento de que compete à Justiça Federal o julgamento das execuções fiscais movidas contra o empregador devedor do FGTS.
2. A relação jurídica que se estabelece entre o FGTS e o empregador tem natureza estatutária, decorrente da lei, e forma negócio jurídico sem os atributos existentes na relação de trabalho.
3. Recurso especial provido.
(REsp 1330108/RO, Rel. Ministra ELIANA CALMON, SEGUNDA TURMA, julgado em 15/08/2013, DJe 22/08/2013)

d) derrogação parcial do regime de direito privado por normas de direito público; e) vinculação aos fins definidos na lei instituidora; f) desempenho de atividade de natureza econômica. Por sua vez, os traços distintivos são: a) a forma de organização e a composição do capital. Quanto à forma de organização, o artigo 5º do Decreto-lei n. 200/67 determina que a sociedade de economia mista seja estruturada sob a forma de sociedade anônima, e, a empresa pública, sob qualquer das formas admitidas em direito. Com relação à composição do capital, a sociedade de economia mista é constituída de capital público e privado, e a empresa pública somente por capital público.[225]

A Justiça Federal é competente para julgar as causas envolvendo empresa pública e não sociedade de economia mista.

Nesse sentido é o teor da Súmula 42 do S.T.J.: "Compete à Justiça Comum Estadual processar e julgar as causas cíveis em que é parte sociedade de economia mista e os crimes praticados em seu detrimento".

Nesse sentido também é o teor das Súmulas 508 e 556 do S.T.F.:

> Súmula 508: "Compete à Justiça Estadual, em ambas as instâncias, processar e julgar as causas em que for parte o Banco do Brasil S.A."
>
> Súmula 556: "É competente a Justiça Comum para julgar as causas em que é parte sociedade de economia mista".

Nos termos da Súmula 517 do S.T.F., a sociedade de economia mista somente terá foro na Justiça Federal, quando a União , suas autarquias ou empresa pública federal intervierem no feito.

Porém, o S.T.F. e o S.T.J. vêm reconhecendo a competência da Justiça Federal para julgar mandado de segurança contra ato proferido por dirigente de sociedade de economia mista, principalmente em matéria de licitação e concurso.[226]

[225] DI PIETRO, Maria Sylvia Zanella. Direito administrativo. 20ªed. São Paulo: Ed. Atlas, 2007. p. 418 e 420.

[226] RECURSO EXTRAORDINÁRIO. PROCESSUAL CIVIL E CONSTITUCIONAL. CONCURSO PÚBLICO. MANDADO DE SEGURANÇA. SOCIEDADE DE ECONOMIA MISTA. AUTORIDADE FEDERAL. COMPETÊNCIA. JUSTIÇA FEDERAL. RECURSO EXTRAORDINÁRIO DESPROVIDO. REPERCUSSÃO GERAL RECONHECIDA. REAFIRMADA A JURISPRUDÊNCIA DOMINANTE SOBRE A MATÉRIA.

(RE 726035 RG, Relator(a): Min. LUIZ FUX, julgado em 24/04/2014, PROCESSO ELETRÔNICO REPERCUSSÃO GERAL - MÉRITO DJe-083 DIVULG 02-05-2014 PUBLIC 05-05-2014)

ADMINISTRATIVO E PROCESSUAL CIVIL. AGRAVO REGIMENTAL NO AGRAVO EM RECURSO ESPECIAL. MANDADO DE SEGURANÇA CONTRA ATO DE DIRIGENTE DA TRANSPETRO. CONCURSO PÚBLICO. COMPETÊNCIA DA JUSTIÇA FEDERAL.

1. Os recursos interpostos com fulcro no CPC/1973 sujeitam-se aos requisitos de admissibilidade nele previstos, conforme diretriz contida no Enunciado Administrativo n. 2 do Plenário do STJ.

2. Compete à Justiça Federal julgar mandado de segurança no qual se impugna ato de dirigente da Transpetro, empresa subsidiária de sociedade de economia mista federal – Petrobras. Precedentes: AgRg no CC 126.151/RJ, Rel. Ministro Ari Pargendler, Rel. p/ Acórdão Ministro Herman Benjamin, Primeira Seção, julgado em 9/9/2015, DJe 10/2/2016, AgRg no CC 131.715/RJ, Rel. Ministro Herman Benjamin, Primeira Seção, julgado em 8/10/2014, DJe 10/12/2014.

3. Agravo regimental não provido.

(AgRg no AREsp 714.734/RJ, Rel. Ministro BENEDITO GONÇALVES, PRIMEIRA TURMA, julgado em 23/05/2017, DJe 29/05/2017)

PROCESSUAL CIVIL. CONFLITO DE COMPETÊNCIA. MANDADO DE SEGURANÇA. ATO EMANADO DE SOCIEDADE DE ECONOMIA MISTA. CONCURSO PÚBLICO PARA PROVIMENTO DE CARGOS. MATÉRIA PACIFICADA PELO TRIBUNAL PLENO DO STF. COMPETÊNCIA DA JUSTIÇA FEDERAL.

1. Trata-se de Agravo Regimental em Conflito de Competência contra decisão monocrática exarada no sentido de declarar competente a Justiça Estadual para julgar Mandado de Segurança contra ato de autoridade vinculada à sociedade de economia mista federal praticado em concurso público para provimento de cargos.

2. O Supremo Tribunal Federal, todavia, decidiu a matéria, sob o regime de Repercussão Geral (art. 543-A, § 1º, do CPC), em sentido contrário e assentou que, "sendo a sociedade de economia mista pessoa jurídica de direito privado, ela, na execução de atos de delegação por parte da União, se apresenta, inegavelmente, para efeitos de mandado de segurança, como autoridade federal (...)", não havendo "como se olvidar não ser competente, em tais casos, a Justiça Federal" (RE 726.035 RG, Rel. Ministro Luiz Fux, DJe 5.5.2014.

3. Agravo Regimental provido.

(AgRg no CC 126.151/RJ, Rel. Ministro ARI PARGENDLER, Rel. p/ Acórdão Ministro HERMAN BENJAMIN, PRIMEIRA SEÇÃO, julgado em 09/09/2015, DJe 10/02/2016)

PROCESSUAL CIVIL. CONFLITO POSITIVO DE COMPETÊNCIA ENTRE JUSTIÇA COMUM E JUSTIÇA TRABALHISTA. AÇÃO CIVIL PÚBLICA. CONCESSÃO DE SERVIÇO PÚBLICO. FORNECIMENTO DE ÁGUA E ESGOTO. INAPLICABILIDADE, NO CASO CONCRETO, DO ART. 114, I E IX, DA CF/88. PRECEDENTE DA 1ª SEÇÃO (AGRG NO CC 107.638/MS, REL. MIN. CASTRO MEIRA, DJE DE 20.4.12). PREJUDICIALIDADE EXTERNA EVIDENCIADA. CONFLITO CONHECIDO.

(...).

3. O pedido principal das ações coletivas – o impedimento da realização de licitação para a concessão ou subconcessão do serviço público – perpassa pela análise de regras constitucionais e legais que disciplinam a matéria jurídico-administrativa sobre licitação, contrato administrativo e concessão de serviço público, cuja competência, é da Justiça Comum.
4. O fato de a concessão do serviço público ter reflexos na relação de emprego dos trabalhadores da sociedade de economia mista, causa de pedir secundária ínsita nas demandas trabalhistas, atrairia a competência exclusiva da Justiça do Trabalho, em razão do disposto no art. 114, I e IX, da Constituição Federal
5. Ocorrência de relação de prejudicialidade externa entre as demandas, evidenciada no fato de a Justiça Comum ter competência exclusiva para o exame da relação jurídico-administrativa da concessão de serviço público (causa de pedir principal) cujo deslinde final – procedência ou improcedência do pedido – influenciará o exame decorrente da relação de trabalho entre os trabalhadores e empresa concessionária, cuja competência é da Justiça Laboral.
6. É da Justiça Comum a competência para o exame da causa de pedir principal.
7. Dada a flagrante prejudicialidade heterogênea, bem como o risco da ocorrência de decisões conflitantes entre as demandas em tela, as demandas em trâmite na Justiça do Trabalho devem permanecer, com fulcro no art. 313, § 4º, do CPC/2015, suspensas.
8. Conflito de competência conhecido para declarar competente a Justiça Comum para processar a ação civil pública n.º 0028835-66.2015.8.18.0140, inicialmente ajuizada perante o Juízo de Direito da 1ª Vara dos Feitos da Fazenda Pública de Teresina e, atualmente, sob a jurisdição do Juízo da 5ª Vara Federal de Teresina/PI. Na sequência, dada a evidente prejudicialidade externa fica determinado, com fulcro no art. 313, V,"a", do CPC/2015, a suspensão das demais ações em trâmite perante a Justiça do Trabalho.
(CC 146.896/PI, Rel. Ministro MAURO CAMPBELL MARQUES, PRIMEIRA SEÇÃO, julgado em 13/12/2017, DJe 18/12/2017)
PROCESSO CIVIL. CONFLITO DE COMPETÊNCIA. MANDADO DE SEGURANÇA IMPETRADO CONTRA DIRIGENTE DE SUBSIDIÁRIA DE SOCIEDADE DE ECONOMIA MISTA FEDERAL. COMPETÊNCIA DA JUSTIÇA FEDERAL.
1. Esta Corte firmou entendimento segundo o qual o critério para se estabelecer a competência para o julgamento do mandado de segurança é definido em razão da função ou da categoria funcional da autoridade indicada como coatora (ratione auctoritatis). Nessa senda, mostra-se despicienda a matéria versada na impetração, a natureza do ato impugnado ou a pessoa do impetrante.
2. No caso, figura no polo passivo do mandamus a sociedade anônima Liquigás, subsidiaria direta da Petrobras (sociedade de economia mista federal), que, em tese, exerce função federal delegada, porquanto suas atribuições decorrem e são, em princípio, controladas diretamente pelo poder estatal ao qual estão vinculadas.
Precedentes.
3. Conflito conhecido para declarar competente a Justiça Federal.
(CC 150.945/SP, Rel. Ministro OG FERNANDES, PRIMEIRA SEÇÃO, julgado em 13/09/2017, DJe 20/09/2017)

O Ministro Fux, ao julgar a Repercussão Geral no Recurso Extraordinário n. 726.035, assim afirmou:

> (...) sendo a sociedade de economia mista pessoa jurídica de direito privado, ela, na execução de atos de delegação por parte da União, se apresenta, inegavelmente, para efeitos de mandado de segurança, como autoridade federal. Sistematicamente, não há como se olvidar não ser competente, em tais casos, a Justiça Federal. Trata-se, portanto, de um dos tratamentos constitucionais especiais de competência em relação aos demais órgãos do Poder Judiciário (são outros, v.g., os arts. 102, I, d e i STF –, 105, I, b e c STJ –, e 108, I, c e d – TRF). Aqui, o constituinte quis estabelecer que o essencial para a definição do órgão competente não é a presença propriamente dita do ente com personalidade jurídica, mas sim a autoridade praticante do ato ou responsável por eventual omissão. Estabelecidas essas premissas, passo a análise do caso concreto. Trata-se, conforme narrado, de mandado de segurança impetrado em face de ato de autoridade responsável por sociedade de economia mista, em que a controvérsia é exatamente saber se o acórdão recorrido, ao assentar que compete à Justiça Federal processar e julgar os mandados de segurança em que figurem como coatores os dirigentes de sociedade de economia mista, teria violado a competência constitucional da Justiça Estadual para julgar o feito. Para tanto, aponta ultraje aos arts. 109, I, e 193, ambos da Constituição da República.

PROCESSUAL CIVIL. AGRAVO REGIMENTAL NO CONFLITO NEGATIVO DE COMPETÊNCIA. AÇÃO CIVIL PÚBLICA POR ATO DE IMPROBIDADE ADMINISTRATIVA. AJUIZAMENTO PELO MINISTÉRIO PÚBLICO FEDERAL. ATOS PRATICADOS POR DIRIGENTES DE SOCIEDADE DE ECONOMIA MISTA, CUJO CAPITAL MAJORITÁRIO PERTENCE À UNIÃO. INTERESSE ECONÔMICO. COMPETÊNCIA DA JUSTIÇA FEDERAL.

1. Conforme o entendimento jurisprudencial da Primeira Seção, "o mero ajuizamento da ação pelo Ministério Público Federal, por entender estar configurado ato de improbidade administrativa, fixa a competência na Justiça Federal" (AgRg no AgRg no CC 104.375/SP, Rel. Ministro Humberto Martins, Primeira Seção, DJe 04/09/2009). No mesmo sentido: CC 100.300/PI, Rel. Ministro Castro Meira, Primeira Seção, DJe 25/05/2009.

2. Agravo regimental não provido.

(AgRg no CC 122.629/ES, Rel. Ministro BENEDITO GONÇALVES, PRIMEIRA SEÇÃO, julgado em 13/11/2013, DJe 02/12/2013)

5.4. Empresas Concessionárias, Permissionárias e Autorizadas de Serviços Públicos Federais

Segundo estabelece o art. 175 da Constituição Federal, incumbe ao Poder Público, na forma da lei, diretamente ou sob regime de concessão ou permissão, sempre através de licitação, a prestação de serviços públicos.

A lei disporá sobre: a) o regime das empresas concessionárias e permissionárias de serviços públicos, o caráter especial de seu contrato e de sua prorrogação, bem como as condições de caducidade, fiscalização e rescisão da concessão ou permissão; b) os direitos dos usuários; c) política tarifária; d) a obrigação de manter serviço adequado.

A Concessão de serviço público é o instituto através do qual o Estado atribui o exercício de um serviço público a alguém que aceita prestá-lo em nome próprio, por sua conta e risco, nas condições fixadas e alteráveis unilateralmente pelo Poder Público, mas sob garantia contratual de um equilíbrio econômico-financeiro, remunerando-se pela própria exploração do serviço, e geral e basicamente mediante tarifas cobradas diretamente dos usuários do serviço. O concessionário trava duas espécies de relações jurídicas a saber: (a) uma com o Poder concedente, titular, dentre outros, do *ius imperii* no atendimento do interesse público, ressalvadas eventuais indenizações legais; (b) outra com os usuários, de natureza consumerista. Ambas são reguladas pelo contrato e supervisionadas pela Agência Reguladora correspondente.[227]

Os serviços que podem ser explorados mediante autorização, concessão ou permissão são os de telecomunicações, radiodifusão sonora e de sons e imagens, instalação de energia elétrica e o aproveitamento energético dos cursos de água, em articulação com os Estados onde se situam os potenciais hidroenergéticos,[228] a navegação aérea, aeroespacial e a infra-estrutura aeroportuária, os serviços de transporte ferroviários e aquaviários entre

[227] REsp 976.836/RS, Rel. Ministro LUIZ FUX, PRIMEIRA SEÇÃO, julgado em 25/08/2010, DJe 05/10/2010.

[228] Súmula 218 do S.T.F.: "É competente o juízo da Fazenda Nacional da capital do Estado, e não o da situação da coisa, para a desapropriação promovida por empresa de energia elétrica, se a União Federal intervém como assistente".
Se houver Vara Federal interiorizada, a competência será da subseção judiciária respectiva. Por sua vez, estabelece a Súmula 41 do Tribunal Regional Federal da 2ª Região: "Na ação de desapropriação, ou de constituição de servidão administrativa, proposta por concessionária de energia elétrica, manifestando a União expressamente falta de interesse em intervir no

portos brasileiros e fronteiras nacionais, ou que transponham os limites de Estado ou de Território, serviços de transporte rodoviário interestadual e internacional de passageiros, os portos marítimos, fluviais e lacustres.

A competência para conhecer de demandas em que haja a participação da concessionária de serviço público não é da Justiça Federal, uma vez que não há previsão no art. 109, inc.I, da Constituição Federal. A competência, portanto, será da Justiça Estadual.[229]

feito, não poderá ser obrigada a integrar a relação processual, competindo o julgamento à Justiça Estadual".

[229] PROCESSUAL CIVIL. CONFLITO POSITIVO DE COMPETÊNCIA ENTRE JUSTIÇA COMUM E JUSTIÇA TRABALHISTA. AÇÃO CIVIL PÚBLICA. CONCESSÃO DE SERVIÇO PÚBLICO. FORNECIMENTO DE ÁGUA E ESGOTO. INAPLICABILIDADE, NO CASO CONCRETO, DO ART. 114, I E IX, DA CF/88. PRECEDENTE DA 1ª SEÇÃO (AGRG NO CC 107.638/MS, REL. MIN. CASTRO MEIRA, DJE DE 20.4.12). PREJUDICIALIDADE EXTERNA EVIDENCIADA. CONFLITO CONHECIDO.
1. No caso dos autos, o conflito positivo de competência proposto pelo Estado do Piauí em razão de três demandas: a) ação civil pública ajuizada pelo Ministério Público do Estado do Piauí, que tramitava na Justiça Estadual da mesma unidade federativa, na qual foi formulado pedido de declaração de inconstitucionalidade da Lei Municipal nº 4.837/2015, por contrariar os arts. 25, § 3º e 43, § 1º da Constituição Federal de 88; a ilegalidade da Lei Municipal nº 4.837/2015, por ofender a Lei Federal nº 11.445/2007, a Lei Federal nº 8.987/1995, bem como o Contrato Programa nº 03/2012; b) ação civil pública, ajuizada pelo Sindicato dos Trabalhadores nas Indústrias Urbanas do Estado do Piauí – SINTEPI e pelo Sindicato dos Engenheiros do Estado do Piauí – SENGE, com trâmite na 4ª Vara do Trabalho de Teresina-PI, na qual se pretende ver reconhecida a ilegalidade da Lei Municipal nº 4.837/2015, e ofensa da Lei Federal nº 8.987/1995, e, em consequência, seja determinada a proibição da AGESPISA e do Estado do Piauí de realizar qualquer concessão ou subconcessão dos serviços de água e esgoto do município de Teresina/PI, até que haja regular autorização legal, c) ação civil pública proposta pelo Sindicato dos Técnicos Industriais de Nível Médio do Estádio do Piauí – SINTEC, distribuída por prevenção para a 4ª Vara do Trabalho de Teresina-PI, que pretende impedir a licitação para a concessão/subconcessão do serviços de água e esgoto do citado município.
2. A controvérsia em todas as demandas teve início especificamente com a edição da Lei nº 4.837/2015, do Município de Teresina/PI, que disciplina a subconcessão dos serviços de abastecimento de água e esgotamento sanitário na zona urbana do citado município.
3. O pedido principal das ações coletivas – o impedimento da realização de licitação para a concessão ou subconcessão do serviço público – perpassa pela análise de regras constitucionais e legais que disciplinam a matéria jurídico-administrativa sobre licitação, contrato administrativo e concessão de serviço público, cuja competência, é da Justiça Comum. 4. O fato de a concessão do serviço público ter reflexos na relação de emprego dos trabalhadores da sociedade de economia mista, causa de pedir secundária ínsita nas demandas trabalhistas,

atrairia a competência exclusiva da Justiça do Trabalho, em razão do disposto no art. 114, I e IX, da Constituição Federal 5. Ocorrência de relação de prejudicialidade externa entre as demandas, evidenciada no fato de a Justiça Comum ter competência exclusiva para o exame da relação jurídico-administrativa da concessão de serviço público (causa de pedir principal) cujo deslinde final – procedência ou improcedência do pedido – influenciará o exame decorrente da relação de trabalho entre os trabalhadores e empresa concessionária, cuja competência é da Justiça Laboral.

6. É da Justiça Comum a competência para o exame da causa de pedir principal.

7. Dada a flagrante prejudicialidade heterogênea, bem como o risco da ocorrência de decisões conflitantes entre as demandas em tela, as demandas em trâmite na Justiça do Trabalho devem permanecer, com fulcro no art. 313, § 4º, do CPC/2015, suspensas.

8. Conflito de competência conhecido para declarar competente a Justiça Comum para processar a ação civil pública n.º 0028835-66.2015.8.18.0140, inicialmente ajuizada perante o Juízo de Direito da 1ª Vara dos Feitos da Fazenda Pública de Teresina e, atualmente, sob a jurisdição do Juízo da 5ª Vara Federal de Teresina/PI. Na sequência, dada a evidente prejudicialidade externa fica determinado, com fulcro no art. 313, V,"a", do CPC/2015, a suspensão das demais ações em trâmite perante a Justiça do Trabalho.

(CC 146.896/PI, Rel. Ministro MAURO CAMPBELL MARQUES, PRIMEIRA SEÇÃO, julgado em 13/12/2017, DJe 18/12/2017).

PROCESSUAL CIVIL E ADMINISTRATIVO. AGRAVO REGIMENTAL NO RECURSO ESPECIAL. AÇÃO ANULATÓRIA COMBINADA COM REIVINDICATÓRIA. LITÍGIO ENVOLVENDO SÓCIOS DE EMPRESA DE RADIODIFUSÃO. CESSÃO DE QUOTAS POR MEIO DE INSTRUMENTO PROCURATÓRIO SUPOSTAMENTE REVOGADO. PROBLEMÁTICA INSERIDA NO ÂMBITO INTERNA CORPORIS DA EMPRESA. AUSÊNCIA DE INTERESSE JURÍDICO DA UNIÃO NO FEITO. COMPETÊNCIA DA JUSTIÇA ESTADUAL PARA PROCESSAR E JULGAR A DEMANDA. PRELIMINAR DE DESERÇÃO ELIDIDA. AGRAVO REGIMENTAL PROVIDO PARA FIXAR A COMPETÊNCIA NA JUSTIÇA ESTADUAL, PARCIALMENTE DIVERGINDO DA RELATORA, SRA.

DESEMBARGADORA CONVOCADA MARGA TESSLER.

(AgRg no REsp 1421686/CE, Rel. Ministra MARGA TESSLER (JUÍZA FEDERAL CONVOCADA DO TRF 4ª REGIÃO), Rel. p/ Acórdão Ministro BENEDITO GONÇALVES, PRIMEIRA TURMA, julgado em 01/12/2015, DJe 19/02/2016)

Processo civil. Agravo no Conflito de Competência. Justiça Comum Estadual x Justiça Federal. Ação de indenização por danos materiais e morais proposta contra sociedade empresária concessionária de serviço público em decorrência de atropelamento.

1. Afastada pelo Juiz Federal a sua competência para apreciar o feito, ante a constatação de não estar a hipótese inserida no artigo 109, I, da Constituição Federal, deve prosseguir no julgamento o Juiz Estadual, nos termos da jurisprudência da 2ª Seção do STJ.

2. Agravo não provido.

(AgRg no CC 130.438/SP, Rel. Ministra NANCY ANDRIGHI, SEGUNDA SEÇÃO, julgado em 12/02/2014, DJe 14/02/2014)

Somente havendo interesse jurídico e intervenção efetiva de alguns dos entes federais descritos no art. 109, inc. I, da C.F., é que se deslocará a competência para a Justiça Federal. Nesse sentido é o teor da Súmula Vinculante n. 27 do S.T.F.:

> Compete à Justiça Estadual julgar causas entre consumidor e concessionária de serviço público de telefonia, quando a ANATEL não seja litisconsorte passiva necessária, assistente, nem oponente.

5.5. Remessa dos Autos à Justiça Federal

Havendo tramitação de um processo perante um determinado juízo, que não o federal, e ocorrendo a necessidade de intervenção nesse processo da União, suas autarquias, empresa pública federal, agências reguladoras, fundações de direito público federal, conselhos de fiscalização profissional, como parte ou terceiro interveniente, os autos deverão ser remetidos ao juízo federal competente para a análise do pedido de intervenção.[230]

[230] O processo poderá ser remetido ao juízo federal de primeiro grau ou de segundo grau, dependendo da respectiva competência.
Súmula 365 do S.T.J.: "A intervenção da União como sucessora da Rede Ferroviária Federal S/A (RFFSA) desloca a competência para a Justiça Federal ainda que a sentença tenha sido proferida por Juízo estadual".
Súmula 505 do S.T.J.: "A competência para processar e julgar as demandas que têm por objeto obrigações decorrentes dos contratos de planos de previdência privada firmados com a Fundação Rede Ferroviária de Seguridade Social – REFER – é da Justiça Estadual".
Segundo estabelece o art. 108, inc. I, da Constituição Federal, compete aos Tribunais Regionais Federais processar e julgar originariamente as ações rescisórias de seus julgados ou dos juízes federais da região, os mandados de segurança e os habeas data contra ato do próprio Tribunal ou de juiz federal, os conflitos de competência entre juízes federais vinculados ao Tribunal; julgar, em grau de recurso, as causas decididas pelos juízes federais e pelos juízes estaduais no exercício da competência federal da área de sua jurisdição.
Estabelece a Súmula 55 do TRF 1ª Região: Havendo conflito de competência entre juízos federais e juízos federais dos juizados especiais, a solução dessa questão será de competência do Tribunal Regional Federal ao qual estiverem vinculados os respectivos órgãos jurisdicionais.
Nesse sentido, foi a decisão proferida pelo S.T.F. no RE 590409):
EMENTA: CONFLITO NEGATIVO DE COMPETÊNCIA. JUIZADO ESPECIAL E JUÍZO FEDERAL DE PRIMEIRA INSTÂNCIA, PERTENCENTES À MESMA SEÇÃO JUDICIÁRIA. JULGAMENTO AFETO AO RESPECTIVO TRIBUNAL REGIONAL FEDERAL. JULGAMENTO PELO STJ. INADMISSIBILIDADE. RE CONHECIDO E PROVIDO.

A intervenção do ente federal poderá ocorrer no início ou no transcurso do processo, o que enseja o deslocamento da competência.[231]

I. A questão central do presente recurso extraordinário consiste em saber a que órgão jurisdicional cabe dirimir conflitos de competência entre um Juizado Especial e um Juízo de primeiro grau, se ao respectivo Tribunal Regional Federal ou ao Superior Tribunal de Justiça.
II – A competência STJ para julgar conflitos dessa natureza circunscreve-se àqueles em que estão envolvidos tribunais distintos ou juízes vinculados a tribunais diversos (art. 105, I, d, da CF).
III – Os juízes de primeira instância, tal como aqueles que integram os Juizados Especiais estão vinculados ao respectivo Tribunal Regional Federal, ao qual cabe dirimir os conflitos de competência que surjam entre eles.
IV – Recurso extraordinário conhecido e provido.
(RE 590409, Relator(a): Min. RICARDO LEWANDOWSKI, Tribunal Pleno, julgado em 26/08/2009, REPERCUSSÃO GERAL – MÉRITO DJe-204 DIVULG 28-10-2009 PUBLIC 29-10-2009 EMENT VOL-02380-07 PP-01403 RTJ VOL-00218-01 PP-00578 LEXSTF v. 31, n. 371, 2009, p. 275-288)
No mesmo sentido é a Súmula 428 do S.T.J.: "Compete ao Tribunal Regional Federal decidir os conflitos de competência entre juizado especial federal e juízo federal da mesma seção judiciária".
Porém, se o conflito ocorrer entre juízo federal de primeiro grau e juízo dos juizados especiais federais pertencentes a tribunais diversos, a competência será do S.T.J (art. 108, inc. I, 'e', da C.F.).
Segundo anotam Bochenek e Dalazoana: "Não há previsão constitucional expressa quanto à competência para processar e julgar as ações rescisórias das sentenças proferidas pelos juízes estaduais no exercício da delegação da competência federal, dos mandados de segurança impetrados contra ato de juiz estadual no exercício da competência federal e dos conflitos de competência entre juízes estaduais com delegação de competência federal, ou entre estes e juiz federal vinculado ao mesmo tribunal. São lacunas passíveis de integração por analogia com a disposição expressa do art. 108, II, que determina a competência recursal do Tribunal Regional Federal da respectiva área de atuação do juiz federal e do juiz estadual investido na competência". (BOLCHENEK, A. C.; DALAZOANA, V., op. cit. p. 142.
Súmula 3 do S.T.J.: "Compete ao Tribunal Regional Federal dirimir conflito de competência verificado, na respectiva Região, entre Juiz Federal e Juiz Estadual investido de jurisdição federal".
Súmula 55 do S.T.J.: "Tribunal Regional Federal não é competente para julgar recurso de decisão proferida por juiz estadual não investido de jurisdição federal".
Súmula 376 do S.T.J.: "Compete a turma recursal processar e julgar o mandado de segurança contra ato de juizado especial".

[231] Essa intervenção pode ocorrer no pólo ativo ou passivo, mediante legitimação ordinária (coincidente das partes no âmbito da relação jurídica material e processual) ou extraordinário (quando ocorre a substituição processual).

O S.T.F., ainda sob a égide da Constituição de 1969, editou a Súmula 518, nos seguintes termos: *"A intervenção da União, em feito já julgado pela segunda instância e pendente de embargos, não desloca o processo para o Tribunal Federal de Recursos"*. Com base nessa súmula, pode-se afirmar que não haverá deslocamento do processo para o Tribunal Regional Federal.

Ao juízo federal caberá analisar se a intervenção do ente público federal é legítima ou não.[232]

Se o juízo federal entender que a intervenção do ente federal é legítima, o processo prosseguira na Justiça Federal,[233] caso contrário determinará o retorno dos autos à Justiça Estadual, sem necessidade de suscitar qualquer conflito negativo de competência (§3º do art. 45 do novo C.P.C.).[234]

O juízo estadual estará submetido ao que for decidido pelo juízo federal.[235]

[232] Súmula 150 do S.T.J.: "Compete à Justiça Federal decidir sobre a existência de interesse jurídico que justifique a presença, no processo, da União, suas autarquias ou empresas públicas".
Súmula 224 do S.T.J.: "Excluído do feito o ente federal, cuja presença levará o Juiz Estadual a declinar da competência, deve o Juiz Federal restituir os autos e não suscitar o conflito".

[233] A cumulação subjetiva de ações ocorrerá perante a Justiça Federal, acarretando uma força atrativa das relações materiais e processuais entre os demais sujeitos que não tenham foro pela prerrogativa da função subjetiva perante a Justiça Federal. Isso ocorre, ainda que se trate de denunciação da lide, chamamento ao processo, assistência, litisconsorte etc.

[234] Se o Juízo Estadual, ao receber de volta o processo, suscitar o conflito de competência, cinco situações poderão ocorrer: a) se o Juízo Estadual estiver exercendo função delegada da Justiça Federal, competirá ao respectivo Tribunal Regional Federal julgar o conflito, nos termos da Súmula 3 do S.T.J.: "Compete ao Tribunal Regional Federal dirimir conflito de competência verificado, na respectiva Região, entre Juiz Federal e Juiz Estadual investido de jurisdição federal"; b) havendo conflito de competência entre o Juiz Estadual no exercício de função delegada e o Juiz Federal localizados em Regiões distintas, competirá ao S.T.J. resolver o conflito, nos termos do art. 105, inc. I, letra 'd', da C.F.; c) se o Juízo Estadual não estiver no exercício da função delegada e nem rejeita esta função, ainda que situado na mesma Região do Juízo Federal, competirá ao S.T.J. analisar o conflito de competência, nos termos do art. 105, inc. I, letra 'd', da C.F.; d) Se o Juiz Estadual estiver na mesma Região do Juiz Federal, mas rejeitar sua competência delegada por qualquer motivo, a competência será do respectivo Tribunal Regional Federal (STJ – CC n. 97.403-MG); e) Havendo conflito entre Juiz Estadual na função delegada e Juiz Estadual sem função delegada , a competência para resolvê-lo será do S.T.J. (STJ- CC 46672/MG).

[235] Súmula 254 do S.T.J.: "A decisão do Juízo Federal que exclui da relação processual ente federal não pode ser reexaminada no Juízo Estadual".

Sob a égide do C.P.C. de 1973, a decisão do juízo federal que excluía do feito o ente federal, devolvendo o processo ao juízo estadual, poderia ser objeto de recurso de agravo de instrumento.[236]

Se a intervenção da União no processo deu-se como litisconsorte ou assistente simples, entendo que sob a égide do novo C.P.C. de 2015 há ainda a possibilidade de interposição do recurso de agravo de instrumento, com fundamento no art. 1.015, inc. VII e IX.[237]

[236] PROCESSUAL CIVIL. DECISÃO QUE EXCLUI LITISCONSORTE PASSIVO NECESSÁRIO E DECLINA A COMPETÊNCIA PARA A JUSTIÇA ESTADUAL POR REMANESCER NOS PÓLOS ATIVO E PASSIVO SOMENTE PESSOAS PRIVADAS. O recurso cabível é o do agravo de instrumento, visto que a decisão não extingue o processo. Não se aplica o princípio da fungibilidade se o recurso a ser convertido é intempestivo. (TRF-4 - AG: 37703 PR 96.04.37703-5, Relator: JOÃO SURREAUX CHAGAS, Data de Julgamento: 31/10/1996, QUINTA TURMA, Data de Publicação: DJ 04/12/1996 PÁGINA: 93979)

[237] Interessante é a seguinte decisão do S.T.J., na qual ficou consignado que a solidariedade obrigacional não importa em litisconsorte necessário para incluir a União no pólo passivo, quando a parte autora escolheu o devedor com quem pretende demandar:
PROCESSUAL CIVIL. RECURSO ESPECIAL SUBMETIDO AO REGIME PREVISTO NO ARTIGO 543-C DO CPC. RESGATE DE EMPRÉSTIMO COMPULSÓRIO SOBRE ENERGIA ELÉTRICA. UNIÃO FEDERAL. RESPONSABILIDADE SOLIDÁRIA. LITISCONSÓRCIO PASSIVO FACULTATIVO. COMPETÊNCIA. JUSTIÇA ESTADUAL.
1. A solidariedade obrigacional não importa em exigibilidade da obrigação em litisconsórcio necessário (art. 47 do CPC), mas antes na eleição do devedor pelo credor, cabendo àquele, facultativamente, o chamamento ao processo (art. 77, do CPC).
2. A União Federal responde solidariamente pelo valor nominal dos títulos relativos ao empréstimo compulsório instituído sobre energia elétrica, nos termos do art. 4º, § 3º, da Lei 4.156/62, in verbis: "Art. 4º Até 30 de junho de 1965, o consumidor de energia elétrica tomará obrigações da ELETROBRÁS, resgatáveis em 10 (dez) anos, a juros de 12% (doze por cento) ao ano, correspondentes a 20% (vinte por cento) do valor de suas contas. A partir de 1º de julho de 1965, e até o exercício de 1968, inclusive, o valor da tomada de tais obrigações será equivalente ao que fôr devido a título de impôsto único sobre energia elétrica. (Redação dada pela Lei nº 4.676, de 16.6.1965) (omissis) § 3º É assegurada a responsabilidade solidária da União, em qualquer hipótese, pelo valor nominal dos títulos de que trata êste artigo." 3. A parte autora pode eleger apenas um dos devedores solidários para figurar no pólo passivo da demanda, consoante previsto no art.
275 do Código Civil, que regula a solidariedade passiva: "Art. 275. O credor tem direito a exigir e receber de um ou de alguns dos devedores, parcial ou totalmente, a dívida comum; se o pagamento tiver sido parcial, todos os demais devedores continuam obrigados solidariamente pelo resto.

5.6. Permanência dos Autos na Justiça Estadual

Os incisos I e II do art. 45 do novo C.P.C. apresentam algumas exceções (que estão expressamente consignadas na própria Constituição Federal) em que o processo não será remetido ao juízo federal, não obstante a efetiva intervenção da União, suas autarquias, empresas públicas, fundações ou conselho de fiscalização de atividade profissional.

O inciso I do art. 45 do novo C.P.C. estabelece que o processo permanecerá no âmbito da Justiça Estadual na hipótese de: *recuperação judicial, falência, insolvência civil*[238] *e acidente de trabalho.*

Parágrafo único. Não importará renúncia da solidariedade a propositura de ação pelo credor contra um ou alguns dos devedores." 4. A solidariedade jurídica da União na devolução dos aludidos títulos, enseja a que a mesma seja chamada ao processo na forma do art. 77 do CPC, com o consequente deslocamento da competência para a Justiça Federal.
5. O autor, elegendo apenas um dos devedores solidários para a demanda, o qual não goza de prerrogativa de juízo, torna imutável a competência ratione personae.
6. Outrossim, a possibilidade de escolha de um dos devedores solidários afasta a figura do litisconsórcio compulsório ou necessário por notória antinomia ontológica, porquanto, o que é facultativo não pode ser obrigatório. (Precedentes: REsp 1111159/RJ, Rel. Ministro BENEDITO GONÇALVES, PRIMEIRA SEÇÃO, julgado em 11/11/2009, DJe 19/11/2009; REsp 1018509/DF, Rel. Ministra ELIANA CALMON, SEGUNDA TURMA, julgado em 24/03/2009, DJe 23/04/2009; AgRg no CC 92.312/RS, Rel. Ministro HERMAN BENJAMIN, PRIMEIRA SEÇÃO, julgado em 12/11/2008, DJe 05/03/2009; REsp 1052625/PE, Rel. Ministra DENISE ARRUDA, PRIMEIRA TURMA, julgado em 21/08/2008, DJe 10/09/2008; AgRg no CC 83.169/RJ, Rel. Ministro LUIZ FUX, PRIMEIRA SEÇÃO, julgado em 12/03/2008, DJe 31/03/2008) 7. Recurso especial provido, determinando-se a remessa dos autos à Justiça Estadual para apreciação do feito. Acórdão submetido ao regime do art. 543-C do CPC e da Resolução STJ 08/2008.
(REsp 1145146/RS, Rel. Ministro LUIZ FUX, PRIMEIRA SEÇÃO, julgado em 09/12/2009, DJe 01/02/2010)
Súmula 553 do S.T.J.: "Nos casos de empréstimo compulsório sobre o consumo de energia elétrica, é competente a Justiça estadual para o julgamento de demanda proposta exclusivamente contra a Eletrobrás. Requerida a intervenção da União no feito após a prolação de sentença pelo juízo estadual, os autos devem ser remetidos ao Tribunal Regional Federal competente para o julgamento da apelação se deferida a intervenção".

[238] A Câmara dos Deputados, quando da análise do projeto de lei encaminhado pelo Senado Federal, também inseriu nessa exceção a insolvência civil.
É certo que o inc. I do art. 109 da Constituição Federal, quando fala dessa exceção, apenas fez referência à falência e não à insolvência civil. Porém, conforme aduz o S.T.J. no precedente abaixo, não há motivo para se fazer a distinção entre institutos afins:

Portanto, não será competente a Justiça Federal para analisar as questões que envolvam recuperação judicial, falência, abrangendo também o concurso de credores em insolvência civil, uma vez que essas questões devem permanecer no âmbito da Justiça Estadual.[239]

Também as questões que digam respeito a acidente de trabalho não serão de competência da Justiça Federal, ainda que uma das partes seja o INSS (autarquia previdenciária).

PROCESSUAL CIVIL. CONFLITO (NEGATIVO) DE COMPETÊNCIA. JUSTIÇA FEDERAL E JUSTIÇA ESTADUAL. INSOLVÊNCIA CIVIL REQUERIDA PELA UNIÃO. COMPETÊNCIA DO JUÍZO UNIVERSAL PARA PROMOVER A EXECUÇÃO CONCURSAL.
1. Nos termos do art. 109, I, da CF/88, aos juízes federais compete processar e julgar "as causas em que a União, entidade autárquica ou empresa pública federal forem interessadas na condição de autoras, rés, assistentes ou oponentes, exceto as de falência, as de acidentes de trabalho e as sujeitas à Justiça Eleitoral e à Justiça do Trabalho" (grifou-se). *Não obstante a Constituição Federal não tenha excepcionado a insolvência civil, não há razões que justifiquem a adoção de critério distinto de fixação de competência entre a falência e a insolvência civil.*
2. Corroboram esse entendimento: (a) o princípio estabelecido na Súmula 244 do extinto TFR ("a intervenção da União, suas autarquias e empresas públicas em concurso de credores ou de preferência não desloca a competência para a Justiça Federal"); (b) os precedentes da Segunda Seção deste Tribunal: CC 9.867/MG, 2ª Seção, Rel. Min. Waldemar Zveiter, DJ de 20.2.95; REsp 292.383/MS, 3ª Turma, Rel. Min. Carlos Alberto Menezes Direito, DJ de 8.10.2001; REsp 45.634/MG, 4ª Turma, Rel. Min. Sálvio de Figueiredo Teixeira, DJ de 23.6.97; (c) o entendimento doutrinário de Nelson Nery Junior (e Rosa Maria de Andrade Nery), Humberto Theodoro Junior e Cândido Rangel Dinamarco.
3. Destarte, ainda que se trate de insolvência requerida pela União, entidade autárquica ou empresa pública federal, subsiste a competência do juízo universal, sobretudo em razão das peculiaridades existentes no processo de insolvência civil (processo concursal – aspecto em que se assemelha ao processo de falência), ou seja, compete à Justiça Comum Estadual promover a execução concursal, excluída a competência da Justiça Federal.
4. Conflito conhecido para declarar a competência do Juízo de Direito da 2ª Vara Cível e Criminal de Santana do Ipanema/AL, o suscitante.
(CC 117.210/AL, Rel. Ministro MAURO CAMPBELL MARQUES, PRIMEIRA SEÇÃO, julgado em 09/11/2011, DJe 18/11/2011).
Estabelece a Súmula n. 270 do S.T.J.: "O protesto pela preferência de crédito, apresentado por ente federal em execução que tramita na Justiça Estadual, não desloca a competência para a Justiça Federal".

[239] Súmula 270 do S.T.J.: "O protesto pela preferência de crédito, apresentado por ente federal em execução que tramita na Justiça Estadual, não desloca a competência para a Justiça Federal".

O Superior Tribunal de Justiça entende que é da competência da Justiça Estadual processar e julgar ações previdenciárias acidentárias trabalhistas, abrangendo não apenas a concessão de benefício, mas, também, a sua revisão (3ª S., CC n. 66844/RJ).

O §3º do art. 109 da Constituição Federal indica outra hipótese de exclusão da competência da Justiça Federal, *in verbis:*

> Serão processadas e julgadas na Justiça estadual, no foro do domicilio dos segurados ou beneficiários, as causas em que forem parte instituição de previdência social e segurado, sempre que a comarca não seja sede de vara do juízo federal, e, se verificada essa condição, a lei poderá permitir que outras causas sejam também processadas e julgadas pela justiça estadual.

Na hipótese do §3º do art. 109 da Constituição Federal, o recurso cabível será sempre para o Tribunal Regional Federal na área de jurisdição do juiz de primeiro grau (§4º do art. 109 da C.F.).

5.7. Permanência dos Autos na Justiça Eleitoral e na Justiça do Trabalho

O inc. II do art. 45 do novo C.P.C. igualmente estabelece que as causas sujeitas à Justiça Eleitoral e à Justiça do Trabalho não atrairão a competência da Justiça Federal comum, uma vez que essas questões devem ser processadas e julgadas pelas respectivas justiças especializadas.[240]

Da mesma forma, as execuções fiscais que envolvam penalidades administrativas decorrentes de relação de emprego, a competência para sua apreciação será da Justiça do Trabalho, tendo em vista a modificação ocorrida na Constituição Federal pela Emenda Constitucional n. 45.

[240] Súmula Vinculante n. 22 do S.T.F.: "A Justiça do Trabalho é competente para processar e julgar as ações de indenização por danos morais e patrimoniais decorrentes de acidente de trabalho propostas por empregado contra empregador, inclusive aquelas que ainda não possuíam sentença de mérito em primeiro grau quando da promulgação da Emenda Constitucional 45/2004.
Súmula Vinculante n. 53. "A competência da Justiça do Trabalho prevista no art. 114, VIII, da Constituição Federal alcança a execução de ofício das contribuições previdenciárias relativas ao objeto da condenação constante das sentenças que proferir e acordos por ela homologados

Já em relação ao FGTS, eis o teor da Súmula n. 82 do S.T.J.: "Compete à Justiça Federal, excluída as reclamações trabalhistas, processar e julgar os feitos relativos à movimentação do FGTS".

No mesmo sentido é a Súmula 514 do S.T.J.:

> A CEF é responsável pelo fornecimento dos extratos das contas individualizadas vinculadas ao FGTS dos Trabalhadores participantes do Fundo de Garantia do Tempo de Serviço, inclusive para fins de exibição em juízo, independentemente do período em discussão.

Por sua vez, estabelece a Súmula 29 do Tribunal Regional Federal da 3ª Região: "Nas ações em que se discute a correção monetária dos depósitos de contas vinculadas ao FGTS, a legitimidade passiva é exclusiva da Caixa Econômica Federal - CEF".

Porém, na hipótese de mero pedido de alvará para levantamento de FGTS ou PIS/PASEP de pessoa falecida, cuja pretensão não envolva conflito de interesses ou questões que devem ser dirimidas, a competência será da Justiça Estadual, conforme estabelece a Súmula 161 do S.T.J.: "É da competência da Justiça Estadual autorizar o levantamento dos valores relativos ao PIS/PASEP e FGTS, em decorrência do falecimento do titular da conta".

5.8. Cumulação de Pedidos e Remessa dos Autos

Conforme estabelece o art. 327 do novo C.P.C., é lícita a cumulação, em um único processo, contra o mesmo réu, de vários pedidos, ainda que entre eles não haja conexão.

São requisitos de admissibilidade da cumulação que: a) os pedidos sejam compatíveis entre si; b) seja competente para conhecer deles o mesmo juízo; c) seja adequado para todos os pedidos o tipo de procedimento.

Havendo cumulação de pedidos, um de competência da Justiça Federal e outro de competência da Justiça Estadual ou das justiças especializadas, os autos não serão remetidos se houver pedido cuja apreciação seja de competência do juízo perante o qual foi proposta a ação (§1º do art. 45 do atual C.P.C.).[241]

[241] Na realidade, na hipótese do §1º do art. 45 do novo C.P.C., não será possível a cumulação de pedidos, uma vez que, nos termos do art. 327 do novo C.P.C., falta um dos requisitos de admissibilidade para a cumulação, ou seja, que o juiz seja competente para conhecer de todos os pedidos.

O juiz, ao não admitir a cumulação de pedidos em razão da incompetência para apreciar qualquer deles, não examinará o mérito daquele em que exista interesse da União, suas entidades autárquicas ou empresas públicas (§ 2º do art. 45 do atual C.P.C.).[242]

Portanto, havendo solicitação de cumulação de pedidos, um de competência da Justiça Estadual ou da justiça especializada e outro de competência da Justiça Federal, e não admitindo o Juízo Estadual aludida cumulação em razão de sua incompetência para apreciar um dos pedidos, não poderá o juiz estadual apreciar o mérito do pedido de competência da Justiça Federal. Nesse caso, deverá o juízo estadual apreciar o pedido de sua competência, e declinar da competência para o juízo federal do outro pedido formulado na demanda.[243]

[242] Súmula 170 do S.T.J.: "Compete ao juízo onde primeiro for intentada a ação envolvendo acumulação de pedidos, trabalhista e estatutário, decidi-la nos limites de sua jurisdição, sem prejuízo do ajuizamento de nova causa, com pedido remanescente, no juízo próprio".

[243] Se forem interpostos embargos de terceiro por um ente federal num processo que tramita perante a Justiça Estadual, a competência para analisar os embargos de terceiro é da Justiça Federal, sem deslocamento da competência do processo que tramita perante o juízo estadual. Nesse sentido, eis os seguintes precedentes do S.T.J.:
CONFLITO DE COMPETÊNCIA. PENHORA EM EXECUÇÃO NA QUAL FIGURAM APENAS ENTIDADES PARTICULARES. EMBARGOS DE TERCEIRO AJUIZADOS POR AUTARQUIA FEDERAL. COMPETÊNCIA ABSOLUTA DO JUÍZO FEDERAL.
1. Na espécie, embora a execução tramite perante a Justiça Estadual (por apenas envolver entes particulares), os embargos de terceiro apresentados pelo INSS – como ação autônoma que são – deverão ser processados e julgados na Justiça Federal, por imposição constitucional (art. 109, I, CF). Hipótese de competência absoluta.
Precedentes.
2. Conflito de competência conhecido para declarar competente o Juiz Federal da 16ª Vara Cível da Seção Judiciária do Estado de São Paulo, o suscitante.
(CC 95.138/SP, Rel. Ministro CASTRO MEIRA, PRIMEIRA SEÇÃO, julgado em 22/04/2009, DJe 04/05/2009)
CONFLITO NEGATIVO DE COMPETÊNCIA. JUSTIÇA COMUM ESTADUAL E JUSTIÇA FEDERAL. AÇÃO DE EXECUÇÃO AJUIZADA PERANTE A JUSTIÇA ESTADUAL. EMBARGOS DE TERCEIRO OPOSTOS PELA CAIXA ECONÔMICA FEDERAL. INEXISTÊNCIA DE CONEXÃO. AÇÃO DE EXECUÇÃO SOBRESTADA NA COMPETÊNCIA DA JUSTIÇA COMUM. EMBARGOS DE TERCEIRO. COMPETÊNCIA DA JUSTIÇA FEDERAL.
I. A reunião de processos por conexão, como forma excepcional de modificação de competência, só ocorre quando as causas supostamente conexas estejam submetidas a juízos, em tese, competentes para o julgamento das duas demandas.

5.9. Restituição dos Autos pelo Juízo Federal

Tramitando um processo perante um determinado juízo, que não federal, e havendo a necessidade de intervenção nesse processo da União, suas autarquias, empresa pública federal, fundações de direito público federal,

II. É competente a Justiça Federal para o julgamento dos embargos de terceiro opostos pela Caixa Econômica Federal, devendo ser sobrestada na Justiça Estadual, a ação de execução, até julgamento dos referidos embargos, pela Justiça Federal, para evitar prolação de decisões conflitantes.
Conflito de competência conhecido declarando-se competente para o julgamento dos embargos de terceiro o Juízo Federal da 24ª Vara da Seção Judiciária do Estado de Minas Gerais, ora suscitante.
(CC 93.969/MG, Rel. Ministro SIDNEI BENETI, SEGUNDA SEÇÃO, julgado em 28/05/2008, DJe 05/06/2008)
PROCESSO CIVIL. CONFLITO DE COMPETÊNCIA. JUSTIÇA COMUM E JUSTIÇA FEDERAL. AÇÃO DECLARATÓRIA DE INEXIGIBILIDADE DE TÍTULOS DE CRÉDITO. TÍTULO COBRADO PELA CEF. COMPETÊNCIA DA JUSTIÇA FEDERAL. TÍTULO COBRADO POR SOCIEDADE DE ECONOMIA MISTA. COMPETÊNCIA DA JUSTIÇA ESTADUAL. CONEXÃO. INEXISTÊNCIA. CUMULAÇÃO INDEVIDA DE PEDIDOS. LITISCONSÓRCIO PASSIVO QUE DEVE SER MANTIDO QUANTO AO TÍTULO DE CRÉDITO RECEBIDO POR ENDOSSO PELA CEF.
1. Ação declaratória de inexistência de débito, ajuizada em 06.12.2012, da qual foi extraído o presente conflito de competência, concluso ao Gabinete em 28.06.2013.
2. Discute-se a competência para julgamento de ação ajuizada contra a Caixa Econômica Federal – CEF e outras três pessoas jurídicas de direito privado, na qual a autora pleiteia seja declarada a inexigibilidade de títulos de crédito.
3. O pedido formulado pela autora, de declaração de inexigibilidade de dois títulos de crédito, se refere a cada um dos títulos, singularmente considerados. Nessa medida, não é possível vislumbrar a identidade da relação jurídica de direito material, que justificaria a existência de conexão.
4. Hipótese de cumulação indevida de pedidos, porquanto contra dois réus distintos, o que é vedado pelo art. 292 do CPC.
5. A competência absoluta não pode ser modificada por conexão ou continência.
6. O litisconsórcio passivo existente entre a CEF e o endossante não pode ser desfeito, na medida em que se trata de um único título de crédito.
7. Conflito conhecido, com a determinação de cisão do processo, para declarar a competência do juízo estadual, no que tange à pretensão formulada contra o Banco do Brasil S/A e a empresa Ancora Fomento Mercantil Ltda. – EPP, e a competência do juízo federal, quanto à pretensão formulada contra a Caixa Econômica Federal e a empresa Macro Assessoria e Fomento Mercantil Ltda.
(CC 128.277/RS, Rel. Ministra NANCY ANDRIGHI, SEGUNDA SEÇÃO, julgado em 23/10/2013, DJe 28/10/2013).

conselhos de fiscalização profissional, como parte ou terceiro interveniente, os autos deverão ser remetidos ao juízo federal competente para a análise do pedido de intervenção.

Caberá, portanto, ao juízo federal analisar se a intervenção do ente público federal é legítima ou não.[244] Isso significa dizer que somente o juiz federal poderá avaliar a existência de interesse do ente federal para intervir no processo.

Se o juízo federal entender que a intervenção do ente federal é legítima, o processo prosseguira na Justiça Federal,[245] caso contrário determinará o retorno dos autos à Justiça Estadual, sem necessidade de suscitar qualquer conflito negativo de competência (§3º do art. 45 do novo C.P.C.).[246]

O juízo estadual estará submetido ao que for decidido pelo juízo federal.

5.10. Recurso Contra a Decisão de Devolução dos Autos

Sob a égide do C.P.C. de 1973, a decisão do juízo federal que excluía do feito o ente federal, devolvendo o processo ao juízo estadual, poderia ser objeto de recurso de agravo de instrumento.[247]

Se a intervenção do ente federal no processo deu-se como litisconsorte ou assistente simples, entendo que sob a égide do novo C.P.C. de 2015

[244] Súmula 150 do S.T.J.: "Compete à Justiça Federal decidir sobre a existência de interesse jurídico que justifique a presença, no processo, da União, suas autarquias ou empresas públicas". Súmula 254 : "A decisão do Juízo Federal que exclui da relação processual ente federal não pode ser reexaminada no Juízo Estadual

[245] A cumulação subjetiva de ações ocorrerá perante a Justiça Federal, acarretando uma força atrativa das relações matérias e processuais entre os demais sujeitos que não tenham foro pela prerrogativa da função subjetiva perante a Justiça Federal. Isso ocorre, ainda que se trata de denunciação da lide, chamamento ao processo, assistência, litisconsorte etc.

[246] Súmula 224 do S.T.J.: "Excluído do feito o ente federal, cuja presença levará o Juiz Estadual a declinar da competência, deve o Juiz Federal restituir os autos e não suscitar o conflito

[247] PROCESSUAL CIVIL. DECISÃO QUE EXCLUI LITISCONSORTE PASSIVO NECESSÁRIO E DECLINA A COMPETÊNCIA PARA A JUSTIÇA ESTADUAL POR REMANESCER NOS PÓLOS ATIVO E PASSIVO SOMENTE PESSOAS PRIVADAS.
O recurso cabível é o do agravo de instrumento, visto que a decisão não extingue o processo. Não se aplica o princípio da fungibilidade se o recurso a ser convertido é intempestivo. (TRF-4 – AG: 37703 PR 96.04.37703-5, Relator: JOÃO SURREAUX CHAGAS, Data de Julgamento: 31/10/1996, QUINTA TURMA, Data de Publicação: DJ 04/12/1996 PÁGINA: 93979)

existe, ainda, a possibilidade de interposição do recurso de agravo de instrumento, com base no art. 1.015, incs. VII e IX.

6. Competência do Foro do Domicílio do Réu

O domicílio do réu, como elemento determinante de competência, decorre da própria natureza da jurisdição interna de diversos Estados.

A competência territorial tem por finalidade repartir as demandas judiciais civis entre os diversos órgãos jurisdicionais igualmente competentes para a matéria a ser analisada em juízo.

Por isso, o art. 46 do novo C.P.C. prescreve que a ação fundada em direito pessoal ou em direito real sobre bens móveis será proposta, em regra, no foro do domicílio do réu.[248]

O mesmo método de divisão de competência encontra-se no direito comparado.

Estabelece o art. 80º do C.P.C. português:

> Artigo 80.º Regra geral
>
> 1 – Em todos os casos não previstos nos artigos anteriores ou em disposições especiais é competente para a ação o tribunal do domicílio do réu.
>
> 2 – Se, porém, o réu não tiver residência habitual ou for incerto ou ausente, é demandado no tribunal do domicílio do autor; mas a curadoria, provisória ou definitiva, dos bens do ausente é requerida no tribunal do último domicílio que ele teve em Portugal.
>
> 3 – Se o réu tiver o domicílio e a residência em país estrangeiro, é demandado no tribunal do lugar em que se encontrar; não se encontrando em

[248] PROCESSUAL CIVIL. AGRAVO REGIMENTAL EM AGRAVO DE INSTRUMENTO. HONORÁRIOS DE ADVOGADO. ARBITRAMENTO. EXCEÇÃO DE INCOMPETÊNCIA. AUSÊNCIA DE CONTRATO ESCRITO. FORO COMPETENTE. DOMICÍLIO DO RÉU. ARTIGO 94, DO CPC E 327, DO CC/2002. IMPROVIMENTO.
I. "A ação fundada em direito pessoal e a ação fundada em direito real sobre bens móveis serão propostas, em regra, no foro do domicílio do réu" (art. 94, CPC).
II. "Efetuar-se-á o pagamento no domicílio do devedor, salvo se as partes convencionarem diversamente, ou se o contrário resultar da lei, da natureza da obrigação ou das circunstâncias" (art. 327, CC/2002).
III. Agravo regimental a que se nega provimento.
(AgRg no Ag 1186386/SP, Rel. Ministro ALDIR PASSARINHO JUNIOR, QUARTA TURMA, julgado em 15/03/2011, DJe 18/03/2011)

território português, é demandado no do domicílio do autor, e, quando este domicílio for em país estrangeiro, é competente para a causa o tribunal de Lisboa.

Preconiza o art. 50 do C.P.C. espanhol (*Ley de Ejuiciamiento Civil*):

> Art. 50. Fuero general de las personas físicas.
>
> 1. Salvo que la Ley disponga otra cosa, la competencia territorial corresponderá al tribunal del domicilio del demandado y si no lo tuviere en el territorio nacional, será Juez competente el de su residencia en dicho territorio.
>
> 2. Quienes no tuvieren domicilio ni residencia en España podrán ser demandados en el lugar en que se encuentren dentro del territorio nacional o en el de su última residencia en éste y, si tampoco pudiera determinarse así la competencia, en el lugar del domicilio del actor.
>
> 3. Los empresarios y profesionales, en los litigios derivados de su actividad empresarial o profesional, también podrán ser demandados en el lugar donde se desarrolle dicha actividad y, si tuvieren establecimientos a su cargo en diferentes lugares, en cualquiera de ellos a elección del actor.

Preceitua o art. 18 do C.P.C. italiano (*Codice di Procedura Civile*):

> Art. 18. Foro geral das pessoas físicas. – Salvo que a lei disponha de outro modo, é competente o juiz do lugar em que o réu tem a sua residência ou o domicílio, e, se este são desconhecidos, aquele do lugar em que o réu habita.
>
> Se o réu não tem residência, nem domicílio, nem habita no Estado ou se seu habitar é desconhecido, é competente o juiz do lugar em que reside o autor.

No Brasil, o foro geral do domicílio do réu é previsto para qualquer tipo de causa que diga respeito a direito pessoal ou a direito real sobre bens móveis.

Trata-se de competência *relativa*, razão pela qual, se a demanda for proposta em outro foro, que não o do domicílio do réu, e tal matéria não for alegada em contestação, haverá *prorrogação* da competência do juízo onde a demanda foi ajuizada.

Para definir a competência, com base no domicílio do réu, o legislador utilizou-se de dois critérios: a) um *subjetivo*, que diz respeito à parte da relação jurídica processual, no caso, o réu, que possui determinado domicílio; b) um *objetivo*, baseado na causa de pedir fundada em direito real sobre móveis ou direito pessoal.

O fundamento para a escolha do foro do domicílio do réu, como critério de delimitação de competência, decorre do fato de que o juiz, historicamente e conceitualmente, exerce sua função a respeito de pessoas fixadas no *território jurisdicional*, enlaçadas pelas relações de vida e dos interesses a outras pessoas aí domiciliadas e a pessoas de outras jurisdições com que tratou.[249]

Segundo Giuseppe Tarzia, dois são os critérios fundamentais que o legislador teve presente ao ditar as regras de competência territorial: em primeiro lugar, a necessidade de facilitar a defesa das partes, em particular modo aquela do réu, que se encontra exposto à iniciativa judiciária do autor que escolhe o juízo diante do qual a demanda será proposta; em segundo lugar, a necessidade de que em alguns casos venha indicado como competente aquele juízo que, pela sua colocação territorial, aparece como o mais idôneo a decidir a controvérsia.[250]

A competência territorial simples, que se determina pela garantia do direito de defesa, centra-se na regra geral do foro do domicílio do réu.[251]

Em regra, a demanda fundada em direito pessoal (obrigação contratual, família, responsabilidade civil etc), bem como as demandas que tenham por objeto direito real sobre bens móveis, o foro competente será o do domicílio do réu.[252]

[249] PONTES DE MIRANDA. *Comentários ao código de processo civil.* 2ª edição. Tomo II. Rio de Janeiro, 1973. p. 213.

[250] TARZIA, Giuseppe. *Lineamenti del processo civile di cognizione.* Seconda Edizione. Milano: Dott. A. Giuffrè Editore, 2002. p. 48.

[251] "Basta pensar-se em quanto seria difícil atribuir-se ao foro do autor, sendo muitas as pessoas que poderiam, em diferentes circunscrições, propor ações contra o mesmo réu, e não o do autor, que determine a competência. Assim, ficam centralizadas no foro do réu todas as demandas contra ele. Aí, por ser o do seu domicílio, mais fácil é encontrá-lo. Aí estão os bens, que possui, os informes sobre a sua vida de negócios, porque, segundo a definição de direito material, o domicílio civil é o lugar onde ela estabelece a sua residência com ânimo definitivo" (PONTES DE MIRANDA, op. cit., p. 213).

[252] Denomina-se foro competente a circunscrição territorial judiciária onde a causa deve ser proposta.

A competência em razão territorial com base no domicílio do réu é *relativa* e não *absoluta*, razão pela qual não poderá ser reconhecida de ofício pelo juiz.[253]

Há, evidentemente, competências especiais territoriais, como, por exemplo, nas relações de consumo, o foro competente é o do domicílio do consumidor (competência absoluta e não relativa) (art. 101, inc. I do C.D.C.); competência absoluta do domicílio do idoso, segundo o Estatuto

[253] Há hipóteses ainda em que o domicílio do réu passa a ser considerado como de competência absoluta, como se pode observar no seguinte precedente do S.T.J. que trata de execução promovida por Conselhos de Fiscalização, quando o domicílio do executado não for sede de Vara Federal:
PROCESSUAL CIVIL. EXECUÇÃO FISCAL. CONSELHO PROFISSIONAL. AUSÊNCIA DE VARA FEDERAL NO DOMICÍLIO DO RÉU. ART. 578 DO CPC. RETIFICAÇÃO PELA JUSTIÇA FEDERAL. EXEGESE DO ART. 109, § 3º, DA CF E ART. 15, I, DA LEI N. 5.010/1966. POSSIBILIDADE NO CASO CONCRETO.
1. De acordo com o disposto no art. 109, § 3°, da Constituição Federal, e no art. 15, I, da Lei n. 5.010/66, a competência para processar e julgar execução movida pela União, ou suas autarquias, contra executado domiciliado em comarca que não possua sede de Vara Federal, é da Justiça Estadual.
2. No caso concreto, a competência foi retificada pela Justiça Federal em atenção à exegese do art. 578 do Código de Processo Civil, combinada com o art. 109, § 3º, da Constituição Federal e o art. 15, I, da Lei n. 5.010/1966.
3. Tal retificação foi regular, consoante o que se depreende da lição do Min. Luiz Fux: "Anote-se que à míngua de previsão constitucional, o Estado, suas autarquias e demais entidades descentralizadas não gozam de 'foro privilegiado', como a União Federal. Naquelas hipóteses, do forum rei sitae e do foro da União, a competência de território, 'em princípio relativa', converte-se em absoluta, quer pela inderrogabilidade por vontade das partes, quer quanto aos seus efeitos e modo de argüição do vício da incompetência, podendo, nesse último aspecto, ser alegado em qualquer tempo e grau de jurisdição, posto geradora de feito tão grave que torna passível a decisão judicial de rescindibilidade." (Curso de Direito Processual Civil, 4 ed. Rio de Janeiro: Forense, 2008, p. 107-108).
4. Acórdão recorrido formado em consonância com a jurisprudência do Superior Tribunal de Justiça, no que incide a Súmula 83/STJ.
Precedentes: CC 124.959/SP, Rel. Ministro Ari Pargendler, Primeira Seção, julgado em 4.2.2013, DJe 7.3.2013; REsp 1.149.657/SC, Rel. Min. Castro Meira, Segunda Turma, DJe 27.11.2009; AgRg nos EDcl no REsp 1.268.870/PR, Rel. Ministro Humberto Martins, Segunda Turma, julgado em 26.6.2012, DJe 29.6.2012; REsp 1.047.303/RS, Rel. Carlos Fernando Mathias (Juiz convocado do TRF 1ª Região), Segunda Turma, DJe 19.6.2008; REsp 1.019.115/PE, Rel. Min. José Delgado, Primeira Turma, DJe 23.6.2008; REsp 571.719/RS, Rel. Min. Eliana Calmon, Segunda Turma, DJ 13.6.2005, p. 241.
Agravo regimental improvido.
(AgRg no REsp 1146212/SC, Rel. Ministro HUMBERTO MARTINS, SEGUNDA TURMA, julgado em 14/05/2013, DJe 24/05/2013)

do Idoso, para as questões que envolvem direitos difusos, coletivos e individuais homogêneos, sendo que se a questão disser respeito a direitos individuais, a competência também será do domicílio do idoso, mas, nesse caso, a competência será relativa; competência absoluta (segundo decisões do S.T.J. – Resp.608.983/MF) ou relativa (CC n. 19.849/PR) para ações oriundas do contrato de representação comercial, art. 39 da Lei n. 4.886/65.

Em tema de competência territorial, a cláusula contratual de eleição do foro implica a derrogação da ordinária competência do foro do domicílio do réu.

Em se tratando de jurisdição nacional, a regra é de que compete à autoridade judiciária brasileira processar e julgar as ações em que o réu, qualquer que seja a sua nacionalidade, estiver domiciliado no Brasil.

Porém, quando a demanda deva ser proposta no Brasil, em especial nas hipóteses de competência exclusiva (sem exclusão da competência concorrente), e o réu não tiver domicílio ou residência no Brasil, será competente para apreciar a demanda o juízo do foro do domicílio do autor, e se este também residir fora do Brasil, a ação será proposta em qualquer foro. É evidente que em se tratando de demanda sobre imóveis situados no Brasil, e não tendo nem o réu e nem o autor domicílio ou residência no território nacional, a demanda deverá ser proposta no lugar em que se encontra situado o bem imóvel.

6.1. Ação Fundada em Direito Real Sobre Bens Móveis

Segundo estabelece o art. 46, *caput*, do atual C.P.C., a demanda fundada em *direito real sobre bens móveis* será proposta, em regra, no foro do domicílio do réu.

Segundo a definição clássica: "existe um direito real quando uma coisa se encontra submetida, completa ou parcialmente, ao poder de uma pessoa, em virtude de uma 'relação imediata' oponível a todas as demais pessoas (Aubry y Rau, t. II, § 172)".[254]

Essa definição implica, como caráter essencial do 'direito real', a existência de uma *relação entre uma pessoa e uma coisa*. Isso quer dizer que em

[254] RIPERT, Georges; BOULANGER, Jean. *Tratado de derecho civil – segun el tratado de Planiol*. Trad. Delia Garcia Daireaux. Tomo I – Parte General. Buenos Aires, p. 470.

todo direito real não há intermediário entre a pessoa que o titulariza e a coisa sobre a que recai o direito.[255]

O art. 1.225 do Código Civil brasileiro indica quais são os direitos reais, a saber: I – a propriedade; II – a superfície; III – as servidões; IV – o usufruto; V – o uso; VI – a habitação; VII – o direito do promitente comprador do imóvel; VIII – o penhor; IX – a hipoteca; X – a anticrese. XI – a concessão de uso especial para fins de moradia (Incluído pela Lei nº 11.481, de 2007)[256]; XII – a concessão de direito real de uso (Incluído pela Lei nº 11.481, de 2007)[257].

Em relação aos bens móveis, preceituam os artigos 82 a 84 do C.c.b.:

> Art. 82. São móveis os bens suscetíveis de movimento próprio, ou de remoção por força alheia, sem alteração da substância ou da destinação econômico-social.
>
> Art. 83. Consideram-se móveis para os efeitos legais:
>
> I – as energias que tenham valor econômico;
>
> II – os direitos reais sobre objetos móveis e as ações correspondentes;
>
> III – os direitos pessoais de caráter patrimonial e respectivas ações.
>
> Art. 84. Os materiais destinados a alguma construção, enquanto não forem empregados, conservam sua qualidade de móveis; readquirem essa qualidade os provenientes da demolição de algum prédio.

Alguns direitos reais descritos no art. 1.225 do C.c.b. não se aplicam aos bens móveis, como, por exemplo, a superfície, a habitação, o direito do promitente comprador do imóvel, a hipoteca, a anticrese, a concessão de uso especial para fins de moradia.

6.2. Ação Fundada em Direito Pessoal

Segundo estabelece o art. 46, *caput*, do atual C.P.C., a demanda fundada em *direito pessoal* será proposta, em regra, no foro do domicílio do réu.[258]

[255] RIPERT, G.; BOULANGER, J., idem, ibidem.

[256] http://www.planalto.gov.br/ccivil_03/_Ato2007-2010/2007/Lei/L11481.htm#art10

[257] http://www.planalto.gov.br/ccivil_03/_Ato2007-2010/2007/Lei/L11481.htm#art10

[258] PROCESSUAL CIVIL. AÇÃO CAUTELAR DE ARROLAMENTO C/C PRÉVIA PARTILHA DE BENS PARA FINS DE DIVÓRCIO. FIXAÇÃO DA COMPETÊNCIA. REGRA GERAL DO DOMICÍLIO DO RÉU. FORO DA SITUAÇÃO DA COISA. INCIDÊNCIA DOS ARTS.

94 E 95 DO CPC. OMISSÃO E AUSÊNCIA DE FUNDAMENTAÇÃO. INEXISTÊNCIA.
1. Não há por que falar em violação dos arts. 458, 459 e 535 do CPC quando o acórdão recorrido dirime, de forma congruente e motivada, as questões suscitadas nas razões recursais.
2. Compete ao foro do domicílio do réu o julgamento de cautelar de arrolamento cumulada com partilha de bens e posterior divórcio. Em ação fundada em direito pessoal a competência é relativa a teor do que dispõe o art. 94 do Código de Processo Civil.
3. Em atenção aos princípios relativos à economia processual e à celeridade, deve o feito ser processado no foro da situação da coisa. Art. 95 do CPC.
4. Recurso especial não-conhecido.
(REsp 735.165/MG, Rel. Ministro JOÃO OTÁVIO DE NORONHA, QUARTA TURMA, julgado em 10/11/2009, DJe 23/11/2009)
RECURSO ESPECIAL. AÇÃO DE INDENIZAÇÃO. COMPETÊNCIA DO FORO. PESSOA HIPOSSUFICIENTE. ARTIGO 100, IV, "D" DO CÓDIGO DE PROCESSO CIVIL. PREVALÊNCIA DO LOCAL EM QUE A OBRIGAÇÃO DEVE SER SATISFEITA.. BENEFÍCIO DA JUSTIÇA GRATUITA. RECURSO NÃO-PROVIDO.
1. Companhia Paranaense de Energia – Copel apresenta recurso especial pelas letras "a" e "c" da permissão constitucional contra acórdão assim ementado (fl. 49): AGRAVO DE INSTRUMENTO. EXCEÇÃO DE INCOMPETÊNCIA. PLEITO COMINATÓRIO AFORADO POR PROPRIETÁRIO DE TERRAS ATINGIDAS POR CONSTRUÇÃO DE USINA. INDENIZAÇÃO. PREVALÊNCIA DA COMPETÊNCIA DO LOCAL EM QUE A OBRIGAÇÃO DEVE SER SATISFEITA. ASSISTÊNCIA JUDICIÁRIA GRATUITA DEFERIDA. EXEGESE DO ART. 100, IV, D, DO CÓDIGO DE PROCESSO CIVIL. RECURSO ACOLHIDO.
"Em se tratando de ação fundada em direito pessoal, o beneficiário da justiça gratuita, em casos de manifesta hipossuficiência, pode demandar em seu domicílio, como lhe garante o princípio do acesso à justiça"(Agravo de Instrumento n. 2003.022306-1 de Criciúma, j. em 02.03.2004) "1. Reconhecendo as instâncias ordinárias que o foro de eleição impõe ao arrendatário, dificuldades para articular a sua defesa e que a ré opôs exceção "sem alegar, em nenhum momento, que a propositura da demanda no foro do domicílio da autora lesa interesses da arrendante, dificultado ou impossibilitando sua defesa" deve prevalecer o Acórdão recorrido que repudiou a exceção, na linha de precedentes da Corte". "2. Recurso especial não conhecido". (STJ – REsp 298522/SP). Mutatis mutandis, esta é a espécie.
A Copel alega que: a) o juízo competente para processar e julgar ação de indenização por danos materiais ou morais provenientes de ato ilícito civil é o do local em que ocorreu o ato ou fato lesivo;
b) no caso presente a suposta inundação da propriedade do requerente ocorreu no município de Três Barras/PR, onde foi construído o reservatório da Usina Hidrelétrica, e, portanto, as provas a serem produzidas na ação de reparação dos danos estão diretamente ligadas ao imóvel, e não ao foro de domicílio do autor.
2. Cuidam os autos de ação indenizatória na qual o recorrido pretende o ressarcimento em virtude da construção de usina hidrelétrica pela recorrente que provocou a inundação de várias propriedades, inclusive a sua. Ainda que a regra geral estabeleça como foro competente

O direito pessoal está diretamente ligado ao Direito das Obrigações num vínculo de relações entre sujeitos passivos e ativos.

Segundo anotam Georges Ripert e Jean Boulanger: "Esta relación obligatoria constituye el 'derecho personal', derecho dado contra una persona determinada, por oposición al 'derecho real' que está dado contra cualquier persona".[259]

O 'direito de crédito' é chamado *direito pessoal*. Essa expressão tem origem latina, pois os romanos chamavam de *actio in personam* a ação pela qual o credor fazia valer seu direito.

O titular do 'direito pessoal' é o credor, o que está obrigado é o devedor. A relação jurídica, considerada em todos seus elementos se denomina *obrigação*, em consideração ao poder de compulsoriedade que a implica. Chama-se 'crédito' quando é contemplada pelo lado do credor e 'dívida' se é contemplada pelo lado do devedor.[260]

Portanto, o conceito de direito pessoal está incluído no conceito de obrigação:

nas ações de indenização, o local onde ocorreu o dano, deve ser excetuada em face da precária condição econômica do recorrido – beneficiário da justiça gratuita – e, portanto, das dificuldades que enfrentará de acesso à justiça caso seja mantido o foro de Catanduvas/PR.
3. "A Magna Carta assegura a todos e qualquer cidadão o acesso à justiça. Declinar, na espécie, o foro competente da ação para local distante do domicílio do autor, é negar-lhe este acesso. E cercear esse direito é ferir um dos mais meritórios princípios do direito moderno".
4. Recurso especial não-provido.
(REsp 986.633/SC, Rel. Ministro JOSÉ DELGADO, PRIMEIRA TURMA, julgado em 08/04/2008, DJe 24/04/2008)
PROCESSO CIVIL. COMPETÊNCIA. ANULAÇÃO DE PRAÇA. A ação ordinária, proposta pelo devedor contra o credor, para anular atos praticados no âmbito de carta precatória extraída de processo de execução deve ser processada e julgada no foro do domicílio do réu, sempre que fundada em direito pessoal (CPC, art. 94); inaplicabilidade da Súmula nº 46 do Superior Tribunal de Justiça, que diz respeito aos embargos do devedor. Conflito conhecido para declarar competente o MM. Juízo de Direito da 4ª Vara da Fazenda Pública do Distrito Federal.
(CC 36.918/RJ, Rel. Ministro RUY ROSADO DE AGUIAR, Rel. p/ Acórdão Ministro ARI PARGENDLER, SEGUNDA SEÇÃO, julgado em 26/03/2003, DJ 02/03/2005, p. 181)

[259] RIPERT, Georges; BOULANGER, Jean. *Tratado de derecho civil – segun el tratado de Planiol*. Trad. Delia Garcia Daireaux. Tomo IV. Las Obligaciones (1ª Parte). Buenos Aires: La Ley, p. 12.

[260] RIPERT, G.; BOULANGER, J., idem, ibidem.

o direito pessoal é um dos dois aspectos da obrigação. A obrigação é uma relação jurídica entre duas pessoas em virtude da qual uma delas, chamada 'credor', tem o direito de exigir determinado fato da outra, chamada 'devedor'. A obrigação em si, o efeito de ligar uma pessoa à outra, forma o que se chama uma relação de direito (tradução da expressão latina 'vinculum júris).[261]

É importante salientar que o pedido formulado na demanda é que irá estabelecer se se está diante de uma demanda fundada em direito pessoal ou em direito real. Sobre o tema, eis a seguinte decisão do S.T.J.:

> CONFLITO DE COMPETÊNCIA. PROCESSUAL CIVIL. USUFRUTO VITALÍCIO DE IMÓVEL. DIREITO DE ADMINISTRAÇÃO E PERCEPÇÃO DOS FRUTOS. AÇÃO PESSOAL. COMPETÊNCIA DO FORO DO DOMICÍLIO DO RÉU.
>
> 1. Conflito suscitado em ação por meio da qual a autora pretende a condenação da parte demandada a restituir a plenitude de seus poderes de usufrutuária vitalícia de imóvel, para que possa administrá-lo e perceber os frutos correspondentes.
>
> 2. Inexistência de controvérsia quanto à existência do direito real de usufruto vitalício, já constituído em favor da autora em ação de separação litigiosa e por escritura pública, nos moldes do art.1.391 do Código Civil.
>
> 3. Hipótese em que nem mesmo a posse do imóvel é objeto de discussão, visto que se pretende definir apenas quem deve administrá-lo e a quem devem ser destinados os frutos dele advindos.
>
> 4. Demanda originária fundada em direito pessoal, a atrair a aplicação do art. 94 do Código de Processo Civil/1973, que estabelece como competente o foro do domicílio do réu.
>
> 5. Ademais, havendo pedido da própria autora, que não reside no Distrito Federal, para que os autos fossem remetidos à Comarca de Conselheiro Lafaiete – MG, deve tal pleito ser interpretado como opção pelo foro do domicílio do réu, conforme autoriza a segunda parte do art. 95 do CPC/ 1973.

[261] RIPERT, Georges; BOULANGER, Jean. *Tratado de derecho civil – segun el tratado de Planiol.* Trad. Delia Garcia Daireaux. Tomo I – Parte General. Buenos Aires, p. 468.

6. Nos termos do art. 95 do Código de Processo Civil/1973, não recaindo o litígio sobre direito de propriedade, vizinhança, servidão, posse, divisão e demarcação de terras ou nunciação de obra nova, o autor pode optar pelo foro do domicílio do réu ou de eleição.

7. Conflito conhecido para para declarar competente o Juízo de Direito da 3ª Vara Cível da Comarca de Conselheiro Lafaiete – MG, ora suscitante.

As ações reais (puras), ainda que embasadas em relação obrigacional, devem ser ajuizadas no foro da situação do imóvel, sendo de observância cogente a regra do art. 47 do CPC. Por outro lado, tratando-se de ações pessoais (ou reais impuras), ainda que formulado pedido de reintegração de posse como consectário da anulação do vínculo obrigacional, poderão ser propostas no foro de eleição, caso tenha sido convencionado, não incidindo a regra do art. 47 do CPC.[262]

Questão interessante diz respeito à análise de demandas decorrentes de contratos de promessa de compra e venda de imóveis, em especial as de *adjudicação compulsória* ajuizadas pelo pretendente à compra contra o promitente vendedor. Em se tratando de direito real sobre bens imóveis, a demanda deverá ser ajuizada no lugar de situação da coisa. Nesse sentido é a seguinte decisão do S.T.J.:

AGRAVO REGIMENTAL - RECURSO ESPECIAL - AÇÃO DE ADJUDICAÇÃO COMPULSÓRIA - COMPETÊNCIA - FORUM REI SITAE - PRECEDENTES DO STF E DO STJ - MANUTENÇÃO DA DECISÃO AGRAVADA - NECESSIDADE - AGRAVO IMPROVIDO.

(AgRg no REsp 773.942/SP, Rel. Ministro MASSAMI UYEDA, TERCEIRA TURMA, julgado em 19/08/2008, DJe 05/09/2008)

Porém, o S.T.J., diante de um conflito entre juízo cível comum e juízo falimentar, entendeu que a demanda de adjudicação compulsória deveria ser analisada pelo juízo da falência. (CC 39.112/GO, Rel. Ministro MASSAMI UYEDA, SEGUNDA SEÇÃO, julgado em 25/11/2009, DJe 18/12/2009)

[262] (CC 112.647/DF, Rel. Ministro CASTRO MEIRA, PRIMEIRA SEÇÃO, julgado em 23/03/2011, DJe 04/04/2011)

6.3. Domicílio: Definição e Características

Quanto à questão do domicílio, deve-se ressaltar que segundo o Código Civil brasileiro, domicílio *é o lugar em que a pessoa tem sua residência com o ânimo definitivo* (art. 70).

É também domicílio da pessoa natural, quanto às relações concernentes à profissão, o lugar onde esta é exercida.

Se a pessoa exercitar profissão em lugares diversos, cada um deles constituirá domicílio para as relações que lhe corresponderem (art. 72 e p.u. do C.c.b.).

Tendo mais de um domicílio, o réu será demandado no foro de qualquer deles.

E sobre a possibilidade da pessoa natural ter mais de um domicílio, prescreve o artigo 71 do C.c.b. : "Se, porém, a pessoa natural tiver diversas residências, onde, alternadamente, viva, considerar-se-á domicílio seu qualquer delas".

Havendo dois ou mais réus, com diferentes domicílios, serão demandados no foro de qualquer deles, à escolha do autor.

Sendo incerto ou desconhecido o domicílio do réu, ele poderá ser demandado onde for encontrado ou no foro do domicílio do autor.

6.4. Domicílio e Execução Fiscal

Preceitua o § 5º do art. 46 do atual C.P.C. que a execução fiscal será proposta no foro de domicílio do réu, no de sua residência ou no do lugar onde for encontrado.[263]

Regra similar havia no art. 578 do C.P.C. de 1973 que assim dispunha: "a execução fiscal (art. 585, VII) será proposta no foro do domicílio do réu; se não o tiver, no de sua residência ou no lugar onde for encontrado".

A diferença entre os dois dispositivos é que o §5º do art. 46 do atual C.P.C. sugere uma opção da Fazenda Pública para o ajuizamento da execução fiscal no domicílio ou na residência do executado, ao contrário do art. 578 do C.P.C. de 1973 que dava preferência ao foro do domicílio do réu.

Assim, pela nova regra processual, a execução fiscal poderá ser proposta no foro do domicílio do réu ou de sua residência, ou, não tendo domicílio ou residência, no lugar em que for encontrado.

[263] Súmula 58 do S.T.J.: "Proposta a execução fiscal, a posterior mudança de domicílio do executado não desloca a competência já fixada".

O S.T.J., ainda sob a égide de vigência do C.P.C. de 1973, em julgamento de Recurso Especial Representativo de Controvérsia, assim se manifestou sobre a questão da competência em execução fiscal:

> PROCESSUAL CIVIL. RECURSO ESPECIAL REPRESENTATIVO DE CONTROVÉRSIA. ART. 543-C, DO CPC. EXECUÇÃO FISCAL. ART. 578, § ÚNICO DO CPC. MUDANÇA DE DOMICÍLIO ANTERIOR AO AJUIZAMENTO DA AÇÃO. FORO COMPETENTE. RESSALVA DO PONTO DE VISTA DO RELATOR.
>
> 1. A competência para a propositura da execução fiscal subsume-se aos foros concorrentes explicitados no art. 578 do CPC, verbis: "Art. 578. A execução fiscal (art. 585, VI) será proposta no foro do domicílio do réu; se não o tiver, no de sua residência ou no do lugar onde for encontrado.
>
> Parágrafo Único. Na execução fiscal, a Fazenda Pública poderá escolher o foro de qualquer um dos devedores, quando houver mais de um, ou o foro de qualquer dos domicílios do réu; a ação poderá ainda ser proposta no foro do lugar em que se praticou o ato ou ocorreu o fato que deu origem à dívida, embora nele não mais resida o réu, ou, ainda, no foro da situação dos bens, quando a dívida deles se originar." 2. Consectariamente, o devedor não tem assegurado o direito de ser executado no foro de seu domicílio, salvo se nenhuma das espécies do parágrafo único se verificar. (ERESP n.º 787.977/SE, Primeira Seção, DJ. 25.02.2008).
>
> (Precedentes: REsp 1128139/MS, Rel. Ministra ELIANA CALMON, SEGUNDA TURMA, julgado em 01/10/2009, DJe 09/10/2009; REsp 1062121/SP, Rel.
>
> Ministro LUIZ FUX, PRIMEIRA TURMA, julgado em 25/08/2009, DJe 21/09/2009; REsp 905.943/MS, Rel. Ministra DENISE ARRUDA, PRIMEIRA TURMA, julgado em 03/02/2009, DJe 26/02/2009; REsp 460.606/SE, Rel.
>
> Ministro CASTRO MEIRA, SEGUNDA TURMA, DJ 23/05/2005; REsp 254.199/MS, Rel. Ministro FRANCIULLI NETTO, SEGUNDA TURMA, DJ 24/06/2002) 3. A Súmula 58 do E. STJ não se aplica em data anterior à propositura da ação fiscal, oportunidade em que vige a regra do art.
>
> 578 do CPC.
>
> 4. In casu, restou assentado no acórdão recorrido que, não obstante o domicílio atual da recorrida seja em Santa Cruz do Sul/RS, fora antes, à época do processo administrativo fiscal, o Município de São Félix do Xingu, no Estado do Pará, local em que situado o imóvel objeto da dívida tributária

em tela, in verbis: "Ao que se vê, à época da discussão do crédito no PA 10218.000248/2001-78, a agravada possuía domicílio em Belém/PA.

Porém, antes do ajuizamento da EF, alterou seu domicílio para Santa Cruz do Sul-RS.

4 – Os documentos apresentados pela agravante não são suficientes para comprovar que a executada tenha, atualmente, domicílio em Belém/PA. Ademais, consta na decisão agravada que o domicílio da executada no auto de infração (não apresentado neste agravo) é Santa Cruz do Sul/RS, nestes termos: "No caso em análise, a excipiente alega que tem domicílio no município de Santa Cruz do Sul/RS e que tal informação constou do auto de infração lavrado em face do não recolhimento do ITR incidente sobre a propriedade Fazenda Santa Cruz.

Com efeito, conforme se verifica do referido documento juntado às fl. 07/14, há indicação de que o endereço do excipiente era o mesmo por ele informado na inicial desse incidente, isto é, Rua 28 de Setembro, n. 1.808, Centro, Santa Cruz do Sul/RS, sendo que ali também consta outro endereço, este porém do imóvel tributado, localizado no município de São Félix do Xingu, neste Estado" (grifei).

5. Recurso especial provido. Acórdão submetido ao regime do art. 543-C do CPC e da Resolução STJ 08/2008.

(REsp 1120276/PA, Rel. Ministro LUIZ FUX, PRIMEIRA SEÇÃO, julgado em 09/12/2009, DJe 01/02/2010)

6.5. Competência do Foro do Domicílio do Ausente

Desaparecendo uma pessoa do seu domicílio sem dela haver notícia, se não houver deixado representante ou procurador a quem caiba administrar-lhe os bens, o juiz, a requerimento de qualquer interessado ou do Ministério Público, declarará a ausência, e nomear-lhe-á curador (art. 22 do C.c.b.).

Também se declarará a ausência, e se nomeará curador, quando o ausente deixar mandatário que não queira ou não possa exercer ou continuar o mandato, ou se os seus poderes forem insuficientes (art. 23 do C.c.b.).

Conforme preconiza o art. 49 do atual C.P.C., as demandas em que o ausente for réu correm ou tramitam no foro de seu último domicílio, que é também competente para arrecadação de bens, inventário, a partilha e cumprimento de testamento.

Se o ausente não tinha domicílio certo, as demandas poderão ser propostas no foro de localização dos bens. Se os bens estiverem localizados em vários lugares, o autor da demanda poderá escolher qualquer um deles.

Se o ausente não tinha domicilio conhecido e também não deixou bens imóveis ou móveis, a competência desloca-se para o domicílio do autor da própria demanda.

6.6. Competência do Foro do Domicílio do Representante Legal ou Assistente de Incapaz

O incapaz, nos termos do artigo 50 do novo C.P.C., tem domicilio *necessário* no mesmo endereço do seu representante legal, aliás conforme determina o artigo 76 e seu parágrafo único do Código Civil brasileiro, *in verbis:*

> Têm domicílio necessário o incapaz, o servidor público, o militar, o marítimo e o preso. O domicílio do incapaz é o do seu representante ou assistente; o do servidor público, o lugar em que exercer permanentemente suas funções; o do militar, onde servir, e, sendo da Marinha ou da Aeronáutica, a sede do comando a que se encontrar imediatamente subordinado; o do marítimo, onde o navio estiver matriculado; e o do preso, o lugar em que cumprir a sentença (p.u. do art. 76 do C.c.b.).

Em se tratando de guarda compartilhada, a cidade considerada base de moradia dos filhos será aquela que melhor atender aos interesses dos filhos (art. 1.583, §3º do C.c. b., com a redação dada pela Lei n. 13.058, de 22 de dezembro de 2014).

A ação em que o incapaz for réu será proposta no foro de domicílio de seu representante ou assistente.[264]

A representação é tanto do incapaz impúbere quanto do incapaz púbere, maior de 16 e menor de 18 anos de idade. Por isso a Câmara dos Deputados apresentou emenda para nessa competência também mencionar o domicílio do *assistente* na hipótese de menor púbere.

Essa determinação de competência tem por finalidade dar prioridade absoluta aos interesses do incapaz, aliás, conforme já determina o art. 147, inc. I, do ECA – Estatuto da Criança e Adolescente.

[264] Súmula 383 do S.T.J.: *"A competência para processar e julgar as ações conexas de interesse do menor é, em princípio, do foro do domicílio do detentor de sua guarda"*.

Na falta de domicílio do representante legal ou do assistente, a competência será determinada pelo lugar onde se encontre a criança ou adolescente (art. 147, inc. II, do ECA).

Há entendimento, inclusive, que se houver alteração do domicílio do representante legal do incapaz durante o trâmite processual, deve o processo ser remetido ao novo foro competente, não se aplicando nessa hipótese a *perpetuatio jurisdictionis*. (CC 114.782/RS, Rel. Ministra NANCY ANDRIGHI, SEGUNDA SEÇÃO, julgado em 12/12/2012, DJe 19/12/2012; CC 109.840/PE, Rel. Ministra NANCY ANDRIGHI, SEGUNDA SEÇÃO, julgado em 09/02/2011, DJe 16/02/2011).

Também será competente o foro do domicílio do representante ou assistente do incapaz para julgamento da ação de reconhecimento e dissolução da união estável.

6.7. Competência do Foro do Domicílio para as Causas em que Seja Autora ou Ré a União

Nos termos do art. 51 do novo C.P.C., é competente o foro de domicílio do réu para as causas em que seja autora a União.

Já o p.u. do art. 51 do novo C.P.C. aduz que se a União for a demandada, a ação poderá ser proposta no foro de domicílio do autor, no de ocorrência do ato ou fato que originou a demanda, no de situação da coisa ou no Distrito Federal.

No direito comparado, encontram-se as seguintes regras de competência quando haja intervenção estatal:

Código de Processo Civil português:

> Artigo 81.º Regra geral para as pessoas coletivas e sociedades
>
> 1 – Se o réu for o Estado, ao tribunal do domicílio do réu substitui –se o do domicílio do autor.
>
> (...).

Código de Processo Civil italiano:

> Art. 25. (foro da administração pública).
>
> Para as causas nas quais é parte uma administração do Estado, é competente, segundo as normas das leis especiais sobre representação e defesa do Estado em juízo e nos casos ali previstos, o juiz do lugar onde tem sede oficial

o advogado do Estado, cujo distrito encontra-se o juiz que será competente segundo as normas ordinárias. Quando a administração é re, tal distrito se determina com observância do juiz do lugar em que surgiu ou deva ser cumprida a obrigação ou em que se encontra a coisa móvel ou imóvel objeto da demanda.

O art. 51 do novo C.P.C. faz referência, apenas, à União, não inserindo no seu conteúdo normativo as autarquias federais.

Em se tratando de autarquia federal, e sendo ela autora da demanda, a regra de competência será a do art. 46 do novo C.P.C., ou seja, na ação fundada em direito pessoal ou em direito real sobre bens móveis a competência será a do foro do domicílio do réu.

Porém, se a autarquia federal for a demandada, a competência do juízo deveria ser regulada pelo art. 53, inc. III, letra, a, b, c e d do novo C.P.C., ou seja, a demanda deveria ser proposta ou no lugar onde está a sede da pessoa jurídica ou onde se achar sua agência ou sucursal, quanto às obrigações que a pessoa jurídica contraiu, ou, ainda, onde a obrigação deveria ser satisfeita, para a ação em que se lhe exigir o cumprimento.[265]

[265] AGRAVO REGIMENTAL NO RECURSO ESPECIAL. PREVIDENCIÁRIO. AÇÃO AJUIZADA CONTRA AUTARQUIA FEDERAL. COMPETÊNCIA TERRITORIAL. ART. 109, § 3º, DA CONSTITUIÇÃO FEDERAL. DISPOSITIVO CONSTITUCIONAL. INVIABILIDADE DE EXAME.
1. O recurso especial não é via adequada para analisar suposta ofensa a dispositivo constitucional, uma vez que reverter o julgado com base em dispositivo constitucional significaria usurpar competência que, por expressa determinação da Carta Maior, pertence ao colendo Supremo Tribunal Federal, e a competência traçada para o STJ, em recurso especial, restringe-se unicamente à uniformização da legislação infraconstitucional.
2. Conforme assinalado na decisão agravada, o provimento atacado foi proferido em sintonia com a jurisprudência consolidada neste Superior Tribunal, no sentido de que, nas ações ajuizadas contra autarquias federais, cabe ao autor a eleição do foro competente. No entanto, a faculdade que a legislação autoriza é de escolher o foro da sede da autarquia federal, sua agência ou sucursal, onde delinearam-se os fatos que geraram o litígio, conforme as regras contidas no art. 100, IV, "a" e "b", do Código de Processo Civil.
3. Agravo regimental a que se nega seguimento.
(AgRg no REsp 1076786/PR, Rel. Ministro MARCO AURÉLIO BELLIZZE, QUINTA TURMA, julgado em 19/03/2013, DJe 25/03/2013)
PROCESSUAL CIVIL. EMBARGOS DE DECLARAÇÃO RECEBIDOS COMO AGRAVO REGIMENTAL. PRINCÍPIO DA FUNGIBILIDADE RECURSAL. CONFLITO DE COMPETÊNCIA. AÇÃO AJUIZADA CONTRA A AGÊNCIA NACIONAL DE SAÚDE

Contudo, segundo entendimento do S.T.F., as autarquias federais gozam, de maneira geral, dos mesmos privilégios e vantagens processuais concedidos ao ente político a que pertencem, de modo que a elas não se aplica o que prevê o art. 53. inc. III, letra 'd' do novo C.P.C., porque isso resultaria na concessão de vantagem processual não reconhecida à União. Nesse sentido, é o seguinte precedente do S.T.F., julgamento realizado em sistema de repercussão geral:

> EMENTA: EMBARGOS DE DECLARAÇÃO. CONSTITUCIONAL. COMPETÊNCIA. CAUSAS AJUIZADAS CONTRA A UNIÃO. ART. 109, § 2º, DA CONSTITUIÇÃO FEDERAL. CRITÉRIO DE FIXAÇÃO DO FORO COMPETENTE. APLICABILIDADE ÀS AUTARQUIAS FEDERAIS, INCLUSIVE AO CONSELHO ADMINISTRATIVO DE DEFESA ECONÔMICA - CADE. ARGUMENTOS INSUFICIENTES PARA MODIFICAÇÃO DA DECISÃO EMBARGADA. EMBARGOS DE DECLARAÇÃO REJEITADOS. 1. A faculdade atribuída ao autor quanto à escolha do foro competente entre os indicados no art. 109, § 2º, da Constituição Federal para julgar as ações propostas contra a União tem por escopo facilitar o acesso ao Poder Judiciário àqueles que se encontram afastados das sedes das autarquias. 2. As autarquias federais gozam, de maneira geral, dos mesmos privilégios e vantagens processuais concedidos ao ente político a que pertencem, de modo que a elas não se aplica o que previa o art. 100, IV, a, do CPC de 1973, porque isso resultaria na concessão de vantagem processual não reconhecida à União. 3. Embargos de declaração rejeitados (regime do CPC de 1973).

SUPLEMENTAR EM VIRTUDE DE COBRANÇA DA TAXA DE RESSARCIMENTO AO SUS. COMPETÊNCIA TERRITORIAL. ART. 100, IV, "A", DO CPC. PRECEDENTES.
1. Embargos de Declaração recebidos como Agravo Regimental. Princípio da fungibilidade recursal.
2. A Primeira Seção do Superior Tribunal de Justiça consolidou entendimento no sentido de que a ação ajuizada contra regras gerais impostas pela ANS será competência do juízo da sede daquela autarquia, visto que a demanda não se insurge contra obrigação contratual contraída em agência ou sucursal, não incidindo o artigo 100, inciso IV, "b", do Código de Processo Civil, mas o disposto no artigo 100, inciso IV, "a", ou seja, "onde está a sede, para a ação em que for ré a pessoa jurídica".
3. Agravo Regimental não provido.
(EDcl no REsp 1520195/SP, Rel. Ministro HERMAN BENJAMIN, SEGUNDA TURMA, julgado em 02/06/2015, DJe 05/08/2015)

(RE 627709 ED, Relator(a): Min. EDSON FACHIN, Tribunal Pleno, julgado em 18/08/2016, PROCESSO ELETRÔNICO DJe-244 DIVULG 17-11-2016 PUBLIC 18-11-2016)[266]

É importante salientar o teor da Súmula n. 11 do S.T.J.: A PRESENÇA DA UNIÃO OU DE QUALQUER DE SEUS ENTES, NA AÇÃO DE USUCAPIÃO ESPECIAL, NÃO AFASTA A COMPETENCIA DO FORO DA SITUAÇÃO DO IMOVEL.

[266] No voto do Ministro Fachin, ficou assim consignado:
"O tema discutido nos autos diz respeito à aplicabilidade às autarquias federais do art. 109, § 2º, da Constituição Federal, que atribui ao autor a faculdade de escolha do foro competente, entre os indicados no mencionado preceito, para julgar as ações propostas contra a União. Como bem esposado no voto proferido pelo Min. Ricardo Lewandowski, meu antecessor na relatoria do feito, o referido dispositivo constitucional tem por escopo facilitar a propositura de ação do jurisdicionado contra a União. Isso porque, através de simples leitura do dispositivo constitucional sob exame, conclui-se que o preceito foi concebido para favorecer o polo da demanda que, dispondo da faculdade de escolha entre um daqueles foros indicados, terá mais facilidade para obter a pretendida prestação jurisdicional. Dúvida não há que o ordenamento constitucional, neste aspecto, objetivou facilitar o acesso ao Poder Judiciário da parte quando litiga contra a União. Ressalte-se que a Procuradoria-Geral Federal, vinculada à Advocacia-Geral da União, composta por procuradores federais, é responsável pela representação judicial e extrajudicial das autarquias e fundações públicas federais, sendo inquestionável o alcance da norma prevista no § 2º do art. 109 da Constituição Federal às autarquias federais. Sufragar o entendimento defendido pelo recorrente significaria minar a intenção do constituinte originário de tornar mais simples o acesso do jurisdicionado ao Poder Judiciário, quando se tratar de litígio com o ente público federal. Ressalto, entretanto, que isso não significa dizer que a legislação processual civil conflita com a Lei Maior, mas, sim, que aquela não se aplica ao caso dos autos. Além disso, as autarquias federais possuem, de maneira geral, os mesmos privilégios e vantagens processuais concedidos ao ente político União. Desse modo, a fixação do foro competente com base no art. 100, IV, a , do CPC nas ações propostas contra as autarquias federais resultaria na concessão de vantagem processual não estabelecida para a União, ente maior, que possui foro privilegiado limitado pelo art. 109, § 2º, da Constituição Federal. (...).
Nesse mesmo sentido, cito os seguintes precedentes, envolvendo diversas autarquias federais (Agência Nacional de Saúde Suplementar ANS, Instituto Brasileiro do Meio Ambiente e dos Recursos Naturais Renováveis IBAMA, Conselho Federal de Medicina CFM e Instituto Nacional do Seguro Social INSS): RE 499.093-AgR-segundo/PR e AI 793.409/RS, de minha relatoria; RE 234.059/AL, Rel. Min. Menezes Direito; RE 484.235-AgR/MG, Rel. Min. Ellen Gracie; RE 488.704/RJ, RE 527.498/SC e RE 603.311/RS, Rel. Min. Marco Aurélio; RE 590.649/RJ, RE 474.691/SC e RE 491.331/SC, Rel. Min. Cármen Lúcia; RE 474.825/PR, Rel. Min. Dias Toffoli."

6.7.1. Competência do Domicílio do Réu Quando a Autora for a União

Segundo estabelece o art. 51 do novo C.P.C., é competente o foro de domicílio do réu para as causas em que seja autora a União.

O artigo 51 do novo C.P.C. apenas repetiu o que já estava previsto no art. 109, §1º, da Constituição Federal: *"As causas em que a União for autora serão aforadas na seção judiciária onde tiver domicílio a outra parte"*.

Entenda-se 'seção judiciária' como abrangente também de subseção judiciária em razão da interiorização da Justiça Federal.

Apesar de a competência ser estatuída com base no critério da territorialidade (lugar do domicílio do réu), a sua previsão Constitucional (art. 109, §1º) em favor da parte menos favorecida (quando a União for a parte autora) configura uma competência de natureza absoluta, podendo, portanto, ser reconhecida de ofício pelo juiz.

Mutatis mutantis, sobre o tema eis a seguinte decisão do S.T.J.:

> PROCESSUAL CIVIL. RECURSO ESPECIAL. EXECUÇÃO FISCAL. INEXISTÊNCIA DE SEDE DE VARA FEDERAL NO MUNICÍPIO DE DOMICÍLIO DO RÉU. COMPETÊNCIA DEFERIDA À JUSTIÇA ESTADUAL. RECONHECIMENTO DE OFÍCIO. LEGALIDADE. ARTIGOS 109, § 3º DA CF E 578 DO CPC. PRECEDENTE. RECURSO ESPECIAL NÃO-PROVIDO.
>
> 1. Trata-se de recurso especial fundado na alínea "a" do permissivo constitucional, interposto pela Fazenda Nacional em sede de agravo de instrumento proveniente de execução fiscal, contra acórdão que, ao decidir sobre a competência para o julgamento da causa, deferiu à Justiça Estadual a competência para o julgamento da causa, em razão de o Município do domicílio do réu não ser sede de Vara Federal.
>
> Alega-se ofensa do artigo 112 do Código de Processo Civil ('Argüiu-se, por meio de exceção, a incompetência relativa'), buscando -se a reforma do acórdão recorrido sob o argumento de que a incompetência relativa não pode ser argüida de ofício.
>
> 2. Todavia, o inconformismo não merece amparo, isto porque, na espécie, o aresto apenas reconheceu à parte recorrida direito fixado na Constituição Federal, art. 109, § 3º, que assim dispõe: Art. 109 – Aos juízes federais compete processar e julgar: [...] § 3º – Serão processadas e julgadas na justiça estadual, no foro do domicílio dos segurados ou beneficiários, as causas em que forem parte instituição de previdência social e segurado, sempre que a

comarca não seja sede de vara do juízo federal, e, se verificada essa condição, a lei poderá permitir que outras causas sejam também processadas e julgadas pela justiça estadual.

Por seu turno, o próprio Código de Processo Civil (art. 578) assegura o direito em comento: Art. 578 – A execução fiscal (Art. 585, VI) será proposta no foro do domicílio do réu; se não o tiver, no de sua residência ou no do lugar onde for encontrado.

Aplicando necessária interpretação teleológica à situação posta, cumpre assegurar ao recorrido o direito de ver sua causa julgada em seu domicílio que, não sendo Sede de Vara da Justiça Federal, determina o julgamento, excepcionalmente, pela Justiça Estadual.

Precedente: Resp 571.719/RS, DJ 13/06/2005, Rel. Min. Eliana Calmon.

3. Recurso especial não-provido.

(REsp 1019115/PE, Rel. Ministro JOSÉ DELGADO, PRIMEIRA TURMA, julgado em 20/05/2008, DJe 23/06/2008).

6.7.2. Competência do Domicílio do Autor Quando a União For a Demandada

O parágrafo único do art. 51 do novo C.P.C. prescreve que se a União for a demandada, a demanda poderá ser proposta no foro de domicílio do autor, no de ocorrência do ato ou fato que originou a demanda, no de situação da coisa ou no Distrito Federal.[267]

[267] EMENTA: AGRAVO REGIMENTAL NO RECURSO EXTRAORDINÁRIO. CONSTITUCIONAL. PROCESSUAL CIVIL. COMPETÊNCIA. DESAPROPRIAÇÃO INDIRETA. AÇÃO INTENTADA CONTRA A UNIÃO. ART. 109, 2º, DA CONSTITUIÇÃO. AGRAVO IMPROVIDO.

I – O art. 109, § 2º, da Constituição assegurou ao autor a faculdade de escolher, entre as alternativas delineadas pela Carta Magna, o foro para ajuizar as ações intentadas contra a União. Precedentes.

II – O constituinte não determinou qualquer correlação entre a opção do autor e a natureza da ação proposta contra a União. Assim, o fato de se tratar de uma ação real não impede o autor de escolher, entre as opções definidas pela Lei Maior, o foro mais conveniente à satisfação de sua pretensão.

III – Agravo regimental improvido.

(RE 599188 AgR, Relator(a): Min. RICARDO LEWANDOWSKI, Primeira Turma, julgado em 14/06/2011, DJe-124 DIVULG 29-06-2011 PUBLIC 30-06-2011 EMENT VOL-02554-01 PP-00202)

O p.u. do art. 51 do novo C.P.C. apenas repetiu o que já estava previsto no art. 109, §2º, da Constituição Federal: "As causas intentadas contra a União poderão ser aforadas na seção judiciária em que for domiciliado o autor, naquela onde houver ocorrido o ato ou fato que deu origem à demanda ou onde esteja situada a coisa, ou, ainda, no Distrito Federal".[268] A expressão 'seção judiciária' abrange também a 'subseção judiciária', tendo em vista a interiorização da Justiça Federal.

É taxativo o rol de opção previsto no art. 109, §2º da C.F. ou no p.u. do art. 51 do novo C.P.C., não podendo ser ampliado ou restringido.

Ao contrário do que foi estabelecido no §1º, o §2º do art. 109 da C.F. trata de competência de natureza relativa, razão pela qual o juiz não poderá analisá-la e refutá-la de ofício.

Na realidade, o constituinte optou por conceder privilégio à parte menos favorecida que litiga com a União Federal, oportunizando a escolha do juízo quando a União for a demandada.[269]

EMENTA Agravo regimental no recurso extraordinário. Ações propostas contra a União. Competência. Justiça Federal. 1. A jurisprudência desta Corte firmou entendimento no sentido de que a parte autora pode optar pelo ajuizamento da ação contra a União na capital do Estado-membro, mesmo quando instalada Vara da Justiça Federal no município do mesmo Estado em que domiciliada. 2. Agravo regimental não provido.
(RE 641449 AgR, Relator(a): Min. DIAS TOFFOLI, Primeira Turma, julgado em 08/05/2012, ACÓRDÃO ELETRÔNICO DJe-106 DIVULG 30-05-2012 PUBLIC 31-05-2012)

[268] Essa prerrogativa de escolha de competência foi conferida também ao segurado da previdência social. Nesse sentido estabelece a Súmula 689 do S.T.F.: "O segurado pode ajuizar ação contra a instituição previdenciária perante o juízo federal do seu domicílio ou nas varas federais da Capital do Estado-Membro".
É importante salientar que a divisão entre Seções Judiciárias e Subseções Judiciárias é de natureza territorial e não funcional, conforme bem estabelece a Súmula 23 do Tribunal Regional Federal da 3ª Região: "É territorial e não funcional a divisão da Seção Judiciária de São Paulo em Subseções. Sendo territorial, a competência é relativa, não podendo ser declinada de ofício, conforme dispõe o art. 112 do CPC e Súmula 33 do STJ".

[269] Mutatis mutantis, eis a seguinte decisão do S.T.J.:
CONFLITO NEGATIVO DE COMPETÊNCIA. REVISÃO DE BENEFÍCIO PREVIDENCIÁRIO. AÇÃO AJUIZADA NO JUÍZO FEDERAL DA CIRCUNSCRIÇÃO JUDICIÁRIA DO DOMICÍLIO DA AUTORA. ART. 109, § 3º, DA CONSTITUIÇÃO FEDERAL. COMPETÊNCIA RELATIVA. IMPOSSIBILIDADE DE DECLARAÇÃO DE OFÍCIO. SÚMULA 33/STJ. COMPETÊNCIA DO JUÍZO FEDERAL.
1. A competência prevista no artigo 109, § 3º, da Constituição Federal é relativa, e não pode ser declinada de ofício pelo magistrado, de acordo com a Súmula n. 33/STJ.

2. Não pode o Juiz Federal, sem provocação do réu, se recusar a ofertar a prestação jurisdicional, quando o segurado optar por ajuizar a demanda previdenciária junto à Justiça Federal em detrimento do ajuizamento junto a Juízo de Direito da Comarca do seu domicilio.
3. Conflito conhecido para declarar a competência do Juízo Federal da 1ª Vara da Seção Judiciária do Estado de Pernambuco, o suscitado.
(CC 116.919/PE, Rel. Ministra ALDERITA RAMOS DE OLIVEIRA (DESEMBARGADORA CONVOCADA DO TJ/PE), TERCEIRA SEÇÃO, julgado em 12/09/2012, DJe 18/09/2012).
Na mesma linha argumentativa é o seguinte precedente:
CONFLITO DE COMPETÊNCIA. EXECUÇÃO DE TÍTULO EXTRAJUDICIAL AJUIZADA NA JUSTIÇA ESTADUAL. ASSISTÊNCIA DA UNIÃO. REMESSA DOS AUTOS À JUSTIÇA FEDERAL. CONFLITO SUSCITADO ENTRE JUÍZES FEDERAIS VINCULADOS A TRIBUNAIS DIVERSOS. PRINCÍPIO DA PERPETUATIO JURISDICTIONIS. COMPETÊNCIA RELATIVA. IMPOSSIBILIDADE DE ALTERAÇÃO EM DECORRÊNCIA DE PEDIDO INFUNDADO DOS AUTORES. COMPETÊNCIA DO JUÍZO FEDERAL DA LOCALIDADE ONDE FOI PROPOSTA A DEMANDA.
1. No caso em apreço, não há dúvida a respeito da competência da Justiça Federal para processar e julgar a demanda, pois houve a intervenção da União na qualidade de assistente (CF, art. 109, I).
Todavia, discute-se se a execução de título extrajudicial em questão deve ser apreciada pelo Juízo Federal de Curitiba – localidade onde foi ajuizada a ação – ou do Rio de Janeiro – sede da empresa executada (ELETROBRÁS).
2. Observa-se que os autores optaram por ajuizar a demanda na Justiça Estadual da Comarca de Curitiba/PR, embora tenham indicado o endereço da executada em outra cidade – Rio de Janeiro. Após o pedido de assistência formulado pela União, os autos foram corretamente encaminhados para a Justiça Federal de Curitiba – SJ/PR –, não havendo fundamento legal para a posterior remessa dos autos à Justiça Federal da Seção Judiciária do Rio de Janeiro.
3. Conforme a dicção do art. 87 do Código de Processo Civil, "determina-se a competência no momento em que a ação é proposta. São irrelevantes as modificações do estado de fato ou de direito ocorridas posteriormente, salvo quando suprimirem o órgão judiciário ou alterarem a competência em razão da matéria ou da hierarquia".
4. Por sua vez, o art. 94, § 4º, do referido diploma legal, estabelece que, havendo dois ou mais réus com diferentes domicílios, a demanda poderá ser ajuizada em qualquer um deles. Outrossim, o art. 99, I, do CPC, elege o foro da Capital do Estado ou do Território para as causas em que a União for autora, ré, ou interveniente.
5. Além disso, cumpre ressaltar que a competência territorial é relativa, e, portanto, só poderia a incompetência ser argüida por meio de exceção (CPC, art. 112). Logo, feita a escolha e ajuizada a ação, ficou definida a competência do Juízo Federal Paranaense (CPC, art. 87), não podendo ser reconhecida eventual incompetência do Juízo em decorrência de pedido da parte autora.
6. Desse modo, considerando que os autores escolheram a Cidade de Curitiba/PR para ajuizar a ação, a União passou a fazer parte da relação jurídica processual como assistente, e tendo

O S.T.F. entende que o autor, ao litigar com a União, poderá promover a demanda na capital do Estado-membro, mesmo quando instalada Vara da Justiça Federal no município do mesmo Estado em que domiciliado. Nesse sentido é o seguinte precedente:

> EMENTA Agravo regimental no recurso extraordinário. Ações propostas contra a União. Competência. Justiça Federal. 1. A jurisprudência desta Corte firmou entendimento no sentido de que a parte autora pode optar pelo ajuizamento da ação contra a União na capital do Estado-membro, mesmo quando instalada Vara da Justiça Federal no município do mesmo Estado em que domiciliada. 2. Agravo regimental não provido.
>
> (RE 641449 AgR, Relator(a): Min. DIAS TOFFOLI, Primeira Turma, julgado em 08/05/2012, ACÓRDÃO ELETRÔNICO DJe-106 DIVULG 30-05-2012 PUBLIC 31-05-2012).

A prerrogativa Constitucional de escolha do juízo para a propositura da demanda abrange também o Mandado de Segurança, prevalecendo a regra de competência constitucional sobre a própria Lei do Mandado de Segurança, que indica como juízo competente o da localidade em que se situa autoridade coatora. Nesse sentido, é o seguinte precedente do S.T.J.:

> PROCESSUAL CIVIL. CONFLITO DE COMPETÊNCIA. MANDADO DE SEGURANÇA. CAUSAS CONTRA A UNIÃO. FORO DO DOMICÍLIO DO IMPETRANTE. OPÇÃO. ALTERAÇÃO JURISPRUDENCIAL.
>
> 1. Tendo em vista o entendimento do STF, o STJ reviu seu posicionamento anterior e, visando facilitar o acesso ao Poder Judiciário, estabeleceu que as causas contra a União poderão, de acordo com a opção do autor, ser ajuizadas perante os juízos indicados no art. 109, § 2º, da Constituição Federal.
>
> 2. Caberá, portanto, à parte impetrante escolher o foro em que irá propor a demanda, podendo ajuizá-la no foro de seu domicílio.

em vista que, até o momento, não houve a oposição de exceção de incompetência pela parte executada, é inviável a alteração da competência territorial pelo mero argumento de atribuir agilidade ao processo de execução, em razão da falta de amparo legal.

7. Conflito conhecido para declarar a competência do Juízo Federal da 9ª Vara de Curitiba – SJ/PR, o suscitado.

(CC 48.154/RJ, Rel. Ministra DENISE ARRUDA, PRIMEIRA SEÇÃO, julgado em 13/09/2006, DJ 02/10/2006, p. 206)

Precedente: AgInt no CC 150269/AL, Relator Ministro FRANCISCO FALCÃO, PRIMEIRA SEÇÃO, DJe 22/06/2017.

3. Agravo interno desprovido.

(AgInt no CC 153.138/DF, Rel. Ministro GURGEL DE FARIA, PRIMEIRA SEÇÃO, julgado em 13/12/2017, DJe 22/02/2018).

6.7.3. Competência do Domicílio do Segurado ou Beneficiário – Art. 109, §3º, da Constituição Federal

Segundo estabelece o §3º do art. 109 da Constituição Federal: "Serão processadas e julgadas na justiça estadual, no foro do domicílio dos segurados ou beneficiários, as causas em que forem parte instituição de previdência social e segurado, sempre que a comarca não seja sede de vara do juízo federal, e, se verificada essa condição, a lei poderá permitir que outras causas sejam também processadas e julgadas pela justiça estadual"

Em se tratando de autarquia previdenciária, o art. 109, §3º, da Constituição Federal, permite que a demanda seja processada e julgada na justiça estadual, no foro do domicílio dos segurados ou beneficiários, sempre que a comarca não seja sede de vara do juízo federal.[270]

[270] A competência estende-se igualmente à pretensão de benefício assistencial (CC 37.717/SP, Terceira Seção, Rel. Min. HAMILTON CARVALHIDO, DJ de 9/12/03). No mesmo sentido: PREVIDENCIÁRIO. ASSISTÊNCIA SOCIAL. CONFLITO NEGATIVO DE COMPETÊNCIA. JUSTIÇA ESTADUAL E JUIZADO ESPECIAL FEDERAL. RESTABELECIMENTO DE BENEFÍCIO DE PRESTAÇÃO CONTINUADA. DEMANDA AJUIZADA NO JUÍZO ESTADUAL EM DATA ANTERIOR À INSTALAÇÃO DO JUIZADO ESPECIAL FEDERAL. INCIDÊNCIA DO ART. 25 DA LEI 10.259/2001. PRECEDENTES. COMPETÊNCIA DA JUSTIÇA ESTADUAL.

1. A Terceira Seção desta Corte entendeu que a expressão "beneficiários" constante do art. 109, § 3º, da Constituição Federal, deve ser interpretada extensivamente, englobando também as pessoas que recebem o benefício de prestação continuada, previsto na Lei Orgânica da Assistência Social.

2. O mesmo colegiado firmou entendimento de ser da Justiça Estadual a competência para o julgamento das ações ajuizadas em data anterior à instalação de Juizado Especial Federal, a teor do disposto no art.

25 da Lei nº 10.259/2001, o qual estabelece expressamente que tais demandas não serão remetidas aos referidos Juizados Especiais.

3. Conflito conhecido para declarar competente o Juízo de Direito da 3ª Vara Cível de Catanduva, ora suscitante, para julgar a demanda em tela.

(CC 62.524/SP, Rel. Ministra MARIA THEREZA DE ASSIS MOURA, TERCEIRA SEÇÃO, julgado em 28/03/2007, DJ 30/04/2007, p. 281)

A regra constitucional visa, portanto, a "beneficiar e facilitar o acesso à Justiça das partes envolvidas e entregar a prestação jurisdicional mais rápida e eficientemente, de modo que o processo tramite no foro do domicílio do beneficiário, aferido ao tempo do ajuizamento da ação...".[271]

O §3º do art. 109 da Constituição Federal estabelece um critério de competência 'concorrente' entre a Justiça Estadual e a Justiça Federal, tendo em vista que caberá ao segurado ou beneficiário escolher entre o foro estadual ou federal.

Estabelece a Súmula 8 do Tribunal Regional Federal da 4ª Região: "Subsiste no novo texto constitucional a opção do segurado para ajuizar

Ocorrendo a cumulação de pedidos, assim preconiza a Súmula 170 do S.T.J.: "Compete ao juízo onde primeiro for intentada a ação envolvendo acumulação de pedidos, trabalhista e estatutário, decidi-la nos limites de sua jurisdição, sem prejuízo do ajuizamento de nova causa, com pedido remanescente, no juízo próprio".

Porém, havendo cumulação de pedidos, benefício previdenciário e pagamento de danos morais pelo indeferimento do benefício, a competência será da Justiça Federal ou da Justiça Estadual em função delegada, pois os pedidos estão interligados. Nesse sentido:

PROCESSUAL CIVIL E PREVIDENCIÁRIO. CONFLITO NEGATIVO DE COMPETÊNCIA. JUSTIÇA ESTADUAL E JUSTIÇA FEDERAL. CONCESSÃO DE APOSENTADORIA POR IDADE CUMULADA COM INDENIZAÇÃO POR DANOS MORAIS. ART. 109, § 3º, DA CR/88. FORO. OPÇÃO PELO SEGURADO. COMPETÊNCIA DA JUSTIÇA ESTADUAL. SUSCITADO.

1. Extrai-se dos autos que o pedido do autor consiste na concessão de aposentadoria por idade, bem como na condenação do INSS ao pagamento de indenização por danos morais.
2. O autor optou pela Justiça Estadual localizada no foro de seu domicílio, que por sua vez não possui Vara Federal instalada, nos termos do art. 109, § 3º, da CR/88.
3. Entende esta Relatoria que o pedido de indenização por danos morais é decorrente do pedido principal, e a ele está diretamente relacionado.
4. Consoante regra do art. 109, § 3º, da CR/88, o Juízo Comum Estadual tem sua competência estabelecida por expressa delegação constitucional.
5. Conflito de competência conhecido para declarar a competência do Juízo de Direito da 1ª Vara de Registro-SP.

(CC 111.447/SP, Rel. Ministro CELSO LIMONGI (DESEMBARGADOR CONVOCADO DO TJ/SP), TERCEIRA SEÇÃO, julgado em 23/06/2010, DJe 02/08/2010)

No mesmo sentido: CC 112008/SP, Rel. Ministro Felix Fischer, DJ de 02/09/2010; CC 111459, Rel. Ministro Felix Fischer, DJ de 08/09/2010; CC 111464/SP, Rel. Ministro Napoleão Nunes Maia Filho,

DJ de 01/09/2010; CC 111481, Rel. Ministro Og Fernandes, DJ de 25/05/2010.

[271] BOCHENEK, A. C.; DALAZOANA, V., op. cit. p. 158.

ações contra a Previdência Social no foro estadual do seu domicílio ou no do Juízo Federal".

Em face da permissão constitucional, o segurado, dependentes ou beneficiários de uma maneira geral da previdência social[272], independentemente de sua localização no pólo da demanda, poderá demandar ou ser demandado pela autarquia previdenciária – INSS, no foro de seu domicílio, perante a justiça estadual, desde que a Comarca não seja sede de vara de juízo federal.[273]

Segundo estabelece a Súmula 20 do Tribunal Regional Federal da 3ª Região, "A regra do §3º do art. 109 da Constituição Federal abrange não só os segurados e beneficiários da previdência social, como também aqueles que pretendem ver declarada tal condição".

Em relação a mandado de segurança impetrado contra Chefe de Agência do INSS, ainda que tangenciando questão de natureza previdenciária, o S.T.J. vem entendendo que a competência é exclusiva da Justiça Federal.[274]

[272] CONFLITO DE COMPETÊNCIA. BENEFÍCIO ASSISTENCIAL. ARTIGO 109, PARÁGRAFO 3º, DA CONSTITUIÇÃO DA REPÚBLICA. INCIDÊNCIA. DESCUMPRIMENTO DE CARTA PRECATÓRIA. IMPOSSIBILIDADE.
1. A literalidade do parágrafo 3º do artigo 109 da Constituição da República deixa certo que à Justiça Estadual foi atribuída a competência excepcional para processar e julgar, no foro do domicílio dos segurados ou beneficiários, exclusivamente, as causas em que forem parte instituição de previdência social e segurado, sempre que a comarca não seja sede de vara do juízo federal, além daqueloutras permitidas em lei.
2. À luz da evidente razão da norma inserta no parágrafo 3º do artigo 109 da Constituição da República, é de se interpretá-la atribuindo força extensiva ao termo "beneficiários ", de modo a que compreenda os que o sejam do segurado, mas também aqueloutros do benefício da assistência social, como, aliás, resta implícita na jurisprudência desta Egrégia Terceira Seção, que tem compreendido no benefício previdenciário o benefício assistencial.
(CC 37.717/SP, Terceira Seção, Rel. Min. HAMILTON CARVALHIDO, DJ de 9/12/03).

[273] Súmula 15 do Tribunal Regional Federal da 2ª Região: "O §3º do art. 109 da Constituição de 1988, institui, quanto às causas de natureza previdenciária, hipótese de competência relativa, pelo que não elide a competência concorrente da Justiça Federal".
Súmula 24 do Tribunal Regional Federal da 3ª Região: "É facultado aos segurados ou beneficiários da Previdência Social ajuizar ação na Justiça Estadual de seu domicílio, sempre que esse não for sede de Vara da Justiça Federal".

[274] PROCESSUAL CIVIL. CONFLITO NEGATIVO DE COMPETÊNCIA. JUSTIÇAS ESTADUAL E FEDERAL. MANDADO DE SEGURANÇA. AUTORIDADE IMPETRADA. CHEFE DA AGÊNCIA DO INSS EM SERRA/ES. RETIFICAÇÃO DE ATO ADMINISTRATIVO. BENEFÍCIO PREVIDENCIÁRIO. CLASSIFICAÇÃO

O litigante que promover demanda contra a autarquia previdenciária poderá escolher entre o juízo estadual do seu domicílio, a Justiça Federal da respectiva jurisdição ou a Justiça Federal da Capital do Estado.[275]

EQUIVOCADA. AUXÍLIO-DOENÇA CATALOGADO COMO ACIDENTE DE TRABALHO. COMPETÊNCIA FEDERAL. CRITÉRIO RATIONE AUCTORITATIS. PRECEDENTES.

1. Cuida-se de conflito negativo de competência instaurado entre o Juízo Federal da 2ª Vara Cível da Seção Judiciária do Estado do Espírito Santo, o suscitado, e o Juízo de Direito da Vara Especializada em Acidentes de Trabalho de Vitória, o suscitante, nos autos de mandado de segurança impetrado por MZ Informática Ltda contra ato supostamente abusivo e ilegal do Chefe da Agência da Previdência Social do INSS no Município de Serra/ES, por meio do qual pretende a impetrante a retificação de ato administrativo.

2. Noticiam os autos que a autoridade coatora, erroneamente, indicou no ato administrativo impugnado a ocorrência de acidente de trabalho (Código 91) como causa do afastamento do empregado Marcos Rodrigues Martins, embora a licença, na verdade, tenha se dado em razão de doença (Código 31), o que gerou consequências previdenciárias mais gravosas para o empregador.

3. Embora a discussão tangencie o tema afeto à concessão de benefício previdenciário, a competência interna, por força do que dispõe o art. 9º, § 1º, II, do Regimento do STJ, é da Primeira Seção, pois o que pretende a impetrante é a anulação de ato administrativo, com retificação do registro do benefício concedido a seu empregado de acidente de trabalho (Código 91) para auxílio doença (Código 31).

4. A competência para o julgamento de mandado de segurança é estabelecida em razão da função ou da categoria funcional da autoridade indicada como coatora (ratione auctoritatis), sendo irrelevante a matéria tratada na impetração, a natureza do ato impugnado ou a pessoa do impetrante. Precedentes.

5. No caso, a autoridade indigitada coatora é o Chefe da Agência da Previdência Social no Município de Serra/ES, autoridade pública federal vinculada ao Instituto Nacional do Seguro Social-INSS.

Tratando-se de autoridade federal, a competência para julgamento do feito é da Justiça Federal de Primeira Instância, ainda que a matéria possa, de algum modo, tangenciar o tema relativo à concessão do benefício de acidente de trabalho.

6. Ainda que assim não fora, não se trata, na espécie, de demanda acidentária, mas de mandado de segurança que visa a retificação de um ato administrativo.

7. Conflito de competência conhecido para declarar competente o Juízo Federal da 2ª Vara Cível da Seção Judiciária do Estado do Espírito Santo, o suscitado.

(CC 111.123/ES, Rel. Ministro CASTRO MEIRA, PRIMEIRA SEÇÃO, julgado em 10/11/2010, DJe 22/11/2010)

[275] Súmula 689 do S.T.F.: "O segurado pode ajuizar ação contra a instituição previdenciária perante o juízo federal do seu domicílio ou nas varas federais da Capital do Estado-Membro".

Contudo, muito embora a competência para analisar a demanda seja da Justiça Estadual, eventual recurso será interposto perante o respectivo Tribunal Regional Federal, nos termos do §4º do art. 109 da Constituição Federal.[276]

Já entendeu o S.T.J. que a competência prevista no art. 109, §3º, da C.F., apresenta natureza relativa e não absoluta, razão pela qual o juiz não poderá conhecê-la de ofício.[277]

EMENTA: CONSTITUCIONAL. PREVIDENCIÁRIO. AÇÃO PROPOSTA POR SEGURADO CONTRA O INSS. ARTIGO 109, § 3.º, DA CONSTITUIÇÃO FEDERAL. COMPETÊNCIA. Em face do disposto no art. 109, § 3.º, da Constituição Federal, tratando-se de litígio contra instituição de previdência social, o ajuizamento da ação, se não ocorrer na Justiça Estadual, no foro do domicílio do segurado, pode ser feito tanto perante o juízo federal da respectiva jurisdição como perante as varas federais da capital do Estado-membro. Precedentes. Recurso extraordinário conhecido e provido.
(RE 293246, Relator(a): Min. ILMAR GALVÃO, Tribunal Pleno, julgado em 01/08/2004, DJ 02-04-2004 PP-00013 EMENT VOL-02146-04 PP-00851)

[276] PREVIDENCIÁRIO E PROCESSUAL CIVIL. COMPETÊNCIA DELEGADA. COMPETÊNCIA RECURSAL. PRAZO PROCESSUAL.
1. Tendo sido a ação julgada com competência federal delegada, o recurso contra ela interposto deve ser endereçado ao Tribunal Regional Federal competente, observando-se, quando da análise da tempestividade recursal, os prazos por este estabelecidos. Precedentes.
2. Decisão mantida por seus próprios fundamentos.
3. Agravo regimental a que se nega provimento.
(AgRg no AgRg no REsp 1500235/RS, Rel. Ministra DIVA MALERBI (DESEMBARGADORA CONVOCADA TRF 3ª REGIÃO), SEGUNDA TURMA, julgado em 16/02/2016, DJe 26/02/2016)

[277] CONFLITO NEGATIVO DE COMPETÊNCIA. REVISÃO DE BENEFÍCIO PREVIDENCIÁRIO. AÇÃO AJUIZADA NO JUÍZO FEDERAL DA CIRCUNSCRIÇÃO JUDICIÁRIA DO DOMICÍLIO DA AUTORA. ART. 109, § 3º, DA CONSTITUIÇÃO FEDERAL. COMPETÊNCIA RELATIVA. IMPOSSIBILIDADE DE DECLARAÇÃO DE OFÍCIO. SÚMULA 33/STJ. COMPETÊNCIA DO JUÍZO FEDERAL.
1. A competência prevista no artigo 109, § 3º, da Constituição Federal é relativa, e não pode ser declinada de ofício pelo magistrado, de acordo com a Súmula n. 33/STJ.
2. Não pode o Juiz Federal, sem provocação do réu, se recusar a ofertar a prestação jurisdicional, quando o segurado optar por ajuizar a demanda previdenciária junto à Justiça Federal em detrimento do ajuizamento junto a Juízo de Direito da Comarca do seu domicilio.
3. Conflito conhecido para declarar a competência do Juízo Federal da 1ª Vara da Seção Judiciária do Estado de Pernambuco, o suscitado.
(CC 116.919/PE, Rel. Ministra ALDERITA RAMOS DE OLIVEIRA (DESEMBARGADORA CONVOCADA DO TJ/PE), TERCEIRA SEÇÃO, julgado em 12/09/2012, DJe 18/09/2012)

Uma vez instalada a Vara Federal na Comarca em que foi proposta a demanda, o processo deverá ser remetido à Justiça Federal, cessando a delegação de competência prevista no §3º do art. 109 do novo C.P.C. Nessa hipótese, não haverá aplicação do princípio da perpetuatio jurisdictionis, uma vez que, por força constitucional, a Justiça Federal é competente para processar e julgar demandas em que haja intervenção de autarquia federal.

Segundo o S.T.J., a norma constitucional prevista no art. 109, §3º, da Constituição Federal não será aplicada em relação ao procedimento especial dos juizados especiais, pois não há competência federal delegada no âmbito dos Juizados Estaduais.[278]

6.7.4. Outras Hipóteses de Delegação de Competência – Parte Final do Art. 109, §3º, da Constituição Federal

A parte final do art. 109, §3º, da Constituição Federal, estabelece que se verificando as mesmas condições já indicadas para a delegação de competência para a Justiça Estadual em questões de natureza previdenciária, a lei poderá permitir que outras causas sejam também processadas e julgadas pela Justiça Estadual. E quais seriam esses critérios: a) inexistência de Vara Federal no foro de domicílio da parte; b) matéria de competência da Justiça Federal.

As ações civis públicas movidas contra a União ou naquelas em que haja intervenção da União são de competência do foro do local onde ocorreu ou deveria ocorrer o dano (LACP art. 2º). No local em que não houver Vara da Justiça Federal, a competência será da Justiça Estadual. Essa regra de competência é Constitucional, nos termos do art. 109, §3º, da C.F.

[278] RECURSO ESPECIAL. PREVIDENCIÁRIO. APLICAÇÃO DO RITO ESPECIAL DOS JUIZADOS ESPECIAIS FEDERAIS ÀS CAUSAS JULGADAS PELO JUIZ DE DIREITO INVESTIDO DE JURISDIÇÃO FEDERAL. IMPOSSIBILIDADE. VEDAÇÃO EXPRESSA CONTIDA NO ARTIGO 20 DA LEI Nº 10.259/2001.
1. Em razão do próprio regramento constitucional e infraconstitucional, não há competência federal delegada no âmbito dos Juizados Especiais Estaduais, nem o Juízo Estadual, investido de competência federal delegada (artigo 109, parágrafo 3º, da Constituição Federal), pode aplicar, em matéria previdenciária, o rito de competência do Juizado Especial Federal, diante da vedação expressa contida no artigo 20 da Lei nº 10.259/2001.
2. Recurso especial provido.
(REsp 661.482/PB, Rel. Ministro NILSON NAVES, Rel. p/ Acórdão Ministro HAMILTON CARVALHIDO, SEXTA TURMA, julgado em 05/02/2009, DJe 30/03/2009)

O art. 15, inc. II, da Lei n. 5.010/66, preconiza que nas Comarcas do interior onde não funcionar Vara Federal, os Juízes Estaduais são competentes para processar e julgar as vistorias e justificações destinadas a fazer prova perante a administração federal, centralizada ou autárquica, quando o requerente for domiciliado na Comarca.

Sobre o tema, estabelece a Súmula n. 32 do S.T.J.: "Compete a Justiça Federal processar justificações judiciais destinadas a instruir pedidos perante entidades que nela tem exclusividade de foro, ressalvada a aplicação do art. 15, II da Lei 5.010/66".

O art. 119, §2º, da Lei 6.815/80, estabelecia que o certificado relativo a cada naturalizando seria entregue solenemente, na forma fixada em Regulamento, pelo juiz federal da cidade onde tivesse domicílio o interessado. Quando não houvesse juiz federal na cidade em que tivessem domicílio os interessados, a entrega seria feita através do juiz ordinário da comarca, e, na sua falta, pelo da comarca mais próxima.

Porém, a Lei 6.815/80 foi totalmente revogada pela Lei n. 13.445 de 24.05.2017, que institui a nova Lei de Migração.

A nova Lei de Migração não traz mais a competência da Justiça Federal para a entrega do certificado de naturalização.

Assim, a partir de 21 de novembro de 2017, em razão da vigência da Lei nº 13.445/2017, não serão mais expedidos certificados de naturalização, passando a concessão de tal direito a surtir efeitos a partir da data da publicação da Portaria de concessão de naturalização no Diário Oficial da União, conforme disposto no art. 73 da referida Lei.

O art. 4º, §1º, da Lei 6.969/81 (usucapião especial em terras devolutas), prescreve que a ação de usucapião especial será processada e julgada na comarca de situação do imóvel. Em se tratando de terras devolutas federais, a ação será promovida na comarca de situação do imóvel, perante a Justiça do Estado (função delegada), com recurso, quando ainda existia, ao Tribunal Federal de Recursos, e, atualmente, ao Tribunal Regional Federal respectivo.[279]

A Lei n. 5.010, de 1966, também estabelecia em seu art. 15, inc. I, com base no permissivo constitucional previsto no art. 109, §3, da Constituição Federal, que:

[279] Súmula 11 do S.T.J.: "A presença da União ou de qualquer de seus entes, na ação de usucapião especial, não afasta a competência de foro da situação do imóvel".

> Art. 15. Nas Comarcas do interior onde não funcionar Vara da Justiça Federal (artigo 12), os Juízes Estaduais são competentes para processar e julgar:
>
> I – os executivos fiscais da União e de suas autarquias, ajuizados contra devedores domiciliados nas respectivas Comarcas.[280]

Ocorre que o art. 15, inc. I, da Lei n. 5.010/66, foi revogado expressamente pelo art. 114, inc. IX, da Lei 13.043, de 2014.

Sobre a ilegitimidade (por mácula à Constituição Federal) da revogação do inc. I do art. 15 da Lei 5.010 de 1966 pelo art. 114, inc. IX, da Lei 13.043, de 2014, assim me manifestei em artigo publicado no sitio do CONJUR[281].

Diante da revogação do inc. I do art. 15 da Lei 5.010/66, competirá à Vara Federal da Seção ou Subseção Judiciária em que reside o executado processar e julgar execuções fiscais proposta pelos entes públicos federais.

6.8. Competência do Foro do Domicílio do Réu para as Causas em que Seja Autor Estado ou o Distrito Federal

Quando a causa tenha por autor qualquer Estado da federação ou mesmo o Distrito Federal, a demanda deverá ser proposta no foro do domicilio do réu.

Quando o réu for qualquer Estado da federação ou o Distrito Federal, haverá competência concorrente. Nessa hipótese, a demanda poderá ser proposta no foro do domicílio do autor, no foro em que ocorreu o ato ou

[280] PROCESSO CIVIL. COMPETÊNCIA. EXECUÇÃO FISCAL.
A execução fiscal proposta pela União e suas autarquias deve ser ajuizada perante o Juiz de Direito da comarca do domicílio do devedor, quando esta não for sede de vara da justiça federal.
A decisão do Juiz Federal, que declina da competência quando a norma do art. 15, I, da Lei nº 5.010, de 1966 deixa de ser observada, não está sujeita ao enunciado da Súmula nº 33 do Superior Tribunal de Justiça.
A norma legal visa facilitar tanto a defesa do devedor quanto o aparelhamento da execução, que assim não fica, via de regra, sujeita a cumprimento de atos por cartas precatórias.
Recurso especial conhecido, mas desprovido.
(REsp 1146194/SC, Rel. Ministro NAPOLEÃO NUNES MAIA FILHO, Rel. p/ Acórdão Ministro ARI PARGENDLER, PRIMEIRA SEÇÃO, julgado em 14/08/2013, DJe 25/10/2013).

[281] Cf. https://www.conjur.com.br/2015-abr-11/artur-souza-lei-revoga-execucao-fiscal-uniao-justica-estadual

o fato que originou a demanda, no foro de situação da coisa, ou, ainda, na capital do respectivo ente federado.

Em se tratando de autarquia dos entes federados, a regra é a mesma já mencionada acima para as autarquias federais.

Cuida-se de hipótese de competência territorial e, portanto, relativa.

Sobre o tema, assim já havia se pronunciado o S.T.J. na égide do C.P.C. de 1973:

> PROCESSUAL CIVIL. COMPETENCIA. AÇÃO DECLARATORIA DE INEXISTENCIA DE CREDITO PROPOSTA CONTRA ESTADO FEDERADO, NO FORO EM QUE OCORRERAM OS FATOS QUE DERAM ORIGEM A DEMANDA, E NÃO NO DA CAPITAL: POSSIBILIDADE. FORO PRIVILEGIADO: INEXISTENCIA. PRECEDENTES. RECURSO IMPROVIDO.
>
> I – POR NÃO GOZAREM DE FORO PRIVILEGIADO, PODEM OS ESTADOS FEDERADOS SER DEMANDADOS NO FORO ONDE OCORRERAM OS FATOS QUE DERAM ORIGEM A DEMANDA FISCAL, MESMO QUE ESSE NÃO SEJA O DA COMARCA DA CAPITAL. INTELIGENCIA DOS ART. 100, IV, 103, 108 E 578 DO CPC.
>
> II – PRECEDENTES DO STJ: ERESP 49.457/PR, RESP 50.295/SC E RESP 80.482/MG.
>
> III – RECURSO ESPECIAL IMPROVIDO.
>
> (REsp 112.245/SC, Rel. Ministro ADHEMAR MACIEL, SEGUNDA TURMA, julgado em 16/12/1996, DJ 03/03/1997, p. 4636)

7. Competência da Demanda Fundada em Direito Real Sobre Imóveis

Estabelece o art. 47 do novo C.P.C. que para as ações fundadas em direito real sobre imóveis será competente o *foro de situação da coisa*[282].

Regra similar encontra-se no direito comparado, a saber:

Código de Processo Civil português:

> Artigo 70.º Foro da situação dos bens
>
> 1 – Devem ser propostas no tribunal da situação dos bens as ações referentes a direitos reais ou pessoais de gozo sobre imóveis, a ação de divisão

[282] Súmula 11 do S.T.J.: "A presença da União ou de qualquer de seus entes,na ação de usucapião especial, não afasta a competência do foro da situação da coisa".

de coisa comum, de despejo, de preferência e de execução específica sobre imóveis, e ainda as de reforço, substituição, redução ou expurgação de hipotecas.

2 – As ações de reforço, substituição, redução e expurgação de hipotecas sobre navios e aeronaves são, porém, instauradas na circunscrição da respectiva matrícula, podendo o autor optar por qualquer delas se a hipoteca abranger móveis matriculados em circunscrições diversas.

3 – Quando a ação tiver por objeto uma universalidade de facto, ou bens móveis e imóveis, ou imóveis situados em circunscrições diferentes, é proposta no tribunal correspondente à situação dos imóveis de maior valor, devendo atender –se para esse efeito aos valores da matriz predial; se o prédio que é objeto da ação estiver situado em mais de uma circunscrição territorial, pode ela ser proposta em qualquer das circunscrições.

Código de processo Civil espanhol:

Art. 52. 1. Não se aplicam os foros estabelecidos nos artigos anteriores e se determinará a competência de acordo com o estabelecido no presente artigo nos seguintes caso:

1º. Nos juízos em que se exercitem ações reais sobre bens imóveis será tribunal competente o do lugar em que esteja situada a coisa litigiosa. Quando a ação real se exerce sobre vários imóveis o sobre um só que esteja situado em diferentes circunscrições, será competente o Tribunal de qualquer destas, à eleição do demandante.

(...).

Código de Processo Civil italiano:

Art. 21. Para as causas relativas a direitos reais sobre bens imóveis e para aquelas prescritas nos ns. 2. e 3 do art. 8 é competente o juiz do lugar onde está localizado o imóvel. Quando o imóvel estiver compreendido em mais de uma circunscrição judiciária, é competente o juiz da circunscrição na qual está compreendida a parte que estiver sujeita a maior incidência tributária estadual; quando não esteja submetida a tributo, é competente qualquer juiz em que se encontre uma parte do imóvel.

Para as ações possessórias (703 s.; 1168-1170 c.c.) e para a denunciação de obra nova (1171-1172 c.c.) e de dano iminente (688) é competente o juiz do lugar em que ocorreu o fato denunciado.

Observa-se que em todos os preceitos normativos acima indicados, o legislador houve por bem afastar o foro do domicílio do réu como critério indicativo geral de competência do juízo, dando-se preferência ao foro em que esteja situado o imóvel – *foro rei sitae.*

O foro de situação do imóvel, previsto no art. 47 do novo C.P.C., apresenta hipótese de competência *absoluta*, não admitindo prorrogação ou derrogação por vontade das partes, prevalecendo o princípio *forum rei sitae*, tornando-se inaplicável o princípio da *perpetuatio jurisdicionis*. Por isso, a superveniente criação de Vara Federal, situada no local do imóvel, desloca a competência para esse Juízo.[283]

Evidentemente que no confronto entre duas competências absolutas (funcional subjetiva ou objetiva e a do *foro rei sitae)* deve prevalecer a funcional quando sua qualificação decorre do texto Constitucional. Assim, numa questão em que o autor, réu ou assistente seja a União, suas autarquias ou suas empresas públicas, e a questão diga respeito a direito real sobre imóvel, e na comarca em que esteja situado o imóvel não seja sede da Justiça Federal, o Juízo Federal da Subseção Judiciária correspondente ao lugar da situação do imóvel é que será competente para conhecer da demanda.

A indicação de competência do foro em que se encontra situado o imóvel tem por finalidade facilitar o trâmite processual, uma vez que todas as questões concernentes ao objeto da pretensão formulada (questões relativas a imóveis) serão mais bem gerenciadas no *foro rei sitae.*

A regra processual é clara, pois estabelece a competência com base no local de situação dos *bens imóveis.*

Para tanto, é importante definir o que se entende por bem imóvel no ordenamento jurídico brasileiro.

O Código Civil brasileiro define o que seja *bens imóveis*:

> Art. 79. São bens imóveis o solo e tudo quanto se lhe incorporar natural ou artificialmente.

[283] Segundo Athos Gusmão Carneiro: "O 'forum rei sitae' não incide sobre as causas em que for parte a União Federal, que goza de foro privilegiado, ut art. 109, §§1º e 2º da Lei Maior correndo a demanda perante a Justiça Federal – Constituição Federal, art. 109, I,". (CARNEIRO, A. G., op. cit. p. 143).

> Art. 80. Consideram-se imóveis para os efeitos legais:
>
> I – os direitos reais sobre imóveis e as ações que os asseguram;
>
> II – o direito à sucessão aberta.
>
> Art. 81. Não perdem o caráter de imóveis:
>
> I – as edificações que, separadas do solo, mas conservando a sua unidade, forem removidas para outro local;
>
> II – os materiais provisoriamente separados de um prédio, para nele se reempregarem.

Por sua vez, art. 1.225 do C.C.b. indica quais são os *direitos reais:* I – a propriedade; II – a superfície; III – as servidões; IV – o usufruto; V – o uso; VI – a habitação; VII – o direito do promitente comprador do imóvel; VIII – o penhor; IX – a hipoteca; X – a anticrese. XI – a concessão de uso especial para fins de moradia; (Incluído pela Lei nº 11.481, de 2007)[284]; XII – a concessão de direito real de uso (Redação dada pela Lei nº 13.465, de 2017); XIII – a laje (Incluído pela Lei nº 13.465, de 2017)[285].

Ressalvada a exceção prevista no art. 47, §1º, do novo C.P.C., versando a demanda sobre direitos reais, a competência será determinada pelo local de situação do bem imóvel.[286]

É possível que o bem imóvel esteja situado em mais de uma comarca ou subseção judiciária. Nesse caso, será competente o juízo de qualquer uma delas, sendo que o primeiro que conhecer da demanda tornar-se-á prevento.

A mesma regra se encontra no artigo 52, §1º da *Ley n.* 1/2000 de *Enjuiciamiento civil* espanhol, que assim dispõe:

> 1º. Nos juízos em que se exercitem ações reais sobre bens imóveis será tribunal competente o do lugar em que esteja situada a coisa litigiosa. Quando a ação real se exerce sobre vários imóveis o sobre um só que esteja situado em

[284] http://www.planalto.gov.br/ccivil_03/LEIS/2002/L10406.htm

[285] http://www.planalto.gov.br/ccivil_03/LEIS/2002/L10406.htm

[286] A ação de resolução de contrato, cumulada com modificação do registro imobiliário, tem natureza real, pois contém pedido afeto ao próprio direito de propriedade, atraindo a regra de competência absoluta do art. 47 do novo C.P.C. (CC 121.390/SP, Rel. Ministro RAUL ARAÚJO, SEGUNDA SEÇÃO, julgado em 22/05/2013, DJe 27/05/2013).

diferentes circunscrições, será competente o Tribunal de qualquer destas, à eleição do demandante.

7.1. Exceção à Regra de Competência do Foro de Situação da Coisa

Estabelece o § 1º do art. 47 do atual C.P.C. que o autor poderá optar pelo foro de domicílio do réu ou pelo foro de eleição se o litígio não recair sobre direito de propriedade, vizinhança, servidão, divisão e demarcação de terras e de nunciação de obra nova.

Assim, o autor poderá optar pelo foro do domicílio do réu ou de eleição caso o litígio verse sobre: *superfície, usufruto, uso, habitação, anticrese, hipoteca, concessão de uso especial para fins de moradia, concessão de direito real de uso e a laje.*

Ao contrário senso, se o litígio versar sobre o direito de propriedade, de vizinhança, de servidão, de divisão e demarcação de terras e de nunciação de obra nova a competência é *absoluta* e a ação deverá ser proposta, obrigatoriamente, no foro de situação da coisa.

7.2. Ação Possessória Imobiliária

Questão que tem suscitado dúvidas no âmbito do direito civil brasileiro é se a 'posse' pode ser considerada como um direito real, e, consequentemente, apta a atrair a competência do *foro rei sitae.*

A dúvida que se suscita incide sobre a natureza da possa.

A posse é um fato ou um direito? Questão controvertida.

A posse, como sinal exterior da propriedade ("jus possidendi"), corresponde ao modo pela qual se exerce o direito de propriedade. Constitui, portanto, um dos elementos integrantes do direito de propriedade.

E ela, isoladamente?

Para SAVIGNY a posse é um *fato.* Contudo, apesar de constituir um fato, produz consequências jurídicas, razão pela qual será *fato e direito ao mesmo tempo.* Para ele, o lugar da posse é no DIREITO PESSOAL.

Segundo IHERING, a posse é um direito, vale dizer, um interesse juridicamente protegido. Para ele, o lugar da posse é no DIREITO DAS COISAS.

CLÓVIS BEVILÁQUA não vai a tanto. Para ele não existem outros direitos reais além daqueles do art. 674 do Código Civil de 1916. Para ele, posse é *direito especial,* a manifestação de um direito real, a propriedade ou alguns de seus desmembramentos. Posse seria então um ESTADO DE

FATO. A lei protege-á em atenção à propriedade, de que constitui manifestação exterior, assume um fato a posição de um direito.

Na Câmara dos Deputados foi inserido o *§ 2º do art. 47* do novo C.P.C. nos seguintes termos: *a ação possessória imobiliária será proposta no foro de situação da coisa, cujo juízo tem competência absoluta.*

Essa alteração teve sua razão de ser, pois a *posse* não é concebida como direito real, muito embora esteja inserida no *direito das coisas.*

Assim, as demandas possessórias imobiliárias, *manutenção, reintegração ou interdito proibitório etc* devem ser propostas no foro de situação de coisa, sendo essa competência considerada de natureza *absoluta.*

Nesse sentido, aliás, já vinha decidindo o S.T.J.:

> PROCESSUAL CIVIL. **AÇÃO POSSESSÓRIA. COMPETÊNCIA ABSOLUTA. FORO DA LOCALIZAÇÃO DA COISA**. AGRAVO REGIMENTAL. FUNDAMENTAÇÃO DEFICIENTE. SÚMULA N. 287 DO STF.
>
> 1. Aplica-se o óbice previsto na Súmula 287/STF na hipótese em que a deficiência da fundamentação do agravo não permite a exata compreensão da controvérsia.
>
> 2. Agravo regimental desprovido.
>
> (AgRg nos EDcl no REsp 1152723/RJ, Rel. Ministro JOÃO OTÁVIO DE NORONHA, TERCEIRA TURMA, julgado em 02/05/2013, DJe 08/05//2013)
>
> PROCESSUAL CIVIL. REINTEGRAÇÃO DE POSSE. BEM IMÓVEL. COMPETÊNCIA ABSOLUTA. IMPOSSIBILIDADE DE MODIFICAÇÃO DA COMPETÊNCIA POR CONTINÊNCIA.
>
> **– O foro da situação da coisa é absolutamente competente para conhecer de ação fundadas em direito possessório sobre imóveis.**
>
> – Por força da interpretação sistemática dos arts. 95, in fine, e 102, CPC, a competência do foro da situação do imóvel não pode ser modificada pela conexão ou continência. É irrelevante, portanto, que anteriormente ao ajuizamento da ação possessória pelo adquirente do bem, tenha sido ajuizado outra ação, pelos alienantes, em se busca questionar a causa que ensejou a transferência da propriedade dos bens.
>
> Recurso Especial provido.
>
> (REsp 660.094/SP, Rel. Ministra NANCY ANDRIGHI, TERCEIRA TURMA, julgado em 25/09/2007, DJ 08/10/2007, p. 261)

8. Competência, no Brasil, para o Inventário, a Partilha, a Arrecadação, o Cumprimento de Disposições de Última Vontade, a Impugnação ou Anulação de Partilha Extrajudicial e para Todas as Ações em que o Espólio for Réu

Segundo estabelece o art. 48 do novo C.P.C., o foro do domicílio do autor da herança, no Brasil, é o competente para o inventário, a partilha, a arrecadação, o cumprimento de disposições de última vontade, a impugnação ou anulação de partilha extrajudicial e para todas as ações em que o espólio for réu, ainda que o óbito tenha ocorrido no estrangeiro.

A norma processual segue o critério estabelecido pela regra de direito material, uma vez que o Código Civil brasileiro preconiza em seu art. 1.785 que a sucessão abre-se no lugar do último domicílio do falecido.

Regra jurídica de competência sobre sucessão hereditária encontra-se no direito comparado, a saber:

Código de Processo Civil espanhol:

> Art. 52. 1. Não se aplicam os foros estabelecidos nos artigos anteriores e se determinará a competência de acordo com o estabelecido no presente artigo nos seguintes casos:
>
> (...).
>
> 4º Nos julgamentos sobre questões hereditárias, será competente o tribunal do lugar em que o finado teve seu último domicílio e se o tivera em país estrangeira, o do lugar de seu último domicílio na Espanha, ou onde estiver a maior parte de seus bens, a critério do demandante.
>
> (...).
>
> Código de Processo Civil italiano.
>
> Art. 22. – É competente o juiz do lugar da abertura da sucessão (456 c.c.) para as causas: relativas a petições (533 c.c.) ou divisão hereditária (713 c.c.) e para qualquer outra entre coereditários até a divisão 784).; relativas à rescisão da diversão (763 c.c.) e a garantia das quotas (758 c.c.) quando proposta dentro de um biênio da divisão;
>
> relativas a créditos versos o defunto ou legado devido pelo herdeiro, porque proposta antes da divisão e, em todo caso, dentro de um biênio da abertura da sucessão;
>
> contra o executor testamentário (704 c.c.) porque proposta dentro do termo indicado no número precedente.

> Se a sucessão é aberta fora do Estado, as causas acima indicadas são de competência do juiz do lugar em que se encontra a maior parte dos bens situados no Estado, ou, na falta deste, do lugar de residência do réu ou de alguns dos réus.

No direito processual civil brasileiro, o domicilio do falecido ou do desaparecido no Brasil será o competente para as demandas concernentes ao direito de sucessão, bem como para aquelas em que o espólio for réu, não importando se o óbito ocorreu no Brasil ou no estrangeiro.

A norma processual individua um foro especial para as causas que digam respeito à sucessão hereditária, isto é, aquelas referentes à universalidade das relações jurídicas sobre o *de cujus*.

Para tal fim, deve-se entender por causa entre sucessores aquela que não somente se refira aos bens objeto da sucessão, mas que compreenda também questões concernentes à qualidade de herdeiro.

Segundo estabelece o art. 612 do novo C.P.C., o juiz do inventário decidirá todas as questões de direito desde que os fatos relevantes estejam provados por documento, só remetendo para as vias ordinárias as questões que dependerem de outras provas. O CPC determina que as questões decorrentes do inventário ou da partilha que "dependerem de outras provas" sejam remetidas aos meios ordinários. Portanto, a "remessa aos meios ordinários" significa, essencialmente, que o juiz deve processar o incidente pelos meios ordinários, em apartado dos autos do inventário.

Não tem competência o Juízo de Sucessões para processar e julgar ação de apuração e cobrança de haveres, ajuizada pelos herdeiros, envolvendo a participação societária de sócio pré-morto. Isso porque, da interpretação sistemática das normas processuais, conclui-se que o Juiz do inventário somente deve processar e julgar questões inerentes ao objeto do inventário e da partilha. Outras questões, que dependam de outras provas, estão fora da competência do juízo do inventário. Com efeito, questões alheias ao inventário e à partilha em si – ainda que possam diretamente neles refletir – deverão ser encaminhadas a outro juízo, mediante livre distribuição, preferencialmente com especialização para análise da matéria. Esse é o sentido que se deve dar à expressão "vias ordinárias", constante do comando do artigo 612 do novo CPC.

A Corte de Cassação italiana, por exemplo, excluiu a qualidade hereditária da causa posta em juízo entre irmãos para o adimplemento do ônus inserido em um contrato que apresentava causa mista de compra e venda e doação em que houve a intervenção do pai (falecido) e filho, em favor de outro filho (Cass. 13.12.11, n. 26775).

Conforme já teve oportunidade de decidir o S.T.J., REsp 115194/MS, Relatora Ministra NANCY ANDRIGHI, 13.11.2012:

> (...).
>
> 3. Nem sempre coincide a competência para conhecer do pedido de abertura registro e cumprimento de testamento e para decidir as questões relativas à sua eficácia, tais como a ação declaratória, constitutiva negativa de nulidade ou de anulação.
>
> 4. Não há conexão entre o inventário e a ação anulatória porque ausente a identidade entre os elementos objetivos das demandas.
>
> Todavia, a prejudicialidade é evidente. Com efeito, a conclusão do processo de inventário, ao final, dependerá do resultado da ação anulatória.
>
> 5. Ainda que a ação anulatória não tenha sido proposta em face do Espólio, a declaração de nulidade do testamento interessa à herança e, por isso, deve ser apreciada pelo juízo do inventário.
>
> 6. A denominada vis atrativa do inventário (art. 96 do CPC/1973) é abrangente, sendo conveniente que todas as demais ações que digam respeito à sucessão, dentre elas o cumprimento das suas disposições de última vontade (art. 96 do CPC), também sejam apreciadas pelo juízo do inventário.
>
> 7. Não havendo prevenção do juízo que determinou o registro e cumprimento do testamento impugnado, em Uberaba-MG, remeter-lhe o processo para julgamento poderia gerar novos questionamentos acerca da sua própria competência, em franco prejuízo à duração razoável do processo.

Trata-se, portanto, de competência territorial referente ao último domicílio do autor da herança (*de cujus*), no Brasil, para a abertura do inventário, realização de partilha e sobrepartilha, arrecadação de bens, e cumprimento de testamento, bem como para todas as ações em que o espólio for réu, incluída a impugnação ou anulação da partilha extrajudicial ainda que o óbito tenha ocorrido no estrangeiro.

Porém, se o espólio for o autor da demanda, a regra de competência será a geral ou a especial em relação aos bens imóveis.

Quanto à questão do domicílio, deve-se ressaltar que segundo o Código Civil brasileiro, domicílio é o lugar em que a pessoa tem sua residência com o ânimo definitivo (art. 70).

A regra de competência do domicílio do autor da herança não será aplicada se o inventário já se encontrar encerrado.

Porém, se for interdito o autor da herança, o foro competente será o do domicílio de seu curador.

Preceitua o *parágrafo único do art. 48* do atual C.P.C. que se o autor da herança não possuía domicílio certo, é competente o foro de situação dos bens imóveis; havendo bens imóveis em foros diferentes, é competente qualquer destes; não havendo bens imóveis, é competente o foro do local de qualquer dos bens do espólio.

Em princípio, o local do último domicílio do 'de cujus' deve prevalecer sobre o local em que ocorreu o óbito, ou, ainda, sobre o local onde estão situados os bens.

Contudo, pode ocorrer que o autor da herança não tenha domicílio certo e possua bens em lugares diferentes no Brasil, mas o óbito ocorreu no estrangeiro. Nesse caso, o inventário ou as causas discriminadas no 'caput' do art. 48 do atual C.P.C. poderá ser processada e julgada em qualquer dos juízos de situação dos bens.

É importante salientar que a competência para o processamento do inventário *é relativa*, não podendo o juiz suscitá-la de ofício (CC 32.415, rel. Min. César Rocha, DJU, 2 out. 2001, p. 189).

A competência atrativa do foro do domicílio do 'de cujus' para o inventário permanece até a realização da partilha. Após a partilhar dos bens, eventual demanda a ser acionada contra os respectivos herdeiros deverá seguir a regra geral, salvo exceção, do domicílio do réu.

9. Competência para a Ação de Divórcio, Separação, Anulação de Casamento e Reconhecimento da União Estável

Nos termos do art. 53 do novo C.P.C., a competência do juízo para a ação de divórcio, separação, anulação de casamento e reconhecimento de união estável será: a) do domicílio do guardião de filho incapaz; b) do último domicílio do casal, caso não haja filho de incapaz; c) de domicílio do réu, se nenhuma das partes residir no antigo domicílio do casal.

Já no âmbito do Processo Civil português, preconiza o art. 72ª do C.P.C. lusitano:

> Artigo 72.º Divórcio e separação
> Para as ações de divórcio e de separação de pessoas e bens é competente o tribunal do domicílio ou da residência do autor.

A leitura do art. 53 do novo C.P.C. permite afirmar que o foro da residência da mulher não é mais o critério delimitador da competência para as demandas de ação de divórcio, separação, anulação de casamento e reconhecimento de união estável

A alteração de postura, em relação ao C.P.C. de 1973, teve por finalidade resguardar o princípio constitucional de igualdade entre sexos/gêneros, não podendo a norma privilegiar um em detrimento do outro.

É certo, porém, que o Supremo Tribunal Federal, analisando a constitucionalidade do inc. I do art. 100 do C.P.C. de 1973, assim se manifestou sobre a questão da isonomia entre homem e mulher: http://www.stf.jus.br/portal/cms/verNoticiaDetalhe.asp?idConteudo=194270&tip=UN:

> Terça-feira, 22 de novembro de 2011
>
> 2ª Turma: Foro de residência da mulher em ação de separação não fere isonomia
>
> A norma do Código de Processo Civil (CPC) segundo a qual o foro competente para processar e julgar ação de separação judicial é o da residência da mulher (artigo 100, inciso I) não ofende o princípio constitucional de igualdade entre homens e mulheres em direitos e obrigações (artigo 5º, inciso I). A matéria foi debatida na tarde de hoje (22) na sessão da Segunda Turma do Supremo Tribunal Federal (STF) durante julgamento de recurso extraordinário (RE) relatado pelo ministro Joaquim Barbosa, no qual os ministros entenderam, por unanimidade de votos, que a norma do CPC foi recepcionada pela Constituição de 1988.
>
> No RE, o requerente argumentou que a norma do CPC viola o princípio da isonomia entre homens e mulheres, previsto no artigo 5º, inciso I, da Constituição Federal, bem como o parágrafo 5º do artigo 226, segundo o qual "os direitos e deveres referentes à sociedade conjugal são exercidos igualmente pelo homem e pela mulher." O ministro Joaquim Barbosa iniciou seu voto afirmando a competência da Turma para julgar o recurso, tendo em

> vista que não se tratava de análise ou eventual declaração de inconstitucionalidade do dispositivo atacado, mas sim de sua recepção pela Constituição de 1988.
>
> O ministro lembrou que há três correntes de doutrina e jurisprudência acerca do artigo 100, inciso I, do CPC. A primeira delas entende por sua não recepção pela Constituição de 1988; a segunda, pela recepção; e a terceira, pela recepção condicionada a circunstâncias específicas do caso, especialmente levando-se em conta o fato de a mulher se encontrar em posição efetivamente desvantajosa em relação ao marido.
>
> "Entendo que o inciso I do artigo do CPC não se contrapõe ao princípio da isonomia entre homens e mulheres. Em primeiro lugar porque não se trata de um privilégio estabelecido em favor das mulheres, mas de uma norma que visa dar um tratamento menos gravoso à parte que, em regra, se encontrava e ainda hoje se encontra em situação menos favorável do ponto de vista econômico e financeiro. Assim, a propositura da ação de separação judicial no foro do domicílio da mulher é medida que melhor atende ao princípio da isonomia, na famosa definição de Rui Barbosa, de que este consiste em 'tratar desigualmente os desiguais na medida em que se desigualam'", afirmou o relator.

Não obstante a decisão proferida pelo S.T.F., o legislador do novo C.P.C. houve por bem estabelecer uma competência que não levasse em consideração o gênero ou o sexo da parte postulante.

Com a alteração preconizada pelo novo C.P.C., o juízo competente será o do guardião/ã do filho incapaz, para a demanda de divórcio, separação, anulação de casamento, reconhecimento ou dissolução de união estável, seja esse guardião o pai ou a mãe.

Como a norma processual não distingue qual incapacidade deve ser levada em consideração, pode-se afirmar que será tanto a incapacidade absoluta (menores de dezesseis anos), quanto a incapacidade relativa (maiores de dezesseis e menores de dezoito anos, os ébrios habituais e os viciados em tóxico, aqueles que, por causa transitória ou permanente, não puderem exprimir sua vontade e os pródigos).

Na hipótese de guarda compartilhada de filho incapaz, a cidade considerada base de moradia dos filhos será aquela que melhor atender aos interesses dos filhos (art. 1.583, §3º, do C.c.b., com a redação dada pela lei 13.058, de 22. de dezembro de 2014).

Essa competência atrativa do guardião do incapaz já era prevista na Súmula 383 do S.T.J., assim como no art. 147, inc. I, do Estatuto da Criança e do Adolescente.[287]

[287] Desse modo, é competente para dirimir as questões referentes à guarda de menor o Juízo do foro do domicílio de quem já a exerce legalmente , conforme dispõe o art. 147, I, do Estatuto da Criança e do Adolescente (AgRg no CC 126.033/RJ, Rel. Ministro RICARDO VILLAS BÔAS CUEVA, DJe de 30/4/2013).
A propósito, confira-se o teor da Súmula 383 desta Corte: "A competência para processar e julgar as ações conexas de interesse de menor é, em princípio, do foro do domicílio do detentor de sua guarda." Confiram-se, ainda, os seguintes precedentes do S.T.J.:
PROCESSUAL CIVIL. PETIÇÃO. CONFLITO POSITIVO DE COMPETÊNCIA. AÇÃO DE REGULAMENTAÇÃO DE GUARDA C/C BUSCA E APREENSÃO DE MENOR. COMPETÊNCIA DO JUÍZO DO DOMICÍLIO DE QUEM DETÉM A GUARDA DE MENOR. ART. 147 DO ESTATUTO DA CRIANÇA E DO ADOLESCENTE. SÚMULA N. 383/STJ. 1. Ocorrendo erro material quanto ao reconhecimento da intempestividade do recurso, é possível reconsiderar a decisão e analisar as razões recursais. 2. "A competência para processar e julgar as ações conexas de interesse de menor é, em princípio, do foro do domicílio do detentor de sua guarda". Súmula n. 383/STJ. 2. Pedido deferido. Agravo regimental desprovido.
(PET no AgRg no CC 123.764/PR, Rel. Ministro JOÃO OTÁVIO DE NORONHA, SEGUNDA SEÇÃO, julgado em 9/10/2013, DJe de 14/10/2013)
AGRAVO REGIMENTAL NO CONFLITO POSITIVO DE COMPETÊNCIA - CABE AO FORO DO DOMICÍLIO DAQUELE QUE DETÉM A GUARDA DE MENOR PROCESSAR E JULGAR OS FEITOS EM QUE SE BUSCA A SUA REGULAMENTAÇÃO (ART. 147, I, DA LEI N. 8.069/1990) - PRECEDENTE DA SEGUNDA SEÇÃO (CONFLITO DE COMPETÊNCIA N. 114.328/RS, REL. MIN. NANCY ANDRIGHI, DJE DE 02/03/2011) - RECURSO DESPROVIDO.
(AgRg no CC 117.454/AM, Rel. Ministro MARCO BUZZI, SEGUNDA SEÇÃO, julgado em 14/12/2011, DJe de 6/2/2012)
PROCESSUAL CIVIL. CONFLITO NEGATIVO. AÇÕES CONEXAS DE GUARDA E DE BUSCA E APREENSÃO DE FILHOS MENORES. GUARDA EXERCIDA PELA MÃE. COMPETÊNCIA ABSOLUTA. ART. 147, I, DO ESTATUTO DA CRIANÇA E DO ADOLESCENTE. MOMENTO. PROPOSITURA DA AÇÃO. JURISPRUDÊNCIA DO STJ. I. A competência estabelecida no art. 147, I, do ECA, tem natureza absoluta. II. As ações que discutem a guarda de menores devem ser processadas e julgadas no foro do domicílio de quem regularmente a exerce. Precedentes do STJ. III. "Determina-se a competência no momento em que a ação é proposta. São irrelevantes as modificações do estado de fato ou de direito ocorridas posteriormente, salvo quando suprimirem o órgão judiciário ou alterarem a competência em razão da matéria ou da hierarquia." (art. 87, do CPC)."
(CC 107.400/BA, Rel. Ministro ALDIR PASSARINHO JUNIOR, SEGUNDA SEÇÃO, julgado em 9/6/2010, DJe de 2/8/2010)

Não havendo filho incapaz, ou não sendo nenhuma das partes guardiã do filho incapaz, o juízo competente será o do foro de último domicílio do casal.

Por outro lado, se do casamento não resultou na constituição do mesmo domicílio ou se nenhuma das partes residir no antigo domicílio do casal, e não havendo filho incapaz, deverá prevalecer a regra geral da competência territorial, ou seja, o foro do domicílio do réu.

De qualquer sorte, trata-se de competência relativa, que não poderá ser declarada de ofício. (CC 20.397/MA, Rel. Ministro BARROS MONTEIRO, SEGUNDA SEÇÃO, julgado em 26/11/1997, DJ 09/03/1998, p. 9).

Uma vez encerrado o divórcio ou a separação, encerra-se a competência. Por isso, compete ao foro do domicílio do réu o julgamento de cautelar de arrolamento cumulada com partilha de bens e posterior ao divórcio.

Se o objeto da ação principal for a invalidação de certidão de um segundo casamento, e que tem como consequência direta afastar do mundo jurídico as próprias núpcias retratadas pelo registro em razão de simulação, a consequência lógica do reconhecimento do vício do ato registral é a nulidade do casamento nele retratado, razão pela qual não se pode considerar essa pretensão como mera anulação de ato formal, mas, sim, como pedido de reconhecimento de validade do primeiro casamento firmado. Nessa hipótese, a competência deverá ser regulada pelo art. 53, inc. I, do novo C.P.C.

É importante salientar que em se tratando de demanda que visa a provimento judicial constitutivo relativo à imediata concessão de benefício previdenciário, ostentando como causa de pedir o reconhecimento da união estável, deverá ser proposta perante a Justiça Federal, ante a obrigatoriedade da participação do INSS no polo passivo da lide, seja de maneira isolada, se for o caso, seja como litisconsorte passivo necessário.

10. Competência para Ação de Alimentos

O art. 53, inc. II, do novo C.P.C. estabelece a competência do foro do domicílio ou residência do alimentando, para a demanda em que se pedem alimentos.

O critério informador da competência do domicílio ou residência do alimentando decorre de uma presunção de que o alimentando seria a parte *hipossuficiente* da relação jurídica processual.

A competência do juízo do domicílio ou residência do alimentando para as demandas sobre alimentos ocorre ainda que cumulada com ação de investigação de paternidade (Súmula n. 1 do S.T.J.).[288]

Na hipótese de guarda compartilhada, a cidade considerada base de moradia dos filhos será aquela que melhor atender aos interesses dos filhos (art. 1.583, §3º, do C.c.b., com a redação dada pela lei 13.058, de 22. de dezembro de 2014).

A competência do domicílio ou residência do alimentando é de tal importância, que se houver alteração de domicílio durante o trâmite do processo, haverá possibilidade de se remeter os autos para o juízo do novo domicílio ou residência, justamente pelo caráter continuativo da relação jurídica que tenha por objeto alimentos, mitigando-se, dessa forma, a regra da *perpetuatio jurisdictionis*. Nesse sentido é o seguinte precedente do S.T.J.:

> CONFLITO NEGATIVO DE COMPETÊNCIA. MUDANÇA DE DOMICÍLIO NO CURSO DA AÇÃO DE ALIMENTOS. RELAÇÃO JURÍDICA CONTINUATIVA. PERMEABILIDADE A FATOS SUPERVENIENTES. MENOR HIPOSSUFICIENTE. INTERESSE PREPONDERANTE DESTES. MITIGAÇÃO DO PRINCÍPIO DA PERPETUATIO JURISDICTIONIS (ART. 87 DO CPC).
>
> **1. A prestação de alimentos refere a uma relação jurídica continuativa, por tempo indeterminado, estando sujeita a modificações ditadas por**

[288] AGRAVO REGIMENTAL. RECURSO ESPECIAL. CIVIL E PROCESSUAL CIVIL. DIREITO DE FAMÍLIA. AÇÃO DE INVESTIGAÇÃO DE PATERNIDADE CUMULADA COM PEDIDO DE PENSÃO POR MORTE. ALIMENTOS IMPLÍCITOS. COMPETÊNCIA. FORO DO DOMICÍLIO DO MENOR.
1. Na investigação de paternidade, o pedido de alimentos pode vir de modo implícito, pois decorre da lei, sendo mero efeito da sentença de procedência do reconhecimento da relação de parentesco.
Precedentes.
2. "O foro do domicílio ou da residência do alimentando é o competente para a ação de investigação de paternidade, quando cumulada com a de alimentos" (Súmula 01 do STJ).
3. "A competência para processar e julgar as ações conexas de interesse de menor é, em princípio, do foro do domicílio do detentor de sua guarda" (Súmula 383 do STJ).
4. Agravo regimental a que se nega provimento.
(AgRg no REsp 1197217/MG, Rel. Ministro VASCO DELLA GIUSTINA (DESEMBARGADOR CONVOCADO DO TJ/RS), TERCEIRA TURMA, julgado em 15/02/2011, DJe 22/02/2011)

comprovada alteração da situação fática justificadora de sua fixação. Os alimentos podem ser redimensionados ou afastados.

2. Assim, os alimentos podem ser revistos ainda no trâmite do processo originário ou em nova ação. Essa demanda posterior não precisa ser proposta em face do mesmo juízo que fixou os alimentos originalmente, podendo ser proposta no novo domicílio do alimentando, nos termos do art. 100, II, do Código de Processo Civil. Até mesmo a execução do julgado pode se dar em comarca diversa daquela em que tramitou a ação de conhecimento, de modo a possibilitar o acesso à Justiça pelo alimentando. Precedentes.

3. O caráter continuativo da relação jurídica alimentar, conjugado com a índole social da ação de alimentos, autoriza que se mitigue a regra da perpetuatio jurisdictionis.

4. Isso porque se o alimentando mudar de domicílio logo após o final da lide, e ocorrerem fatos supervenientes que autorizem a propositura de ação de revisão de alimentos, essa vai ser proposta na comarca onde o alimentando tiver fixado novo domicílio. Do mesmo modo, a execução do julgado pode se dar no novo domicílio do alimentando, como acima visto. Assim, se a troca de domicílio ocorrer durante o curso da ação originária não parece razoável que se afaste esse entendimento com vistas somente no aspecto da estabilidade da lide, de marcante relevância para outras demandas, mas subalterno nas ações de alimentos, permeáveis que são a fatos supervenientes.

5. Cumpre ressaltar, ademais, que no caso em tela o menor e a genitora se mudaram para o foro do domicilio do genitor, em São Paulo/SP, nada justificando a manutenção do curso da lide no Estado do Ceará, nem mesmo o interesse do alimentante.

6. Conflito conhecido para declarar competente o Juízo de Direito da 1ª Vara de Família e Sucessões do Foro Regional III – Jabaquara – SP.

(CC 114.461/SP, Rel. Ministro RAUL ARAÚJO, SEGUNDA SEÇÃO, julgado em 27/06/2012, DJe 10/08/2012).

Pode-se conceber a competência do domicílio ou residência do alimentando para as seguintes situações: a) ação de prestação de contas alusiva ao emprego de verba de prestação de alimentos; b) revisional de alimentos; c) exoneração de alimentos; d) execução de alimentos de título executivo judicial;

A competência do art. 53, inc. II, prevalece sobre a competência do art. 516, inc. II, do novo C.P.C. Portanto, o foro competente para execução de alimentos é o foro do domicílio ou residência do alimentando, ainda que a sentença exequenda tenha sido proferida em foro diverso.

Por outro lado, por ser a competência do domicílio ou residência do alimentando meramente relativa, é possível a sua renúncia (HC 205.362/DF, Rel. Ministro LUIS FELIPE SALOMÃO, QUARTA TURMA, julgado em 16/08/2011, DJe 19/08/2011). Nesse sentido, eis o seguinte precedente:

> AGRAVO REGIMENTAL. AGRAVO EM RECURSO ESPECIAL. AÇÃO DE ALIMENTOS. DOMICÍLIO DO ALIMENTANDO. COMPETÊNCIA RELATIVA.
>
> 1. A competência do Juízo do foro da residência dos alimentandos é relativa e pode ser renunciada.
>
> 2. Inviável o recurso especial se o acórdão recorrido se alinha com o posicionamento sedimentado na jurisprudência do STJ, a teor do que dispõe a Súmula 83 desta Corte Superior.
>
> 3. Agravo regimental a que se nega provimento.
>
> (AgRg no AREsp 108.318/MS, Rel. Ministra MARIA ISABEL GALLOTTI, QUARTA TURMA, julgado em 04/08/2015, DJe 12/08/2015)

Há, contudo, entendimento diverso, no sentido de que havendo incapaz a competência é absoluta. (REsp 1290950/SP, Rel. Ministro RICARDO VILLAS BÔAS CUEVA, TERCEIRA TURMA, julgado em 25/08/2015, DJe 31/08/2015).

Questão interessante há de surgir quando o alimentante for idoso, pois nesse caso, segundo Flávio Luiz Yarshell, compete ao juízo do domicílio do idoso processar e julgar as ações em que ele seja réu.[289] Prevalecendo o posicionamento de Flávio L. Yarshell, pode-se afirma que estamos diante de competência concorrente entre o juízo do domicílio do alimentando e o juízo do domicílio do idoso.

[289] Yarshell, Flavio Luiz. *Competência no Estatuto do Idoso (lei n. 10.741/03)*, In: http://www. mundo jurídico.adv.br. 29.12.2004.

Podem surgir problematizações quando os alimentos são cumulados com a ação de dissolução de União Estável. Estabelece o art. 53, inc. I, do novo C.P.C., que será competente para a ação de dissolução de união estável o foro do domicílio do guardião de filho incapaz, do último domicílio do casal, caso não haja filho incapaz, ou o do domicílio do réu, se nenhuma das partes residir no antigo domicílio do casal. Porém, o art. 53, inc. II, do novo C.P.C., estabelece que será competente o foro do domicílio do alimentando para as ações de alimentos.

Nos casos em que a ação de reconhecimento e dissolução de união estável for cumulada com pedido de alimentos, a Segunda Seção do S.T.J. entendeu aplicável a regra especial do art. 100, inciso II, do CPC/73 (que corresponde ao art. 53, inc. II, do novo C.P.C.) para resguardar a possibilidade de se propor a demanda no domicílio do alimentando:

> Competência. Conflito. União Estável. Dissolução. Partilha. Alimentos. Ações Cumuladas. – No caso de ação de reconhecimento e dissolução de união estável cumulada com partilha de bens e alimentos em favor da filha comum do casal, tem-se por competente o foro do domicílio ou residência do alimentando. – Prevalece, in casu, o interesse do menor.
>
> (CC 36.135/SP, Rel. Ministra NANCY ANDRIGHI, SEGUNDA SEÇÃO, julgado em 23/10/2002, DJ 02/12/2002)

> CIVIL/PROCESSUAL CIVIL. UNIÃO ESTÁVEL. ALIMENTOS. DOMICILIO DOS ALIMENTADOS. E COMPETENTE PARA CONHECER DE AÇÕES ORIUNDAS DE UNIÃO ESTÁVEL COM PEDIDO DE ALIMENTOS PARA A PROLE O FORO DO DOMICILIO DOS ALIMENTADOS.
>
> (CC 10.469/RS, Rel. Ministro CLAUDIO SANTOS, SEGUNDA SEÇÃO, julgado em 30/11/1994, DJ 06/02/1995)

Em ambos precedentes acima referidos, a opção pela competência do foro do domicílio do alimentando teve como fundamento central a prevalência do interesse de incapazes, para quem os alimentos foram pedidos.

Porém, se na demanda de dissolução de união estável cumulada com alimentos não houver interesse de incapazes, uma vez que os alimentos são pleiteados em favor da mulher, assim decidiu o S.T.J.:

RECURSO ESPECIAL. PROCESSUAL CIVIL. AÇÃO DE RECONHECIMENTO E DISSOLUÇÃO DE SOCIEDADE DE FATO. UNIÃO ESTÁVEL. PARTILHA DE BENS. ALIMENTOS PARA UM DOS CÔNJUGES. FORO COMPETENTE. DOMICÍLIO DA AUTORA. ART. 100, II, DO CPC. REGRA ESPECIAL. COMPETÊNCIA RELATIVA. PRESUNÇÃO DE HIPOSSUFICIÊNCIA.

1. Cinge-se a controvérsia a definir qual é o foro competente para o processamento e julgamento da ação de reconhecimento e dissolução de união estável, quando esta vem cumulada com alimentos pedidos por um dos cônjuges, sem que haja interesse de menor envolvido.

2. Não se tratando de incapaz, a competência prevista no art. 100, II, do CPC é relativa, podendo o alimentado optar tanto pelo foro do domicílio do réu quanto pelo de seu próprio domicílio.' 3. A aplicação da regra especial de competência resguarda o alimentado em sua presumida condição de hipossuficiente e ameniza o custo financeiro de se demandar em foro distinto de seu domicílio, promovendo seu acesso à justiça.

4. Recurso especial não provido.

(REsp 1290950/SP, Rel. Ministro RICARDO VILLAS BÔAS CUEVA, TERCEIRA TURMA, julgado em 25/08/2015, DJe 31/08/2015)

Quanto à demanda de alimentos internacional, envolvendo partes que estejam em diversos países (alimentando no exterior e alimentante no Brasil), a competência é regulada por Tratado Internacional (Decreto Legislativo n. 10, de 13/11/1958 e Decreto n. 56.826, de 2/09/1965). Nesse caso, podem ser apresentadas as seguintes situações:

1ª situação. ALIMENTANDO residente no exterior e ALIMENTANTE residente no Brasil: aplica-se a regra do art. 109, III, da CF/88, ou seja, competência será da Justiça Federal. Processa-se da seguinte maneira: o ALIMENTANDO entrega a documentação à Autoridade Remetente do outro país (cujo conteúdo varia de acordo com cada país), que encaminha ao Ministério Público Federal – Instituição Interveniente – os documentos necessários para a propositura da demanda de alimentos (traduzidos para o português). A demanda será proposta na Seção ou Subseção Judiciária que abranger o município em que o ALIMENTANTE reside ou está domiciliado, pela Procuradoria da República daquele Estado ou Município – sede da Seção ou Subseção Judiciária Federal. O MPF sempre intervirá, agindo em nome do ALIMENTANDO, em todas as fases do procedimento (inclusive na execução de sentença estrangeira sobre alimentos). O MPF deve encaminhar informações sobre o andamento da demanda à Autoridade remetente, para acompanhamento.

2ª situação. ALIMENTANDO residente no Brasil e ALIMENTANTE residente no exterior. Processa-se da seguinte maneira. MPF, agora como Autoridade Remetente, encaminha à Instituição-Interveniente do país em que reside ou está domiciliado o ALIMENTANTE (Instituição que varia conforme o país) os documentos necessários para a propositura da demanda de alimentos (traduzidos para o idioma oficial daquele país). A demanda será proposta no país em que o ALIMENTANTE reside ou está domiciliado, pela referida Instituição Interveniente daquele país, que acompanhará todo o procedimento, assim como o faz o MPF no Brasil. A Instituição Interveniente encaminhará informações ao MPF, para acompanhamento. Nesse caso, quem atua como Autoridade remetente é o Procurador-Geral da República (que pode delegar a atribuição a um Subprocurador). Atualmente, o MPF conta com Subprocurador-Geral da República, para os casos da 2ª hipótese).[290]

A Lei nº 5.478/68, dispondo acerca da aplicação da Convenção de Nova York sobre Prestação de Alimentos, da qual o Brasil é signatário, reza em seu artigo 26 que a Justiça Federal será competente apenas nos casos em que o devedor de alimentos seja domiciliado no Brasil: *'Art. 26. É competente para as ações de alimentos decorrentes da aplicação do Decreto Legislativo nº 10, de 13 de novembro de 1958, e Decreto nº 56.826, de 2 de setembro de 1965, o juízo federal da capital da Unidade Federativa Brasileira em que reside o devedor, sendo considerada instituição intermediária para os fins dos referidos decretos, a Procuradoria-Geral da República.'* Nessa esteira, a contrário sensu, tem-se sufragado o entendimento de que, nos demais casos, não atuando ademais a Procuradoria-Geral da República como Instituição Intermediária, deve-se aplicar a regra especial de competência prevista no artigo 53, inc. II, do novo C.P.C.

Conforme jurisprudência do S.T.J., compete à Justiça Comum do Estado processar e julgar ação de alimentos pertinente ao Decreto nº 56.826/65, que promulgou a Convenção sobre Prestação de Alimentos no Estrangeiro, quando o devedor estiver domiciliado no exterior (CC 20.175/SP, Rel.

290 FLÁVIA TORRES, *apud* DIDIER JR., op. cit., pags. 144 e 145.

Ministro CARLOS ALBERTO MENEZES DIREITO, SEGUNDA SEÇÃO, julgado em 14/10/1998, DJ 07/12/1998.

Ainda sobre o tema:

> CONFLITO NEGATIVO DE COMPETÊNCIA. AÇÃO REVISIONAL DE ALIMENTOS. ALIMENTANDO RESIDENTE NO EXTERIOR. CONVENÇÃO DE NOVA IORQUE. ATUAÇÃO DA PROCURADORIA-GERAL DA REPÚBLICA COMO INSTITUIÇÃO INTERMEDIÁRIA. INOCORRÊNCIA. COMPETÊNCIA DA JUSTIÇA ESTADUAL. 1. A tramitação do feito perante a Justiça Federal somente se justifica nos casos em que, aplicado o mecanismo previsto na Convenção de Nova Iorque, a Procuradoria-Geral da República atua como instituição intermediária. Precedentes. 2. No caso dos autos, é o devedor de alimentos que promove ação em face do alimentando, buscando reduzir o valor da pensão alimentícia, o que demonstra a não incidência da Convenção sobre a Prestação de Alimentos no Estrangeiro. 3. Conflito de competência conhecido para declarar a competência do Juízo de Direito da Vara de Pilar do Sul – SP"
>
> (CC 103.390/SP, Rel. Ministro FERNANDO GONÇALVES, SEGUNDA SEÇÃO, julgado em 23/09/2009, DJe 30/09/2009).

11. Competência Quando uma das Partes for Pessoa Jurídica Personificada ou Não Personificada

Estabelece o art. 53, inc. III, do novo C.P.C. que compete ao foro do lugar: a) onde está a sede, para a ação em que for ré pessoa jurídica; b) onde se acha agência ou sucursal, quanto às obrigações que a pessoa jurídica contraiu; c) onde exerce suas atividades, para a ação em que for ré sociedade ou associação sem personalidade jurídica.

Trata-se de competência relativa (em razão do território) que não poderá ser declarada de ofício pelo juiz.

Em relação a essa espécie de competência, estabelece o art. 81º do Código de Processo Civil português:

> Artigo 81.º Regra geral para as pessoas coletivas e sociedades
>
> (...).
>
> 2 – Se o réu for outra pessoa coletiva ou uma sociedade, é demandado no tribunal da sede da administração principal ou no da sede da sucursal, agência, filial, delegação ou representação, conforme a ação seja dirigida contra aquela

ou contra estas; mas a ação contra pessoas coletivas ou sociedades estrangeiras que tenham sucursal, agência, filial, delegação ou representação em Portugal pode ser proposta no tribunal da sede destas, ainda que seja pedida a citação da administração principal.

Por sua vez, estabelece o art. 51 da *Ley de Enjuiciamiento Civil* espanhola:

> Art. 51. (Foro geral das pessoas jurídica e dos entes sem personalidade)
> 1. Salvo que a Lei disponha outro coisa, as pessoas jurídicas serão demandadas no lugar de seu domicílio. Também poderão ser demandas no lugar onde a situação ou relação jurídica a que se refere o litígio tenha nascido ou deva surtir efeitos, sempre que em tal lugar tenha estabelecimento aberto ao público ou representante autorizado para atuar em nome da entidade).
> 2. Os entes sem personalidade poderão ser demandados no domicílio de seus gestores ou em qualquer lugar em que desenvolvem suas atividades.

Por fim, preconiza o art. 19 do Código de Processo Civil italiano:

> Art. 19. Foro geral das pessoas jurídicas e das associações não reconhecidas.
> Salvo que a lei disponha de outro modo, na hipótese de ser ré uma pessoa jurídica, será competente o juiz do lugar onde essa tem sede. Será competente também o juiz do lugar onde a pessoa jurídica tenha um estabelecimento e um representante autorizado a estar em juízo em relação ao objeto da demanda.
> Para fins de competência, as sociedades que não tenham personalidade jurídica, as associações não reconhecidas e os comitês dos artigos 36 e s. do c.c. tem sede onde desenvolvem atividades de modo definitivo.

Ort. 53, inc. III, letras "a" a "c", do novo C.P.C., indicou expressamente os critérios de competência para as questões obrigacionais que envolvam as *pessoas jurídicas personificadas ou regularizadas*, preconizando que é competente o lugar em que se *encontra a sua sede, para a ação em que for ré a pessoa jurídica*, ou onde *se acha sua agência ou sucursal* quanto às obrigações que a pessoa jurídica contraiu.

O dispositivo aplica-se tanto às pessoas jurídicas de direito privado quanto às pessoas jurídicas de direito público.

As pessoas jurídicas de direito privado encontram-se especificadas no art. 44 do C.c.b., a saber: a) associações; b) sociedades; c) fundações; d) organizações religiosas; e) partidos políticos.

Assim, para essas espécies de pessoas jurídicas de direito privado, o juízo competente será o do lugar em que se encontra sua sede quando elas forem rés, ou o lugar da agência ou sucursal quanto às obrigações que possam ter contraídas.

Para questão de falência ou de recuperação judicial, a competência é a do lugar do principal estabelecimento da pessoa jurídica. Na realidade, a competência para processar e julgar as ações e execuções suspensas por força do art. 6º, caput, da Lei 11.101/05, é a do juízo da recuperação judicial, ainda que iniciadas antes do deferimento daquele pedido, ressalvadas as hipóteses legais.

A referência à expressão 'sede', diz respeito à sede legal da pessoa jurídica, que resulta do ato constitutivo ou dos estatutos, ou seja, local indicado de forma estável em que se encontram os órgãos que possuem representação do ente e a capacidade para obrigá-lo.

A doutrina italiana fala em *sede legal e sede efetiva* da pessoa jurídica. Sobre essa diferenciação, anotam Luca Ariola e outros:

> Pode por vezes acontecer que, mesmo diante de uma formal previsão contratual em uma parte do território nacional da sede legal, a pessoa jurídica tenha em outro lugar o real e efetivo centro de seus negócios, subjacente à competência territorial de um juiz diverso daquele exercitante da jurisdição no território da sede legal. Em tal caso, pode-se apresentar o problema da individualização da autoridade judiciária territorialmente competente para conhecer da controvérsia em que o ente é parte passiva. A jurisprudência italiana, em tal caso, entende que prevalece a competência do juízo da sede efetiva, ainda que diversa daquela denominada de legal. Porém, para que se possa falar de 'sede efetiva' não basta que ali o ente possua um estabelecimento próprio, pague as despesas e os salários dos empregados, receba mercadorias e deposite a produção (Cass. 25.3.58 n. 995), havendo necessidade de que seja aquela sede em que reside o centro diretivo, administrativo e representativo da mesma, isto é, o local em que mais que em todos os outros, advenha a conclusão de contratos e o seu cumprimento, em geral, dos atos jurídicos em nome da empresa, pela habitual presença em tal lugar dos administradores investidos de relativa representação.[291]

[291] ARIOLA, Luca et al. *Codice di procedura civile oprativo.* Annotato con dottrina e giurisprudenza. Napoli, 2015. p. 82.

A sede da pessoa jurídica, em regra, está localizada no endereço de seu domicílio.

O endereço da pessoa jurídica, nos termos do art. 75 do C.c.b., é: a) da União, o Distrito Federal; b) dos Estados e Territórios, as respectivas capitais; c) do Município, o lugar onde funcione a administração municipal; d) das demais pessoas jurídicas, o lugar onde funcionarem as respectivas diretorias e administrações, ou onde elegerem domicílio especial no seu estatuto ou atos constitutivos.

As autarquias federais podem ser demandadas no foro da sua sede ou naquele da agência ou sucursal, em cujo âmbito de competência ocorreram os fatos, desde que a controvérsia não envolva obrigação contratual. (AgRg no REsp 1321642/RS, Rel. Ministro ARNALDO ESTEVES LIMA, PRIMEIRA TURMA, julgado em 07/08/2012, DJe 17/08/2012 REsp 624.264/SC, SEGUNDA TURMA, DJ 27/02/2007; REsp 835.700/SC, PRIMEIRA TURMA, DJ 31/08/2006; REsp 664.118/RS, SEGUNDA TURMA, DJ 30/05/2006; AgRg no REsp 807.610/DF, QUINTA TURMA, DJ 08/05/2006).[292]

Possuindo a pessoa jurídica diversos estabelecimentos em lugares diferentes, cada um deles será considerado domicílio para os atos nele praticados.

Se a administração ou diretoria tiver a sede no estrangeiro, haver-se-á por domicílio da pessoa jurídica, no tocante às obrigações contraídas por cada uma das suas agências, o lugar do estabelecimento, sito no Brasil, a que ela corresponder.[293]

[292] Por sua vez, a sede da Agência Nacional de Saúde Suplementar – ANS é competente para o ajuizamento de ações contra regras gerais impostas por aquela autarquia, visto que a demanda não se insurge contra obrigação contratual contraída em agência ou sucursal (Precedentes: (CC 88.278/RJ, Rel. Ministra Eliana Calmon, Primeira Seção, julgado em 23.4.2008, pendente de publicação; CC 66.459/RJ, Rel. Ministra Eliana Calmon, Primeira Seção, julgado em 28.2.2007, DJ 19.3.2007; REsp 835700/SC, Rel. Ministro Teori Albino Zavascki, Primeira Turma, julgado em 15.8.2006, DJ 31.8.2006).

[293] DIREITO PROCESSUAL CIVIL. RECURSO ESPECIAL. AÇÃO DE INDENIZAÇÃO POR UTILIZAÇÃO INDEVIDA DE IMAGEM EM SÍTIO ELETRÔNICO. PRESTAÇÃO DE SERVIÇO PARA EMPRESA ESPANHOLA. CONTRATO COM CLÁUSULA DE ELEIÇÃO DE FORO NO EXTERIOR.

1. A evolução dos sistemas relacionados à informática proporciona a internacionalização das relações humanas, relativiza as distâncias geográficas e enseja múltiplas e instantâneas interações entre indivíduos.

2. Entretanto, a intangibilidade e mobilidade das informações armazenadas e transmitidas na rede mundial de computadores, a fugacidade e instantaneidade com que as conexões são estabelecidas e encerradas, a possibilidade de não exposição física do usuário, o alcance global da rede, constituem-se em algumas peculiaridades inerentes a esta nova tecnologia, abrindo ensejo à prática de possíveis condutas indevidas.
3. O caso em julgamento traz à baila a controvertida situação do impacto da internet sobre o direito e as relações jurídico-sociais, em um ambiente até o momento desprovido de regulamentação estatal. A origem da internet, além de seu posterior desenvolvimento, ocorre em um ambiente com características de auto-regulação, pois os padrões e as regras do sistema não emanam, necessariamente, de órgãos estatais, mas de entidades e usuários que assumem o desafio de expandir a rede globalmente.
4. A questão principal relaciona-se à possibilidade de pessoa física, com domicílio no Brasil, invocar a jurisdição brasileira, em caso envolvendo contrato de prestação de serviço contendo cláusula de foro na Espanha. A autora, percebendo que sua imagem está sendo utilizada indevidamente por intermédio de sítio eletrônico veiculado no exterior, mas acessível pela rede mundial de computadores, ajuíza ação pleiteando ressarcimento por danos material e moral.
5. Os artigos 100, inciso IV, alíneas "b" e "c" c/c art. 12, incisos VII e VIII, ambos do CPC, devem receber interpretação extensiva, pois quando a legislação menciona a perspectiva de citação de pessoa jurídica estabelecida por meio de agência, filial ou sucursal, está se referindo à existência de estabelecimento de pessoa jurídica estrangeira no Brasil, qualquer que seja o nome e a situação jurídica desse estabelecimento.
6. Aplica-se a teoria da aparência para reconhecer a validade de citação via postal com "aviso de recebimento-AR", efetivada no endereço do estabelecimento e recebida por pessoa que, ainda que sem poderes expressos, assina o documento sem fazer qualquer objeção imediata. Precedentes.
7. O exercício da jurisdição, função estatal que busca composição de conflitos de interesse, deve observar certos princípios, decorrentes da própria organização do Estado moderno, que se constituem em elementos essenciais para a concretude do exercício jurisdicional, sendo que dentre eles avultam: inevitabilidade, investidura, indelegabilidade, inércia, unicidade, inafastabilidade e aderência.
No tocante ao princípio da aderência, especificamente, este pressupõe que, para que a jurisdição seja exercida, deve haver correlação com um território. Assim, para as lesões a direitos ocorridos no âmbito do território brasileiro, em linha de princípio, a autoridade judiciária nacional detém competência para processar e julgar o litígio.
8. O Art. 88 do CPC, mitigando o princípio da aderência, cuida das hipóteses de jurisdição concorrente (cumulativa), sendo que a jurisdição do Poder Judiciário Brasileiro não exclui a de outro Estado, competente a justiça brasileira apenas por razões de viabilidade e efetividade da prestação jurisdicional, estas corroboradas pelo princípio da inafastabilidade da jurisdição, que imprime ao Estado a obrigação de solucionar as lides que lhe são apresentadas, com vistas à consecução da paz social.
9. A comunicação global via computadores pulverizou as fronteiras territoriais e criou um novo mecanismo de comunicação humana, porém não subverteu a possibilidade e a credibilidade da aplicação da lei baseada nas fronteiras geográficas, motivo pelo qual a inexistência de

Quando a demanda disser respeito a questão de *reparação de dano*, o foro competente será o do local em que ocorreu o dano, ainda que a pessoa jurídica tenha sua sede em outro local.

Em relação às *sociedades ou associações sem personalidade jurídica*, a competência jurisdicional, quando elas forem rés, será a do local em que este ente não personificado exercer sua atividade principal, nos termos do *inc. III, letra 'c'* do art. 53 do atual C.P.C.

Segundo estabelece o art. 45 do Código Civil brasileiro, começa a existência legal das pessoas jurídicas de direito privado com a inscrição do ato constitutivo no respectivo registro, precedida, quando necessário,

legislação internacional que regulamente a jurisdição no ciberespaço abre a possibilidade de admissão da jurisdição do domicílio dos usuários da internet para a análise e processamento de demandas envolvendo eventuais condutas indevidas realizadas no espaço virtual.
10. Com o desenvolvimento da tecnologia, passa a existir um novo conceito de privacidade, sendo o consentimento do interessado o ponto de referência de todo o sistema de tutela da privacidade, direito que toda pessoa tem de dispor com exclusividade sobre as próprias informações, nelas incluindo o direito à imagem.
11. É reiterado o entendimento da preponderância da regra específica do art. 100, inciso V, alínea "a", do CPC sobre as normas genéricas dos arts. 94 e 100, inciso IV, alínea "a" do CPC, permitindo que a ação indenizatória por danos morais e materiais seja promovida no foro do local onde ocorreu o ato ou fato, ainda que a ré seja pessoa jurídica, com sede em outro lugar, pois é na localidade em que reside e trabalha a pessoa prejudicada que o evento negativo terá maior repercussão. Precedentes.
12. A cláusula de eleição de foro existente em contrato de prestação de serviços no exterior, portanto, não afasta a jurisdição brasileira.
13. Ademais, a imputação de utilização indevida da imagem da autora é um "posterius" em relação ao contato de prestação de serviço, ou seja, o direito de resguardo à imagem e à intimidade é autônomo em relação ao pacto firmado, não sendo dele decorrente. A ação de indenização movida pela autora não é baseada, portanto, no contrato em si, mas em fotografias e imagens utilizadas pela ré, sem seu consentimento, razão pela qual não há se falar em foro de eleição contratual.
14. Quando a alegada atividade ilícita tiver sido praticada pela internet, independentemente de foro previsto no contrato de prestação de serviço, ainda que no exterior, é competente a autoridade judiciária brasileira caso acionada para dirimir o conflito, pois aqui tem domicílio a autora e é o local onde houve acesso ao sítio eletrônico onde a informação foi veiculada, interpretando-se como ato praticado no Brasil, aplicando-se à hipótese o disposto no artigo 88, III, do CPC.
15. Recurso especial a que se nega provimento.
(REsp 1168547/RJ, Rel. Ministro LUIS FELIPE SALOMÃO, QUARTA TURMA, julgado em 11/05/2010, DJe 07/02/2011)

de autorização ou aprovação do Poder Executivo, averbando-se no registro todas as alterações por que passar o ato constitutivo.

Se não forem observados os requisitos do artigo 45 do C.c.b., a sociedade será considerada *sem personalidade jurídica*.

Assim, diante da denominada *sociedade comum* ou *em conta de participação*, o juízo competente será aquele onde ela exerce a sua atividade principal, quando ela for ré.

12. Competência do Local onde a Obrigação deve ser Satisfeita, para a Ação em que se lhe Exigir o Cumprimento

A letra 'd' do inc. III do artigo 53 do novo C.P.C. estabelece que o juízo competente para a demanda sobre cumprimento da obrigação será o do lugar em que se lhe exigir o cumprimento (*forum obligationis/forum destinatae solutionis*). Referido preceito normativo processual aplica-se aos casos de cumprimento de contrato ou de título executivo extrajudicial.[294]

Regra similar encontra-se no art. 20 do C.P.C.italiano:

> Art. 20. Foro facultativo para as causas relativas a direitos obrigacionais.
>
> Para as causas relativas a direitos obrigacionais é também competente o juiz do lugar no qual surgiu o deve executar-se a obrigação deduzida em juízo (1182, 1326 do c.c.).

Por sua vez, estabelece o art. 5º, ponto 1, da Convenção de Bruxelas:

> O requerido com domicílio no território de um Estado contratante pode ser demandado num outro Estado contratante. Em matéria contratual, perante

[294] No que concerne à relação de consumo, revelam-se incidentes as regras próprias de competência, as quais facultam ao consumidor escolher o foro do local em que melhor possa deduzir a sua defesa. Assim, a autora pode optar pelo foro de seu domicílio (artigo 101, inciso I, do código consumerista) ou pelo foro do domicílio do réu ou do local de cumprimento da obrigação (artigo 53, inc. III, letra 'd' do novo C.P.C.) ou pelo foro de eleição contratual, não podendo, contudo, descartar tais alternativas legais e escolher, aleatoriamente, outro foro "com o fito de furtar-se ao juízo estabelecido na lei processual, prejudicar a defesa do réu ou auferir vantagem com a já conhecida jurisprudência do Judiciário estadual favorável ao direito material postulado" (EDcl no AgRg nos EDcl no CC 116.009/PB, Rel. Ministro Sidnei Beneti, Rel. p/ Acórdão Ministra Maria Isabel Gallotti, Segunda Seção, julgado em 08.02.2012, DJe 20.04.2012)

o tribunal do lugar onde a obrigação que serve de fundamento ao pedido foi ou deva ser cumprida (...).

A norma contida no artigo 53, inc. III, letra "d", do novo C.P.C. revela elementos que permitem classificá-la como específica em relação à do artigo 46 (domicílio do réu) do mesmo diploma. Nesses termos, o eventual conflito aparente de normas deve ser resolvido, em princípio, pelo conhecido aforisma *lex specialis derrogat generalis*.

Porém, não se pode esquecer que a competência prevista no art. 53, inc. III, letra 'd', do novo C.P.C. é *relativa*, não podendo ser reconhecida de ofício pelo juiz.[295]

Para se saber em qual local a obrigação deverá ou deveria ser cumprida é necessário recorrer ao direito material civil. Diz o artigo 327 do Código Civil:

> Efetuar-se-á o pagamento no domicílio do devedor, salvo se as partes convencionarem diversamente, ou se o contrário resultar da lei, da natureza da obrigação ou das circunstâncias.

Tendo em vista que o direito material estabelece como regra geral que as dívidas são *quesíveis*, isto é, que o credor deve buscar o seu cumprimento no domicílio do devedor, normalmente o local do cumprimento da obrigação identifica-se com o do domicílio do devedor.

O Superior Tribunal de Justiça já aplicou a regra de competência prevista no art. 53, inc. III, letra 'd', do novo C.P.C., inclusive para hipótese de pretensões desconstitutivas contratuais (STJ 3. T., Resp. n. 52.012, Rel. Waldemar Zveiter, j. 14.08.95).

[295] RECURSO ESPECIAL - EXECUÇÃO - TRIPLICATAS - COMPETÊNCIA - FORO DE ELEIÇÃO - PROTESTO EM CIDADE DIVERSA - INEXISTÊNCIA DE RENÚNCIA TÁCITA - VALIDADE DA CLÁUSULA CONTRATUAL.
1. A circunstância de o credor levar o título a protesto no local onde o devedor tem domicílio não traduz renúncia ao foro de eleição para a ação de cobrança. O protesto cambial – simples ato administrativo – nada tem com a execução.
2. Sendo a competência do Art. 100, V, 'd', do CPC relativa, deve ceder ao foro de eleição, que só é desconsiderado se ofender normas de fixação de competência absoluta.
(REsp 782.384/SP, Rel. Ministro HUMBERTO GOMES DE BARROS, TERCEIRA TURMA, julgado em 14/12/2006, DJ 19/03/2007, p. 333)

Também em relação às demandas em que se litigue sobre a validade de cláusula contratual, deve ser observada a regra de competência prevista no art. 53, inc.III, letra 'd', do novo C.P.C. (REsp 58.561/DF, DJ 09/10/95, Rel. Min. Eduardo Ribeiro). Na seara doutrinária, comungam desse sentir, entre outros, Celso Agrícola Barbi *(Comentários ao Código de Processo Civil, Rio de Janeiro, 1983, Ed. Forense, 3ª ed., ps. 453/454)* e Nelson Nery Junior/ Rosa Maria Andrade Nery (*Código de Processo Civil Comentado e legislação extravagante, São Paulo, 2003, Editora RT, 7ª ed., p. 499/500).*

Em se tratando de ação de reparação de danos que tenha por causa de pedir inadimplemento contratual, o foro competente para processamento e julgamento da demanda é o do lugar onde deveria ter-se dado o cumprimento da obrigação, porquanto o pedido de indenização é sucedâneo da obrigação descumprida. A responsabilidade civil, como dever jurídico secundário, surge do descumprimento do dever jurídico primário ou originário. Aplica-se, na espécie, a regra de competência estabelecida no art. 53, inc. III, letra 'd' do novo C.P.C. (Ag 1431051/DF, Rel. Ministro RAUL ARAÚJO, QUARTA TURMA, julgado em 12/06/2012, DJe 21/08/2012).

O S.T.J. igualmente entende que a demanda de arbitramento de honorários deve ser proposta no local onde está situado o escritório do advogado, tendo em vista que nele deveria ser satisfeita a obrigação de pagamento. (EAg 1186386/SP, Rel. Ministro SIDNEI BENETI, SEGUNDA SEÇÃO, julgado em 08/02/2012, DJe 16/02/2012)

O posicionamento do S.T.J. orienta-se no sentido de que o foro competente para o ajuizamento da execução de duplicata é o do local onde a obrigação deve ser cumprida, conforme dispõem os art. 17 da Lei 5.474/68 e art. 53, inc. III, letra 'd' do novo Código de Processo Civil. (AgRg no AREsp n. 762.553/DF, Relator Ministra MARIA ISABEL GALLOTTI, QUARTA TURMA, julgado em 22/9/2015, DJe 1º/10/2015; AgInt no AREsp 835.664/ SP, Rel. Ministro ANTONIO CARLOS FERREIRA, QUARTA TURMA, julgado em 11/10/2016, DJe 17/10/2016).

Nesse contexto, a interpretação conjunta dos arts. 53, inc. III, letra "d", e 784, inc. I, do novo CPC autoriza a conclusão de que o foro do lugar de pagamento é, em regra, o competente para o julgamento de processo executivo lastreado em cheque não pago, sendo certo que se trata de competência territorial, de natureza relativa, conforme já assentado pelo S.T.J. (CC 107.769/AL, Rel. Ministra Nancy Andrighi, Segunda Seção, DJe 10/09/2010).

13. Competência da Residência do Idoso, para a Causa que Verse Sobre Direito Previsto no Respectivo Estatuto do Idoso

A letra 'e' do inc. III do art. 53 do atual C.P.C. estabelece a competência da residência do idoso, para a causa que verse sobre direito previsto no respectivo estatuto.

A Lei n. 10.741, de 1º de outubro de 2003, trata do *Estatuto do Idoso.*

Segundo estabelece o art. 1º da Lei 10.741/2003, "É instituído o Estatuto do Idoso, destinado a regular os direitos assegurados às pessoas com idade igual ou superior a 60 (sessenta) anos".

Dentre os idosos, é assegurada prioridade especial aos maiores de oitenta anos, atendendo-se suas necessidades sempre preferencialmente em relação aos demais idosos.

Dentre os diversos direitos individuais conferidos ao idoso, podem ser relacionados aqueles expressamente consignados no art. 3º e seu parágrafo único do Estatuto do Idoso, a saber:

> Art. 3º É obrigação da família, da comunidade, da sociedade e do Poder Público assegurar ao idoso, com absoluta prioridade, a efetivação do direito à vida, à saúde, à alimentação, à educação, à cultura, ao esporte, ao lazer, ao trabalho, à cidadania, à liberdade, à dignidade, ao respeito e à convivência familiar e comunitária.
>
> § 1º A garantia de prioridade compreende: *(Redação dada pela Lei nº 13.466, de 2017)*[296]
>
> I – atendimento preferencial imediato e individualizado junto aos órgãos públicos e privados prestadores de serviços à população;
>
> II – preferência na formulação e na execução de políticas sociais públicas específicas;
>
> III – destinação privilegiada de recursos públicos nas áreas relacionadas com a proteção ao idoso;
>
> IV – viabilização de formas alternativas de participação, ocupação e convívio do idoso com as demais gerações;
>
> V – priorização do atendimento do idoso por sua própria família, em detrimento do atendimento asilar, exceto dos que não a possuam ou careçam de condições de manutenção da própria sobrevivência;

[296] http://www.planalto.gov.br/ccivil_03/_Ato2015-2018/2017/Lei/L13466.htm#art2

VI – capacitação e reciclagem dos recursos humanos nas áreas de geriatria e gerontologia e na prestação de serviços aos idosos;

VII – estabelecimento de mecanismos que favoreçam a divulgação de informações de caráter educativo sobre os aspectos biopsicossociais de envelhecimento;

VIII – garantia de acesso à rede de serviços de saúde e de assistência social locais.

IX – prioridade no recebimento da restituição do Imposto de Renda. *(Incluído pela Lei nº 11.765, de 2008)*[297].

A competência referente a interesses difusos, coletivos e individuais homogêneos dos idosos está também regulada pelo art. 80 do Estatuto do Idoso, *in verbis*: "As ações previstas neste Capítulo serão propostas no foro do domicílio do idoso, cujo juízo terá competência absoluta para processar a causa, ressalvadas as competências da Justiça Federal e a competência originária dos Tribunais Superiores".

Nos termos do art. 53, inc. III, letra 'e', do novo C.P.C., quando a demanda versar sobre direitos ou interesses individuais contidos no Estatuto do Idoso, o juízo competente para apreciar a demanda será o da *residência do idoso.*

Porém, a competência absoluta do domicílio do idoso somente ocorrerá nas hipóteses do art. 80 do Estatuto do Idoso. Nas demais situações, a competência será considerada relativa.[298]

[297] http://www.planalto.gov.br/ccivil_03/_Ato2007-2010/2008/Lei/L11765.htm#art1

[298] DIREITO PROCESSUAL CIVIL. RECURSO ESPECIAL. EXECUÇÃO DE TÍTULO EXTRAJUDICIAL. CHEQUE. EMBARGOS DE DECLARAÇÃO. OMISSÃO, CONTRADIÇÃO OU OBSCURIDADE. NÃO OCORRÊNCIA. DISSÍDIO JURISPRUDENCIAL. COTEJO ANALÍTICO E SIMILITUDE FÁTICA. AUSÊNCIA. FORO COMPETENTE: LOCAL DE PAGAMENTO DO TÍTULO. DOMICÍLIO DO IDOSO. ART. 80 DA LEI 10.741/2003. NORMA APLICÁVEL A AÇÕES QUE VERSAM ACERCA DE INTERESSES DIFUSOS, COLETIVOS E INDIVIDUAIS INDISPONÍVEIS OU HOMOGÊNEOS.

1- Ausentes os vícios do art. 535 do CPC, rejeitam-se os embargos de declaração.

2- O dissídio jurisprudencial deve ser comprovado mediante o cotejo analítico entre acórdãos que versem sobre situações fáticas idênticas.

3- A interpretação conjunta dos arts. 100, IV, "d", 576 e 585, I, do CPC autoriza a conclusão de que o foro do lugar do pagamento (sede da instituição financeira) é, em regra, o competente para o julgamento de execução aparelhada em cheque não pago.

Note-se que o legislador preferiu o termo *residência* ao de *domicilio,* pois muitas vezes o idoso pode estar provisoriamente morando em local diverso do seu domicílio.

Questão interessante há de surgir em relação às ações de alimento quando o alimentante for idoso, pois nesse caso, segundo Flávio Luiz Yarshell, compete ao juízo do domicílio do idoso processar e julgar as ações em que ele seja réu.[299] Prevalecendo o posicionamento de Flávio L. Yarshell, pode-se afirma que estamos diante de competência concorrente entre o juízo do domicílio do alimentando e o juízo do domicílio do idoso.[300]

4- O art. 80 da Lei n. 10.741/2003 limita-se a estabelecer, de modo expresso, a competência do foro do domicílio do idoso para processamento e julgamento das ações que versam acerca de seus interesses difusos, coletivos e individuais indisponíveis ou homogêneos (previstas no Capítulo III daquela lei), circunstância não verificada no particular.
5- A aplicação do art. 34 da Lei 7.537/1985 revela-se inviável, na medida em que seu texto não encerra regra de fixação de competência.
6- Recurso especial não provido.
(REsp 1246739/MG, Rel. Ministra NANCY ANDRIGHI, TERCEIRA TURMA, julgado em 02/05/2013, DJe 08/05/2013)
No voto da Ministra Nancy Andrigui ficou assim consignado:
"A respeito do enunciado normativo mencionado, valioso o apontamento feito por Oscar Hugo de Souza Ramos: [...] nem todas as ações judiciais que tenham como parte um idoso, seja no pólo ativo ou passivo, terão obrigatoriamente como juízo competente o do foro do domicílio desse. As ações que envolvam interesses e direitos individuais e disponíveis, como por exemplo, a maioria das questões contratuais, terão que obedecer às regras de competência previstas na legislação infraconstitucional, notadamente ao disposto nos artigos 91 a 101 do Código de Processo Civil, que cuida do disciplinamento da competência interna. (in: Neida Maria Pinheiro (coordenadora). Estatuto do Idoso Comentado . 2ª ed., p. 444)".

299 Yarshell, Flavio Luiz. Competência no Estatuto do Idoso (lei n. 10.741/03), In: http://www. mundo jurídico.adv.br. 29.12.2004.

300 AGRAVO DE INSTRUMENTO. EXONERAÇÃO DE ALIMENTOS. EXCEÇÃO DE INCOMPETÊNCIA. FORO DO DOMICÍLIO DA ALIMENTADA.
1. O domicílio do idoso é o foro competente para as causas que visam à proteção judicial dos interesses difusos, coletivos e individuais indisponíveis ou homogêneos, nos termos do art. 80 do Estatuto do Idoso. 2. No caso, a exoneração de alimentos não se enquadra na categoria de interesses difusos, de coletivos e individuais indisponíveis ou homogêneos, incidindo, pois, a regra contida no inciso II do art. 100 do CPC, sendo competente o foro do domicílio da alimentada.
AGRAVO DE INSTRUMENTO DESPROVIDO. (Agravo de Instrumento Nº 70053453536, Oitava Câmara Cível, Tribunal de Justiça do RS, Relator: Ricardo Moreira Lins Pastl, Julgado em 16/05/2013)

(TJ-RS – AI: 70053453536 RS, Relator: Ricardo Moreira Lins Pastl, Data de Julgamento: 16/05/2013, Oitava Câmara Cível, Data de Publicação: Diário da Justiça do dia 21/05/2013)
AGRAVO DE INSTRUMENTO. AÇÃO DE EXONERAÇÃO DE ALIMENTOS. COMPETÊNCIA.
A regra de competência absoluta que está prevista no artigo 80 do Estatuto do Idoso, se aplica apenas e tão-somente às "as ações de responsabilidade por ofensa aos direitos assegurados ao idoso" (artigo 79 do Estatuto do Idoso).
Só que a presente demanda não trata dessa temática – de forma que a regra em comento, aqui, não incide e nem se aplica.
Por outro lado, inexiste conexão ou continência desta ação de exoneração de alimentos, com a ação pretérita em que foi fixada a obrigação.
A conexão e a continência são causas de alteração da competência, mas apenas quando se estiver diante de dois ou mais processos em curso e em andamento.
Logo, o fato do processo anterior estar encerrado e extinto afasta e impede qualquer reconhecimento de conexão ou continência, como causa para alterar a competência para processar e julgar a presente demanda.
NEGARAM PROVIMENTO.
(Agravo de Instrumento Nº 70052070539, Oitava Câmara Cível, TJRS, Relator Rui Portanova, 28/02/2013)
AGRAVO DE INSTRUMENTO. EXCEÇÃO DE INCOMPETÊNCIA. PROCESSO DE INVENTÁRIO. FORO COMPETENTE. DOMICÍLIO DO AUTOR DA HERANÇA. HERDEIRO IDOSO.
O foro do domicílio do autor da herança, no Brasil, é o competente para o processamento do inventário, a teor do art. 96, do CPC. O art. 1.785 do CC também define que a sucessão abre-se no lugar do último domicílio do falecido.
O art. 80 da Lei nº 10.741/2003, determina a competência absoluta do domicílio do idoso para as causas de que cuida o capítulo III – "Da Proteção Judicial dos Interesses Difusos, Coletivos e Individuais Indisponíveis ou Homogêneos" – em que o dispositivo está inserido na lei, e não para todas as demandas judiciais em que um idoso for parte.
AGRAVO DE INSTRUMENTO DESPROVIDO.
(Agravo de Instrumento Nº 70051241172, Sétima Câmara Cível, TJRS, Relatora Sandra Brisolara Medeiros, 27/09/2012)
AGRAVO INTERNO. DECISÃO MONOCRÁTICA. REGULAMENTAÇÃO DE VISITAS. COMPETÊNCIA. REGRA GERAL. FORO DO DOMICÍLIO DO RÉU. Conforme disciplina o art. 80 do Estatuto do Idoso, o domicílio do idoso é o foro competente para as causas que visam à proteção judicial dos interesses difusos, coletivos e individuais indisponíveis ou homogêneos. A ação de regulamentação de visitas ajuizada por pessoa idosa não se enquadra dentre as hipóteses do art. 79 do referido Estatuto e, portanto, para o caso concreto deve prevalecer a regra geral de competência territorial prevista no art. 94 do CPC. Precedentes. Decisão monocrática que negou provimento ao agravo mantida. RECURSO DESPROVIDO. (SEGREDO DE JUSTIÇA) (Agravo Nº 70033799750, Oitava Câmara Cível, TJRS, Relator José Ataídes Siqueira Trindade, 28/01/2010)

14. Competência da Sede da Serventia Notarial ou de Registro, para a Ação de Reparação de Dano por Ato Praticado em Razão do Ofício

Emenda da Câmara dos Deputados incluiu a letra 'f' ao inc. III do art. 53 do atual C.P.C., indicando que o juízo competente para a demanda de reparação de dano por ato praticado em razão do ofício, será o da sede da serventia notarial ou de registro.

Assim, o foro competente para demanda de reparação de danos contra ato notarial ou de registro não será mais o do autor da demanda, mas, sim, o da sede da serventia notarial ou de registro.

Diante dessa normatização, ficou superada a seguinte decisão do S.T.J.:

> PROCESSUAL. ADMINISTRATIVO. CONSTITUCIONAL. RESPONSABILIDADE CIVIL. TABELIONATO DE NOTAS. FORO COMPETENTE. SERVIÇOS NOTARIAIS.
>
> – A atividade notarial não é regida pelo CDC. (Vencidos a Ministra Nancy Andrighi e o Ministro Castro Filho).
>
> – O foro competente a ser aplicado em ação de reparação de danos, em que figure no pólo passivo da demanda pessoa jurídica que presta serviço notarial é o do domicílio do autor.
>
> – Tal conclusão é possível seja pelo art. 101, I, do CDC, ou pelo art. 100, parágrafo único do CPC, bem como segundo a regra geral de competência prevista no CPC.
>
> Recurso especial conhecido e provido.
>
> (REsp 625.144/SP, Rel. Ministra NANCY ANDRIGHI, TERCEIRA TURMA, julgado em 14/03/2006, DJ 29/05/2006, p. 232)

15. Competência do Lugar do Ato ou Fato para a Demanda de Reparação de Dano

O inciso IV, letra 'a', do artigo 53, do atual C.P.C., estabelece a competência do lugar do ato ou do fato para a ação de reparação de dano.

Essa regra de competência (do lugar do ato ou do fato para a demanda de reparação de dano) tem sua razão de ser pela facilidade na colheita de prova (perícia, oitiva de testemunha etc) sobre as causas do dano e sua reparação.

A regra prevista no inciso IV, letra 'a', do art. 53 do atual C.P.C., é especial em relação à regra do domicílio do réu ou do local da sede da pessoa jurídica, devendo prevalecer sobre elas, uma vez que leva em consideração a natureza do direito que originou a demanda. Não obstante a prevalência de competência, está-se diante de uma competência relativa, que não poderá ser conhecida de ofício pelo juiz.

A competência do lugar do ato ou do fato aplica-se ainda que o dano seja exclusivamente moral.

Quando a reparação do dano decorrer de *delito ou acidente de veículos, inclusive aeronaves,* o foro competente será do local do fato ou do domicílio do autor (inc. V do art. 53 do novo C.P.C.).[301]

[301] AGRAVO REGIMENTAL NO AGRAVO DE INSTRUMENTO – EXCEÇÃO DE INCOMPETÊNCIA EM AÇÃO DE REPARAÇÃO DE DANO EM RAZÃO DE DELITO OU ACIDENTE DE TRÂNSITO – COMPETÊNCIA DEFINIDA A CRITÉRIO DA VÍTIMA, PODENDO OPTAR PELO AJUIZAMENTO DA DEMANDA NOS FOROS DE SEU DOMICÍLIO, DO DOMICÍLIO DO RÉU, OU, AINDA, NAQUELE ONDE OCORREU O ATO LESIVO (ARTS. 100, PARÁGRAFO ÚNICO, E 94 DO CPC) – DECISÃO MONOCRÁTICA NEGANDO PROVIMENTO AO AGRAVO DE INSTRUMENTO – INSURGÊNCIA DA RÉ.
1. A jurisprudência desta Corte sedimentou-se no sentido de que o art. 100, parágrafo único, do CPC abrange tanto os ilícitos de natureza penal quanto de natureza civil – como no caso vertente –, facultando ao autor propor a ação reparatória no local em que se deu o ato ou fato, ou no foro de seu domicílio. Precedentes.
2. Agravo regimental desprovido.
(AgRg no Ag 1366967/MG, Rel. Ministro MARCO BUZZI, QUARTA TURMA, julgado em 18/02/2016, DJe 24/02/2016)
AGRAVO REGIMENTAL. PROCESSUAL CIVIL. AÇÃO DE REPARAÇÃO DE DANOS DECORRENTES DE ACIDENTE FERROVIÁRIO. COMPETÊNCIA. FACULDADE DO AUTOR NA ESCOLHA DO FORO. ELEIÇÃO DO FORO DO DOMICÍLIO DO RÉU ADEQUADA. DECISÃO AGRAVADA MANTIDA. IMPROVIMENTO.
I – Assiste ao autor, vítima do dano sofrido em razão de delito ou acidente de veículo, a faculdade de ajuizar a ação indenizatória no foro do domicílio do réu (regra geral contida no art. 94 do CPC) ou, ainda, no foro do seu próprio domicílio ou do local do fato, nos termos do parágrafo único do artigo 100 do CPC.
II – A Agravante não trouxe nenhum argumento capaz de modificar a conclusão do julgado, a qual se mantem por seus próprios fundamentos.
Agravo improvido.
(AgRg no Ag 1090232/RJ, Rel. Ministro SIDNEI BENETI, TERCEIRA TURMA, julgado em 16/04/2009, DJe 06/05/2009)
PROCESSUAL CIVIL. RECURSO ESPECIAL. AÇÃO DE REPARAÇÃO DE DANOS DECORRENTES DE ACIDENTE AUTOMOBILÍSTICO PROPOSTA CONTRA MUNICÍPIO.

Celso Agrícola Barbi, ao comentar o art. 100, parágrafo único, do CPC de 1973 (atual inc. V do art. 53 do novo C.P.C.)., assim preconizou:

> O parágrafo único do art. 100 introduz importante novidade em nosso direito. O aumento da rede de rodovias e sua interligação, ao lado da decadência das ferrovias, trouxe considerável acréscimo no tráfego de automóveis, caminhões e ônibus em todo o País, e, em consequência, aumento no número de acidentes causados por eles. Dada a grande extensão territorial do País,

FACULDADE DO AUTOR NA ESCOLHA DO FORO. ELEIÇÃO DO FORO DO DOMICÍLIO DO AUTOR ADEQUADA. ART. 100, PARÁGRAFO ÚNICO, DO CPC.
1. Cuidam os autos de agravo de instrumento interposto por Osvaldo Alex Ferreira contra decisão do juízo da 13ª Vara Cível da Comarca de Belo Horizonte, que declinou da competência para o processamento e julgamento de ação de reparação de danos promovida contra o Município de Santa Bárbara do Leste. O TJMG deu provimento ao agravo para definir o foro competente da Comarca de Belo Horizonte, domicílio do autor, nos termos do art. 100, parágrafo único, do CPC.
Recurso especial do Município indicando a violação dos arts. 99, I, 100, IV, "a" e 111 do CPC. Pretende o reconhecimento da Comarca de Caratinga, conforme posto na decisão agravada.
2. O artigo 100, parágrafo único, do CPC estabelece: "Nas ações de reparação do dano sofrido em razão de delito ou acidente de veículos, será competente o foro do domicílio do autor ou do local do fato". Essa regra foi estabelecida especialmente em prol do autor, nada obstando que possa optar pelo foro geral – do domicílio do réu –, nos termos do artigo 94 do CPC.
3. De regra, o CPC, em seu art. 94, estabelece o domicílio do réu como foro geral. Porém, segundo outros critérios (ratione materiae, ratione personae e ratione loci), fixa a prevalência de foros especiais, como o do caso concreto: ação de reparação de danos em razão de acidente de veículos.
4. Os municípios não têm foro privilegiado.
5. Tem aplicação ao caso o preceituado pelo parágrafo único do art. 100 do Estatuto Processual Civil: "Nas ações de reparação do dano sofrido em razão de delito ou acidente de veículos, será competente o foro do domicílio do autor ou do local do fato." 6. Absolutamente adequada, portanto, a exegese conferida ao caso pela Corte a quo, que entendeu incorreta a decisão agravada que declinou da competência para a comarca do réu. Cabia ao autor a eleição do foro do domicílio do réu, de Sabará (local do acidente) ou de Belo Horizonte (seu próprio domicílio). Optando pelo último, fê-lo adequadamente e com respaldo no art. 100, parágrafo único, do CPC.
7. Inaplicável à espécie a disposição contida no art. 99, I, do CPC, porquanto não é a União autora ré nem interveniente na presente ação.
8. Recurso especial conhecido e não-provido.
(REsp 949.382/MG, Rel. Ministro JOSÉ DELGADO, PRIMEIRA TURMA, julgado em 23/10/2007, DJ 19/11/2007, p. 206)

veículos pertencentes a pessoa residente em um local causam dano em acidente ocorrido em outro, a centenas ou milhares de quilômetros. A regra geral do foro do domicílio do réu não era capaz de atender às necessidades surgidas dessa nova fonte de demandas, porque a vítima tinha de ajuizar a ação em distantes comarcas, longe de seu domicílio e do local do fato. O Código atual veio atender aos reclamos gerais, considerando o foro do lugar do acidente competente para a ação de reparação do dano causado por ele.[302]

A expressão "delito" contida no inc. V do art. 53 do novo C.P.C. possui *sentido lato,* alcançando tanto os ilícitos de natureza civil quanto aqueles de cunho penal.[303]

As pessoas jurídicas locadoras de frotas de veículos não estão abrangida pelo art. 53, inc. V, do atual C.P.C., tendo em vista que a escolha dada ao autor de ajuizar a ação de reparação de dano decorrente de acidente de veículos é exceção à regra geral de competência, definida pelo foro do domicilio do réu. Não se pode dar à exceção interpretação tão extensiva a ponto de subverter o escopo da regra legal, mormente quando importar em privilégio à pessoa jurídica cujo negócio é alugar veículos em todo território nacional em detrimento da defesa do réu pessoa física[304]

[302] BARBI, Celso Agrícola. *Comentários ao código de processo civil.* Vol. I. 13. ed. Rio de Janeiro: Forense, 2008. p. 351.

[303] COMPETÊNCIA. AÇÃO DE ABSTENÇÃO DE USO DE MARCA CUMULADA COM PEDIDO DE INDENIZAÇÃO. APLICAÇÃO DA REGRA ESPECÍFICA DO ART. 100, V, "A", PARÁGRAFO ÚNICO, DO CPC, QUE FACULTA AO AUTOR A OPÇÃO DE AJUIZAR A AÇÃO NO FORO DE SEU DOMICÍLIO OU NO FORO DO LOCAL EM QUE OCORREU O ATO ILÍCITO.

1. A norma do art. 100, v, "a", parágrafo único, do CPC (forum commissi delicti) refere-se aos delitos de modo geral, tanto civis quanto penais.

2. Constatada a contrafação ou a concorrência desleal, nos termos dos arts. 129 e 189 da Lei 9.279/96, deve ser aplicado à espécie o entendimento segundo o qual a ação de reparação de dano tem por foro o lugar onde ocorreu o ato ou fato, ainda que a demandada seja pessoa jurídica com sede em outro lugar.

3. Embargos de divergência providos.

(EAg 783.280/RS, Rel. Ministra NANCY ANDRIGHI, SEGUNDA SEÇÃO, julgado em 23/02/2011, DJe 19/04/2012)

[304] EMBARGOS DE DECLARAÇÃO. AGRAVO INTERNO. AGRAVO DE INSTRUMENTO CONTRA DECISÃO DENEGATÓRIA DE RECURSO ESPECIAL. EXCEÇÃO DE INCOMPETÊNCIA. AÇÃO DE REPARAÇÃO DE DANOS. ACIDENTE DE VEÍCULOS.

O S.T.J., ao decidir os Temas 606 e 607 pela sistemática de Recursos Repetitivos, em voto proferido pelo Ministro Luis Felipe Salomão, decidiu que em ação de cobrança objetivando indenização decorrente de Seguro Obrigatório de Danos Pessoais Causados por Veículos Automotores de Vias Terrestres – DPVAT, constitui faculdade do autor escolher entre os seguintes foros para ajuizamento da ação: o do local do acidente ou o do seu domicílio (art. 53, inc. V, do novo C.P.C.); bem como, ainda, o do domicílio do réu (art. 46 do mesmo Diploma). (REsp 1357813/RJ, SEGUNDA SEÇÃO, julgado em 11/09/2013, DJe 24/09/2013).

Em relação à ação de cobrança do seguro DPVAT, assim estabelece a Súmula 540 do S.T.J.: "Na ação de cobrança do seguro DPVAT, constitui faculdade do autor escolher entre os foros do seu domicílio, do local do acidente ou ainda do domicílio do réu".

FORO DO DOMICÍLIO DO AUTOR OU DO LOCAL DO FATO. ESCOLHA QUE NÃO COMPETE À LOCADORA DE VEÍCULOS.
1. É competente o juízo do foro do domicílio do autor ou do local do fato para a ação de reparação de dano sofrido em razão de acidente de veículos. Isso porque a regra geral do foro do domicílio do réu não seria suficiente para atender às necessidades decorrentes de lides relacionadas aos acidentes de trânsito, dado que muitas vezes a vítima haveria de ajuizar a demanda em comarcas distantes de seu domicilio ou mesmo do local do fato.
2. As pessoas jurídicas locadoras de frotas de veículos não estão abrangidas pela prerrogativa legal de escolha do foro. Assim, não incide a regra do art. 100, V, parágrafo único, do Código de Processo Civil de 1973 – nem a do art. 53, V, do atual CPC – no caso de ação judicial movida pela locadora para reparação dos danos sofridos em acidente de trânsito no qual envolvido o locatário, ainda que o veículo seja de propriedade da locadora.
3. A escolha dada ao autor de ajuizar a ação de reparação de dano decorrente de acidente de veículos é exceção à regra geral de competência, definida pelo foro do domicílio do réu. Não se pode dar à exceção interpretação tão extensiva a ponto de subverter o escopo da regra legal, mormente quando importar em privilégio à pessoa jurídica cujo negócio é alugar veículos em todo território nacional em detrimento da defesa do réu pessoa física.
4. Hipótese em que ambos os envolvidos no acidente, possíveis vítimas – o locatário do veículo e o réu – têm domicílio no local onde ocorreu o acidente, comarca de Porto Alegre, não atendendo à finalidade da lei a tramitação da causa em Minas Gerais, sede da autora, empresa proprietária e locadora do veículo.
5. Embargos de declaração acolhidos.
(EDcl no AgRg no Ag 1366967/MG, Rel. Ministro MARCO BUZZI, Rel. p/ Acórdão Ministra MARIA ISABEL GALLOTTI, QUARTA TURMA, julgado em 27/04/2017, DJe 26/05//2017)

Em relação à ação de reparação de dano em decorrência de acidente na área ambiental, eis a seguinte decisão do S.T.J. sobre a questão da competência do juízo:

> CONFLITO DE COMPETÊNCIA. AÇÃO DE REPARAÇÃO DE DANOS. DERRAMAMENTO DE ÓLEO. PESCADORES ARTESANAIS PREJUDICADOS. ACIDENTE DE CONSUMO. CONSUMIDOR POR EQUIPARAÇÃO. FORO. DOMICÍLIO DOS AUTORES.
>
> 1. Trata-se de ação ordinária ajuizada por pescadores artesanais visando a reparação de danos materiais e morais decorrentes de dano ambiental.
>
> 2. Os autores foram vítimas de acidente de consumo, visto que suas atividades pesqueiras foram supostamente prejudicadas pelo derramamento de óleo ocorrido no Estado do Rio de Janeiro. Aplica-se à espécie o disposto no art. 17 do Código de Defesa do Consumidor.
>
> 3. As regras consumeristas contidas no artigo 101, I, da Lei nº 8.078/1990 devem incidir no caso, sendo facultada ao consumidor a propositura da ação no foro do seu domicílio. 4. Conflito conhecido para declarar competente o Juízo de Direito da Vara Cível de Marataízes/ES, o suscitado.
>
> (CC 143.204/RJ, Rel. Ministro RICARDO VILLAS BÔAS CUEVA, SEGUNDA SEÇÃO, julgado em 13/04/2016, DJe 18/04/2016)

Questão interessante diz respeito ao foro competente para processar e julgar ação de indenização cumulada com pedido de 'abstenção de prática de concorrência desleal pelo uso ilícito de marca'. A 4ª Turma do STJ posicionou-se no sentido de declarar a competência do foro do domicílio do réu para o processamento e julgamento de ação de abstenção de uso de marca (Min. César Asfor Rocha (REsp 715.356/RS, DJ de 6/3/2006) e Min. Ruy Rosado de Aguiar (REsp 223.742/PR, DJ Superior Tribunal de Justiça 25/10/1999). No julgamento do REsp 223.742/PR, o relator Min. Ruy Rosado de Aguiar afirmou em seu voto que "não é o caso de se aplicar o disposto no art. 100, V, a, do CPC de 1973, pois a ação é de contrafação de marca, cujo foro é o do domicílio do réu, conforme já referido nos autos com apoio de Gama Cerqueira (Tratado da Propriedade Industrial, 1/581, 2ª Ed., RT 322/48). Ainda que haja o pedido cumulado de indenização, pela outra ação permanece o direito de as demandadas serem processadas no foro de seu domicílio". Porém, a 3ª Turma do S.T.J., no julgamento do REsp 681.007/DF, de Relatoria da Ministra Nancy Andrighi, DJ de 22/5/2006, enfrentou questão idêntica, estabelecendo, contudo, entendimento no sentido de que o art. 100, parágrafo único, do CPC, de 1973, faculta ao autor a eleição do foro para a propositura da ação de abstenção de uso de marca, desde que cumulada com pedido indenizatório. Assim, presente o pedido de indenização, são competentes tanto o foro do local no qual ocorreu o ato ou fato quanto o foro de seu domicílio.

O S.T.J., nos Embargos de Divergência n. 783.280/RS, assim definiu a questão.

> COMPETÊNCIA. AÇÃO DE ABSTENÇÃO DE USO DE MARCA CUMULADA COM PEDIDO DE INDENIZAÇÃO. APLICAÇÃO DA REGRA ESPECÍFICA DO ART. 100, V, "A", PARÁGRAFO ÚNICO, DO CPC, QUE FACULTA AO AUTOR A OPÇÃO DE AJUIZAR A AÇÃO NO FORO DE SEU DOMICÍLIO OU NO FORO DO LOCAL EM QUE OCORREU O ATO ILÍCITO.
>
> 1. A norma do art. 100, v, "a", parágrafo único, do CPC (forum commissi delicti) refere-se aos delitos de modo geral, tanto civis quanto penais.
>
> 2. Constatada a contrafação ou a concorrência desleal, nos termos dos arts. 129 e 189 da Lei 9.279/96, deve ser aplicado à espécie o entendimento segundo o qual a ação de reparação de dano tem por foro o lugar onde ocorreu o ato ou fato, ainda que a demandada seja pessoa jurídica com sede em outro lugar.
>
> 3. Embargos de divergência providos.
>
> (EAg 783.280/RS, Rel. Ministra NANCY ANDRIGHI, SEGUNDA SEÇÃO, julgado em 23/02/2011, DJe 19/04/2012)

No mesmo sentido, são os seguintes precedentes do S.T.J.:

> AGRAVO REGIMENTAL. COMPETÊNCIA. AÇÃO DE REPARAÇÃO DE DANOS.
>
> APLICAÇÃO DA REGRA ESPECÍFICA DO ART. 100, V, "A", PARÁGRAFO ÚNICO, DO CPC, QUE FACULTA AO AUTOR A OPÇÃO DE AJUIZAR A AÇÃO NO FORO DE SEU DOMICÍLIO OU NO FORO DO LOCAL EM QUE OCORREU O ATO ILÍCITO. COMPETÊNCIA DO FORO DO LOCAL DA OCORRÊNCIA DO FATO. DECISÃO AGRAVADA MANTIDA – IMPROVIMENTO.
>
> **1. A Segunda Seção desta Corte concluiu que a ação de reparação de danos em razão de contrafação ou a concorrência desleal deve ser ajuizada**

no foro do lugar onde ocorreu o ato ou fato, ainda que a demandada seja pessoa jurídica com sede em outro domicílio, prevalecendo, pois, a regra do art. 100, V, a, do Código de Processo Civil.

2. Segundo entendimento mantido pela Terceira Turma desta Corte, no caso de ação cominatória cumulada com pedido indenizatório, pode o autor optar tanto pelo foro do local do fato, quanto o de seu domicílio, tendo em vista que o ato ilícito em questão pode ter natureza cível, bem como penal, nos termos do art. 100, parágrafo único, do Código de Processo Civil.

3. O agravo não trouxe nenhum argumento novo capaz de modificar o decidido, que se mantém por seus próprios fundamentos.

4. Agravo Regimental improvido.

(AgRg no REsp 1347669/SP, Rel. Ministro SIDNEI BENETI, TERCEIRA TURMA, julgado em 20/11/2012, DJe 07/12/2012)

RECURSO ESPECIAL. PROCESSO CIVIL. AÇÃO COMINATÓRIA E INDENIZATÓRIA. REPARAÇÃO DE DANOS FUNDAMENTADA EM VIOLAÇÃO DE DIREITO AUTORAL OCORRIDA PELA INTERNET. COMPETÊNCIA. DOMICÍLIO DO AUTOR OU LOCAL DO FATO. DANO DE ABRANGÊNCIA NACIONAL. OPÇÃO DO AUTOR. ART. 100, PARÁGRAFO ÚNICO, DO CPC/1973.

1. Ação distribuída em 17/12/2014. Recurso especial interposto em 12/11/2015 e atribuído à Relatora em 25/8/2016.

2. O propósito recursal é definir o juízo competente para processar e julgar ação cominatória e de reparação por danos materiais fundamentada em violação de direitos autorais.

3. Hipótese concreta em que a pretensão deduzida em juízo fundamenta-se na ocorrência de violação de direito autoral causada em razão do envio, por meio da internet, de material didático voltado à preparação de candidatos para obtenção da certificação de planejador financeiro (CFP – Certified Financial Planner).

4. O autor da ação que objetiva a reparação dos danos sofridos em virtude de violação a direito autoral possui a faculdade de escolher o foro de seu domicílio ou o do local do fato.

5. Recurso especial não provido.

(REsp 1685558/SP, Rel. Ministra NANCY ANDRIGHI, TERCEIRA TURMA, julgado em 03/10/2017, DJe 09/10/2017)

Em relação aos acidentes de trânsito ocorridos no MERCOSUL, deve-se observar o disposto no Protocolo de São Luiz (Rep. Argentina), introduzido em nosso ordenamento jurídico pelo Decreto n. 3.856, de 3 de julho de 2001, que assim estabelece em seu art. 3º:

> A responsabilidade civil por acidentes de trânsito será regida pelo direito interno do Estado Parte em cujo território ocorreu o acidente. Se no acidente participarem ou resultarem atingidas unicamente pessoas domiciliadas em outro Estado Parte, o mesmo será regido pelo direito interno deste último.

Por sua vez, preconiza o art. 7º do aludido protocolo: "Para exercer as ações compreendidas neste Protocolo serão competentes, à eleição do autor, os tribunais do Estado Parte: a) onde ocorreu o acidente; b) do domicílio do demandado; e c) do domicílio do demandante".

16. Competência do Lugar do Ato ou do Fato para Demanda em que for Réu Administrador ou Gestor de Negócios Alheios

O inciso IV, letra 'b', do artigo 53 do atual C.P.C. estabelece a competência do lugar do ato ou do fato para a demanda em que for réu o administrador ou gestor de negócios alheios.

Sobre e tema, assim já decidiu o S.T.J.:

> CONFLITO DE COMPETÊNCIA. CORREIOS. ALEGAÇÃO DE INCOMPETÊNCIA EM PRELIMINAR DE CONTESTAÇÃO. POSSIBILIDADE DO CASO CONCRETO. ART. 109, § 1º DA CONSTITUIÇÃO FEDERAL: INAPLICABILIDADE. LUGAR DO FATO E FUNCIONÁRIO COM FUNÇÕES DE GERÊNCIA. ART. 105, V, "a" E "b" DO CPC.
>
> 1. Tem esta Corte entendido pela possibilidade de arguição de incompetência relativa como preliminar de contestação, desde que inexistentes prejuízos à parte contrária;
>
> 2. Inaplicável é estender-se o conceito de União previsto no art. 109, § 1º da Constituição Federal às empresas públicas, ante a ausência de determinação extensiva da norma;
>
> 3. É competente o foro do ato ou fato para a ação de reparação de dano;

4. É competente o foro do ato ou fato para a ação em que for réu o gestor de negócios alheios.

(CC 76.002/SP, Rel. Ministro PAULO FURTADO (DESEMBARGADOR CONVOCADO DO TJ/BA), SEGUNDA SEÇÃO, julgado em 28/10/2009, DJe 01/02/2010)

A *gestão de negócio alheio* encontra-se regulada nos artigos 861 a 875 do Código Civil brasileiro.

Assim, considera-se *gestor de negócio alheio*, nos termos do art. 861 do C.c.b., aquele que, sem autorização do interessado, intervém na gestão de negócio alheio, dirigindo-o segundo o interesse e a vontade presumível de seu dono, ficando responsável a este e às pessoas com que tratar.

A competência prevista no inc. IV, letra 'b', do art. 53 do novo C.P.C. aplica-se tanto à gestão de negócio como no caso de administração ou representação de negócio alheio, devidamente autorizada por relação jurídica pré-constituída.

Capítulo 4
Modificação da Competência

1. Competência Relativa

A *jurisdição* é considerada um *pressuposto processual de existência* da relação jurídica, pois, somente um juiz investido na jurisdição poderá conhecer de uma demanda inserida num determinado processo jurisdicional.

A *competência*, por sua vez, é considerada um *pressuposto processual de validade* da relação jurídica, tendo em vista que somente o juiz designado em lei e capacitado para tanto é que poderá conhecer de determinada demanda inserida num determinado processo jurisdicional.[305]

A competência para o exercício da jurisdição no Brasil pode ser dividida em *competência relativa* e *competência absoluta.*

[305] Segundo afirmam Antonio César Bochenek e Vinicius Dalazoana, *"a competência relativa não é um pressuposto processual de validade. Não alegada em preliminar de contestação, prorroga-se a competência e o vício inicial é eliminado (art. 65, NCPC).* (BOCHENEK; A. C.; DALAZOANA, V., op. cit. p. 41).

Não obstante o entendimento dos renomados e reconhecidos processualistas, tenho para mim que a competência relativa, ainda que possa ser prorrogada ou modificada, é, sim, pressuposto de validade da relação jurídica processual, uma vez que se o vício foi sanado, é porque o vício existiu, ou seja, a invalidade da relação jurídica processual era evidente. Tanto é que se a incompetência relativa for alegada em preliminar de contestação, o juiz não poderá prosseguir no processo, pois se assim o fizer, estará maculando um pressuposto de validade da relação jurídica processual.

Em regra, a competência é absoluta, mas, por expressa disposição normativa, pode ser considerada como relativa, tendo em vista que a sua fixação decorre de interesses particulares das partes.

A competência *em razão do valor* e *em razão do território* é, em regra, considerada *relativa*.[306]

O art. 54 do novo C.P.C., ao contrário do que dispunha o art. 102 do C.P.C. de 1973, optou por fazer referência ao gênero – *competência relativa*- ao invés de mencionar as espécies, ou seja, competência em *razão do valor ou do território* como critério de modificação de competência.

[306] É certo, porém, que o S.T.J. consagrou certa competência 'territorial' como sendo de natureza absoluta, quando interpretou o disposto no art. 101, inc. I, do Código de Defesa do Consumidor:

PROCESSUAL CIVIL. AGRAVO REGIMENTAL EM AGRAVO EM RECURSO ESPECIAL. RELAÇÃO DE CONSUMO. CONFIGURAÇÃO. DOMICÍLIO DO CONSUMIDOR. COMPETÊNCIA ABSOLUTA. PRECEDENTES. IMPROVIMENTO.

1. Claro no acórdão recorrido que se trata de relação de consumo.

Dessa forma, conforme jurisprudência recente desta Corte, a competência é absoluta e deve ser fixada no domicílio do consumidor.

2. Agravo regimental a que se nega provimento.

(AgRg no AREsp 687.562/DF, Rel. Ministra MARIA ISABEL GALLOTTI, QUARTA TURMA, julgado em 19/05/2015, DJe 01/06/2015)

PROCESSUAL CIVIL. AGRAVO INTERNO NOS EMBARGOS DE DECLARAÇÃO NO CONFLITO DE COMPETÊNCIA. AÇÃO INDENIZATÓRIA. DERRAMAMENTO DE ÓLEO. PESCADORES ARTESANAIS. ACIDENTE DE CONSUMO. CONSUMIDOR EQUIPARADO. COMPETÊNCIA ABSOLUTA. FORO DO DOMICÍLIO DOS AUTORES. DECISÃO MANTIDA.

1. Os autores, pescadores artesanais, ajuizaram demanda reparatória por danos morais e materiais, em função de dano ambiental.

2. Conforme reconhecido pela Segunda Seção do STJ, os pescadores artesanais prejudicados pelo derramamento de óleo no litoral do Estado do Rio de Janeiro – caracterizado como acidente de consumo, ante o suposto prejuízo de suas atividades pesqueiras – são considerados consumidores por equiparação, nos termos do art. 17 do CDC.

3. Nesse sentido, aplicam-se ao caso as regras definidoras de competência do art. 101 do CDC, as quais, nos termos da jurisprudência do STJ, têm natureza absoluta, podendo ser conhecidas de ofício pelo juízo, sendo improrrogável, sobretudo quando tal prorrogação for desfavorável à parte mais frágil.

4. Agravo interno a que se nega provimento.

(AgInt nos EDcl no CC 132.505/RJ, Rel. Ministro ANTONIO CARLOS FERREIRA, SEGUNDA SEÇÃO, julgado em 23/11/2016, DJe 28/11/2016)

Tecnicamente é preferível a redação dada pelo legislador do atual C.P.C. ao art 54, uma vez que pode haver competência em razão do valor ou do território que possa ser caracterizada como tendo natureza de competência *absoluta*, não podendo ser modificada pela conexão ou pela continência.

Fredie Didier Jr. traz um quadro comparativo entre a competência relativa e a competência absoluta, traçando as características de cada uma: Característica da competência *absoluta*:

> a) regra de competência criada para atender interesse público; b) a incompetência absoluta pode ser alegada a qualquer tempo, por qualquer das partes, podendo ser reconhecida 'ex officio' pelo magistrado; d) a regra de competência absoluta não pode ser alterada pela vontade das partes; e) a regra de competência absoluta não pode ser alterada por conexão/continência; f) a competência em razão da matéria, da pessoa e funcional são exemplos de competência absoluta. A competência em razão do valor da causa também pode ser absoluta, quando extrapolar os limites estabelecidos pelo legislador. Em alguns casos, a competência territorial também é absoluta.
>
> Característica da competência *relativa*:
>
> a) regra de competência criada para atender precipuamente a interesse particular; b) a incompetência relativa somente pode ser argüida pelo réu, não podendo o magistrado reconhecê-la de ofício; c) as partes podem modificar a regra de incompetência relativa pelo foro de eleição; d) a regra de competência relativa pode ser modificada por conexão/continência; e) a competência territorial é em regra relativa. Além disso, também é relativa a competência pelo valor da causa, quando ficar aquém do limite estabelecido pela lei.[307]

A competência relativa poderá modificar-se pela conexão ou pela continência, segundo preceitua o art. 54 do atual C.P.C. brasileiro.

Regra similar encontra-se no Direito Comparado.

Estabelece o art. 95º do C.P.C. português:

> Artigo 95.º Competência convencional
>
> 1 – As regras de competência em razão da matéria, da hierarquia e do valor da causa não podem ser afastadas por vontade das partes; mas é permitido a

[307] DIDIER JR., F., op. cit., p. 100 e 101.

estas afastar, por convenção expressa, a aplicação das regras de competência em razão do território, salvo nos casos a que se refere o artigo 104.º.

2 – O acordo deve satisfazer os requisitos de forma do contrato, fonte da obrigação, contanto que seja reduzido a escrito, nos termos do n.º 4 do artigo anterior, e deve designar as questões a que se refere e o critério de determinação do tribunal que fica sendo competente.

3 – A competência fundada na estipulação é tão obrigatória como a que deriva da lei.

4 – A designação das questões abrangidas pelo acordo pode fazer-se pela especificação do facto jurídico suscetível de as originar.

Preceitua o art. 6º do C.P.C. italiano:

> Art. 6. Inderrogabilidade convencional da competência
>
> A competência não pode ser derrogada por acordo das partes, salvo nos casos estabelecidos pela lei (28 s e 339).

O art. 54 do atual C.P.C. brasileiro não trata de critério de fixação de competência, mas, sim, de critério de *modificação de competência*, cuja finalidade é ampliar a esfera de competência de um determinado órgão jurisdicional.

A modificação de competência pode decorrer de determinação legal (*conexão e continência*) ou convencional (*foro de eleição*).

Somente os juízos determinados pelo critério territorial ou objetivo em razão do valor da causa – competência relativa – estão sujeitos à modificação de competência.

A reunião dos processos, como forma excepcional de modificação de competência, só tem lugar quando as causas supostamente conexas estejam submetidas a juízos, em tese, competentes para o julgamento das duas demandas.

Portanto, se um dos juízes for absolutamente incompetente para julgar determinada demanda conexa, não se permite a modificação de competência pela conexão.

Havendo causa de modificação da competência relativa, mediante requerimento de qualquer das partes, admite-se a suscitação de conflito para a reunião das demandas propostas em separado, a fim de que sejam decididas conjuntamente (*simultaneus processus*) e não sejam proferidas decisões divergentes, em observância aos princípios da economia processual e da segurança jurídica.

Questão interessante que vem sendo enfrentada pelos nossos tribunais diz respeito à conexão entre ação anulatória de débito fiscal e a execução fiscal proposta perante juízes de varas especializadas. Há julgados que determinam a reunião dos processos perante a Vara de Execução Fiscal. Nesse sentido são os seguintes precedentes:

> CONFLITO DE COMPETÊNCIA. EXECUÇÃO FISCAL E AÇÃO ORDINÁRIA. CONEXÃO.
>
> 1. Debate-se acerca da competência para processar e julgar ação ordinária – na qual se busca a revisão e parcelamento de débito tributário objeto de execução fiscal precedentemente ajuizada – tendo em vista a possível ocorrência de conexão.
>
> 2. A Primeira Seção desta Corte pacificou o entendimento de que existe conexão entre a ação anulatória ou desconstitutiva do título executivo e a ação de execução, por representar aquele meio de oposição aos atos executórios de natureza idêntica a dos embargos do devedor.
>
> 3. "A ação anulatória ou desconstitutiva do título executivo representa forma de oposição do devedor aos atos de execução, razão pela qual quebraria a lógica do sistema dar-lhes curso perante juízos diferentes, comprometendo a unidade natural que existe entre pedido e defesa" (CC 38.045/MA, Rel. p/ Acórdão Min. Teori Albino Zavascki, DJ 09.12.03).
>
> **4. É incontroverso que o débito tributário em questionamento na ação ordinária está em cobrança nos autos da Execução Fiscal nº 2002.61.82.038702-0; logo, os feitos devem ser reunidos para julgamento perante o Juízo Federal da 11ª Vara das Execuções Fiscais da Seção Judiciária de São Paulo (juízo prevento).**
>
> 5. Conflito de competência conhecido para declarar competente Juízo Federal da 11ª Vara das Execuções Fiscais da Seção Judiciária de São Paulo, o suscitante.
>
> (CC 103.229/SP, Rel. Ministro CASTRO MEIRA, PRIMEIRA SEÇÃO, julgado em 28/04/2010, DJe 10/05/2010).

> PROCESSUAL CIVIL. CONFLITO DE COMPETÊNCIA. PROCESSO JUDICIAL TRIBUTÁRIO. EXACIONAL (EXECUÇÃO FISCAL) X ANTIEXACIONAL (AÇÃO DECLARATÓRIA DE INEXISTÊNCIA DA

RELAÇÃO JURÍDICA TRIBUTÁRIA DA QUAL DEFLUI O DÉBITO EXECUTADO). CONEXÃO. ARTIGO 103, DO CPC. REGRA PROCESSUAL QUE EVITA A PROLAÇÃO DE DECISÕES INCONCILIÁVEIS.

1. A propositura de qualquer ação relativa ao débito constante do título executivo não inibe o credor de promover-lhe a execução (§ 1º, do artigo 585, do CPC).

2. A finalidade da regra é não impedir a execução calcada em título da dívida líquida e certa pelo simples fato da propositura da ação de cognição, cujo escopo temerário pode ser o de obstar o processo satisfativo desmoralizando a força executória do título executivo.

3. À luz do preceito e na sua exegese teleológica, colhe-se que a recíproca não é verdadeira, vale dizer: proposta a execução torna-se despiscienda e, portanto, falece interesse de agir a propositura de ação declaratória porquanto os embargos cumprem os desígnios de eventual ação autônoma.

4. Conciliando-se os preceitos, tem-se que, precedendo a ação anulatória à execução, aquela passa a exercer perante esta inegável influência prejudicial a recomendar o simultaneus processus, posto conexas pela prejudicialidade, forma expressiva de conexão a recomendar a reunião das ações, como expediente apto a evitar decisões inconciliáveis.

5. O juízo único é o que guarda a mais significativa competência funcional para verificar a verossimilhança do alegado na ação de conhecimento e permitir prossiga o processo satisfativo ou se suspenda o mesmo.

6. Refoge à razoabilidade permitir que a ação anulatória do débito caminhe isoladamente da execução calcada na obrigação que se quer nulificar, por isso que, exitosa a ação de conhecimento, o seu resultado pode frustrar-se diante de execução já ultimada (Recentes precedentes desta Corte sobre o tema: REsp 887607/SC, Relatora Ministra Eliana Calmon, Segunda Turma, publicado no DJ de 15.12.2006; REsp 722303/RS, desta relatoria, Primeira Turma, publicado no DJ de 31.08.2006; REsp 754586/RS, Relator Ministro Teori Albino Zavascki, Primeira Turma, publicado no DJ de 03.04.2006).

7. In casu, a execução fiscal restou ajuizada enquanto pendente a ação declaratória da inexistência da relação jurídica tributária, o que reclama a remessa dos autos executivos ao juízo em que tramita o pleito ordinário, em razão da patente conexão.

8. Conflito conhecido para declarar a competência do Juízo da 7ª Vara Federal de Campinas/SP.

(CC 81.290/SP, Rel. Ministro LUIZ FUX, PRIMEIRA SEÇÃO, julgado em 12/11/2008, DJe 15/12/2008)

TRIBUTÁRIO E PROCESSUAL CIVIL. RECURSO ESPECIAL. OMISSÃO NÃO CONFIGURADA. MENOR ONEROSIDADE. AUSÊNCIA DE PREQUESTIONAMENTO. EXECUÇÃO FISCAL E AÇÃO ANULATÓRIA DO DÉBITO. CONEXÃO. REUNIÃO DOS PROCESSOS.

1. É entendimento sedimentado o de não haver omissão no acórdão que, com fundamentação suficiente, ainda que não exatamente a invocada pelas partes, decide de modo integral a controvérsia posta. Precedentes.

2. A falta de prequestionamento da matéria suscitada no recurso especial, a despeito da oposição de embargos de declaração, impede o conhecimento do recurso especial (Súmula 211 do STJ).

3. Se é certo que a propositura de qualquer ação relativa ao débito constante do título não inibe o direito do credor de promover-lhe a execução (CPC, art. 585, § 1º), o inverso também é verdadeiro: o ajuizamento da ação executiva não impede que o devedor exerça o direito constitucional de ação para ver declarada a nulidade do título ou a inexistência da obrigação, seja por meio de embargos (CPC, art. 736), seja por outra ação declaratória ou desconstitutiva.

Nada impede, outrossim, que o devedor se antecipe à execução e promova, em caráter preventivo, pedido de nulidade do título ou a declaração de inexistência da relação obrigacional.

4. Ações dessa espécie têm natureza idêntica à dos embargos do devedor, e quando os antecedem, podem até substituir tais embargos, já que repetir seus fundamentos e causa de pedir importaria litispendência.

5. Assim como os embargos, a ação anulatória ou desconstitutiva do título executivo representa forma de oposição do devedor aos atos de execução, razão pela qual quebraria a lógica do sistema dar-lhes curso perante juízos diferentes, comprometendo a unidade natural que existe entre pedido e defesa.

6. É certo, portanto, que entre ação de execução e outra ação que se oponha ou possa comprometer os atos executivos, há evidente laço de conexão (CPC, art. 103), a determinar, em nome da segurança jurídica e da economia processual, a reunião dos processos, prorrogando-se a competência do juiz que despachou em primeiro lugar (CPC, art. 106).

Cumpre a ele, se for o caso, dar à ação declaratória ou anulatória anterior o tratamento que daria à ação de embargos com idêntica causa de pedir

e pedido, inclusive, se garantido o juízo, com a suspensão da execução. Precedentes: REsp 774.030/RS, 1ª Turma, Min. Luiz Fux, DJ de 09.04.2007; REsp 929.737/RS, 2ª Turma, Min. Castro Meira, DJ de 03.09.2007.

7. Recurso especial parcialmente conhecido e, nessa parte, parcialmente provido. (REsp 899.979/SP, Rel. Ministro TEORI ALBINO ZAVASCKI, PRIMEIRA TURMA, julgado em 23/09/2008, DJe 01/10/2008)

Porém, a decisão proferida pelo S.T.J. no CC n. 105.358/SP, da lavra do Ministro Mauro Campbell Marques, melhor compreendeu a tecnicidade dos institutos processuais envolvidos, *in verbis:*

PROCESSUAL CIVIL. CONFLITO NEGATIVO DE COMPETÊNCIA. EXECUÇÃO FISCAL. AÇÃO ANULATÓRIA AJUIZADA ANTERIORMENTE. CONEXÃO. NORMA DE ORGANIZAÇÃO JUDICIÁRIA. EXISTÊNCIA DE VARA ESPECIALIZADA PARA JULGAR EXECUÇÕES FISCAIS. REUNIÃO DOS PROCESSOS. IMPOSSIBILIDADE. SUSPENSÃO DA EXECUÇÃO. GARANTIA DO JUÍZO. NECESSIDADE.

1. Esta Seção, ao julgar o CC 106.041/SP (Rel. Min. Castro Meira, DJe de 9.11.2009), enfrentou situação semelhante à dos presentes autos, ocasião em que decidiu pela impossibilidade de serem reunidas execução fiscal e ação anulatória de débito precedentemente ajuizada, quando o juízo em que tramita esta última não é Vara Especializada em execução fiscal, nos termos consignados nas normas de organização judiciária. No referido julgamento, ficou consignado que, em tese, é possível a conexão entre a ação anulatória e a execução fiscal, em virtude da relação de prejudicialidade existente entre tais demandas, recomendando-se o simultaneus processus.

Entretanto, nem sempre o reconhecimento da conexão resultará na reunião dos feitos. A modificação da competência pela conexão apenas será possível nos casos em que a competência for relativa e desde que observados os requisitos dos §§ 1º e 2º do art. 292 do CPC. A existência de vara especializada em razão da matéria contempla hipótese de competência absoluta, sendo, portanto, improrrogável, nos termos do art. 91 c/c 102 do CPC. Dessarte, seja porque a conexão não possibilita a modificação da competência absoluta, seja porque é vedada a cumulação em juízo incompetente para apreciar uma das demandas, não é possível a reunião dos feitos no caso em análise, devendo ambas as ações tramitarem

separadamente. Embora não seja permitida a reunião dos processos, havendo prejudicialidade entre a execução fiscal e a ação anulatória, cumpre ao juízo em que tramita o processo executivo decidir pela suspensão da execução, caso verifique que o débito está devidamente garantido, nos termos do art. 9º da Lei 6.830/80.

2. Pelas mesmas razões de decidir, o presente conflito deve ser conhecido e declarada a competência do Juízo suscitado para processar e julgar a ação anulatória de débito fiscal.

(CC 105.358/SP, Rel. Ministro MAURO CAMPBELL MARQUES, PRIMEIRA SEÇÃO, julgado em 13/10/2010, DJe 22/10/2010)

No mesmo sentido é o seguinte precedente:

PROCESSO CIVIL. CONFLITO DE COMPETÊNCIA. EXECUÇÃO FISCAL. AÇÃO ANULATÓRIA AJUIZADA ANTERIORMENTE. CONEXÃO. NORMA DE ORGANIZAÇÃO JUDICIÁRIA. EXISTÊNCIA DE VARA ESPECIALIZADA PARA JULGAR EXECUÇÕES FISCAIS. REUNIÃO DOS PROCESSOS. IMPOSSIBILIDADE. SUSPENSÃO DA EXECUÇÃO. GARANTIA DO JUÍZO. NECESSIDADE.

1. Cuida-se de conflito negativo de competência instaurado entre o juízo da 4ª Vara Federal de Santos/SP, suscitante, e o juízo da 1ª Vara Federal e Juizado Especial Cível de Foz do Iguaçu/PR, suscitado, nos autos de execução fiscal movida pela União Federal.

Discute-se a possibilidade de serem reunidas execução fiscal e ação anulatória de débito precedentemente ajuizada, quando o juízo em que tramita esta última não é vara especializada em execução fiscal, nos termos consignados em norma de organização judiciária.

2. Em tese, é possível a conexão entre a ação anulatória e a execução fiscal, em virtude da relação de prejudicialidade existente entre tais demandas, recomendando-se o simultaneus processus.

Precedentes.

3. Entretanto, nem sempre o reconhecimento da conexão resultará na reunião dos feitos. A modificação da competência pela conexão apenas será possível nos casos em que a competência for relativa e desde que observados os requisitos dos §§ 1º e 2º do art. 292 do CPC.

4. A existência de vara especializada em razão da matéria contempla hipótese de competência absoluta, sendo, portanto, improrrogável, nos

termos do art. 91 c/c 102 do CPC. Dessarte, seja porque a conexão não possibilita a modificação da competência absoluta, seja porque é vedada a cumulação em juízo incompetente para apreciar uma das demandas, não é possível a reunião dos feitos no caso em análise, devendo ambas as ações tramitarem separadamente.

5. Embora não seja permitida a reunião dos processos, havendo prejudicialidade entre a execução fiscal e a ação anulatória, cumpre ao juízo em que tramita o processo executivo decidir pela suspensão da execução, caso verifique que o débito está devidamente garantido, nos termos do art. 9º da Lei 6.830/80.

6. Conflito conhecido para declarar a competência do juízo suscitado.

(CC 106.041/SP, Rel. Ministro CASTRO MEIRA, PRIMEIRA SEÇÃO, julgado em 28/10/2009, DJe 09/11/2009)

2. Conexão

Duas ou mais ações podem ter em comum entre elas todos ou alguns elementos de identificação da demanda.

Quando coincidem *todos* os elementos, as duas ou mais ações são na realidade *idênticas,* gerando consequentemente o instituto da *litispendência* em razão da proibição do *bis in idem.*

Verifica-se a litispendência quando se reproduz ação anteriormente ajuizada (§1º do art. 337 do novo C.P.C.).

Ocorrendo a *litispendência,* o juízo que receber a segunda demanda deverá extinguir o processo sem resolução de mérito, nos termos do art. 485, in.V, do novo C.P.C.

Porém, duas ou mais demandas podem ter em comum *um ou alguns* elementos de identificação.

Nessa hipótese, demandas judiciais podem ser entre elas *conexas,* ou seja, ligadas por um fato inserido na demanda como seu fundamento ou pelo objeto da própria demanda.

Segundo anotam Luigi Paolo Comoglio, Corrado Ferri e Michele Taruffo,

> Distinguem-se diversas hipóteses de conexão, como, por exemplo, a por coordenação, quando as causas, ainda que possam ser decididas separadamente, correm o risco de acarretar uma contradição lógica entre os julgados (é o caso do litisconsórcio facultativo e do cúmulo objetivo entre demandas

propostas entre a mesma parte). Existe a hipótese de conexão por subordinação, quando as causas são ligadas por um nexo de prejudicialidade ou de garantia ou de acessoriedade).[308]

Por sua vez, anota Crisanto Mandrioli, em relação à conexão no direito processual civil italiano:

> A conexão pode ser 'subjetiva' (coincidência de elementos subjetivos ou pessoais) ou 'objetiva' (coincidência de um ou todos os elementos 'objetivos': pedido e causa de pedir). A conexão 'subjetiva' dá lugar, em relação à possibilidade de se tratar em conjunto causas conexas, à 'possibilidade de cúmulo objetivo': possibilidade contemplada em via geral no art. 104 do c.p.c.... Bem diversa é a competência no caso de 'conexão objetiva'. Este tipo de conexão dá lugar ao 'cúmulo subjetivo', a qual está contemplada no art. 103 c.p.c.....[309]

A conexão é uma das circunstâncias jurídicas que permite a modificação da competência jurisdicional. Por isso, a conexão não é um critério de competência, mas, sim, uma causa de sua prorrogação.

2.1. Definição

Conforme preconiza o art. 55 do atual C.P.C., reputam-se *conexas* 2 (duas) ou mais ações quando lhes for comum o *pedido ou a causa de pedir.*

Na conexão, as demandas estão vinculadas pela *identidade do bem da vida* postulado, ou seja, o *pedido mediato,* ou pela identidade quanto à *causa de pedir,* quer essa causa de pedir seja remota (relativa a uma mesma relação jurídica), quer a causa de pedir próxima (relativa a uma mesma conduta alegadamente violadora do direito invocado.[310]

Pode existir entre demandas judiciais conexidade em razão do pedido ou da causa de pedir, não havendo necessidade que essas circunstâncias jurídicas sejam cumulativas.

A conexão entre duas ou mais demandas apresenta relevância jurídica, porquanto, em razão dela, é possível e até oportuno que as demandas conexas se componham mediante a reunião de processo e, portanto, perante o

308 COMOGLIO, L. P.; FERRI, C.; TARUFFO, M., op. cit. P. 138.

309 MANDRIOLI, C., op. cit. p. 276 e 277.

310 CARNEIRO, A. G., op. cit. p 116.

mesmo juízo.[311] Além do mais, com a reunião das demandas haverá também economia processual.

A conexidade de demandas não faz nascer nova regra sobre competência do juízo, mas autoriza a sua modificação.

O C.P.C. de 1973, em seu artigo 103, considerava *conexas duas ou mais ações* quando lhes fosse comum *o objeto* ou a *causa de pedir*. A conexão corresponderia a um vínculo de semelhança parcial entre causas.

Adotou o C.P.C. de 1973, portanto, a *teoria tradicional* (Matteo Pescatore) sobre conexão, mediante identidade de *causa de pedir* ou de *objeto*.

A *causa de pedir* corresponde à motivação fática ou jurídica da demanda, ou seja, aos fundamentos do pedido. Pode ela ser próxima ou remota.

O *objeto* da demanda, por sua vez, conforme leciona Cândido Rangel Dinamarco, corresponde à *pretensão* trazida pelo demandante ao juiz, em busca da satisfação. Essa pretensão caracteriza-se como expressão de uma aspiração ou desejo e é acompanhada de um pedido de um ato jurisdicional que a satisfaça. O *objeto do processo* é aquilo que ordinariamente se chama *mérito*.[312]

O art. 55 do atual C.P.C. manteve a mesma concepção clássica no que concerne à conexão, ou seja, reputando conexas duas ou mais demandas quando lhes for comum o objeto (pedido) ou a causa de pedir.[313]

[311] CARNELUTTI, Francesco. *Instituciones del proceso civil*. Trad. Santiago Sentis Melendo. Vol. I. Buenos Aires: Ediciones Jurídicas Europa-America, 1956. p. 40

[312] DINAMARCO. Cândido Rangel. *Instituições de direito processual civil*. Vol. I. São Paulo: Ed. Malheiros, 2001. p.296.

[313] CONFLITO POSITIVO DE COMPETÊNCIA – PROCESSOS VÁRIOS AJUIZADOS EM JUÍZOS E JUIZADOS ESPECIAIS DIVERSOS, EM DIFERENTES FOROS DO TERRITÓRIO NACIONAL, POR TORCEDORES, CLUBE OU ENTIDADES E INSTITUIÇÕES DIVERSAS, CENTRADAS NO MESMO LITÍGIO, A RESPEITO DA VALIDADE DE ACÓRDÃO PROFERIDO PELO SUPERIOR TRIBUNAL DE JUSTIÇA DESPORTIVA – STJD – COM CONSEQUÊNCIAS DIRETAS SOBRE CAMPEONATO ESPORTIVO DE CARÁTER NACIONAL, ORGANIZADO PELA CONFEDERAÇÃO BRASILEIRA DE FUTEBOL – DECISÕES COLIDENTES QUANTO A LIMINARES – MATÉRIA DE ABRANGÊNCIA NACIONAL – CONEXÃO EVIDENTE ENTRE AS AÇÕES CONTIDAS NOS DIVERSOS PROCESSOS – COMPETÊNCIA DO FORO DO LOCAL EM QUE SITUADA A SEDE DA ENTIDADE RESPONSÁVEL PELO TRIBUNAL DE JUSTIÇA DESPORTIVA ANTE A PREVALÊNCIA, DE ORDEM PÚBLICA DEVIDO AO CARÁTER NACIONAL, DO FORO DO DOMICÍLIO DO RÉU – PREVENÇÃO DA VARA EM QUE AJUIZADO O PRIMEIRO PROCESSO – EFEITOS DA CITAÇÃO QUE RETROAGEM À DATA DA DISTRIBUIÇÃO

DO PROCESSO - COMPETÊNCIA DE JUIZADO ESPECIAL DO TORCEDOR AFASTADA - CONFLITO DE COMPETÊNCIA ACOLHIDO, PARA DECLARAR A COMPETÊNCIA DO JUÍZO DA 2A VARA CÍVEL DO RIO DE JANEIRO - RJ.

1.- É competente o Juízo do local em que situada a sede da entidade organizadora de campeonato esportivo de caráter nacional para todos os processos de ações ajuizadas em vários Juízos e Juizados Especiais, situados em lugares diversos do país, questionando a mesma matéria central, relativa à validade e à execução de decisões da Justiça Desportiva, visto que a entidade esportiva de caráter nacional, responsável, individual ou conjuntamente com quaisquer outras entidades, pela organização (no caso, a CBF), deve, necessariamente, inclusive por decisão de ofício, integrar o pólo passivo das demandas, sob pena de não vir ela ser ser ela atingida pelos efeitos subjetivos da coisa julgada, e de tornar-se o julgado desprovido de efetividade.

2.- No caso, considerando-se que a CBF é parte necessária nos processos em que se questionam decisões da Justiça Desportiva, por ela organizada, devem eles ser propostos no foro "onde está a sede" daquela pessoa jurídica (CPC, art. 100, IV, "a"), e sua sede situa-se no âmbito geográfico da Comarca da Capital do Estado do Rio de Janeiro e, na divisão judiciária desta, no Foro Regional da Barra da Tijuca.

3.- Constitui matéria de interesse público, ante a necessidade de evitar a dispersão jurisdicional, que atrasaria a prestação jurisdicional e criaria insegurança jurídica, devido à possibilidade de decisões contraditórias, a determinação da competência de Juízo único para ajuizamentos plúrimos de processos por torcedores, clubes, entidades e instituições, inclusive o Ministério Público e a Defensoria Pública, de forma pulverizada, em todo o território nacional.

4.- A fixação do Juízo territorialmente competente dá-se pelo critério do foro do local da sede da entidade nacional ré, organizadora, individual ou conjunto com outras entidades, a qual deve necessariamente ser acionada, foro esse decorrente da previsão do artigo 94 do Código de Processo Civil, para todas as ações relativas a julgamentos por órgãos da Justiça Desportiva, referentes a certames de caráter nacional por ela promovidos, determinando-se, por isso, a competência do Juízo do local da sede dessa entidade, ou seja, da Distrital da Barra da Tijuca, no Rio de Janeiro, entre cujas Varas determina-se a competência, por prevenção, pela data da distribuição, a que retroage a data da citação.

5.- Afasta-se a competência de outros Juízos e Juizados, Especiais Cíveis, inclusive do Juizado do Torcedor, Adjunto à 2ª Vara da Regional da Ilha do Governador - RJ (Resolução TJRJ-OE 20;21).

6.-. Os artigos 3º da Lei 10.671/03 (Estatuto do Torcedor) e 101, I, da Lei 8.078/90 (Código de Defesa do Consumidor) não prevalecem como fundamento para o ajuizamento pelo torcedor, em seu próprio domicílio, de ação judicial questionando a validade de decisões proferidas pela Justiça Desportiva, órgão da Confederação Brasileira de Desportos - CBF - cuja sede se situa na Cidade do Rio de Janeiro, na área geográfica do Foro da Barra da Tijuca.

7.- No caso, entre as Varas do Foro da Barra da Tijuca, tem-se por certo que a primeira distribuição ocorreu perante a 2ª Vara Cível, que, por isso, resulta preventa para os demais acionamentos (CPC, art. 106).

8.- Conflito acolhido para declarar a competência do juízo da 2ª Vara Cível do Foro Regional da Barra da Tijuca, ao qual devem incontinenti ser enviados os processos, excetuada a hipótese

Ocorre que essa definição de causas conexas é extremamente restritiva, uma vez que exige a identidade de pedido ou da causa de pedir. Essa restrição já havia sido objeto de crítica por parte de Barbosa Moreira e Celso Agrícola Barbi. Para Barbosa Moreira, a definição de conexão seria insuficiente pois a 'definição não abrange todo o de-finido'.[314]

No que concerne à conexão entre causas coletivas, Nelson Nery Jr e Marcelo Abelha Rodrigues entendem que é possível a reunião das ações civis públicas, nos termos do parágrafo único do artigo 2ª da Lei 7.347/85, apesar de se tratar de competência absoluta. Conforme aduzem os aludidos processualistas:

> A competência territorial na ação civil pública é absoluta. A conexão, de acordo com o regramento do CPC, não pode modificar competência absoluta, apenas a relativa. É possível, então, reunir ações civis públicas, cada qual com competência absoluta distinta? Parece, realmente, que, ao se acrescentar o parágrafo único ao art. 2º da Lei Federal n. 7.347/85, criou-se uma conexão que permite a mudança de competência absoluta, a ensejar a reunião dos processos para julgamento simultâneo.[315]

Para Fredie Didier Jr., essa possibilidade gera curiosidade, uma vez que o art. 16 da Lei 7.347/85 restringe a eficácia subjetiva da coisa julgada, limitando-a à competência territorial do órgão prolator.[316]

Segundo entendimento do S.T.J., em se tratando de ação civil pública em trâmite na Justiça Federal, que tem como causa de pedir a ocorrência dano ao patrimônio público de âmbito nacional, a sua jurisprudência orienta-se no sentido de que cumpre ao autor da demanda optar pela Seção Judiciária que deverá ingressar com ação, sendo que o Juízo escolhido se

de extinção, estendendo-se o julgamento do presente Conflito a todas as ações sobre a matéria, ajuizadas ou que o venham a ser, nos diversos Juízos e Juizados Especiais, da Justiça Estadual ou Federal no país.

(CC 133.244/RJ, Rel. Ministro SIDNEI BENETI, SEGUNDA SEÇÃO, julgado em 11/06/2014, DJe 01/07/2014)

314 MOREIRA. José Carlos Barbosa. Pode o juiz declarar de ofício a incompetência relativa?. Temas de direito processual – Quinta Série. São Paulo: Saraiva, 1994. p. 126.

315 RODRIGUES, Marcelo Abelha. *Ação civil pública e meio ambiente.* São Paulo: Forense Universitária, 2003, p. 129.

316 DIDIER JR. Fredie, op. cit., p. 128.

torna funcionalmente competente para o julgamento e deslinde da controvérsia, nos termos do art. 2º da Lei nº 7.347/85. (REsp 1320693/SP, Rel. Ministro MAURO CAMPBELL MARQUES, SEGUNDA TURMA, julgado em 27/11/2012, DJe 05/12/2012).

Em relação ao cumprimento de sentença proferida em ação coletiva, eis o teor da Súmula 110 do Tribunal Regional Federal da 4ª Região:

> Na vigência do CPC de 2015, subsiste o entendimento jurisprudencial consolidado de que o cumprimento individual de sentença de ação coletiva pode ser proposto no foro do domicílio do substituído ou no foro do juízo que proferiu a sentença coletiva, hipótese em que não haverá prevenção e os processos individuais serão livremente distribuídos.

Poderá haver conexão sem a possibilidade de reunião das demandas, como ocorre com o julgamento de processos que pertencem a juízos de competência absoluta distintos, uma vez que a modificação de competência somente se verifica com a competência *relativa*. É o que ocorre, por exemplo, quando um dos processos encontra-se no Tribunal e o outro no Juízo de primeiro grau (competência absoluta funcional). Assim como poderá haver reunião de processos sem que exista conexão.

2.2. Reunião das Causas Conexas

Os processos de demandas conexas serão reunidos para decisão conjunta, salvo se um deles já houver sido sentenciado.

Sobre a reunião de causas conexas, assim preceitua o art. 40 do Código de Processo Civil italiano:

> Art. 40. (Conexão).
>
> Se forem propostas perante o juiz diversas causas as quais, por razão de conexão, podem ser decididas em um só processo, o juiz fixa, por meio de uma decisão, às partes um prazo peremptório para a remessa da causa acessória perante o juiz da causa principal, e nos outros casos, perante aquele preventivamente considerado.
>
> A conexão não pode ser excepcionada pela parte nem revelada de ofício depois da primeira audiência, e a remissão não pode ser ordenada quando o estado da causa principal ou preventivamente proposta não permite a exauriente tratativa e decisão das causas conexas.

> Nos casos dos artt. 31, 32, 34, 35 e 35, as causas, cumulativamente propostas ou sucessivamente reunidas, devem ser tratadas e decididas pelo rito ordinário, salvo aplicação do rito especial quando uma de tais causas esteja inserida entre aquelas indicadas nos artss. 409 e 442.
>
> Todas as vezes que as causas conexas estejam sujeitas a diferentes ritos especiais devem ser tratadas e decididas pelo rito previsto para aquela, que dentre essas, em razão da qual vem determinada a competência ou, em subordinação com o rito previsto para a causa de maior valor.
>
> Se a causa foi tratada com um rito diverso daquele que deveria ser aplicado no sentido do inciso terceiro, o juiz deve aplicar a norma dos artigos 426, 427 e 439.
>
> Se uma causa de competência do juiz de paz seja conexa em razão dos motivos previstos nos artigos 31, 32, 34, 35 e 36 com outra causa de competência do tribunal, as relativas demandas podem ser propostas diante do tribunal a fim de que sejam decididas no mesmo processo.
>
> Se as causas conexas nos temos do inciso sexto são propostas perante o juiz de paz e perante o tribunal, o juiz de paz deve pronunciar de ofício a conexão em favor do tribunal.

Na hipótese de conexão, conforme preconiza o *§1º do art.55* do atual C.P.C., os processos serão reunidos para decisão conjunta, podendo a decisão ser formatada numa só peça ou em peça distintas.

Porém, o S.T.J. já entendeu que esse julgamento conjunto é mera discricionariedade do julgador. A avaliação da conveniência do julgamento simultâneo será feita caso a caso, à luz da matéria controvertida nas ações conexas, sempre em atenção aos objetivos almejados pela norma de regência (evitar decisões conflitantes e privilegiar a economia processual). Assim, ainda que visualizada, em um primeiro momento, hipótese de conexão entre as ações com a reunião dos feitos para decisão conjunta, sua posterior apreciação em separado não induz, automaticamente, à ocorrência de nulidade da decisão. (REsp 1255498/CE, Rel. Ministro MASSAMI UYEDA, Rel. p/ Acórdão Ministro RICARDO VILLAS BÔAS CUEVA, TERCEIRA TURMA, julgado em 19/06/2012, DJe 29/08/2012)

Segundo estabelece o §2º do art. 55 do novo C.P.C. aplica-se o disposto no *caput*: a) à execução de título extrajudicial e à ação de conhecimento relativa ao mesmo ato jurídico; b) às execuções fundadas no mesmo título executivo.

Efetivamente, não se justifica o trâmite em separado da execução de um título extrajudicial, como no caso de um cheque, nota promissória etc e a demanda de conhecimento relativa ao mesmo negócio jurídico.

Da mesma forma deverão ser reunidas a execução fiscal e a ação anulatória de lançamento tributário.[317]

[317] A reunião somente ocorrerá se ambos os juízos forem competentes, em razão da matéria, para conhecer da ação anulatória e da execução fiscal. Se um dos juízos for vara especializada em razão da matéria para conhecer somente da ação anulatória ou da execução fiscal, não será possível a reunião, pois não se trata de competência relativa, mas, sim, de competência absoluta. Nesse sentido, eis a recente decisão do S.T.J.:
CONFLITO DE COMPETÊNCIA Nº 156.487 – SP (2018/0020086-5)
RELATOR : MINISTRO GURGEL DE FARIA
SUSCITANTE : JUÍZO FEDERAL DA 9A VARA DE EXECUÇÕES FISCAIS DA SEÇÃO JUDICIÁRIA DO ESTADO DE SÃO PAULO
SUSCITADO : JUÍZO FEDERAL DA 4A VARA DA SEÇÃO JUDICIÁRIA DO ESTADO DA BAHIA
INTERES. : MARCIO SILVA SANTOS
ADVOGADO : DEFENSORIA PÚBLICA DA UNIÃO
INTERES. : FAZENDA NACIONAL
DECISÃO
Trata-se de conflito suscitado pelo juízo federal da 9ª vara de execuções fiscais da Seção Judiciária do Estado de São Paulo, em que discute sua competência para processar e julgar ação anulatória de
débito fiscal, embora seja competente para o processamento de execução fiscal conexa.
Aduz ser absoluta a competência das varas especializadas, razão pela qual, nos termos do Provimento n. 56/1991, do Conselho da Justiça Federal do TRF3, não tem competência para o julgamento de ação
anulatória.
Por sua vez, o juízo federal da 4ª vara da Seção Judiciária do Estado da Bahia considera que a ação anulatória deve tramitar junto à execução fiscal, em razão da conexão.
O Ministério Público Federal opina pela competência do juízo suscitado.
Passo a decidir.
À luz dos arts. 102 e 103 do CPC/1973, este Tribunal Superior tem externado, pacificamente, a possibilidade de reconhecimento de conexão entre a ação anulatória de débitos fiscais e a execução
fiscal (v.g.: CC 103.229/SP, Rel. Ministro Castro Meira, Primeira Seção, DJe 10/05/2010 CC 40.328/SP, Rel. Ministra Denise Arruda, Primeira Seção, DJ 02/08/2004).
Todavia, por força do art. 91 do CPC/1973 ("regem a competência em razão do valor e da matéria as normas de organização judiciária, ressalvados os casos expressos neste Código"), a Primeira Seção

firmou posicionamento pela impossibilidade de reunião dos processos na hipótese de a execução fiscal tramitar perante juízo especializado, tendo em vista a competência absoluta estabelecida na
norma de organização judiciária. Nesse sentido, dentre outros:
PROCESSO CIVIL. CONFLITO NEGATIVO DE COMPETÊNCIA. EXECUÇÃO FISCAL. AÇÃO ANULATÓRIA AJUIZADA ANTERIORMENTE. CONEXÃO. NORMA DE ORGANIZAÇÃO JUDICIÁRIA. EXISTÊNCIA DE VARA ESPECIALIZADA PARA JULGAR EXECUÇÕES FISCAIS. REUNIÃO DOS PROCESSOS. IMPOSSIBILIDADE. SUSPENSÃO DA EXECUÇÃO. GARANTIA DO JUÍZO. NECESSIDADE.
1. Esta Seção, ao julgar o CC 106.041/SP (Rel. Min. Castro Meira, DJe de 9.11.2009), enfrentou situação semelhante à dos presentes autos, ocasião em que decidiu pela impossibilidade de serem reunidas execução fiscal e ação anulatória de débito precedentemente ajuizada, quando o juízo em que tramita esta última não é Vara Especializada em execução fiscal, nos termos consignados nas normas de organização judiciária. No referido julgamento, ficou consignado que, em tese, é possível a conexão entre a ação anulatória e a execução fiscal, em virtude da relação de prejudicialidade existente entre tais demandas, recomendando-se o simultaneus processus.
Entretanto, nem sempre o reconhecimento da conexão resultará na reunião dos feitos. A modificação da competência pela conexão apenas será possível nos casos em que a competência for relativa e desde
que observados os requisitos dos §§ 1º e 2º do art. 292 do CPC.
A existência de vara especializada em razão da matéria contempla hipótese de competência absoluta, sendo, portanto, improrrogável, nos termos do art. 91 c/c 102 do CPC. Dessarte, seja porque a
conexão não possibilita a modificação da competência absoluta, seja porque é vedada a cumulação em juízo incompetente para apreciar uma das demandas, não é possível a reunião dos feitos no caso em
análise, devendo ambas as ações tramitarem separadamente. Embora não seja permitida a reunião dos processos, havendo prejudicialidade entre a execução fiscal e a ação anulatória, cumpre ao juízo em que tramita o processo executivo decidir pela suspensão da execução, caso verifique que o débito está devidamente garantido, nos termos do art. 9º da Lei 6.830/80.
2. Pelas mesmas razões de decidir, o presente conflito deve ser conhecido e declarada a competência do Juízo suscitado para processar e julgar a ação anulatória de débito fiscal.
(CC 105.358/SP, Rel. Ministro MAURO CAMPBELL MARQUES, PRIMEIRA SEÇÃO, julgado em 13/10/2010, DJe 22/10/2010)
A Lei n. 13.105/2015 – CPC/2015, em seu art. 44, dispõe que, "obedecidos os limites estabelecidos pela Constituição Federal, a competência é determinada pelas normas previstas neste Código ou em legislação especial, pelas normas de organização judiciária e, ainda, no que couber, pelas constituições dos Estados", prevendo, no art. 54, § 2º, que a competência relativa pode-se modificar pela conexão no caso de i) execução de título extrajudicial e a ação de conhecimento relativa ao mesmo ato jurídico; e ii) execuções fundadas no mesmo título executivo.

A reunião das demandas não ocorrerá em se tratando de Juizado Especial Federal, uma vez que este órgão jurisdicional não poderá julgar as demandas de execuções fiscais, conforme estabelece o art. 3ª, §1º, inc. I, da Lei 10.259/2001. Nessa hipótese, para se evitar decisões conflitantes, ou haverá concessão de tutela provisória suspendendo a exigibilidade da certidão de dívida ativa, ou o juízo da execução poderá se utilizar da prerrogativa prevista no art. 313, inc. V, letras a e b do novo C.P.C.[318]

Nessa contexto e considerado ser absoluta a competência em razão da matéria, nota-se estar hígido o pacífico entendimento jurisprudencial da Primeira Seção deste Tribunal Superior, ainda que
sob a égide do CPC/2015.
Ante o exposto, com base no art. 34, XXII, do RI-STJ, conheço do conflito para declarar a competência do juízo federal da 4ª vara da Seção Judiciária do Estado da Bahia, ora suscitado, para o processamento e o julgamento da ação anulatória.
Comunique-se a decisão aos juízos em conflito.
Publique-se.
Intimem-se.
Brasília (DF), 09 de abril de 2018.
MINISTRO GURGEL DE FARIA
Relator
(Ministro GURGEL DE FARIA, 17/04/2018)

[318] Sobre o tema, eis a seguinte decisão do S.T.J.:
AGRAVO REGIMENTAL – AGRAVO EM RECURSO ESPECIAL – AÇÃO REVISIONAL AJUIZADA APÓS O PRAZO PARA OFERECIMENTO DOS EMBARGOS DO DEVEDOR – SUSPENSÃO DA A EXECUÇÃO EM CURSO – IMPOSSIBILIDADE.
1. De acordo com a jurisprudência desta Corte, a ação revisional intentada antes do ajuizamento da execução, caso garantido o juízo, poderá ser tomada como embargos gerando-se, a partir daí os efeitos
que destes decorreriam naturalmente.
2. Quando, porém, a ação revisional é ajuizada após o início da execução, especialmente quando já passado o prazo para oferecimento de embargos, aí não será possível tomar uma pela outra, para fins de
suspensão da execução. Nestes casos, o sobrestamento dos efeitos práticos da execução deve ser perseguido em caráter antecipatório na sede do próprio processo revisional.
3. A alegação de que houve pedido antecipatório na ação revisional não interfere no julgamento em questão porque restrito o objeto do recurso especial ao tema da prejudicialidade externa referida pelo artigo 265 do Código de Processo Civil.
4. Agravo Regimental a que se nega provimento.
(AgRg no AREsp 127.820/PR, Rel. Ministro SIDNEI BENETI, TERCEIRA TURMA, julgado em 17/04/2012, DJe 02/05/2012)

Sobre o tema, eis, ainda, os seguintes precedentes do S.T.J.:

EXECUÇÃO E AÇÃO ANULATÓRIA DE CLÁUSULAS CONTRATUAIS. CONEXÃO. REUNIÃO DOS FEITOS. ADMISSÃO, POR RECEBER A AÇÃO ORDINÁRIA O MESMO TRATAMENTO DOS EMBARGOS À EXECUÇÃO.

– Reconhece-se a conexão entre a execução e a ação declaratória de nulidade de cláusulas, por constituir esta resistência antecipada do devedor, em ordem a operar como verdadeiros embargos. Precedentes.

Recurso especial conhecido, em parte, e provido.

(REsp 294.562/RJ, Rel. Ministro BARROS MONTEIRO, QUARTA TURMA, julgado em 25/03/2003, DJ 02/06/2003, p. 299).

PROCESSO CIVIL. EXECUÇÃO PARA ENTREGA DE COISA. ANTERIOR AÇÃO REVISIONAL DO DÉBITO EXEQUENDO. FIXAÇÃO DE ASTREINTE EM SEDE EXECUTIVA. SUSPENSÃO DO FEITO EXECUTIVO CONDICIONADA À GARANTIA DO JUÍZO.

1. O modelo engendrado pelo Código de Ritos para o procedimento executivo acolhe nitidamente a sistemática da coerção patrimonial, porquanto franqueia ao magistrado, nas várias espécies de execução, a possibilidade de aplicação de multa com vistas a compelir o devedor ao cumprimento de uma prestação.

2. Outrossim, a existência de qualquer ação relativa ao débito constante do título executivo, ainda que anterior, não inibe o credor de promover-lhe a execução (art. 585, § 1º, do CPC).

3. Por isso que, evidenciada a prejudicialidade de ação cognitiva em relação à executiva, é medida escorreita a reunião dos processos no juízo que primeiro despachou (art. 106 do CPC), impedindo, dessa forma, a prolatação de decisões conflitantes como a que ora se apresenta, qual seja, a fixação de astreintes por atraso no cumprimento da obrigação em execução posterior à ação cognitiva que visa à anulação do débito exequendo. Precedentes. Matéria, entretanto, que não foi prequestionada.

4. É possível a suspensão do processo executivo em virtude da conexão existente entre este e o processo de anulação ou revisão da dívida executada, haja vista a identidade de partes e causa de pedir, máxime porque, uma vez julgado procedente o feito cognitivo, o débito exequendo pode vir a ser reduzido ou quiçá extinto.

Precedentes.

5. A garantia do juízo é condição imprescindível à suspensão do processo executivo (art. 739-A, § 1º, do CPC), o que, consoante assentado pelo Tribunal de origem, não ocorreu no caso em julgamento.

6. Recurso especial não provido.

(REsp 1118595/MT, Rel. Ministro LUIS FELIPE SALOMÃO, QUARTA TURMA, julgado em 19/11/2013, DJe 06/12/2013).

Também serão reputadas conexas *as execuções fundadas no mesmo título executivo.*

Assim, se houver diversas execuções que tenham por objeto o mesmo título executivo, como, por exemplo, várias execuções sobre diversos capítulos de sentença, deverão essas execuções ser reunidas em face da conexão.

2.3. Processo já Sentenciado

Não haverá a possibilidade de modificação da competência se um dos processos já houver sido sentenciado.

Nesse sentido é o teor da Súmula 235 do S.T.J.: "A conexão não determina a reunião dos processos, se um deles já foi sentenciado".

Sobre o tema, eis o seguinte precedente do S.T.J.:

PROCESSUAL CIVIL E TRIBUTÁRIO. AGRAVO REGIMENTAL NO AGRAVO DE INSTRUMENTO. EXECUÇÃO FISCAL E AÇÃO ANULATÓRIA DO DÉBITO. CONEXÃO. SÚMULA 235/STJ. SUSPENSÃO E REDISTRIBUIÇÃO DO FEITO EXECUTIVO. REVOLVIMENTO DE MATÉRIA FÁTICO-PROBATÓRIA. SÚMULA 7/STJ.

1. Caso em que a agravante, sustentando a ocorrência de conexão entre a ação anulatória e a execução fiscal, pugna pela suspensão e redistribuição do feito executivo.

2. "A conexão não determina a reunião dos processos, se um deles já foi julgado" (Súmula 235/STJ).

3. O Tribunal de origem entendeu pelo não cabimento da suspensão pretendida, bem como pela impossibilidade do pretendido deslocamento do feito executivo, posto que a ação anulatória teria sido proposta quando já sentenciados os embargos à execução que se pretendia deslocar. Revisar o entendimento exarado pelo Tribunal a quo, tal como posto no acórdão recorrido, demanda o

revolvimento do acervo fático-probatório dos autos, o que é inadmissível em sede de recurso especial, ante o óbice contido na Súmula 7/STJ.

4. Agravo regimental não provido.

(AgRg no Ag 1245655/SP, Rel. Ministro BENEDITO GONÇALVES, PRIMEIRA TURMA, julgado em 28/09/2010, DJe 07/10/2010)

Segundo anotam Luca Ariola *et al*:

A regra de 'simultaneus processus' não pode, todavia, ser sempre aplicada: em primeiro lugar, essa é inoperante quando a causa que deva ser reunida a outra esteja em um estado avançado de julgamento, a tal ponto de prejudicar a decisão a ser proferida na outra causa, ou quando a causa esteja em tramitação em grau diverso de jurisdição; em segundo lugar, não haverá reunião de processos quando os juízos não sejam materialmente ou funcionalmente competentes para conhecer de todas as causas.[319]

2.4. Risco de Prolação de Decisões Conflitantes e Contraditórias

Serão reunidos para julgamento conjunto os processos que possam gerar risco de prolação de decisões conflitantes ou contraditórias caso decididos separadamente, mesmo sem conexão entre eles.

Carnelutti denominava tal circunstância de *conexão imprópria*. Segundo o processualista italiano:

Quando o fato ou o efeito jurídico em que se resolve a razão da pretensão de várias lides distintas não seja idêntico, senão similar (o qual pode ocorrer se as lides não sejam conexas por identidade de alguns de seus elementos) pode haver unicamente conexão 'imprópria': tal é a relação entre várias lides em que os fatos ou os efeitos constitutivos das razões sejam distintos, porém pertençam ao mesmo gênero (por exemplo, Tício contende com Caio e Sempronio com Mevio acerca da nulidade de dois testamentos a propósito dos quais e apresenta a mesma questão).[320]

O artigo 40 do projeto de lei originário do novo C.P.C. brasileiro, n. 166/10, havia ampliado a possibilidade de existência de ações conexas,

[319] ARIOLA, Luca; *et al. Codice di procedura civile operativo – annoato con dottrina e giurisprudenza.* Napoli: Simone, 2015. p. 155.

[320] CARNELUTTI, F., op. cit. p. 41.

para além da identidade de pedido ou de causa de pedir. Segundo esse dispositivo, para a caracterização da conexão bastaria eventual existência de *decisões conflitantes ou contraditórias*, mesmo que não houvesse entre as causas identidade de *pedido ou de causa pedir*. Essa nova perspectiva de conexidade aproximava-se da *Teoria de Carnelluti*, segundo a qual, para que haja a conexão bastaria a *identidade de questões* que, julgadas separadamente, pudessem levar a decisões contraditórias ou conflitantes.

Pode-se pensar, também, que o novo C.P.C. aproximar-se-ia da denominada *Teoria Materialista* de Olavo Oliveira Neto, para quem a conexão decorreria de identidade de *relação jurídica material* e o julgamento conjunto tem por finalidade a *uniformidade de julgamentos*.[321]

Porém, o projeto de lei do novo C.P.C., encaminhado à Câmara dos Deputados sob o n. 8.046/2010, retirou essa evolução legislativa.

Contudo, a Câmara dos Deputados apresentou emenda ao art. 55 do Projeto de Lei n. 8.046/2010, para o fim de nele incluir o §3º com a seguinte disposição:

> Serão reunidos para julgamento conjunto os processos que possam gerar risco de prolação de decisões conflitantes ou contraditórias caso sejam decididos separadamente, mesmo sem conexão entre eles.

Portanto, a Câmara dos Deputados manteve a definição tradicional de *conexão*, ou seja, reputam-se conexas duas ou mais demandas quando lhes for comum o *pedido* ou a *causa de pedir*.

Porém, a alteração promovida pela Câmara dos Deputados permitiu a reunião para julgamento conjunto das demandas que possam *gerar risco de prolação de decisões conflitantes ou contraditórias, ainda que não sejam conexas*.

É importante salientar que essa reunião somente ocorrerá diante de competência relativa e não de competência absoluta, uma vez que o §3º do art. 55 do novo C.P.C. está sendo tratado no capítulo da modificação de competência.

Sobre a conexidade de demandas, lecionam Comoglio, Ferri e Taruffo:

> ...Podem ser distinguidas diversas hipóteses de conexão, para a chamada coordenação, quando as causas podem ser decididas separadamente,

[321] OLIVEIRA NETO. Olavo. *Conexão por prejudicialidade*. São Paulo: Revista dos Tribunais, 1994. p. 62 a 65.

porém, sujeitando-se ao risco de uma contradição lógica entre os julgados (é o caso do litisconsórcio facultativo e daquele do cúmulo objetivo entre demandas propostas contra a mesma parte). Existem, também, hipóteses de conexão por subordinação nas quais as causas estão ligadas por um nexo de prejudicialidade ou de garantia ou de acessoriedade. Assim estabelecido, a derrogação da competência por conexão é prevista nas seguintes hipóteses: a) a demanda acessória: a demanda é acessória quando encontra-se em relação de dependência-subordinação em relação à demanda principal. São demandas acessórias, por exemplo, aquelas de juros acumulados em relação à demanda da soma devida pelo capital, a demanda de ressarcimento de danos em relação àquela de turbação da posse...;b) a demanda em garantia pode ser proposta perante o juiz competente para a causa principal a fim de que seja decidida no mesmo processo mediante derrogação à regra ordinária da competência pelo território e pelo valor. A disposição que se examina aplica-se apenas aos casos denominados como de garantia própria que ocorre quando a causa principal e aquela acessória tem em comum o mesmo título e único é o fato gerador da responsabilidade sobre a qual está fundada a demanda principal e aquela de garantia...; c) de particular aspecto é a regra sobre o acertamento incidental previsto no art. 34 do C.P.C. italiano, o qual estabelece que o juiz – seja por lei ou por requerimento de qualquer das partes – deve decidir 'com eficácia de julgado' uma questão prejudicial e esta última, em razão da matéria ou do valor, não ingressa na sua competência; ambas as causas devem ser remetidas a juiz diverso e 'superior' que seja competente também para a causa prejudicial...; d) outras situações que em um processo podem determinar a mudança da competência são dadas pela aplicação das regras de que tratam os artigos 35 e 36 em tema de 'demanda reconvencional' e de compensação; e) também o regime da exceção de compensação , quanto à modificação de competência, é parcialmente análoga. ...f) outras derrogações da regra de competência estão previstas no caso de cúmulo subjetivo de demanda, ou seja, de causa instaurada em relação às mesmas partes ou mais pessoas, nos termos do art. 33 do C.P.C. italiano. Deve ser dito que, mais demandas podem ser propostas contextualmente contra a mesma parte, ainda que não conexas, como ocorre com a competência em razão do valor. Assim dispõe, de fato, a regra do inciso I do art. 104 segundo a qual no mesmo processo contra a mesma parte podem ser propostas diversas demandas, anda que não conexas.....; g) Operada essas premissas, é necessário ainda recordar a regra segundo a qual no caso de litisconsórcio facultativo passivo se tem uma derrogação de competência em

> razão do território (cúmulo subjetivo de que trata o art. 33 do C.P.C. italiano) e, portanto, as causas contra mais pessoas podem ser cumulativamente proposta diante do mesmo juiz do for de residência ou domicílio de um só desses se estiverem conexas pelo título ou pelo objeto....[322]

Não há dúvida de que a alteração promovida pela Câmara dos Deputados, permitindo a reunião de processos, ainda que entre eles não haja conexão, aproxima-se do ordenamento jurídico italiano, especialmente quando essa proposta tem por finalidade evitar decisões contraditórias ou conflitantes.

Na realidade, a existência de conexão não seria efetivamente o fundamento para a reunião dos processos, mas, sim, a possibilidade de existência de decisões conflitantes e contraditórias.

Porém, a interpretação extensiva do §3º do art. 54 do novo C.P.C., sem limites, poderá ensejar grandes dificuldades. Assim, por exemplo, milhares de processos instaurados no Brasil cuja pretensão é a inconstitucionalidade de determinada norma tributária, numa interpretação 'extensiva' do §3º do art. 54 do novo C.P.C., poderão ser reunidos no juízo que se tornou prevento com a distribuição do primeiro processo, inviabilizando a prestação da tutela jurisdicional.

Parece-me que a melhor interpretação é aquela que denominamos de 'restritiva', ou seja, muito embora não haja identidade de causa de pedir ou de pedido, se os processos permanecerem separados as decisões serão conflitantes, não no sentido de julgamento de partes distintas, mas, sim, quando haja um ponto comum de fato ou de direito, sem que tal circunstância decorra da existência de litisconsorte. Ex: "A" ingressa com pedido de arresto e alienação das 'quotas' sociais que 'B' possui em relação à empresa "X". O sócio "C" ingressa com demanda contra o sócio 'B', requerendo a sua exclusão da empresa "X", sob a alegação de que as 'quotas sociais' não lhe pertencem.

No caso, não há conexão pelo pedido ("A" pretende a alienação de quotas; "C" pretende a exclusão do sócio "B"), nem pela causa de pedir: A causa de pedir de "A" é eventual crédito; a causa de pedir de "C" é a falsidade documental).

[322] COMOGLIO, Luigi Paolo; FERRI, Corrado; TARUFFO, Michele. *Lezioni sul processo civile.* I. Il processo ordinario di cognizione. Bologna: Il Mulino, 2006. p. 138 a 141.

3. Continência

A continência, se não fosse por um pequeno detalhe, poderia ser considerada similar à litispendência. Na realidade, conforme já afirmou Cândido Rangel Dinamarco, a continência seria uma espécie de *parcial litispendência.*[323]

O que diferencia a continência da litispendência é justamente a amplitude do pedido de uma das causas em relação à outra.

O critério estabelecido pelo legislador para a questão do juízo competente em relação à conexão, deve, em certa medida, ser adotado para o instituto da continência.

O novo C.P.C. brasileiro dita algumas regras na hipótese em que causas *parcialmente* idênticas estão em tramitação perante ofícios judiciários diversos.

Não se trata de competência em sentido estrito, mas diz respeito à disciplina de instituto que visa a determinar o juiz que deve decidir a causa, em razão da modificação da competência.

A *continência* configura-se como causa legitimadora da modificação da competência relativa.

3.1. Definição

Haverá continência sempre que existir identidade (e não mera semelhança) entre dois elementos da demanda, isto é, identidade de *partes* e de *causa de pedir.*

Na continência somente não haverá identidade de *objeto* ou pedido, pois, se assim fosse, estar-se-ia diante de causas idênticas. A causa é idêntica a outra quando as partes são as mesmas, assim como são idênticos o título da demanda, ou seja, a *causa de pedir* e o *pedido.*

Segundo anotam Luigi Paolo Comoglio, Corrado Ferri e Michel Taruffo,

> quando duas causas são idênticas quanto aos sujeitos e a 'causa de pedir' mas somente o objeto da demanda é parcialmente idêntico porque o objeto de uma dessas compreende e é mais amplo que o outro, ocorre a 'continência' (...)..[324]

[323] DINAMARCO. Cândido Rangel. *Instituições de direito processual civil.* São Paulo: Editora Malheiros, 2001, vol. II, n. 464).

[324] COMOGLIO, L. P.; FERRI, C.; TARUFFO, M., op. cit., p. 143.

Na continência, portanto, duas causas são idênticas quanto aos sujeitos e à causa de pedir, porém, o objeto de uma das demandas compreende também o objeto da outra, mas com uma particularidade, ele é mais amplo do que o da outra. A relação que existe entre uma causa e a outra é diversa somente por um aspecto da demanda, ou seja, pelo objeto.[325]

O art. 39 do Código de Processo Civil italiano, assim estabelece sobre a continência:

> Art. 39. (Litispendência e continência de causas)
>
> Se uma mesma causa é proposta diante juízos diversos, aquele sucessivamente 'adito' em qualquer Estado e grau do processo, também de ofício, declara por decisão a litispendência e dispõe o cancelamento da causa.
>
> No caso de continência de causa, se o juiz preventivamente 'adito' é competente também para a causa proposta sucessivamente, o juiz desta declara por decisão a continência e fixa um prazo peremptório dentro do qual as partes devem reassumir a causa diante o primeiro juiz. Se este não é competente também para a causa sucessivamente proposta, a declaração da continência e a fixação do prazo são por ele pronunciadas.
>
> A prevenção é determinada pela notificação da citação ou pelo depósito do recurso.

Conforme aduzem Comoglio, Ferri e Taruffo:

> a jurisprudência (Italiana) tende por vezes ampliar a noção para o fim de admitir que ocorra a continência quando entre as causas subsista uma relação de 'interdependência', mediante coincidência também parcial das 'causae petendi' delas; outrossim, afirma-se subsistir a continência quando questões produzidas na lide precedente instaurada constituem pressuposto necessário da demanda que forma objeto da segunda causa (pode-se tratar de demandas contrapostas relativas a uma única relação ou também de questões deduzidas com a demanda já proposta que constituam um necessário pressuposto para a definição do juízo sucessivo). Parece evidente como esta orientação tende a aplicar uma economia de juízo para evitar julgados contraditórios.[326]

[325] COMOGLIO, L.P.; FERRI, C.; TARUFFO, M., idem, p. 143.

[326] COMOGLIO, L.P.; FERRI, C.; TARUFFO, M., idem, ibidem.

A jurisprudência italiana tem configurada a continência também no caso de pedidos contrapostos, que tenham origem em uma mesma relação negocial, sempre que entre eles ocorra uma diferença quantitativa em relação ao objeto (Cass. 19-3-86,n. 1908; Cass. Ord. 16-12-05, n. 27710).

Para a jurisprudência italiana, a demanda de adimplemento de um contrato e aquela de nulidade ou de resolução do referido contrato configura-se como uma relação de *continência*, na medida em que a declaração de nulidade ou de resolução se apresenta como alternativa à condenação ao adimplemento (Cass, ord. 4-3-02, n. 3109).

A demanda que tenha objeto mais abrangente é denominada de demanda *continente*. Já a demanda que possua o objeto mais restrito é chamada de demanda *contida*.

Segundo afirma Fredie Didier Jr., não se deve confundir *continência* com *litispendência*, pois na continência o pedido de uma demanda abrange (contém) o pedido da outra. Pedido aqui não é caracterizado como o conjunto dos pedidos formulados na petição inicial, mas cada um dos pedidos efetivamente deduzidos. Se em uma demanda há três pedidos e na outra há dois pedidos, não há continência porque a primeira 'conteria' a segunda. Se os pedidos formulados na segunda demanda também foram formulados na primeira, o caso é de *litispendência parcial*. Na *continência*, os pedidos das causas pendentes são diversos: um engloba o outro. Dois exemplos: a) se se pede a anulação de um contrato, em uma demanda, e a anulação de uma cláusula do mesmo contrato, embora diferentes os pedidos, o primeiro engloba o segundo; b) pedido de anulação do ato de inscrição de crédito tributário na dívida ativa e pedido de anulação do ato de lançamento (esse engloba aquele, visto que a anulação do ato de lançamento implicará a anulação dos que lhe forem subsequentes, inclusive o de inscrição em dívida ativa).[327]

Nos termos da jurisprudência do STJ, quando há identidade apenas parcial dos pedidos, porquanto um deles é mais abrangente que o outro, configura-se a continência, e não a litispendência. Esta, como na conexão, importa a reunião dos processos, e não a sua extinção, que visa a evitar o risco de decisões inconciliáveis (AgRg no AREsp 301.377/ES, Rel. Ministro HUMBERTO MARTINS, SEGUNDA TURMA, julgado em 16/04/2013, DJe 25/04/2013)

[327] DIDIER JR., Fredie. op. cit., p. 123 e 124.

Havendo continência e prejudicialidade entre as ações, e não reunidos os feitos oportunamente para julgamento conjunto, cabível é a suspensão de um deles, conforme os termos do art. 313, V, "a", do CPC.

3.2. Extinção ou Permanência da Ação Contida

Ao contrário do que ocorre com a conexão, somente em uma dada circunstância é que haverá a reunião dos processos em razão da *continência*. Os processos serão reunidos quando a *demanda continente* for proposta *posteriormente* à *demanda contida*.

Entende-se por demanda *continente* aquela que possui objeto mais abrangente; entende-se por demanda *contida* aquela que possui objeto menos abrangente.

Se a demanda *continente* foi proposta anteriormente à demanda *contida*, não será caso de reunião de processo, mas, sim, de *extinção* do processo da demanda contida sem resolução de mérito. E essa solução proposta pelo legislador, qual seja, de extinção do processo da demanda contida, é realmente a mais salutar, pois o objeto da demanda contida está totalmente abrangido pela demanda continente que foi proposta anteriormente.

Com a extinção da demanda *contida*, e tendo em vista que não se está diante do *instituto da litispendência*, mas, sim, da *continência*, a questão dos honorários de advogado e das custas processuais deve ser resolvida quando da solução definitiva da demanda continente.

É importante salientar que somente haverá a reunião dos processos se o órgão judiciário for competente para analisar tanto a demanda contida quanto a demanda continente.

4. Prevenção e Reunião das Demandas

Uma vez verificada a conexão ou continência, a norma processual determina a reunião das demandas que correm em separado, para que sejam decididas simultaneamente.

Conforme leciona Giuseppe Tarzia:

> A conexão, como supra definida, adquire relevância por consentir a reunião das causas em um único processo e para que possam ser tratadas e decididas simultaneamente. A reunião é evidentemente facilitada quando as causas pertencem à competência do mesmo juízo, enquanto que, no caso contrário,

para se proceder à reunião, é necessário derrogar a regra ordinária de competência supra descrita.[328]

A reunião das demandas que correm em separado, em razão da conexão ou continência, ou para evitar decisões conflitantes, dar-se-á pela *prevenção.*

A prevenção não é um critério de 'determinação' de competência, mas, sim, de *'fixação'* da competência.

Prevenção nada mais significa do que o critério legal para estabelecer o juízo que deve julgar as demandas que correm em separado, a fim de que haja um julgamento simultâneo.

A prevenção assegura e firma a competência de um juiz já competente.

O art. 106 do C.P.C. de 1973, que mencionava apenas a reunião das demandas em razão da conexão, preconizava que a prevenção de juízos que detinham a mesma competência territorial dar-se-ia em favor daquele que despachou em primeiro lugar.

A jurisprudência firmara entendimento de que a expressão *'despachou em primeiro lugar'* significava pronunciamento positivo de despacho de citação (STJ RT 653/216).

Porém, se as demandas corressem em juízos de diferente competência territorial, a competência por prevenção era determinada, não pelo despacho, mas pela data da citação válida. Nesse sentido preceituava o art. 219 do C.P.C. de 1973:

> A citação válida torna prevento o juízo, induz litispendência e faz litigiosa a coisa; e, ainda quando ordenada por juiz incompetente, constitui em mora o devedor e interrompe a prescrição.

O art. 240 do atual C.P.C., ao tratar da *citação,* não mais indica essa circunstância como causa de prevenção do juízo. Eis o teor do novo dispositivo:

> A citação válida, ainda quando ordenada por juízo incompetente, induz litispendência, torna litigiosa a coisa e constitui em mora o devedor, ressalvado o disposto nos arts. 397 e 398 da Lei nº 10.406, de 10 de janeiro de 2002 – o Código Civil.

[328] TARZIA, Giuseppe. *Lineamenti del processo civile di cognizione.* Seconda Edizione. Milano: Dott. A. Giuffrè Editore, 2002. p. 55.

Observa-se, assim, que o novo C.P.C. unificou as hipóteses de prevenção, seja em relação aos juízos com a mesma competência territorial, seja em relação aos juízos com competência territorial diversa. Em ambos os casos, a prevenção não se dá pelo enfoque da citação válida, mas, sim, pelo *registro ou distribuição da petição inicial*, nos termos do art. 59 do novo C.P.C.

Não há dúvida de que o critério de prevenção regulado pelo *registro ou distribuição da petição inicial* é o mais seguro e objetivo, pois não depende de outros fatores a não ser da manifestação da própria parte em promover a demanda judicial.

Assim, as demandas que se relacionarem por conexão ou continência, ou que possam gerar decisões conflitantes, serão distribuídas por dependência àquela que foi registrada ou distribuída em primeiro lugar. Nesse sentido é o teor do art. 286, inc. I, do atual C.P.C., *in verbis:*

> Art. 286. Serão distribuídas por dependência as causas de qualquer natureza:
>
> I – quando se relacionarem, por conexão ou continência, com outra já ajuizada...;

O C.P.C. de 1973 estabelecia que a conexão seria arguida em preliminar de contestação, e não por meio de exceção de incompetência (art. 301, inc. VII).

O novo C.P.C. de 2015 também prevê que a conexão seja arguida como preliminar de contestação (art. 337, inc. VIII).

A conexão também poderá ser reconhecida de ofício, conforme preconiza o §5º do art. 337 do novo C.P.C.

Muito embora o art. 337 do novo C.P.C. faça menção somente à conexão, entendo que também a continência e a reunião dos processos para se evitar decisões contraditórias, ainda que não conexos, poderão ser arguidas em preliminar de contestação ou em outro momento da demanda.

5. Imóvel Situado em Mais de um Estado, Comarca ou Seção Judiciária

Estabelece o art. 60 do novo C.P.C. que se o imóvel se achar situado em mais de um Estado, comarca, seção ou subseção judiciária, a competência territorial do juízo prevento estender-se-á sobre a totalidade do imóvel.

A diferença semântica do art. 60 do novo C.P.C. em relação ao art. 107 do C.P.C. de 1973 diz respeito apenas à inserção na nova disposição normativa do termo *seção judiciária*, para incorporar no dispositivo a competência da Justiça Federal.

A Emenda introduzida pela Câmara dos Deputados também acrescentou as *subseções judiciárias* no dispositivo.

O art. 60 do novo C.P.C. vem complementar o artigo 47 do novo C.P.C. que estabelece: "para as ações fundadas em direito real sobre imóveis, é competente o foro de situação da coisa".

O art. 60 do novo C.P.C. trata de competência em razão do território definida pelo local de situação do imóvel. Nesse caso específico, o imóvel, situando-se em mais de um Estado, comarca, seção ou subseção judiciária, a competência será definida pela *prevenção*, estendendo-se a competência para a totalidade do imóvel.

Já o artigo 52, §1º, da *Ley n.* 1/2000 de *Enjuiciamiento civil* espanhol, preconiza que nessa hipótese caberá ao demandante eleger o foro competente:

> 1º. Nos juízos em que se exercitem ações reais sobre bens imóveis será tribunal competente o do lugar em que esteja situada a coisa litigiosa. Quando a ação real se exerce sobre vários imóveis o sobre um só que esteja situado em diferentes circunscrições, será competente o Tribunal de qualquer destas, à eleição do demandante.

A Corte de Cassação italiana, sobre o tema, assim já se pronunciou: "se o imóvel esta compreendido em mais de um Estado, comarca ou seção judiciária, o juízo competente poderá ser qualquer um em que esteja situada parte do imóvel" (Cass. 9, agosto 1989, n. 3672).

Deve-se ter presente que a *prevenção* dá-se exclusivamente entre os lugares em que se situa parte do imóvel, salvo nas situações não abrangida pelo art. 47, §1º, do novo C.P.C., em que é possível instituir o foro de eleição ou do domicílio do réu.

6. Demanda Acessória e Demanda Principal

Estabelece o art. 61 do novo C.P.C. brasileiro que a ação acessória será proposta no juízo competente para a ação principal.

Preceito similar encontra-se no art. 31 do C.P.C. italiano: "A demanda acessória pode ser proposta perante o juiz territorialmente competente para a demanda principal a fim de que sejam decididas no mesmo processo".[329]

Para que se possa falar de vínculo de acessoriedade entre duas demandas, idôneo a legitimar a atração da demanda acessória diante ao juiz competente para a demanda principal, é necessário não somente que a primeira demanda se apresente em relação à outra numa posição de subordinação porque de menor importância e porque sob o aspecto lógico pressupõe a segunda, mas também que entre as duas demandas exista identidade de sujeito (Cass. 20.-9-61, n. 2036). Ao lado da situação de uma verdadeira e própria *subordinação* entre as demandas, a acessoriedade subsiste também na hipótese em que entre as mesmas haja uma relação de *consequencialidade lógico-jurídica*, em razão da qual uma das pretensões encontre o seu título e sua razão justificante na pretensão objeto de outra causa (Cass. 30-8-90, n. 9036; Cass. Ord. 18-3-03, n. 4007; Cass. 17-5-05, n. 10356).[330]

Entende-se por demanda acessória, conforme leciona Giuseppe Tarzia, "aquela que depende, sob o aspecto histórico-jurídico, do título da demanda principal: por exemplo, demanda de juros acumulados sobre crédito de capital". Pode ser proposta perante o juiz territorialmente competente para a demanda principal a fim de que seja decidida no mesmo processo.[331]

Em nosso ordenamento jurídico, pode-se configurar como demanda acessória a tutela provisória cautelar, em que pese seja julgada no mesmo processo em que promovida a demanda principal.

A demanda acessória será proposta perante o juiz competente para a demanda principal.[332]

[329] "O art. 31 c.p.c. se ocupa da referida 'acessoriedade' que é a relação que ocorre entre duas causas conexas objetivamente (mas também subjetivamente), no sentido de que a decisão sobe uma dessas (aquela denominada acessoria) dependa da decisão sobre a outra (aquela denominada principal" (MADRIONI, C., op. cit. p. 278).

[330] "Não é fácil distinguir a acessoriedade no quadro mais amplo da prejudicialidade na qual seguramente ela está abrangida. (Nesse sentido, veja-se, por exemplo, N. GIALLONGO, *Note in tema di sospensione, pregiudizialità e connessione nel processo*, in *Riv. Trim. Dir. e Proc. Civ.*, 1985, p. 616 e ss., espc. P. 638).

[331] TARZIA, G., op. cit., p. 56.

[332] A ação anulatória de sentença homologatória de acordo, prevista no artigo 486 da Lei Adjetiva, possui nexo etiológico com a ação originária em que fora homologada a transação

Na realidade, não se está diante de critério de modificação de competência, mas, sim, de critério de fixação de competência.

7. Inderrogabilidade da Competência por Convenção das Partes

O art. 62 do novo C.P.C. trata das hipóteses em que a competência não pode ser derrogada por convenção das partes.

A competência dita absoluta, *em razão da matéria, da pessoa ou da função,* não pode ser derrogada por convenção das partes.

A competência dita relativa, *em razão do valor e do território,* poderá ser derrogada pelas partes, as quais poderão eleger o foro onde serão propostas as demandas oriundas de direitos e obrigações.

O *foro de eleição* é uma *cláusula negocial,* pela qual as partes da relação jurídica material estabelecem previamente o juízo competente para dirimir qualquer controvérsia jurídica que possa surgir em relação ao negócio jurídico firmado. Trata-se de uma prerrogativa admitida para as hipóteses de competência *relativa,* ou seja, *em razão do valor e do território.*

A derrogação do foro em caso de competência relativa será em relação a direitos e obrigações, inclusive aos direitos reais previstos no §1º do art. 47 do atual C.P.C., que assim dispõe:

> Art. 47. Para as ações fundadas em direito real sobre imóveis é competente o foro de situação da coisa.
>
> § 1º O autor pode optar pelo foro de domicílio do réu ou pelo foro de eleição se o litígio não recair sobre direito de propriedade, vizinhança, servidão, divisão e demarcação de terras e de nunciação de obra nova.

É importante salientar que nem toda competência em razão do valor pode ser objeto de modificação por convenção das partes, uma vez que pode existir competência em razão do valor (juizado especial federal) que não pode ser modificada por convenção das partes. Assim, as partes não poderão derrogar a competência do juizado especial federal para o juizado cível ordinário federal.

A melhor técnica para a regulamentação do art. 62 do novo C.P.C. seria estabelecer que a competência *absoluta* não pode ser derrogada pelas partes,

celebrada entre as partes (REsp 1150745/MG, Rel. Ministro MARCO BUZZI, QUARTA TURMA, julgado em 11/02/2014, DJe 19/02/2014)

enquanto que a competência *relativa* pode ser modificada por convenção dos contratantes.

O artigo 25 do atual C.P.C. preconiza que não compete à autoridade judiciária brasileira o processamento e o julgamento da ação quando houver cláusula de eleição de foro exclusivo estrangeiro em contrato internacional, arguida pelo réu na contestação.

8. Modificação da Competência em Decorrência de Cláusula de Eleição de Foro

As regras processuais concernentes à derrogação ou prorrogação da jurisdição são aquelas que introduzem ou excluem o poder das partes em eleger explicita ou implicitamente a atribuição de competência a um determinado juiz, que pode ser, em princípio, até incompetente para conhecer da demanda.

Para se examinar o sistema legal em relação à derrogabilidade da competência, é necessário: a) ver se existem regras, e quais são, que prevêem o acordo preventivo acerca da derrogação das regras sobre competência; b) examinar as regras concernentes à reação do sujeito que é considerado réu diante de um juiz incompetente, para se verificar se sua eventual falta de reação pode ser considerada como um acordo implícito indireto, ao qual a lei reconheça eficácia.[333]

Além do mais, deve-se examinar o problema consistente à idoneidade da vontade das partes para influir sobre a possibilidade de que se exercite determina jurisdição para o processamento e julgamento de determinada demanda.

A referida problemática desdobra-se em dois aspectos distintos. O primeiro refere-se à idoneidade da vontade das partes para deslocar uma função de caráter positivo, consistente em possibilitar o exercício da jurisdição em relação a uma causa que, do contrário, não estaria sujeita à competência de determinado juiz. O segundo, refere-se, ao contrário, à idoneidade da vontade das partes para deslocar a função oposta, de caráter negativo, consistente em excluir o exercício da jurisdição em relação a uma causa que entrariam nos limites assinalados por normas de competência jurisdicional.[334]

[333] MANDRIOLI, C., op. cit. p. 247.

[334] MORELLI, C., op. cit. p 199 e 200.

No caso, a vontade das partes se toma como critério de competência e desvincula a mesma função que é própria dos critérios de jurisdição em geral.

Norma que prevê acordos preventivos e explícitos acerca da derrogação da competência existe, em nosso ordenamento jurídico. Segundo estabelece o art. 63 do novo C.P.C., as partes podem modificar a competência em *razão do valor e do território*, elegendo foro onde será proposta ação oriunda de direitos e obrigações.

Regra processual similar encontra-se no art. 95º do C.P.C. português, a saber:

> Artigo 95.º Competência convencional
>
> 1 – As regras de competência em razão da matéria, da hierarquia e do valor da causa não podem ser afastadas por vontade das partes; mas é permitido a estas afastar, por convenção expressa, a aplicação das regras de competência em razão do território, salvo nos casos a que se refere o artigo 104.º.
>
> 2 – O acordo deve satisfazer os requisitos de forma do contrato, fonte da obrigação, contanto que seja reduzido a escrito, nos termos do n.º 4 do artigo anterior, e deve designar as questões a que se refere e o critério de determinação do tribunal que fica sendo competente.
>
> 3 – A competência fundada na estipulação é tão obrigatória como a que deriva da lei.
>
> 4 – A designação das questões abrangidas pelo acordo pode fazer –se pela especificação do facto jurídico suscetível de as originar.

A competência dita relativa, *em razão do valor e do território*, poderá ser derrogada pelas partes, as quais poderão eleger o foro onde serão propostas as demandas oriundas de direitos e obrigações.

O *foro de eleição* é uma *cláusula negocial*, pela qual as partes da relação jurídica material estabelecem previamente o juízo competente para dirimir qualquer controvérsia jurídica que possa surgir em relação ao negócio jurídico firmado. Trata-se de uma prerrogativa admitida para as hipóteses de competência *relativa*, ou seja, *em razão do valor e do território.*

A validade da cláusula de eleição de foro supõe que ela não implique privilégio injustificado em favor de uma das partes e não venha de encontro com as normas de ordem pública. A cláusula de eleição de foro é geralmente instituída em favor de interesses de uma das partes, com a livre anuência da outra.Por vezes, a benefício de ambos.[335]

A eleição de foro só produzirá efeito quando constar de instrumento escrito e aludir expressamente a determinado negócio jurídico.

A alteração preconizada pela Câmara dos Deputados foi pertinente, ao falar em *instrumento escrito,* ao invés de *contrato.* Efetivamente, a modificação de competência poderá ser inserida num instrumento escrito e não apenas em um contrato específico.

É possível também a derrogação da competência relativa tacitamente. Isso ocorre quando o réu não alega a incompetência do juízo no momento oportuno, ou seja, como preliminar de contestação, prorrogando-se a competência do foro escolhido pelo autor. Nesse sentido, aliás, é o teor do art. 56, item 2º, da Ley 1/2000, Código de Processo Civil espanhol.

O foro contratual obriga os herdeiros e sucessores das partes.

Como a eleição de foro não é um direito personalíssimo, sua escolha por meio de instrumento próprio transmite-se aos herdeiros, no caso de sucessão universal, ou aos sucessores singulares das partes que deverão observar o foro escolhido.

Antes da citação, a cláusula de eleição de foro, se abusiva, pode ser reputada *ineficaz* de ofício pelo juiz, que determinará a remessa dos autos ao juízo do foro de domicílio do réu.

Disposição similar era encontrada no parágrafo único do artigo 112 do C.P.C. de 1973, incluído pela Lei 11.280/2006, *in verbis*: "A nulidade da cláusula de eleição de foro, em contrato de adesão, pode ser declarada de ofício pelo juiz, que declinará de competência para o juízo de domicílio do réu". Deve-se observar que no C.P.C. de 1973 o juiz declarava a nulidade da cláusula, enquanto que no novo C.P.C. o juiz declara sua ineficácia.

Entende-se por contrato de adesão o negócio jurídico no qual a participação de um dos sujeitos sucede pela aceitação em bloco de uma série de cláusulas formuladas antecipadamente, de um modo geral e abstrato,

[335] *"Se o réu, no entanto, for demandado não no foro de eleição, mas no foro de seu domicílio, em princípio não terá interesse em suscitar a exceção de incompetência em defesa da fiel observância da aludida cláusula. Mas esse raciocínio nem sempre será aplicável, porquanto pode ocorrer que na comarca de eleição o réu disponha de melhores meios de defender-se".* (CARNEIRO, A. G., op. cit. p. 120 e 121).

pela outra parte, para constituir o conteúdo normativo e obrigacional de futuras relações concretas.[336]

Permite-se o reconhecimento de ofício da ineficácia de cláusula de eleição de foro, quando esta cláusula apresentar abusividade.

A nulidade de cláusula contratual que prejudique os direitos do consumidor, por exemplo, há muito foi reconhecida pelo art. 51, inc. IV do Código de Defesa do Consumidor:

> Art. 51. São nulas de pleno direito, entre outras, as cláusulas contratuais relativas ao fornecimento de produtos e serviços que:
>
> (...).
>
> IV – estabeleçam obrigações consideradas iníquas, abusivas, que coloquem o consumidor em desvantagem, ou sejam incompatíveis com a boa-fé ou a equidade.

As cláusulas nulas ou ineficazes de pleno direito podem ser reconhecidas de ofício pelo juiz.

Muito embora a Súmula 33 do S.T.J. preconizasse que o magistrado não poderia reconhecer de ofício a sua incompetência relativa, diante de eventual nulidade absoluta de cláusula de *eleição de foro*, a jurisprudência admitia o reconhecimento de ofício da nulidade da cláusula com a consequente remessa dos autos ao juízo do foro do domicílio do réu, no caso de a parte ser consumidora ou hipossuficiente. (REsp 669.990/CE, Rel. Ministro JORGE SCARTEZZINI, QUARTA TURMA, julgado em 17/08/2006, DJ 11/09/2006, p. 289). Desta feita, a proibição de cláusula abusiva, em contrato de adesão, passou a ser considerada regra de ordem pública, podendo ser reconhecida de ofício sua nulidade.

Prescreve o §º 4º do art. 63 do atual C.P.C. que citado, incumbe ao réu alegar a abusividade da cláusula de eleição de foro na contestação, sob pena de preclusão.

Uma vez realizada a citação, incumbirá ao réu alegar a abusividade da cláusula de eleição do foro na contestação, sob pena de preclusão.

Assim, a Câmara dos Deputados delimitou o campo de atuação do juiz, ou seja, à data da citação do réu. A partir daí, não mais poderá o juiz

[336] GOMES, Orlando. *Contrato de adesão*. São Paulo: Editora Revista dos Tribunais, 1972, n. 1. p. 3).

reconhecer, de ofício, a ineficácia da cláusula de eleição, pois somente o réu poderá alegar tal ineficácia na contestação, *sob pena de preclusão.*

Por fim, deve-se informar que o *§3º do art. 63* do Projeto originário do novo C.P.C., n. 2.046/10, preconizava que era vedada a eleição de foro nos contratos de adesão e naqueles em que uma das partes, quando firmado o contrato, estivesse em situação que lhe impedisse ou dificultasse opor-se ao foro contratual.[337]

A Câmara dos Deputados excluiu a redação do §3º do art. 63 do Projeto do Senado Federal, sob e alegação de que não há razão para se vedar, em tese, eleição de foro em contrato de adesão. Isso geraria grande insegurança. Há contratos de adesão que dizem respeito a grandes companhias, como as de telefonia, mas há outros que se referem a atividades empresariais mais simples, como lavanderias e locação de bens móveis.

Evidentemente que a vedação de cláusula de eleição de foro em contrato de adesão somente ocorrerá naqueles contratos de adesão em que

[337] AGRAVO REGIMENTAL NO AGRAVO EM RECURSO ESPECIAL. 1. CONTRATO DE FRANQUIA. ALTERAÇÃO. FORO DE ELEIÇÃO. 2. COMPROVAÇÃO. VULNERABILIDADE. POSSIBILIDADE. SÚMULA 83/STJ. 3. AGRAVO IMPROVIDO.
1. A jurisprudência desta Corte Superior firmou-se no sentido da possibilidade de se declarar a nulidade da cláusula de eleição de foro estipulada em contrato de adesão de franquia, desde que configurada a vulnerabilidade ou a hipossuficiência do aderente ou o prejuízo no acesso a justiça. Incidência do enunciado n. 83 da Súmula deste Tribunal Superior.
3. Agravo regimental a que se nega provimento.
(AgRg no AREsp 576.977/DF, Rel. Ministro MARCO AURÉLIO BELLIZZE, TERCEIRA TURMA, julgado em 14/10/2014, DJe 20/10/2014)
AGRAVO REGIMENTAL. RECURSO ESPECIAL. NEGATIVA DE PRESTAÇÃO JURISDICIONAL. VIOLAÇÃO AO ART. 535 DO CPC. NÃO OCORRÊNCIA. CONTRATO DE ADESÃO. FRANQUIA. CLÁUSULA DE ELEIÇÃO DE FORO. VALIDADE.
1. Não se constata violação ao art. 535 do CPC quando o Tribunal de origem dirime, como no caso, fundamentadamente, todas as questões que lhe foram submetidas. Havendo manifestação expressa acerca dos temas necessários à integral solução da lide, ainda que em sentido contrário à pretensão da parte, fica afastada qualquer omissão, contradição ou obscuridade.
2. A cláusula de eleição de foro firmada em contrato de adesão de franquia é válida, desde que não tenha sido reconhecida a hipossuficiência de uma das partes ou embaraço ao acesso da justiça.
Precedentes.
3. Agravo regimental a que se nega provimento.
(AgRg no REsp 493.882/DF, Rel. Ministro RAUL ARAÚJO, QUARTA TURMA, julgado em 21/08/2012, DJe 18/09/2012)

essas cláusulas já são pré-elaboradas, não tendo o consumidor ou a parte contratante qualquer possibilidade de discutir ou impugnar sua inserção no instrumento escrito.

Porém, parece-me válida a cláusula de eleição de foro, ainda que a relação jurídica seja proveniente de contrato de adesão, desde que essa cláusula seja inserida em instrumento em separado, dando oportunidade comprovada ao consumidor ou à parte contratante para optar por outro foro para a resolução dos conflitos.

Não se acolhe a alegação de abusividade da cláusula de eleição de foro ao só argumento de tratar-se de contrato de adesão. A cláusula que estipula eleição de foro em contrato de adesão é, em princípio, válida, desde que sejam verificadas a necessária liberdade para contratar (ausência de hipossuficiência) e a não inviabilização de acesso ao Poder Judiciário.

A jurisprudência do STJ entende que deve prevalecer o foro de eleição quando verificado o expressivo porte financeiro ou econômico da pessoa tida por consumidora ou do contrato celebrado entre as partes. (AgInt no CC 151.366/BA, Rel. Ministra NANCY ANDRIGHI, SEGUNDA SEÇÃO, julgado em 27/06/2018, DJe 29/06/2018)

Por sua vez, o elevado valor do negócio realizado entre as partes, traduzido no conteúdo econômico milionário da demanda, não autoriza presumir a falta de conhecimento técnico e informativo da cláusula de eleição do foro, ou mesmo a dificuldade de acesso à justiça, a qual, ausente qualquer vício de validade, deve prevalecer e ser respeitada pelos contratantes.

O porte econômico das partes quando da celebração do contrato e a natureza e o valor da avença são determinantes para a caracterização da hipossuficiência. (REsp 1073962/PR, Rel. Ministra NANCY ANDRIGHI, TERCEIRA TURMA, julgado em 20/03/2012, DJe 13/06/2012).

O S.T.J. já entendeu que em contrato de adesão entre franqueada e franqueadora (empresas de grande porte, é válida a cláusula de eleição de foro ((REsp 545.575/RJ, Rel. Ministro CÉSAR ASFOR ROCHA, QUARTA TURMA, julgado em 09/09/2003, DJ 28/10/2003, p. 295).

Por sua vez, tatando-se de contrato de adesão, sendo a ré microempresa, pertinente é a aplicação do art. 6º, VIII, do Código de Defesa do Consumidor, superando-se a cláusula de eleição de foro, com vistas à facilitação da defesa.

Não valerá a cláusula de eleição de foro, ainda que não seja inserida em contrato de adesão, quando a parte contratante seja hipossuficiente ou não tenha condições culturais ou jurídicas de conhecer e compreender o significado da cláusula de eleição de foro quando da concretização da relação jurídica de direito material.

A caracterização da condição de hipossuficiência, segundo a Teoria Finalista, vincula-se à análise de aspectos subjetivos vinculados à própria atividade econômica desenvolvida pela parte contratante, na qualidade consumidor final do produto ou serviço (cf. CC 92.519/SP, Rel. Min. Fernando Gonçalves, Segunda Seção, DJE 04.0-3.2009)

Capítulo 5
Incompetência do Juízo

1. Momento Processual para Alegação da Incompetência Relativa e Absoluta

A determinação da competência deve ser feita com base no conteúdo da demanda judicial.

Se o conteúdo da demanda judicial não se compatibiliza como o juízo indicado pelo autor em sua petição inicial, está-se diante do instituto jurídico denominado de *incompetência do juízo.*

Estabelece o art. 64 do novo C.P.C. que a incompetência do juízo, absoluta ou relativa, será alegada em *preliminar de contestação.*

Regra similar encontra-se no direito comparado:

Código de Processo Civil italiano:

> Art. 38. Incompetência – A incompetência em razão da matéria, do valor e do território, nos casos previstos no art. 28 são declaradas, também de ofício, não além da primeira audiência de tratativa.
>
> A incompetência em razão do território, fora dos casos previstos no art. 28, deve ser alegada em exceção, sob pena de decadência, no prazo da contestação.
>
> A exceção se tem por não proposta se não contem a indicação do juízo que a parte entende por competente. Quando as partes constituídas aderem a tal indicação, a competência do juízo permanece firme se a causa é reativada dentro de três meses do cancelamento do procedimento.

As questões decididas de acordo com os incisos precedentes, com o único fim de regular a competência, com base naquilo que resulta dos atos processuais e, quando seja decorrente de exceção do réu ou por destaque do juiz, assume sumária informação.

Código de Processo espanhol:

Art.63. Conteúdo da declinatória, legitimação para propô-la e tribunal competente para conhecê-la.

Mediante declinatória, o demandado e os que possam ser parte legítima em juízo promovido poderão denunciar a falta de jurisdição do tribunal perante o qual se há interposto a demanda, por corresponder o conhecimento desta a tribunal estrangeiro, a órgãos de outra ordem jurisdicional ou a juízo arbitral. Também se proporá declinatória para denunciar a falta de competência de todo tipo. Se a declinatória fundar-se em falta de competência territorial, haverá de indicar o tribunal a quem, por considerar-se territorialmente competente, haveria de remeter-se as autuações.

A declinatória deverá ser proposta perante o mesmo tribunal que esteja conhecendo do pleito e o qual se considera carente de jurisdição ou de competência. Não obstante, a declinatória poderá ser apresentada também ao tribunal do domicílio do demandado, que a fará chegar por meio de comunicação mais rápido possível ao tribunal perante o qual se houvera apresentado a demanda, sem prejuízo de remetê-la por ofício no dia seguinte de sua apresentação.

O art. 64 do novo C.P.C. brasileiro indica um importante *pressuposto de validade da relação jurídica processual* referente à pessoa do juiz, ou seja, que a demanda judicial deverá ser apreciada pelo juízo legalmente competente. Somente o juiz competente é que poderá apreciar a questão posta na demanda judicial.

Eventual incompetência absoluta ou relativa do juiz para apreciar a demanda deverá ser alegada em preliminar de contestação, para que o processo seja remetido ao juízo competente.

Evidentemente, assim como em toda exceção processual, também aquela que diga respeito à incompetência do juízo deve vir adequadamente motivada mediante a enunciação das razões em que se funda. Muito embora não se exija uma fórmula sacramental, há necessidade de uma clara, inequívoca e incondicionada manifestação da vontade da parte interessada de contestar o poder do juiz para processar e julgar a demanda.

Uma importante diferenciação introduzida pelo novo C.P.C., em relação ao C.P.C. de 1973, diz respeito à unificação da forma processual para provocar a análise da incompetência do juízo, seja ela absoluta ou relativa.

O C.P.C. de 1973 determinava que a incompetência relativa deveria ser arguida mediante *exceção declinatória de foro,* que seria autuada e julgada em separado. Já a competência absoluta poderia ser alegada a qualquer tempo, inclusive como preliminar de contestação.

Atualmente, segundo a nova ordem processual, permite-se que tanto a incompetência absoluta do juízo quanto a incompetência relativa sejam alegadas em *preliminar de contestação.*

Se a incompetência absoluta do juízo não for alegada pelo réu em preliminar de contestação, ele poderá fazê-lo em outra oportunidade, a qualquer tempo (pois não há prorrogação de competência), desde que antes do trânsito em julgado da decisão. Após o trânsito em julgado da decisão, a incompetência absoluta poderá ser analisada por meio de ação rescisória.[338]

A incompetência absoluta poderá, ainda, ser reconhecida de ofício pelo juiz.

Se o réu não alegar a incompetência relativa em preliminar da contestação, haverá prorrogação de competência do juízo, não podendo mais fazê-lo em outra oportunidade em face da preclusão consumativa.

Portanto, o réu obrigatoriamente deverá alegar a incompetência relativa do juízo como preliminar de contestação.

Há uma discussão interessante na jurisprudência italiana se ocorre a extensão à outra parte de um litisconsórcio necessário passivo da exceção de incompetência proposta por algum deles. Segundo uma primeira orientação, a não cisão da causa determina a extensão, a todos os outros litisconsortes que permaneceram contumazes, dos efeitos da singular defesa (Cass. 17-12-91, n. 13594).

Outra parte da jurisprudência italiana, com legitimidade mais recente, sustenta que a relativa exceção nesse caso resta privada de efeitos em

[338] O novo C.P.C. não repetiu o disposto no §1º do art. 113 do C.P.C. de 1973 que determinava o pagamento das custas por parte do réu se ele não alegasse a incompetência absoluta no prazo de contestação ou na primeira oportunidade que falasse nos autos.

relação aos demais litisconsortes e em relação ao próprio réu que a tenha arguido, em face da incontestabilidade da competência (no caso em espécie, territorial) do juízo, tendo em vista a natureza dispositiva da referida exceção de incompetência territorial e em consequência da impossibilidade de cisão da causa (Cass. 7-2-95, n. 1387; Cass, 7-4-95, n. 4058; Cass. 27-11-02, n. 16749; Cass 22-7-04, n. 13796).

A jurisprudência italiana afirma ainda que o terceiro que foi chamado para a causa por iniciativa da parte (Cass. 27-7-87, n 6493) ou que intervenha *iussu iudicis* (Cass. 14-5-79, n. 2794), não pode arguir a incompetência territorial do juiz do processo, quando a própria parte não tenha suscitado tal incompetência (Cass. 9-4-99, n. 3474).

No projeto originário do novo C.P.C., havia a seguinte regulamentação em relação à arguição de incompetência do juízo:

> Art. 345. A alegação de existência de convenção de arbitragem deverá ser formulada, em petição autônoma, na audiência de conciliação ou de mediação.
>
> (...).
>
> § 3º A alegação de incompetência do juízo, se houver, deverá ser formulada na mesma petição a que se refere o caput deste artigo, que poderá ser apresentada no juízo de domicílio do réu, observado o disposto no art.341.
>
> Art. 346. Não tendo sido designada audiência de conciliação ou de mediação, a alegação da existência de convenção de arbitragem deverá ser formulada, em petição autônoma, no prazo da contestação.
>
> (...).
>
> § 2º A alegação de incompetência do juízo, se houver, deverá ser apresentada na mesma petição a que se refere o caput deste artigo, que poderá ser apresentada no juízo de domicílio do réu, observado o disposto no art. 341.

Porém, essa sistemática não foi acolhida com a entrada em vigor do novo C.P.C.

2. Amplitude Procedimental para Alegação da Incompetência "Absoluta"

A incompetência absoluta pode ser alegada em qualquer tempo e grau de jurisdição e deve ser declarada de ofício.

Isso significa dizer que a *incompetência absoluta* não é sanável pela falta de arguição da incompetência do juízo em preliminar de contestação.

Assim, não há preclusão *pro iudicato* quando se tratar de incompetência absoluta do juízo. Nesse sentido é o seguinte precedente:

> A questão relativa à competência absoluta é de ordem pública e não está sujeita aos efeitos da preclusão. Assim, se o juízo for absolutamente incompetente, a nulidade é absoluta ante a falta de pressuposto processual de validade, podendo ser arguida a qualquer tempo e grau de jurisdição pelas partes. De fato, inexiste preclusão pro judicato para o reconhecimento da incompetência absoluta (CC 108.554/SP, 2ª Seção, Rel. Min. Nancy Andrighi, DJe de 10.9.2010; REsp 1.054.847/RJ, 1ª Turma, Rel. Min. Luiz Fux, DJe de 2.2.2010; CC 102.531/PR, 2ª Seção, Rel. Min. Nancy Andrighi, DJe de 6.9.2010);
>
> (REsp 1331011/RJ, Rel. Ministro MAURO CAMPBELL MARQUES, SEGUNDA TURMA, julgado em 21/08/2012, DJe 28/08/2012).

Questão interessante que se coloca é se o tribunal poderá apreciar matéria de ordem pública que fora expressamente decidida pelo juiz 'a quo', não tendo a parte se insurgido contra a decisão no momento oportuno.

Na realidade, como houve expressa manifestação do juízo 'a quo', ainda que se tratando de matéria de ordem pública, deveria a parte insurgir-se contra a decisão tempestivamente, desde que a norma lhe concedesse recurso legítimo para tal fim, sob pena de preclusão.

Ocorre que, o S.T.J. vem entendo de forma diversa. A referida Corte possui entendimento consolidado de que as matérias de ordem pública, decididas por ocasião do despacho saneador, não precluem, podendo ser suscitadas na Apelação, ainda que a parte não tenha interposto o recurso de agravo. (REsp 1483180/PE, Rel. Ministro HERMAN BENJAMIN, SEGUNDA TURMA, julgado em 23/10/2014, DJe 27/11/2014)

3. Questão de Ordem Pública e Prequestionamento

Uma das questões mais tormentosas no que concerne ao *prequestionamento* como pressuposto de recurso especial ou extraordinário, diz respeito à possibilidade do S.T.F. ou do S.T.J. conhecer, mediante provocação ou mesmo de ofício, questão de ordem pública que não foi objeto de *prequestionamento anterior*.

Nesse tópico, a primeira indagação que se faz é o que se entende por matéria de *ordem pública*.

Há, sem dúvida, certa dificuldade na definição de *ordem pública*.

Segundo anota Kátia Aparecida Mangone:

> verifica-se ser difícil a definição do que seja questão de ordem pública, pois ela não é estática e difere em cada ordenamento. A depender dos interesses da sociedade, cujos representantes no Poder Legislativo, haverá a determinação se uma matéria trata-se ou não de ordem pública.[339]

Para Cândido Rangel Dinamarco,

> são de ordem pública todas as normas (processuais ou substanciais) referentes a relações que transcendam a esfera de interesses dos sujeitos privados, disciplinando relações que os envolvam mas fazendo-o com atenção ao interesse da sociedade como um todo, ou ao 'interesse público'. Existem normas processuais de ordem pública e outras, também processuais, que não o são. Não é possível traçar conceitos muito rígidos ou critérios apriorísticos bem nítidos para a distinção entre umas e outras. Como critério geral, são de ordem pública as normas processuais destinadas a assegurar o correto exercício da jurisdição (que é uma função pública, expressão do poder estatal), sem a atenção centrada de modo direto ou primário nos interesses das partes conflitantes. Não o são aquelas que têm em conta os interesses das partes em primeiro plano, sendo relativamente indiferente ao correto exercício da jurisdição a submissão destas ou eventual disposição que venha a fazer em sentido diferente.[340]

Na visão de Paulo Henrique Lucon, as denominadas matérias de ordem pública dizem respeito às questões concernentes aos requisitos de admissibilidade da tutela jurisdicional.[341].

Na visão de Kátia Aparecida Mangone:

> considera-se questão de ordem pública toda aquela que, apesar de não especificada em rol taxativo pelo legislador, apresenta características de interesse

[339] MANGONE. Kátia Aparecida. *Prequestionamento e questões de ordem pública no recurso extraordinário e no recurso especial.* São Paulo: Editora Saraiva, 2013. p. 131.

[340] DINAMARCO, Cândido Rangel. *Instituições de direito processual civil.* 4ª ed. rev. e atual. São Paulo: Malheiros, 2004. p. 69.

[341] LUCON. Paulo Henrique dos Santos. Recuso especial: ordem pública e prequestionamento. *Revista da Procuradoria Geral do Estado de São Paulo,* 30 anos do C.P.C., Jan-dez/03, p. 316.

público, visando a proteção do sistema e da coletividade, e não especificamente aos interesses individuais das partes..[342]

É sabido que não há controvérsia sobre a possibilidade de conhecimento de ofício de matéria de ordem pública pelo juízo de primeiro grau e pelos tribunais de apelação, não operando, nessas hipóteses, a denominada *preclusão consumativa*.

A controvérsia instala-se em relação ao conhecimento de questões de ordem pública no âmbito dos Tribunais Superiores, especialmente quando tal matéria não foi objeto de prequestionamento anterior.

Diante da possível diversidade de entendimento jurisprudencial, deve-se analisar a questão sob a ótica do entendimento do S.T.F. e do S.T.J.

O Supremo Tribunal Federal vem entendendo que, ainda que a questão verse sobre matéria de ordem pública, *é necessário o prequestionamento*. Nesse sentido, são os seguintes precedentes:

> 1. Embargos de declaração em recurso extraordinário com agravo. 2. Decisão monocrática. Embargos de declaração recebidos como agravo regimental. 3. Inovação recursal. Matéria não ventilada no recurso extraordinário. Preclusão. 4. Matéria de ordem pública. Ausência de prequestionamento. Não interposição de embargos de declaração. Súmula 356 do STF. 5. Agravo regimental a que se nega provimento.
>
> (ARE 937975 ED, Relator(a): Min. GILMAR MENDES, Segunda Turma, julgado em 23/02/2016, ACÓRDÃO ELETRÔNICO DJe-047 DIVULG 11-03-2016 PUBLIC 14-03-2016)
>
> I – Ausência de prequestionamento da questão constitucional suscitada. Incidência da Súmula 282 do STF. Ademais, a tardia alegação de ofensa ao texto constitucional, apenas deduzida em embargos de declaração, não supre o prequestionamento. Precedentes.
>
> **II – Matéria de ordem pública não afasta a necessidade do prequestionamento da questão.** Precedentes.
>
> III – Agravo regimental improvido.
>
> (ARE 707758 AgR, Relator(a): Min. RICARDO LEWANDOWSKI, Segunda Turma, julgado em 02/04/2013, ACÓRDÃO ELETRÔNICO DJe-069 DIVULG 15-04-2013 PUBLIC 16-04-2013).

[342] MANGONE, K. Ap. op. cit. p. 131 e 132.

1. O prequestionamento da questão constitucional é requisito indispensável à admissão do recurso extraordinário.

2. A Súmula 282 do STF dispõe, verbis: "É inadmissível o recurso extraordinário, quando não ventilada, na decisão recorrida, a questão federal suscitada".

3. A matéria de ordem pública, conquanto cognoscível de ofício pelo juiz ou Tribunal em qualquer tempo e grau de jurisdição (art. 267, § 3º, do CPC), não prescinde do requisito do prequestionamento em sede de Recurso Extraordinário. Precedentes: AI 539.558-AgR, Rel. Min. Dias Toffoli, Primeira Turma, DJe 30/11/2011, e AI 733.846-AgR, Rel. Min. Cármen Lúcia, Primeira Turma, DJe 19/6/2009.

(...).

(RE 801065 AgR, Relator(a): Min. LUIZ FUX, Primeira Turma, julgado em 13/05/2014, PROCESSO ELETRÔNICO DJe-102 DIVULG 28-05-2014 PUBLIC 29-05-2014).

Agravo regimental no agravo de instrumento. Instituição de ensino. Cobrança pelo estágio obrigatório. Matéria de ordem pública. Prequestionamento. Necessidade. Ofensa reflexa. Precedentes.

1. Pacífica a jurisprudência desta Corte no sentido de que, mesmo em se tratando de matéria de ordem pública, é necessário o seu exame na instância de origem para que se viabilize o recurso extraordinário. Incidência da Súmula nº 282/STF.

2. Inadmissível em recurso extraordinário o exame de ofensa reflexa à Constituição Federal e a análise de legislação infraconstitucional. Incidência da Súmula nº 636/STF.

3. Agravo regimental não provido.

(AI 539558 AgR, Relator(a): Min. DIAS TOFFOLI, Primeira Turma, julgado em 08/11/2011, DJe-227 DIVULG 29-11-2011 PUBLIC 30-11-2011 EMENT VOL-02636-01 PP-00040)

É pacífica a jurisprudência do Supremo Tribunal Federal no sentido de que mesmo matérias de ordem pública necessitam do devido prequestionamento para análise em sede de recurso extraordinário. Precedentes. Caso em que a resolução da controvérsia demandaria a análise da legislação local e o reexame dos fatos e provas constantes nos autos. Providências vedadas em recurso extraordinário. Incidência das Súmulas 279 e 280/STF. Precedentes. Agravo regimental a que se nega provimento.

(ARE 832392 ED, Relator(a): Min. ROBERTO BARROSO, Primeira Turma, julgado em 28/10/2014, ACÓRDÃO ELETRÔNICO DJe-223 DIVULG 12-11-2014 PUBLIC 13-11-2014)

(...).

Descabe sobrepor as hipóteses de cabimento do recurso extraordinário para viabilizar o julgamento de mérito de demanda cujas razões recursais são deficientes", sendo certo que "o alegado caráter de ordem pública da violação do art. 97 da Constituição não permite ao relator do recurso extraordinário suprir a falta de prequestionamento e do respectivo argumento nas razões recursais" (RE 201.933-AgR-EDcl/MG, Rel. Min. Joaquim Barbosa).

IV – Agravo regimental a que se nega provimento.

(RE 554680 AgR, Relator(a): Min. RICARDO LEWANDOWSKI, Segunda Turma, julgado em 05/08/2014, ACÓRDÃO ELETRÔNICO DJe-157 DIVULG 14-08-2014 PUBLIC 15-08-2014)

Agravo regimental no agravo de instrumento. Processual civil. Ausência de prequestionamento da matéria constitucional. Súmula n. 282 do Supremo Tribunal Federal. Inovação da matéria em embargos de declaração juridicamente inaceitável para comprovação de prequestionamento. Necessidade de prequestionamento do tema constitucional suscitado, ainda que se trate de matéria de ordem pública. Agravo regimental ao qual se nega provimento.

(AI 733063 AgR, Relator(a): Min. CÁRMEN LÚCIA, Segunda Turma, julgado em 25/02/2014, ACÓRDÃO ELETRÔNICO DJe-049 DIVULG 12-03-2014 PUBLIC 13-03-2014)

(...).

A jurisprudência do Supremo Tribunal é firme em exigir o regular prequestionamento das questões constitucionais suscitadas no recurso extraordinário, ainda que se trate de matéria de ordem pública. Agravo regimental a que se nega provimento.

(ARE 822344 AgR, Relator(a): Min. ROBERTO BARROSO, Primeira Turma, julgado em 10/02/2015, PROCESSO ELETRÔNICO DJe-044 DIVULG 06-03-2015 PUBLIC 09-03-2015).

No voto proferido pelo Ministro Roberto Barroso, encontra-se a seguinte passagem:

A regularidade dos embargos de declaração opostos no Tribunal de Justiça do Estado de São Paulo não foi suscitada no momento oportuno, motivo pelo qual deve ser reconhecida a preclusão da matéria. De fato, a parte agravante em momento algum pugnou pela reconsideração da decisão proferida pelo Tribunal de origem, tendo, na realidade, interposto recurso extraordinário com o objetivo de atacar o próprio mérito da questão controversa, sem combater a questão preliminar da tempestividade. 3. Não cabe ao Supremo Tribunal Federal declarar a tempestividade de recurso cuja competência decisória era da instância ordinária, especialmente nas hipóteses em que a questão não fora primeiramente invocada perante o órgão apto a dirimir a controvérsia. Nesse ponto, portanto, o recurso extraordinário não atende ao requisito do prequestionamento (Súmulas 282 e 356/STF). 4. Por fim, saliente-se que é firme a postura desta Corte em exigir o regular prequestionamento das questões constitucionais, ainda que se trate de matéria de ordem pública, tal como a tempestividade. Nesse sentido, confiram-se os seguintes precedentes: Primeira turma a g .reg. no recurso extraordinário com agravo 822.344 São Paulo v o t o o senhor ministro Luís Roberto Barroso (relator): 1. O agravo não deve ser provido. Tal como constatou a decisão agravada, os embargos de declaração intempestivos não suspendem nem interrompem o prazo para a interposição do recurso extraordinário. Diante de tal circunstância, cumpre reconhecer que a interposição ocorreu fora do prazo legal. 2. A regularidade dos embargos de declaração opostos no Tribunal de Justiça do Estado de São Paulo não foi suscitada no momento oportuno, motivo pelo qual deve ser reconhecida a preclusão da matéria. De fato, a parte agravante em momento algum pugnou pela reconsideração da decisão proferida pelo Tribunal de origem, tendo, na realidade, interposto recurso extraordinário com o objetivo de atacar o próprio mérito da questão controversa, sem combater a questão preliminar da tempestividade. 3. Não cabe ao Supremo Tribunal Federal declarar a tempestividade de recurso cuja competência decisória era da instância ordinária, especialmente nas hipóteses em que a questão não fora primeiramente invocada perante o órgão apto a dirimir a controvérsia. Nesse ponto, portanto, o recurso extraordinário não atende ao requisito do prequestionamento (Súmulas 282 e 356/STF). 4. Por fim, saliente-se que é firme a postura desta Corte em exigir o regular prequestionamento das questões constitucionais, ainda que se trate de matéria de ordem pública, tal como a tempestividade. Nesse sentido, confiram-se os seguintes precedentes: MIN. ROBERTO BARROSO ARE 822344 A GR / SP "Agravo regimental no recurso extraordinário. Princípios do devido processo legal, do contraditório e da ampla defesa. Prequestionamento. Ausência. Matéria de ordem pública. Necessidade. Processual Civil. Coisa julgada. Limites objetivos. Ofensa reflexa. Precedentes. 1. Não se admite o recurso extraordinário quando os dispositivos constitucionais que nele se alega violados não estão devidamente prequestionados. Incidência das Súmulas nºs 282 e 356/STF. 2. É pacífica a jurisprudência da Corte no sentido de que, mesmo que se trate de matéria de ordem pública, é necessário seu exame nas instâncias de origem para que se viabilize o recurso extraordinário 3. A jurisdição foi prestada pelo Tribunal de origem mediante decisão suficientemente motivada. 4. É pacífica a orientação da Corte de que não se presta o recurso extraordinário para a verificação dos limites objetivos da coisa julgada, haja vista tratar-se de discussão de índole infraconstitucional. 5. Agravo regimental não provido." (RE 808.546-AgR, Rel. Min. Dias Toffoli) "agravo regimental em recurso extraordinário com agravo. Matéria de ordem pública. Ausência de prequestionamento. Incidência das súmulas 282 e 356/STF.. Os temas constitucionais do apelo extremo não foram objeto de análise prévia e conclusiva pelo Tribunal de origem. Incidência das Súmulas 282 e 356/STF. A jurisprudência do Supremo Tribunal é firme em exigir o regular prequestionamento das questões constitucionais suscitadas no recurso extraordinário, ainda que se trate de matéria de ordem pública. Precedentes. Agravo regimental a que se nega provimento." (ARE 647.186-AgR, da minha relatoria).

Diante dos referidos precedentes acima indicados, observa-se que o S.T.F. não tem conhecido de recurso extraordinário referente à matéria que não foi objeto de prequestionamento, ainda que se trate de matéria de ordem pública, como é o caso da arguição de inconstitucionalidade de determinada norma jurídica.

Por sua vez, no âmbito do S.T.J., não há uniformidade sobre tal questão.

Há determinados precedentes no S.T.J. que admitem o conhecimento de ofício ou por provocação de determinada matéria de ordem pública, ainda que não tenha sido anteriormente prequestionada, desde que o recurso especial tenha sido conhecido por outro fundamento. Segundo esses precedentes, para o juízo de admissibilidade do recurso especial deverá haver prequestionamento de determinada questão jurídica; porém, para fins de julgamento (efeito translativo ou profundidade do efeito devolutivo), uma vez admitido o recurso especial, poderá o tribunal superior examinar todas as matérias que possam ser examinadas a qualquer tempo, inclusive prescrição e decadência e as questões de ordem pública, como é o caso da incompetência absoluta do juízo. E é com base nessa premissa que se permite ao STJ fazer controle de constitucionalidade, no julgamento de recurso especial, da lei que se reputa ofendida.[343]

Sobre o tema, eis os seguintes precedentes do S.T.J.:

(...).

1. As matérias de ordem pública, ainda que desprovidas de prequestionamento, podem ser analisadas excepcionalmente em sede de recurso especial, cujo conhecimento se deu por outros fundamentos, à luz do efeito translativo dos recursos. Precedentes do STJ: REsp 801.154/TO, DJ 21.05.2008; REsp 911.520/SP, DJ 30.04.2008; REsp 869.534/SP, DJ 10.12.2007; REsp 660519/CE, DJ 07.11.2005. 2. O efeito translativo é inaplicável, quando a matéria refere-se ao mérito da irresignação e o recurso não é admitido. 3. In casu, o recurso especial interposto pela Fazenda Nacional, ora embargante, sequer ultrapassou o juízo de admissibilidade, fato que, evidentemente, obstaculiza a aplicação do efeito translativo, e, consectariamente, a análise da prescrição. 4. Embargos de Declaração rejeitados.

(EDcl nos EDcl no REsp 645595/SC, Rel. Ministro LUIZ FUX, PRIMEIRA TURMA, julgado em 21/08/2008, DJe 22/09/2008)

1. Em sede de recurso especial, é possível examinar, de ofício, questões que envolvam a declaração de nulidade processual absoluta, ainda que tal exame esteja subordinado ao conhecimento do recurso especial, dado o efeito translativo dos recursos. Nesse sentido: REsp 609.144/SC, 1ª Turma, Rel. Min. Teori Albino Zavascki, RDR, vol. 30, p. 333; AgRg no REsp 803.656/PR, 1ª Turma, Rel. Min. Denise Arruda, DJe 13.11.2009; EDcl nos EDcl no REsp 920.334/SP, 2ª Turma, Rel. Min. Castro Meira, DJe 12.8.2008.

(...).

3. Verifica-se a ocorrência de nulidade processual absoluta por inobservância dos arts. 128, 460 e 515 do Código de Processo Civil, pois o Tribunal de origem incorreu em julgamento citra petita, na medida em que não se pronunciou sobre o pretendido desconto de 30% a que se refere o art. 6º, II, da Medida Provisória n. 1.706/98, tampouco sobre a alegada inaplicabilidade da Taxa Referencial a título de correção monetária. Por outro lado, ao se manifestar sobre a tabela PRICE, o Tribunal de origem incorreu em julgamento extra petita.

343 DIDIER JR., F., DA CUNHA, L. J. C., op. cit., p. 238.

4. Recursos especiais conhecidos e decretada, de ofício, a nulidade do acórdão recorrido, determinando-se ao Tribunal de origem que proceda a um novo julgamento da causa, com a observância dos limites em que a lide foi proposta.

(REsp 1205340/PE, Rel. Ministro MAURO CAMPBELL MARQUES, SEGUNDA TURMA, julgado em 16/12/2010, DJe 08/02/2011)

1. Até mesmo as questões de ordem pública, passíveis de conhecimento ex officio, em qualquer tempo e grau de jurisdição ordinária, não podem ser analisadas no âmbito do recurso especial se ausente o requisito do prequestionamento.

2. Excepciona-se a regra se o recurso especial ensejar conhecimento por outros fundamentos, ante o efeito translativo dos recursos, que tem aplicação, mesmo que de forma temperada, na instância especial.

Precedentes.

(EDcl nos EDcl no REsp 920.334/SP, Rel. Ministro CASTRO MEIRA, SEGUNDA TURMA, julgado em 24/06/2008, DJe 12/08/2008)

O Supremo Tribunal Federal também apresenta decisão no sentido do entendimento do S.T.J. acima indicado, a saber:

1. Os princípios da ampla defesa, do contraditório, do devido processo legal e os limites da coisa julgada, quando debatidos sob a ótica infraconstitucional, não revelam repercussão geral apta a tornar o apelo extremo admissível, consoante decidido pelo Plenário virtual do STF, na análise do ARE 748.371-RG.

2. O Supremo Tribunal Federal firmou jurisprudência no sentido de que a decisão judicial tem que ser fundamentada, ainda que sucintamente, sendo prescindível que o decisum se funde na tese suscitada pela parte. Acórdão recorrido suficientemente fundamentado.

3. As matérias de ordem pública, apreciáveis ex officio nas instâncias ordinárias também devem observar o requisito do prequestionamento, viabilizador da interposição do recurso extraordinário, salvo se ultrapassado o juízo de conhecimento, por outros fundamentos, o que não ocorre na hipótese sub examine.

(...).

(ARE 752874 AgR, Relator(a): Min. LUIZ FUX, Primeira Turma, julgado em 14/04/2015, PROCESSO ELETRÔNICO DJe-084 DIVULG 06-05-2015 PUBLIC 07-05-2015)

Porém, há entendimento no próprio S.T.J. que exige o efetivo prequestionamento para o conhecimento de matéria, ainda que de ordem pública, como é o caso da prescrição e decadência. Nesse sentido, eis as seguintes decisões:

> (...).
>
> 4. *Observa-se que é inviável apreciar a questão ora levantada pela agravante, relativa à prescrição do direito de ação, pois é estranha à matéria suscitada no próprio recurso especial, constituindo, portanto, inovação sobre a qual se operou a preclusão consumativa.*
>
> 5. *Agravo regimental parcialmente provido, apenas para adequar os índices de correção monetária, nos termos da fundamentação.*
>
> (AgRg no REsp 1079258/SP, Rel. Ministro BENEDITO GONÇALVES, PRIMEIRA TURMA, julgado em 27/10/2009, DJe 05/11/2009).
>
> 1. *As matérias de ordem pública, como sói ser a coisa julgada, conquanto cognoscíveis de ofício pelo juiz ou Tribunal em qualquer tempo e grau de jurisdição (art. 267, § 3º, do CPC), carecem de prequestionamento em sede de Recurso Especial. Precedentes do STJ: EDcl no AgRg no REsp 962.007/SP, Primeira Turma, DJ de 28/05/2008;*
>
> *EDcl nos EDcl no AgRg nos EDcl no Ag 1009546/RS, Terceira Turma, DJ de 12/12/2008; AgRg nos EDcl no Ag 1027378/SP, Terceira Turma, DJ de 18/11/2008 e AgRg no Ag 781.322/RS, Quarta Turma, DJ de 24/11/2008.*
>
> 2. *In casu, a ausência de manifestação acerca da aventada violação ao disposto nos arts. 1.228 e 1.314, ambos do Código Civil de 2002 (524 e 623 do CC de 1916, respectivamente) decorreu da impossibilidade de conhecimento do Recurso Especial, em razão da inarredável incidência do óbice erigido pelas Súmulas 05 e 07/STJ.*
>
> (...).
>
> (AgRg nos EDcl no REsp 907.417/PR, Rel. Ministro LUIZ FUX, PRIMEIRA TURMA, julgado em 10/03/2009, DJe 26/03/2009)

É importante salientar que segundo o teor da Súmula 528 do S.T.F., se a decisão contiver partes autônomas, a admissão parcial, pelo Presidente do Tribunal *a quo*, de recurso extraordinário que sobre qualquer delas se manifestar, não limitará a apreciação de todas pelo Supremo Tribunal Federal, independentemente de interposição de agravo de instrumento.

Sobre o tema, anota Rodolfo de Camargo Mancuso:

De fato, parece-nos que em questões de ordem pública, que, por sua natureza não precluem e são suscitáveis em qualquer tempo e grau de jurisdição, além de serem cognoscíveis de ofício, e bem assim em tema de condições e ação e de pressupostos – positivos e negativos – de existência e validade da relação jurídica processual (CPC, art. 267, §3º), o quesito do prequestionamento pode ter-se por 'inexigível', também em homenagem `a lógica do processo e à ordem jurídica justa. De resto, lembra Nelson Luiz Pinto que, com tal proceder, se estará evitando 'o trânsito em julgado da decisão viciada, que poderá ensejar a propositura de ação rescisória' (art. 485, V, do CPC). Com efeito, Teresa Arruda Alvim Wambier lembra a existência de casos 'em que será impossível às partes 'cobrar' do Judiciário que conste da decisão discussão em torno da questão federal, pela via dos embargos de declaratórios por omissão, já que, por exemplo, esta terá surgido no próprio acórdão pela primeira vez (imagine-se um acórdão extra petita).

A questão da admissibilidade ou não do RE ou do RESp, quando presente matéria de ordem pública – ainda que não prequestionada, coloca de um lado, como regra, o 'princípio dispositivo (CPC, arts. 2º, 128, 515 e parágrafos), a que se agrega o argumento de que o âmbito de devolutividade desses recursos, na perspectiva vertical, é bem restrita; e de outro lado, como exceção, a cognoscibilidade 'de ofício' de tais temas, a qualquer tempo e grau de jurisdição (CPC, arts. 113; 219, §5º; 267, §3º). Em verdade, há razões para os dois lados, o que tem impedido que se forme consenso a respeito, tendo já se decidido: 'Na via estreita do recurso especial não se admite ao STJ conhecer de ofício (ou sem prequestionamento) nem mesmo das matérias a que alude o §3º do art. 267 , CPC' (RSTJ 74/277). José Saraiva entende que tal exegese 'se coaduna com a natureza do recurso especial, pois a este cabe verificar somente se foi aplicado, de modo correto, o direito federal efetivamente considerado pelo acórdão recorrido, porque se trata de controle da atividade jurisdicional realizada, e não daquela que deveria ter sido e não foi.

Todavia, o mesmo autor adverte que têm aumentado os julgados em sentido contrário, valendo citar, 'in verbis': 'Ao tomar conhecimento do recurso especial, o STJ deve apreciar de ofício, nulidades relacionadas com os pressupostos processuais e as condições de da ação. Não é razoável que – mesmo enxergando vício fundamental do acórdão recorrido – o STJ nele opere modificação cosmética, perpetuando-se a nulidade (RSTJ 103/65). E ainda este aresto: 'É indispensável o debate da questão jurídica pelas instâncias ordinárias, ainda que verse sobre matéria de ordem pública, sob pena de não conhecimento do apelo pela ausência de prequestionamento, viabilizador do acesso à instância superior dos recursos excepcionais' (RESP 734.904 CE, 1ª T. rel. Min. Teori Zavascki, Dj 19.09.2005).[344]

Já em relação à incompetência *relativa*, ela somente poderá ser arguida como preliminar de contestação e não poderá ser suscitada de ofício pelo juiz. Nesse sentido é o teor da Súmula n. 33 do S.T.J. No mesmo sentido são os seguintes precedentes:

> PROCESSUAL CIVIL. INCOMPETÊNCIA TERRITORIAL. RECONHECIMENTO DE OFÍCIO. IMPOSSIBILIDADE.
>
> 1. Cinge-se a questão ao foro competente para processar e julgar Ação Cautelar Preparatória de Ação Civil Pública, com o fito de obstar as irregularidades constantes do Edital 20/2010, do Instituto Federal de Educação, Ciência e Tecnologia do Estado da Paraíba, o qual não previu vagas para portadores de necessidades especiais.
>
> **2. O Tribunal a quo concluiu que a competência é relativa, devendo eventual correção ser arguida em Exceção de Incompetência. Aplicou a Súmula 33/STJ. Precedentes do STJ em igual sentido.**
>
> 3. Agravo Regimental não provido.
>
> (AgRg no REsp 1319286/PB, Rel. Ministro HERMAN BENJAMIN, SEGUNDA TURMA, julgado em 21/05/2013, DJe 24/05/2013)
>
> AGRAVO REGIMENTAL. CONFLITO DE COMPETÊNCIA. CONTRATO BANCÁRIO. FINANCIAMENTO COM GARANTIA DE ALIENAÇÃO FIDUCIÁRIA. AÇÃO REVISIONAL. AÇÃO PROPOSTA PELO CONSUMIDOR NO FORO ONDE O RÉU POSSUI FILIAL. POSSIBILIDADE.
>
> **1. Nos casos em que o consumidor, autor da ação, elege, dentro das limitações impostas pela lei, a comarca que melhor atende seus interesses, a competência é relativa, somente podendo ser alterada caso o réu apresente exceção de incompetência (CPC, art. 112), não sendo possível sua declinação de ofício nos moldes da Súmula 33/STJ.**
>
> 2. Agravo regimental a que se nega provimento.
>
> (AgRg no CC 124.351/DF, Rel. Ministro RAUL ARAÚJO, SEGUNDA SEÇÃO, julgado em 08/05/2013, DJe 17/05/2013).

[344] MANCUSO, Rodolfo de Camargo. *Recurso extraordinário e recurso especial.* 11ª edição. São Paulo: Editora Revista dos Tribunais, 2010. p. 278 e 279.

4. Decisão Sobre a Alegação de Incompetência

Após manifestação da parte contrária, o juiz decidirá imediatamente a alegação de incompetência.

Evidentemente que o juiz somente poderá resolver a questão da competência após ofertar oportunidade para que a parte contrária se manifeste, resguardando assim o princípio do contraditório.

Caso a alegação de incompetência seja acolhida, os autos serão remetidos ao juízo competente.

A remessa ocorrerá tanto nos autos físicos como nos autos eletrônicos.

Em se tratando de autos eletrônicos, há alguns juízes que extinguem o processo sem resolução de mérito quando se deparam com a incompetência do juízo, sob o argumento de que os sistemas eletrônicos judiciais não se comunicam. Porém, tal argumento não pode prevalecer, pois a norma processual determina expressamente a remessa dos autos ao juízo competente. Sobre o tema, assim já se pronunciou o S.T.J.:

> PROCESSO CIVIL. RECURSO ESPECIAL. CPC/73. RECONHECIMENTO DA INCOMPETÊNCIA ABSOLUTA. APLICAÇÃO DA REGRA CONTIDA NO ART. 113, § 2º, DO CPC. NECESSIDADE. REMESSA DOS AUTOS AO JUÍZO COMPETENTE.
>
> 1. A ação mandamental foi impetrada contra ato do Superintendente de Recursos Humanos da Empresa Brasileira de Infraestrutura Aeroportuária – INFRAERO, com o objetivo de obter a nomeação da impetrante para o cargo de Contador. A Corte de origem reconheceu a incompetência para o processamento da demanda, uma vez que a sede funcional da autoridade apontada como coatora está localizada em Brasília.
>
> 2. A declaração de incompetência absoluta do juízo tem por consequência a remessa dos autos àquele competente para a apreciação da lide, consoante disposto no art. 113, § 2º, do CPC/73.
>
> 3. O argumento de impossibilidade técnica do Judiciário em remeter os autos para o juízo competente, ante as dificuldades inerentes ao processamento eletrônico, não pode ser utilizado para prejudicar o jurisdicionado, sob pena de configurar-se indevido obstáculo ao acesso à tutela jurisdicional.
>
> 4. Saliente-se que, no caso, a extinção do feito acarretaria prejuízos de ordem material à parte recorrente, a qual ficará impossibilitada de ajuizar nova demanda, em virtude do lapso decadencial.

5. Recurso especial provido, com a remessa dos autos para o juízo da Seção Judiciária do Distrito Federal.

(REsp 1526914/PE, Rel. Ministra DIVA MALERBI (DESEMBARGADORA CONVOCADA TRF 3ª REGIÃO), SEGUNDA TURMA, julgado em 21/06/2016, DJe 28/06/2016)

RECURSO ESPECIAL - INCOMPETÊNCIA ABSOLUTA - REMESSA DOS AUTOS AO JUIZADO ESPECIAL FEDERAL - PROCESSO ELETRÔNICO - POSSIBILIDADE. IRRESIGNAÇÃO DO AUTOR DA AÇÃO.

1. Hipótese em que a ação de exibição de documentos bancários ajuizada perante juízo federal restou extinta sem julgamento de mérito, ante o reconhecimento de sua incompetência absoluta (com esteio no artigo 3º da Lei n. 10.259/01). Declarou-se, ainda, a impossibilidade de envio dos autos físicos, com toda a documentação que o acompanha, ao Juizado Especial Cível, pois, diante dos termos da Resolução n. 13/2004 do Tribunal Regional Federal da 4ª Região, em seu artigo 2º, o aforamento das ações se dará pelo método digital, tão-somente. Édito de piso mantido pelo Tribunal de origem.

O intento de ação por meio de processo físico perante vara federal comum, ainda que absolutamente incompetente para o seu processamento, não conduz à extinção do feito, pois a Resolução n. 13/2004 do Tribunal Regional Federal da 4ª Região, que estabelece a tramitação eletrônica no âmbito dos Juizados Especiais Federais, não pode se sobrepor a regra do art. 113, § 2º, do Código de Processo Civil. Precedente: REsp 1098333/RS, Rel. Ministro MASSAMI UYEDA, TERCEIRA TURMA, julgado em 08/09/2009, DJe 22/09/2009)
2. A declaração de incompetência absoluta do juízo tem por consequência imediata a remessa dos autos àquele competente para a apreciação do feito, nos termo do art. 113, § 2º, do Estatuto Processual Civil. É assim porque o legislador, sopesando os interesses em questão, reconheceu a prevalência dos princípios da celeridade e da economia processual, reputando descabido o ajuizamento de uma nova ação, com custas e despesas processuais a serem novamente guarnecidas pela parte demandante, o que, em última análise, obstaculiza o acesso ao Poder Judiciário.

3. É de se considerar, ainda, os reflexos de direito material gerados pela remessa dos autos ao juízo competente, por ocasião do reconhecimento da incompetência absoluta, pois, nos termos do art. 219, caput, § 1ª, do Código de Processo Civil, a interrupção da prescrição retroagirá a data da propositura da ação, quando a citação ocorrer de forma válida, ainda que determinada por juízo absolutamente incompetente.

4. Recurso especial provido, para determinar que o Juízo da 4ª Vara Federal da Seção Judiciária de Porto Alegre remeta os autos ao Juizado Especial Cível Federal competente, nos termos do art. 113, § 2º, do Código de Processo Civil.

(REsp 1091287/RS, Rel. Ministro MARCO BUZZI, QUARTA TURMA, julgado em 10/09/2013, DJe 19/11/2013)

5. Recurso Cabível Contra Decisão que Versa Sobre Competência

Da decisão que acolhe ou rejeita a incompetência do juízo, no âmbito do processo de conhecimento, remetendo os autos a outro juízo, não há previsão de recurso de agravo de instrumento no art. 1.015 do atual C.P.C.

O art. 1.015 do novo C.P.C., no meu sentir, é taxativo.

Não havendo possibilidade de interposição de agravo de instrumento contra decisão que analisar a competência do juízo, tal matéria poderá ser objeto de preliminar das razões ou contrarrazões de apelação, nos termos do art. 1.009, §1º, do novo C.P.C.

Porém, entendo que a decisão que analisa a competência do juízo poderá ensejar inversão tumultuária do processo, permitindo a interposição de 'correição parcial', ou, em caso de situação teratológica, mandado de segurança.

Se a decisão que versa sobre a competência do juízo for proferida no âmbito da liquidação de sentença ou de cumprimento de sentença, no processo de execução e no processo de inventário, caberá o recurso de agravo de instrumento, nos termos do art. 1.015, p.u., do novo C.P.C.

Muito embora entenda que no âmbito do processo de conhecimento as hipóteses que ensejam o recurso do agravo de instrumento previstas no art. 1.015 do novo C.P.C. são taxativas, o S.T.J, no Recurso Especial n. 1.679.909/RS, admitiu interpretação extensiva ao inc. III do art. 1015 do novo C.P.C., acolhendo a interposição de agravo de instrumento contra decisão que reconheceu a incompetência do juízo:

RECURSO ESPECIAL. PROCESSUAL CIVIL. APLICAÇÃO IMEDIATA DAS NORMAS PROCESSUAIS. TEMPUS REGIT ACTUM. RECURSO CABÍVEL. ENUNCIADO ADMINISTRATIVO N. 1 DO STJ. EXCEÇÃO DE INCOMPETÊNCIA COM FUNDAMENTO NO CPC/1973. DECISÃO SOB A ÉGIDE DO CPC/2015. AGRAVO DE INSTRUMENTO NÃO CONHECIDO PELA CORTE DE ORIGEM. DIREITO PROCESSUAL ADQUIRIDO. RECURSO CABÍVEL. NORMA PROCESSUAL DE REGÊNCIA. MARCO

DE DEFINIÇÃO. PUBLICAÇÃO DA DECISÃO INTERLOCUTÓRIA. RECURSO CABÍVEL. AGRAVO DE INSTRUMENTO. INTERPRETAÇÃO ANALÓGICA OU EXTENSIVA DO INCISO III DO ART. 1.015 DO CPC/2015.

1. É pacífico nesta Corte Superior o entendimento de que as normas de caráter processual têm aplicação imediata aos processos em curso, não podendo ser aplicadas retroativamente (tempus regit actum), tendo o princípio sido positivado no art. 14 do novo CPC, devendo-se respeitar, não obstante, o direito adquirido, o ato jurídico perfeito e a coisa julgada.

2. No que toca ao recurso cabível e à forma de sua interposição, o STJ consolidou o entendimento de que, em regra, a lei regente é aquela vigente à data da publicação da decisão impugnada, ocasião em que o sucumbente tem a ciência da exata compreensão dos fundamentos do provimento jurisdicional que pretende combater. Enunciado Administrativo n. 1 do STJ.

3. No presente caso, os recorrentes opuseram exceção de incompetência com fundamento no Código revogado, tendo o incidente sido resolvido, de forma contrária à pretensão dos autores, já sob a égide do novo Código de Processo Civil, em seguida interposto agravo de instrumento não conhecido pelo Tribunal a quo.

4. A publicação da decisão interlocutória que dirimir a exceptio será o marco de definição da norma processual de regência do recurso a ser interposto, evitando-se, assim, qualquer tipo de tumulto processual.

5. Apesar de não previsto expressamente no rol do art. 1.015 do CPC/2015, a decisão interlocutória relacionada à definição de competência continua desafiando recurso de agravo de instrumento, por uma interpretação analógica ou extensiva da norma contida no inciso III do art. 1.015 do CPC/2015, já que ambas possuem a mesma ratio –, qual seja, afastar o juízo incompetente para a causa, permitindo que o juízo natural e adequado julgue a demanda.

6. Recurso Especial provido.

(REsp 1679909/RS, Rel. Ministro LUIS FELIPE SALOMÃO, QUARTA TURMA, julgado em 14/11/2017, DJe 01/02/2018)

O S.T.J., em julgamento de recursos repetitivos (representativo de controvérsia), definiu que as hipóteses do art. 1.015 do novo C.P.C. apresentam taxatividade mitigada, razão pela qual caberá recurso de agravo de instrumento quando for decidida questão de competência de juízo. Eis o teor da decisão:

RECURSO ESPECIAL REPRESENTATIVO DE CONTROVÉRSIA. DIREITO PROCESSUAL CIVIL. NATUREZA JURÍDICA DO ROL DO ART. 1.015 DO CPC/2015. IMPUGNAÇÃO IMEDIATA DE DECISÕES INTERLOCUTÓRIAS NÃO PREVISTAS NOS INCISOS DO REFERIDO DISPOSITIVO LEGAL. POSSIBILIDADE. TAXATIVIDADE MITIGADA. EXCEPCIONALIDADE DA IMPUGNAÇÃO FORA DAS HIPÓTESES PREVISTAS EM LEI. REQUISITOS.

1 – O propósito do presente recurso especial, processado e julgado sob o rito dos recursos repetitivos, é definir a natureza jurídica do rol do art. 1.015 do CPC/15 e verificar a possibilidade de sua interpretação extensiva, analógica ou exemplificativa, a fim de admitir a interposição de agravo de instrumento contra decisão interlocutória que verse sobre hipóteses não expressamente previstas nos incisos do referido dispositivo legal.

2 – Ao restringir a recorribilidade das decisões interlocutórias proferidas na fase de conhecimento do procedimento comum e dos procedimentos especiais, exceção feita ao inventário, pretendeu o legislador salvaguardar apenas as "situações que, realmente, não podem aguardar rediscussão futura em eventual recurso de apelação".

3 – A enunciação, em rol pretensamente exaustivo, das hipóteses em que o agravo de instrumento seria cabível revela-se, na esteira da majoritária doutrina e jurisprudência, insuficiente e em desconformidade com as normas fundamentais do processo civil, na medida em que sobrevivem questões urgentes fora da lista do art. 1.015 do CPC e que tornam inviável a interpretação de que o referido rol seria absolutamente taxativo e que deveria ser lido de modo restritivo.

4 – A tese de que o rol do art. 1.015 do CPC seria taxativo, mas admitiria interpretações extensivas ou analógicas, mostra-se igualmente ineficaz para a conferir ao referido dispositivo uma interpretação em sintonia com as normas fundamentais do processo civil, seja porque ainda remanescerão hipóteses em que não será possível extrair o cabimento do agravo das situações enunciadas no rol, seja porque o uso da interpretação extensiva ou da analogia pode desnaturar a essência de institutos jurídicos ontologicamente distintos.

5 – A tese de que o rol do art. 1.015 do CPC seria meramente exemplificativo, por sua vez, resultaria na repristinação do regime recursal das interlocutórias que vigorava no CPC/73 e que fora conscientemente modificado pelo legislador do novo CPC, de modo que estaria o Poder Judiciário, nessa hipótese, substituindo a atividade e a vontade expressamente externada pelo Poder Legislativo.

6 – Assim, nos termos do art. 1.036 e seguintes do CPC/2015, fixa-se a seguinte tese jurídica: O rol do art. 1.015 do CPC é de taxatividade mitigada, por isso admite a interposição de agravo de instrumento quando verificada a urgência decorrente da inutilidade do julgamento da questão no recurso de apelação.

7 – Embora não haja risco de as partes que confiaram na absoluta taxatividade com interpretação restritiva serem surpreendidas pela tese jurídica firmada neste recurso especial repetitivo, eis que somente se cogitará de preclusão nas hipóteses em que o recurso eventualmente interposto pela parte tenha sido admitido pelo Tribunal, estabelece-se neste ato um regime de transição que modula os efeitos da presente decisão, a fim de que a tese jurídica somente seja aplicável às decisões interlocutórias proferidas após a publicação do presente acórdão.

8 – Na hipótese, dá-se provimento em parte ao recurso especial para determinar ao TJ/MT que, observados os demais pressupostos de admissibilidade, conheça e dê regular prosseguimento ao agravo de instrumento no que tange à competência.

9 – Recurso especial conhecido e provido.

(REsp 1704520/MT, Rel. Ministra NANCY ANDRIGHI, CORTE ESPECIAL, julgado em 05/12/2018, DJe 19/12/2018)

6. Efeitos das Decisões Proferidas pelo Juízo Incompetente

Estabelece o §4º do art. 64 do novo C.P.C. que salvo decisão judicial em sentido contrário, conservar-se-ão os efeitos de decisão proferida pelo juízo incompetente até que outra seja proferida, se for o caso, pelo juízo competente.

Por sua vez, estabelecia o §2º do art. 112 do C.P.C. de 1973 que "declarada a incompetência absoluta, somente os atos decisórios serão nulos, remetendo-se os autos ao juiz competente".

Segundo entendimento da jurisprudência, sob a égide do C.P.C. de 1973, a incompetência absoluta do juízo acarretava automaticamente a nulidade dos atos decisórios. Nesse sentido, eis o seguinte precedente do S.T.J.:

RECLAMAÇÃO – AÇÃO CIVIL MOVIDA PELO MPF BUSCANDO A DECLARAÇÃO JUDICIAL DE PERDA DO CARGO DE PROCURADOR REGIONAL DA REPÚBLICA – ATO DE IMPROBIDADE – PRERROGATIVA DE FORO – ART. 105, I, "A", DA CF/88 – INCOMPETÊNCIA ABSOLUTA – NULIDADE DOS ATOS DECISÓRIOS.

> 1. A jurisprudência da Corte Especial do STJ, alinhando-se à orientação da Suprema Corte (inaugurada no julgamento da Questão de Ordem na Pet 3.211, Tribunal Pleno, Rel. Min. Marco Aurélio, Rel. p/ Acórdão Min. Menezes Direito, DJe de 26/6/2008), firmou entendimento de que compete ao Superior Tribunal de Justiça, por aplicação do princípio da simetria, o processo e julgamento de ações de improbidade aforadas contra os agentes elencados no art. 105, I, "a", da CF/88, das quais possa importar a perda do cargo público.
>
> **2. Na esteira do entendimento desta Corte, a declaração de incompetência absoluta resulta na nulidade dos atos decisórios proferidos pelo Juízo incompetente.**
>
> 3. Reclamação julgada procedente.
>
> (Rcl 8.473/RJ, Rel. Ministra ELIANA CALMON, CORTE ESPECIAL, julgado em 21/11/2012, DJe 04/12/2012)

O novo C.P.C., ao contrário, manteve a validade das decisões proferidas pelo juízo incompetente, até que, se for o caso, outra seja proferida pelo juízo competente.

O art. 64, §4º, do novo C.P.C. não fala em atos decisórios, mas, sim, nos efeitos das decisões proferidas pelo juízo incompetente.

A validade dos efeitos diz respeito tanto aos atos decisórios quanto aos despachos sem efeito decisório.

Outro aspecto importante, é que o §4º do atual art. 64 do novo C.P.C. não restringe a eficácia das decisões proferidas pelo juízo incompetente apenas às hipóteses de incompetência relativa, mas alcança também as hipóteses de incompetência absoluta.

Questão controvertida diz respeito ao alcance do conteúdo normativo previsto no §4º do art. 64 do novo C.P.C. Esse conteúdo normativo diz respeito somente às decisões interlocutórias ou abrange também a sentença? Seria possível o Tribunal que anula uma sentença por incompetência absoluta do juízo manter os efeitos da sentença que fora anulada?

Alguns entendem que sim, com base no princípio do aproveitamento das decisões de mérito. Porém, ouso divergir desse entendimento.

Na realidade, o §4º do art. 64 do novo C.P.C. veio dirimir dúvida quanto à validade das decisões urgentes proferidas pelo juízo incompetente, uma vez que na égide do C.P.C. de 1973, segundo entendimento jurisprudencial, a nulidade seria automática e não dependeria de avaliação *a posteriori* do juízo competente.

Portanto, o §4º do art. 64 do novo C.P.C. faz referência somente às decisões interlocutórias e não às sentenças.

Evidentemente, no meu sentir, se na sentença for concedida determinada tutela de urgência, antecipada ou cautelar, o capítulo da sentença que a concedeu permanecerá válido e eficaz até que o juízo competente o reveja.

7. Do Conflito de Competência

O artigo 66 do novo C.P.C. trata do conflito *positivo e negativo* de competência.

Assim, quando dois ou mais juízes entenderem-se competentes para o processamento e julgamento da causa, surge o que se denomina de *conflito positivo de competência*.[345]

[345] CONFLITO POSITIVO DE COMPETÊNCIA - PROCESSOS VÁRIOS AJUIZADOS EM JUÍZOS E JUIZADOS ESPECIAIS DIVERSOS, EM DIFERENTES FOROS DO TERRITÓRIO NACIONAL, POR TORCEDORES, CLUBE OU ENTIDADES E INSTITUIÇÕES DIVERSAS, CENTRADAS NO MESMO LITÍGIO, A RESPEITO DA VALIDADE DE ACÓRDÃO PROFERIDO PELO SUPERIOR TRIBUNAL DE JUSTIÇA DESPORTIVA - STJD - COM CONSEQUÊNCIAS DIRETAS SOBRE CAMPEONATO ESPORTIVO DE CARÁTER NACIONAL, ORGANIZADO PELA CONFEDERAÇÃO BRASILEIRA DE FUTEBOL - DECISÕES COLIDENTES QUANTO A LIMINARES - MATÉRIA DE ABRANGÊNCIA NACIONAL - CONEXÃO EVIDENTE ENTRE AS AÇÕES CONTIDAS NOS DIVERSOS PROCESSOS - COMPETÊNCIA DO FORO DO LOCAL EM QUE SITUADA A SEDE DA ENTIDADE RESPONSÁVEL PELO TRIBUNAL DE JUSTIÇA DESPORTIVA ANTE A PREVALÊNCIA, DE ORDEM PÚBLICA DEVIDO AO CARÁTER NACIONAL, DO FORO DO DOMICÍLIO DO RÉU - PREVENÇÃO DA VARA EM QUE AJUIZADO O PRIMEIRO PROCESSO - EFEITOS DA CITAÇÃO QUE RETROAGEM À DATA DA DISTRIBUIÇÃO DO PROCESSO - COMPETÊNCIA DE JUIZADO ESPECIAL DO TORCEDOR AFASTADA - CONFLITO DE COMPETÊNCIA ACOLHIDO, PARA DECLARAR A COMPETÊNCIA DO JUÍZO DA 2A VARA CÍVEL DO RIO DE JANEIRO - RJ.

1. É competente o Juízo do local em que situada a sede da entidade organizadora de campeonato esportivo de caráter nacional para todos os processos de ações ajuizadas em vários Juízos e Juizados Especiais, situados em lugares diversos do país, questionando a mesma matéria central, relativa à validade e à execução de decisões da Justiça Desportiva, visto que a entidade esportiva de caráter nacional, responsável, individual ou conjuntamente com quaisquer outras entidades, pela organização (no caso, a CBF), deve, necessariamente, inclusive por decisão de ofício, integrar o pólo passivo das demandas, sob pena de não vir ela ser ser ela atingida pelos efeitos subjetivos da coisa julgada, e de tornar-se o julgado desprovido de efetividade.

2. No caso, considerando-se que a CBF é parte necessária nos processos em que se questionam decisões da Justiça Desportiva, por ela organizada, devem eles ser propostos no foro "onde está a sede" daquela pessoa jurídica (CPC, art. 100, IV, "a"), e sua sede situa-se no âmbito geográfico da Comarca da Capital do Estado do Rio de Janeiro e, na divisão judiciária desta, no Foro Regional da Barra da Tijuca.

Por sua vez, quando dois ou mais juízes não aceitarem a competência para processamento e julgamento da causa, surge então o denominado *conflito negativo de competência.*

Regra processual similar encontra-se no direito comparado:

Código de Processo Civil português:

> Artigo 109.º Conflito de jurisdição e conflito de competência
>
> 1 – Há conflito de jurisdição quando duas ou mais autoridades, pertencentes a diversas atividades do Estado, ou dois ou mais tribunais, integrados em ordens jurisdicionais diferentes, se arrogam ou declinam o poder de

3. Constitui matéria de interesse público, ante a necessidade de evitar a dispersão jurisdicional, que atrasaria a prestação jurisdicional e criaria insegurança jurídica, devido à possibilidade de decisões contraditórias, a determinação da competência de Juízo único para ajuizamentos plúrimos de processos por torcedores, clubes, entidades e instituições, inclusive o Ministério Público e a Defensoria Pública, de forma pulverizada, em todo o território nacional.
4.- A fixação do Juízo territorialmente competente dá-se pelo critério do foro do local da sede da entidade nacional ré, organizadora, individual ou conjunto com outras entidades, a qual deve necessariamente ser acionada, foro esse decorrente da previsão do artigo 94 do Código de Processo Civil, para todas as ações relativas a julgamentos por órgãos da Justiça Desportiva, referentes a certames de caráter nacional por ela promovidos, determinando-se, por isso, a competência do Juízo do local da sede dessa entidade, ou seja, da Distrital da Barra da Tijuca, no Rio de Janeiro, entre cujas Varas determina-se a competência, por prevenção, pela data da distribuição, a que retroage a data da citação.
5.- Afasta-se a competência de outros Juízos e Juizados, Especiais Cíveis, inclusive do Juizado do Torcedor, Adjunto à 2ª Vara da Regional da Ilha do Governador – RJ (Resolução TJRJ-OE 20;21).
6.-. Os artigos 3º da Lei 10.671/03 (Estatuto do Torcedor) e 101, I, da Lei 8.078/90 (Código de Defesa do Consumidor) não prevalecem como fundamento para o ajuizamento pelo torcedor, em seu próprio domicílio, de ação judicial questionando a validade de decisões proferidas pela Justiça Desportiva, órgão da Confederação Brasileira de Desportos – CBF – cuja sede se situa na Cidade do Rio de Janeiro, na área geográfica do Foro da Barra da Tijuca.
7.- No caso, entre as Varas do Foro da Barra da Tijuca, tem-se por certo que a primeira distribuição ocorreu perante a 2ª Vara Cível, que, por isso, resulta preventa para os demais acionamentos (CPC, art. 106).
8.- Conflito acolhido para declarar a competência do juízo da 2ª Vara Cível do Foro Regional da Barra da Tijuca, ao qual devem incontinenti ser enviados os processos, excetuada a hipótese de extinção, estendendo-se o julgamento do presente Conflito a todas as ações sobre a matéria, ajuizadas ou que o venham a ser, nos diversos Juízos e Juizados Especiais, da Justiça Estadual ou Federal no país.
(CC 133.244/RJ, Rel. Ministro SIDNEI BENETI, SEGUNDA SEÇÃO, julgado em 11/06/2014, DJe 01/07/2014)

conhecer da mesma questão: o conflito diz -se positivo no primeiro caso e negativo no segundo.

2 - Há conflito, positivo ou negativo, de competência quando dois ou mais tribunais da mesma ordem jurisdicional se consideram competentes ou incompetentes para conhecer da mesma questão.

3 - Não há conflito enquanto forem suscetíveis de recurso as decisões proferidas sobre a competência.

Código de Processo Civil espanhol:

Art. 60. Conflicto negativo de competência territorial.

Se a decisão de inibição de um tribunal por falta de competência territorial se houver adotado em virtude de declinatória ou com audiência de todas as partes, o tribunal ao que se remete as autuações estará sujeito ao que foi decidido, e não poderá declarar de ofício sua falta de competência territorial.

Se a decisão de inibição por falta de competência territorial não se houver adotado com audiência de todas as partes, o tribunal a quem se remete as autuações poderá declarar de ofício sua falta de competência territorial quando esta deva determinar-se em virtude de regras imperativas.

A resolução que declare a falta de competência mandará remeter todos os antecedentes ao tribunal imediato superior comum, que decidirá por meio de auto, sem ulterior recurso, o tribunal a que corresponde conhecer do assunto, ordenando, por sua vez, a remissão dos autos e 'emplazamiento' das partes, dentro dos dez dias seguintes, ante dito tribunal.

A Constituição Federal estabelece a competência do Supremo Tribunal Federal (art. 102, inc. I, letra 'o') para apreciar os conflitos de competência entre o Superior Tribunal de Justiça e quaisquer Tribunais, entre Tribunais Superiores, ou entre estes e qualquer outro Tribunal.[346]

[346] Recurso extraordinário. Repercussão geral. 2. Competência da Justiça do Trabalho. Mudança de regime jurídico. Transposição para o regime estatutário. Verbas trabalhistas concernentes ao período anterior. 3. Compete à Justiça do Trabalho processar e julgar ações relativas às verbas trabalhistas referentes ao período em que o servidor mantinha vínculo celetista com a Administração, antes da transposição para o regime estatutário. 4. Recurso não provido. Reafirmação de jurisprudência.

(ARE 1001075 RG, Relator(a): Min. GILMAR MENDES, julgado em 08/12/2016, PROCESSO ELETRÔNICO REPERCUSSÃO GERAL – MÉRITO DJe-017 DIVULG 31-01-2017 PUBLIC 01-02-2017)

PROCESSUAL CIVIL. RECURSO EXTRAORDINÁRIO. CONFLITO DE COMPETÊNCIA ENTRE OS JUÍZOS TRABALHISTA E FALIMENTAR. EXECUÇÃO DE SENTENÇA TRABALHISTA PROFERIDA CONTRA PESSOA JURÍDICA EM RECUPERAÇÃO JUDICIAL. LEGITIMIDADE DA CONSTRIÇÃO DE BENS DE PESSOA JURÍDICA QUE NÃO INTEGRAM O ACERVO DA MASSA FALIDA. MATÉRIA INFRACONSTITUCIONAL. AUSÊNCIA DE REPERCUSSÃO GERAL. 1. É de natureza infraconstitucional a controvérsia, fundada na interpretação da Lei 11.101/03, acerca da legitimidade da constrição, pelo Juízo Trabalhista, de bens pertencentes a pessoa jurídica do mesmo grupo econômico que empresa sob recuperação judicial, porém não integrantes da massa falida. 2. É cabível a atribuição dos efeitos da declaração de ausência de repercussão geral quando não há matéria constitucional a ser apreciada ou quando eventual ofensa à Carta Magna ocorra de forma indireta ou reflexa (RE 584.608-RG, Rel. Min. ELLEN GRACIE, DJe de 13/3/2009). 3. Ausência de repercussão geral da questão suscitada, nos termos do art. 543-A do CPC.

(RE 864264 RG, Relator(a): Min. TEORI ZAVASCKI, julgado em 17/03/2016, PROCESSO ELETRÔNICO DJe-067 DIVULG 11-04-2016 PUBLIC 12-04-2016)

DIREITO CONSTITUCIONAL. AGRAVO INTERNO EM RECURSO EXTRAORDINÁRIO. AÇÃO CAUTELAR. CONFLITO ENTRE MUNICÍPIO E ESTADO-MEMBRO. AUSÊNCIA DE COMPETÊNCIA ORIGINÁRIA DO SUPREMO TRIBUNAL FEDERAL. PRECEDENTES. 1. A jurisprudência do Supremo Tribunal Federal é firme no sentido de que o art. 102, I, f, da Constituição Federal não inclui a competência originária para julgamento de causa em que Município litigue contra Estado-membro. 2. Agravo interno a que se nega provimento.

(RE 930810 AgR, Relator(a): Min. ROBERTO BARROSO, Primeira Turma, julgado em 01/12/2017, PROCESSO ELETRÔNICO DJe-288 DIVULG 13-12-2017 PUBLIC 14-12-2017)

CONSTITUCIONAL. AGRAVO REGIMENTAL NA AÇÃO CÍVEL ORIGINÁRIA. CONFLITO NEGATIVO DE ATRIBUIÇÕES ENTRE MINISTÉRIO PÚBLICO ESTADUAL E MINISTÉRIO PÚBLICO FEDERAL. INEXISTÊNCIA DE CONFLITO FEDERATIVO APTO A INSTAURAR A COMPETÊNCIA DO SUPREMO TRIBUNAL FEDERAL. REMESSA DOS AUTOS À PROCURADORIA-GERAL DA REPÚBLICA, PARA AS PROVIDÊNCIAS CABÍVEIS. ORIENTAÇÃO FIRMADA PELO PLENÁRIO NO JULGAMENTO DAS AÇÕES CÍVEIS ORIGINÁRIAS 924 E 1.394, BEM ASSIM DAS PETIÇÕES 4.706 E 4.863. AGRAVO REGIMENTAL A QUE SE NEGA PROVIMENTO.

(ACO 2899 AgR, Relator(a): Min. TEORI ZAVASCKI, Relator(a) p/ Acórdão: Min. EDSON FACHIN, Tribunal Pleno, julgado em 06/02/2017, PROCESSO ELETRÔNICO DJe-168 DIVULG 31-07-2017 PUBLIC 01-08-2017)

COMPETÊNCIA – CONFLITO NEGATIVO DE ATRIBUIÇÃO – MINISTÉRIO PÚBLICO ESTADUAL E FEDERAL – SOCIEDADE DE ECONOMIA MISTA – AUSÊNCIA DE INTERESSE DA UNIÃO. Define-se o conflito considerada a matéria objeto do procedimento

A Constituição também estabelece a competência do Superior Tribunal de Justiça (art. 105, inc. I, letra 'd') para apreciar os conflitos de competência entre quaisquer Tribunais, ressalvada a competência originária do Supremo Tribunal Federal (art. 102, inc. I, letra 'o'), bem como entre

de origem. Inexistindo interesse da União, descabe atribuir ao Ministério Público Federal legitimidade para investigar.
(Pet 5123 AgR, Relator(a): Min. MARCO AURÉLIO, Primeira Turma, julgado em 18/08/2015, ACÓRDÃO ELETRÔNICO DJe-184 DIVULG 16-09-2015 PUBLIC 17-09-2015)
DIREITO PROCESSUAL CIVIL. CONFLITO NEGATIVO DE ATRIBUIÇÕES. CARACTERIZAÇÃO. AUSÊNCIA DE DECISÕES DO PODER JUDICIÁRIO. COMPETÊNCIA DO STF. AUTARQUIA ESPECIAL. INTERESSE DA UNIÃO. ART. 102, I, f, e 109, I, CF. 1. Trata-se de conflito negativo de atribuições entre órgãos de atuação do Ministério Público Federal e do Ministério Público Estadual a respeito dos fatos constantes de procedimento administrativo. 2. Com fundamento no art. 102, I, f, da Constituição da República, deve ser conhecido o presente conflito de atribuição entre os membros do Ministério Público Federal e do Estado do Rio de Janeiro diante da competência do Supremo Tribunal Federal para julgar conflito entre órgãos de Ministérios Públicos diversos. 3. Os fatos indicados nos autos evidenciam o interesse jurídico da União, aqui consubstanciado no efetivo exercício do poder de polícia da Agência Nacional do Petróleo, evidenciando a atribuição do Ministério Público Federal para conduzir a investigação. 4. Conflito de atribuições conhecido, com declaração de atribuição ao órgão de atuação do Ministério Público Federal no Estado do Rio de Janeiro.
(ACO 1136, Relator(a): Min. ELLEN GRACIE, Tribunal Pleno, julgado em 04/08/2011, DJe-160 DIVULG 19-08-2011 PUBLIC 22-08-2011 EMENT VOL-02570-01 PP-00069)
CONFLITO DE COMPETÊNCIA – INCIDENTE SUSCITADO POR PARTES INTERESSADAS – PRETENDIDO RECONHECIMENTO DA EXISTÊNCIA DE CONFLITO DE COMPETÊNCIA ENTRE TRIBUNAL DE JUSTIÇA E O SUPERIOR TRIBUNAL DE JUSTIÇA – IMPOSSIBILIDADE – RECURSO DE AGRAVO IMPROVIDO. – Não se revela processualmente possível a instauração de conflito de competência entre o Superior Tribunal de Justiça, de um lado, e os Tribunais de Justiça, de outro, pelo fato – juridicamente relevante – de que o Superior Tribunal de Justiça qualifica-se, constitucionalmente, como instância de superposição em relação a tais Cortes judiciárias, exercendo, em face destas, irrecusável competência de derrogação (CF, art. 105, III). Precedentes. – A posição de eminência do Superior Tribunal de Justiça, no plano da organização constitucional do Poder Judiciário, impede que se configure, entre essa Alta Corte e os Tribunais de Justiça, qualquer conflito, positivo ou negativo, de competência (RTJ 143/550), ainda que o dissenso se verifique entre decisão monocrática proferida por Ministro Relator desse Tribunal de índole nacional e julgamento emanado de órgão colegiado situado na estrutura institucional dos Tribunais de Justiça.
(CC 7594 AgR, Relator(a): Min. CELSO DE MELLO, Tribunal Pleno, julgado em 22/06/2011, DJe-187 DIVULG 28-09-2011 PUBLIC 29-09-2011 EMENT VOL-02597-01 PP-00064)

tribunais e juízes a ele não vinculados e entre juízes vinculados a Tribunais diversos.[347]

[347] CONFLITO NEGATIVO DE COMPETÊNCIA. JUSTIÇA COMUM ESTADUAL E JUSTIÇA ESPECIALIZADA DO TRABALHO. AÇÃO DE OBRIGAÇÃO DE FAZER. MANUTENÇÃO DE EX-EMPREGADO APOSENTADO EM PLANO DE SAÚDE COLETIVO DE ENTIDADE DE AUTOGESTÃO VINCULADA AO EMPREGADOR. NATUREZA PREDOMINANTEMENTE CIVIL DO LITÍGIO.
1. Conflito negativo de competência suscitado pelo Juízo Trabalhista. Conclusão ao gabinete em 10/04/2018.
2. O propósito do presente conflito consiste em definir a competência para julgar controvérsias estabelecidas entre ex-empregados (nas hipóteses de aposentadoria, rescisão ou exoneração do contrato de trabalho sem justa causa) e operadoras de plano de saúde na modalidade autogestão vinculadas ao empregador, acerca do direito de manter a condição de beneficiário, nas mesmas condições de cobertura assistencial de que gozava quando da vigência do contrato de trabalho.
3. Se a demanda é movida com base em conflitos próprios da relação empregatícia ou do pagamento de verbas dela decorrentes, então a competência para seu julgamento será da Justiça do Trabalho, de acordo com o art. 114, IX da CF/88.
4. Plano de saúde coletivo disponibilizado pelo empregador ao empregado não é considerado salário, conforme disposto no art. 458, §2º, IV da Consolidação das Leis Trabalhistas, em redação dada pela Lei 10.243/01.
5. A operadora de plano de saúde de autogestão, vinculada à instituição empregadora, é disciplinada no âmbito do sistema de saúde suplementar, conforme disposto em Resolução Normativa nº 137/06 da ANS.
6. O fundamento jurídico para avaliar a procedência ou improcedência do pedido está estritamente vinculado à interpretação da Lei dos Planos de Saúde, sobretudo dos arts. 30 e 31.
7. Essas razões permitem concluir pela inexistência de discussão sobre o contrato de trabalho ou de direitos trabalhistas, mas um litígio acerca da manutenção ou não do ex-empregado em plano de saúde coletivo, cuja natureza é preponderantemente civil e não trabalhista.
8. Declarada a competência da Justiça comum Estadual para julgamento da demanda.
(CC 157.664/SP, Rel. Ministra NANCY ANDRIGHI, SEGUNDA SEÇÃO, julgado em 23/05/2018, DJe 25/05/2018)
ADMINISTRATIVO. CONFLITO DE COMPETÊNCIA. INSTITUIÇÃO DE ENSINO PRIVADA. AÇÃO DE INDENIZAÇÃO POR DANOS MORAIS E MATERIAIS. AUSÊNCIA DE INTERESSE DA UNIÃO. COMPETÊNCIA DA JUSTIÇA ESTADUAL
1. Nas causas que envolvam instituições de ensino superior, a União possui interesse (o que enseja a competência da Justiça Federal) quando se trata de: (I) registro de diploma perante o órgão público competente (inclusive credenciamento junto ao MEC); ou (II) mandado de segurança. Por outro lado, não há falar em interesse da União nas lides (salvo mandados de segurança) que digam respeito a questões privadas concernentes ao contrato de prestação de serviço firmado entre essas instituições e seus alunos (essas causas, portanto, devem ser processadas e julgadas pela Justiça Estadual).

2. Em ação de indenização por danos morais ajuizada contra instituição de ensino particular, inexistindo pedido relativo a registro do diploma no MEC e tendo a Justiça Federal concluído pela falta de interesse da União no julgamento da lide, firmada está a competência da Justiça Comum.
3. Considerando que o caso dos autos trata de indenização por danos morais e materiais e que a impossibilidade de expedição do registro figura apenas como causa de pedir, deve ser afastada a competência da Justiça Federal para processar e julgar a demanda, uma vez que eventual procedência do pedido limitar-se-á à esfera privada entre a aluna/autora e a instituição de ensino/ré.
4. Agravo interno a que se nega provimento.
(AgInt no CC 146.684/PR, Rel. Ministro SÉRGIO KUKINA, PRIMEIRA SEÇÃO, julgado em 09/05/2018, DJe 16/05/2018)
PROCESSUAL CIVIL. AGRAVO INTERNO NO CONFLITO DE COMPETÊNCIA. JUSTIÇA COMUM X JUSTIÇA DO TRABALHO. NATUREZA DO VÍNCULO DE TRABALHO ENTRE A ADMINISTRAÇÃO E SEUS AGENTES. MUNICÍPIO QUE ADOTOU EXCLUSIVAMENTE A CLT, INCLUSIVE PARA COMISSIONADOS. COMPETÊNCIA DA JUSTIÇA DO TRABALHO. ART. 114, I e IX, DA CONSTITUIÇÃO FEDERAL.
1. A jurisprudência, tanto desta Corte Superior quanto do STF, são harmônicas e orientadas no sentido de que a competência para processar e julgar os feitos com origem nas relações entre os entes públicos e seus agentes é fixada em razão do vínculo jurídico estabelecido entre as partes, salvo quanto aos contratos temporários fundados no art. 37, IX, da Constituição Federal, o que não é o caso aqui examinado. Precedentes.
2. No caso do Município de São Joaquim da Barra, SP, a opção do legislador local foi a de submeter todo o quadro de pessoal, inclusive os comissionados, ao regime da CLT, como expressamente consta dos art. 6º e 10 da Lei Municipal n. 100, de 30 de dezembro de 1998.
3. Se a lei local que regula as relações entre a edilidade e seus agentes sujeita estes ao regime celetista, a competência para processar e julgar as ações fundadas nessa relação é da Justiça do Trabalho, nos termos do que dispõe o art. 114, I e IX, da Constituição Federal, com a redação dada pela EC n. 45/2004.
4. Agravo interno interposto pelo Município não provido.
(AgInt no CC 155.556/SP, Rel. Ministro SÉRGIO KUKINA, PRIMEIRA SEÇÃO, julgado em 09/05/2018, DJe 16/05/2018)
PROCESSUAL CIVIL E ADMINISTRATIVO. AGRAVO REGIMENTAL NO CONFLITO DE COMPETÊNCIA. AÇÃO DE IMPROBIDADE ADMINISTRATIVA. VERBAS REPASSADAS AO MUNICÍPIO POR MEIO DE CONVÊNIO COM O FNDE. AUSÊNCIA DE INTERESSE DA UNIÃO. COMPETÊNCIA DA JUSTIÇA ESTADUAL.
1. Nos termos do art. 109, I, da CF, a competência da Justiça Federal é ratione personae, exigindo-se a presença da União, de entidade autárquica ou de empresa pública federal na condição de autoras, rés, assistentes ou oponentes. 2. Em regra, é competente a Justiça Estadual para processar e julgar agente público acusado de desvio de verba recebida em razão de convênio firmado com a ente federal.

3. Considerando que na subjacente ação civil pública por ato de improbidade administrativa não se descortina reflexo direto em interesse da União, consoante se infere dos pedidos formulados na respectiva petição inicial, deve-se manter a competência do Juízo de Direito da Vara de Aurora do Pará/PA.
4. Agravo regimental a que se nega provimento.
(AgRg no CC 133.619/PA, Rel. Ministro SÉRGIO KUKINA, PRIMEIRA SEÇÃO, julgado em 09/05/2018, DJe 16/05/2018)
ADMINISTRATIVO. AGRAVO REGIMENTAL NOS EMBARGOS DECLARATÓRIOS NO CONFLITO DE COMPETÊNCIA. INSTITUIÇÃO DE ENSINO. EXPEDIÇÃO DE DIPLOMA. IRREGULARIDADE NA INSCRIÇÃO DOS ALUNOS. AUSÊNCIA DE INTERESSE DA UNIÃO 1. Nas causas que envolvam instituições de ensino superior, a União possui interesse (o que enseja a competência da Justiça Federal) quando se trata de: (I) registro de diploma perante o órgão público competente (inclusive credenciamento junto ao MEC); ou (II) mandado de segurança. Por outro lado, não há falar em interesse da União nas lides (salvo mandados de segurança) que digam respeito a questões privadas concernentes ao contrato de prestação de serviço firmado entre essas instituições e seus alunos (essas causas, portanto, devem ser processadas e julgadas pela Justiça Estadual).
2. No presente caso, a falta de expedição do diploma não é decorrente da ausência de credenciamento da instituição de ensino superior pelo Ministério da Educação, mas de irregularidade na própria inscrição dos alunos.
3. Não há interesse jurídico da União a ensejar a competência da Justiça Federal, pois eventual procedência do pedido limitar-se-á à esfera privada entre a aluna/autora e a instituição de ensino/ré.
4. Agravo regimental a que se nega provimento.
(AgRg nos EDcl no CC 128.718/PR, Rel. Ministro SÉRGIO KUKINA, PRIMEIRA SEÇÃO, julgado em 09/05/2018, DJe 16/05/2018)
AGRAVO REGIMENTAL NO CONFLITO DE COMPETÊNCIA. JUÍZO CÍVEL E JUÍZO CRIMINAL. INEXISTÊNCIA DE CONFLITO. RECURSO A QUE SE NEGA PROVIMENTO.
1. Há conflito positivo de competência quando dois ou mais juízes se consideram competentes para a mesma causa (cível) ou para o mesmo fato criminoso (crime), o que não se verifica na espécie.
2. No caso, cuida-se de lides distintas, estando cada um dos juízos (goiano e mineiro) atuando nos limites de sua jurisdição, a saber: uma ação cautelar de busca e apreensão de veículo em decorrência de inadimplemento contratual ajuizada perante o Juízo goiano e um processo criminal em trâmite na Justiça Estadual de Minas Gerais, no qual foi decretado o sequestro do mencionado automóvel, apreendido durante uma operação policial em posse de acusado de crime.
3. Agravo regimental a que se nega provimento.
(AgRg no CC 157.934/GO, Rel. Ministra MARIA THEREZA DE ASSIS MOURA, TERCEIRA SEÇÃO, julgado em 09/05/2018, DJe 15/05/2018)

A Constituição previu igualmente a competência dos Tribunais Regionais Federais (art. 108, inc. I, letra 'e') para apreciar conflitos de competência entre juízes federais vinculados ao respectivo Tribunal.[348]

O art. 66, inc. II, do novo C.P.C., ao tratar do conflito negativo de competência, afirma na parte final que os juízes que se considerarem incompetentes devem obrigatoriamente atribuir um ao outro a competência. Porém, nada impede que os juízes, no conflito negativo, possam atribuir a competência a um terceiro órgão jurisdicional. Por sua vez, se este terceiro entender que a competência é daquele que remeteu os autos, poderá igualmente arguir o conflito negativo de competência.

Haverá também conflito de competência quando entre 2 (dois) ou mais juízes surgir controvérsia acerca da reunião ou separação de processo.[349] Isso pode ocorrer no caso de conexão ou continência, ou mesmo no caso de desmembramento de relação jurídica processual. De toda forma, somente após a manifestação de ambos os juízos no caso de continência ou conexão de causas é que se poderá falar efetivamente de conflito de competência.

A forma e o rito de processamento do conflito de competência são estabelecidos nos artigos 951 a 959 do atual C.P.C.

O juiz que não acolher a competência declinada deverá suscitar o conflito, salvo se a atribuir a outro juízo.

Assim, o conflito não é suscitado pelo juízo que primeiramente não reconheceu sua competência, mas pelo juiz que receber o processo, salvo se atribuir a outro juízo a competência, quando então remeterá o processo a esse terceiro juiz, o qual poderá aceitar sua competência ou suscitar o conflito negativo de competência.

É importante salientar que isso não ocorre quando o juízo estadual remete o processo para o juízo federal, em face de intervenção, na questão, de um ente público federal. Nessa hipótese, se o juízo federal entender que não é caso de intervenção do ente federal, simplesmente remeterá os autos novamente ao juízo estadual, o qual deverá processar e julgar a demanda judicial, não podendo suscitar conflito negativo de competência.

[348] Havendo conflito de competência entre um juiz do juizado especial Federal e um juiz de Vara Federal,a competência para solucionar o conflito será do Tribunal Regional Federal respectivo, conforme estabelece a Súmula 428 do S.T.J.: *"Compete ao Tribunal Regional Federal decidir os conflitos de competência entre juizado especial federal e juízo federal da mesma seção judiciária"*.

[349] Súmula 59 do S.T.J.: "Não há conflito de competência se já existe sentença com trânsito em julgado, proferida por um dos juízes conflitantes".

Capítulo 6
Cooperação Nacional

1. Reciprocidade de Cooperação Nacional

Aos órgãos do Poder Judiciário, estadual ou federal, especializado ou comum, em todas as instâncias e graus de jurisdição, inclusive aos tribunais superiores, incumbe o dever de recíproca cooperação, por meio de seus magistrados e servidores (art. 67 do novo C.P.C.).

Regra similar encontra-se no C.P.C. espanhol:

Ley Orgánica del Poder Judicial espanhol:

> Art. 273. Os juízes e Tribunais cooperarão e se auxiliarão entre si no exercício da função jurisdicional.
>
> Art. 274. 1. Se conseguirá a cooperação judicial quando se deve praticar uma diligência fora da circunscrição do juizado ou Tribunal que a houve ordenado ou esteja fora da específica competência de outro juízo ou Tribunal. 2. A petição de cooperação, qualquer que seja o juízo ou Tribunal a quem se dirija, efetuar-se-á sempre e diretamente, sem necessitar de traslado nem reprodução por meio de órgãos intermediários.

Os artigos 67 a 69 do atual C.P.C. instituíram a denominada cooperação nacional entre os membros do Poder Judiciário, estadual ou federal, especializado ou comum, de primeiro ou segundo grau, assim como a todos os tribunais superiores, por meio de seus magistrados e servidores, da mesma forma como previu o atual C.P.C. a cooperação internacional entre Estados estrangeiros.

Trata-se de um procedimento de cooperação entre órgãos do Poder Judiciário, a fim de desburocratizar a comunicação e a realização de atos processuais, dando plena eficácia ao princípio Constitucional da *celeridade processual* e da *efetividade do exercício da atividade jurisdicional*, facilitando o trânsito e a comunicação dos atos processuais.

Sendo o Poder Judiciário uno e indivisível como poder estatal, é dever de todos os seus membros, sem distinção de órgão ou cargo, cooperarem entre si na busca de um *processo justo e équo*.

A cooperação pode ocorrer pela necessidade de prática de atos processuais fora da subseção ou da comarca de determinado órgão jurisdicional, ou mesmo dentro de uma mesma esfera territorial, mas que depende da participação de um outro órgão jurisdicional, da mesma ou de diferente competência territorial ou funcional.

A cooperação existe entre a Justiça Comum Estadual e a Justiça Comum Federal, assim como entre essas e a Justiça Eleitoral, Trabalhista, Militar, bem como entre justiça de primeiro e justiça de segundo grau.

O Conselho Nacional de Justiça – C.N.J. tem envidado esforços para a criação da Rede Nacional de Cooperação Judiciária, com a finalidade de institucionalizar mecanismos para dar maior fluidez e agilidade à comunicação entre os órgãos judiciários, não só para o cumprimento de atos judiciais, bem assim para a harmonização e agilização de rotinas e procedimentos forenses, além de fomentar a participação de magistrados de todas as instâncias na gestão judiciária.

A ideia da Rede de Cooperação é inspirada na União Europeia, que criou o Instituto de Cooperação Judiciária para harmonizar o Poder Judiciário Europeu.

A Diretiva 2003/8/CE do Conselho, de 27 de Janeiro de 2003, relativa à melhoria do acesso à justiça nos litígios transfronteiriços, através do estabelecimento de regras mínimas comuns relativas ao apoio judiciário no âmbito desses litígios, visa a promover a aplicação do princípio da concessão de apoio judiciário em litígios transfronteiriços às pessoas que não disponham de recursos suficientes, na medida em que esse apoio seja necessário para assegurar um acesso efetivo à justiça. A Diretiva aplica-se entre todos os Estados-Membros da União Europeia, com exceção da Dinamarca. O Acordo Europeu sobre a Transmissão de Pedidos de

Assistência Judiciária de 1977 aplica-se entre a Dinamarca e alguns Estados-Membros.

As autoridades de transmissão são competentes para enviar pedidos. As autoridades de recepção são competentes para receber pedidos. A Diretiva estabelece dois tipos de formulários, um para pedidos de assistência judiciária e o outro para a transmissão dos pedidos de assistência judiciária.

Sobre a Rede Judiciária Europeia em matéria cível e comercial, eis as seguintes considerações[350]:

> Em 27 de Janeiro de 2003 o Conselho adoptou uma directiva relativa à melhoria do acesso à justiça nos litígios transfronteiriços através do estabelecimento de regras mínimas comuns relativas ao apoio judiciário no âmbito desses litígios.
>
> As disposições da referida directiva são aplicáveis a litígios "transfronteiriços" em matéria civil, ou seja, quando a parte que requer apoio judiciário não reside no Estado-Membro em que o processo deve ser apreciado ou em que a decisão deve ser executada.
>
> A directiva estabelece o princípio segundo o qual as pessoas que não têm recursos suficientes para defender os seus direitos em justiça devem receber apoio judiciário adequado.
>
> A directiva estabelece os serviços a prestar para que o apoio judiciário seja considerado adequado:
>
> o acesso a apoio pré-contencioso
>
> a assistência jurídica e a representação do interessado em juízo
>
> a dispensa ou a assunção dos encargos do beneficiário com o processo, incluindo os encargos relacionados com o carácter transfronteiriço do litígio.
>
> A directiva especifica igualmente as condições relacionadas com os recursos financeiros do requerente ou com o fundo do litígio que podem implicar a concessão de apoio judiciário pelos Estados-Membros.
>
> Além disso, prevê-se que o apoio judiciário deve ser concedido, sob certas condições, a pessoas que recorram a *modos alternativos de resolução de litígios.*
>
> Por último, a directiva do Conselho prevê determinados mecanismos de cooperação judiciária entre as autoridades dos Estados-Membros tendo em vista facilitar a transmissão e o tratamento dos pedidos de apoio judiciário.

[350] Encontradas no sitio http://ec.europa.eu/justice_home/judicialatlascivil/html/la_information_pt.htm

Em especial, a directiva prevê a possibilidade de uma pessoa apresentar o seu pedido no país de residência, o qual deve seguidamente transmiti-lo, rápida e gratuitamente, às autoridades do país em que é concedido o apoio judiciário.

A directiva deveria ter sido transposta para o direito nacional até 30 de Novembro de 2004. Nessa data os Estados-Membros deveriam igualmente comunicar algumas informações úteis para efeitos de aplicação da directiva (autoridades competentes, meios de recepção dos pedidos e línguas a utilizar na formulação dos pedidos). Foram criados dois modelos de formulário, respectivamente para os pedidos de apoio judiciário e a sua transmissão entre Estados-Membros, mediante decisões da Comissão de 2003 e 2004. Para mais informações, consultar a secção *"Apoio judiciário"* do Atlas Judiciário Europeu em Matéria Civil.

Documentos de referência

Directiva 2003/8/CE do Conselho[351], de 27 de Janeiro de 2003, relativa à melhoria do acesso à justiça nos litígios transfronteiriços, através do estabelecimento de regras mínimas comuns relativas ao apoio judiciário no âmbito desses litígios

Livro Verde[352] da Comissão – Assistência judiciária em matéria civil: problemas com que se deparam os litigantes em processos transfronteiras

Tratado de Amesterdão[353] (artigos 61.º a 67.º)

Conclusões do *Conselho Europeu*[354] de Tampere (ponto 30)

Carta dos Direitos Fundamentais[355] da União Europeia (artigo 47.º)

Decisão da Comissão de 30 de Abril de 2003 que estabelece um formulário para a transmissão dos pedidos de apoio judiciário [C(2003) 1829)] (a publicar brevemente no Jornal Oficial)

2004/844/CE[356]: Decisão da Comissão, de 9 de Novembro de 2004, que estabelece um formulário para os pedidos de apoio judiciário, em aplicação da Directiva 2003/8/CE do Conselho, relativa à melhoria do acesso à justiça nos litígios transfronteiriços, através do estabelecimento de regras mínimas comuns relativas ao apoio judiciário no âmbito desses litígios

[351] https://eur-lex.europa.eu/legal-content/PT/ALL/?uri=CELEX:32003L0008
[352] https://eur-lex.europa.eu/legal-content/PT/ALL/?uri=CELEX:52000DC0051
[353] https://eur-lex.europa.eu/legal-content/PT/ALL/?uri=CELEX:52000DC0051
[354] https://eur-lex.europa.eu/legal-content/PT/ALL/?uri=CELEX:52000DC0051
[355] https://eur-lex.europa.eu/legal-content/PT/ALL/?uri=CELEX:32000X1218(01)
[356] https://eur-lex.europa.eu/legal-content/PT/ALL/?uri=CELEX:32004D0844

O pedido de cooperação nacional, qualquer que seja o juízo ou Tribunal a quem se dirija, efetuar-se-á sempre e diretamente, sem necessitar de traslado nem reprodução por meio de órgãos intermediários, aproveitando-se, ao máximo, os sistemas eletrônicos disponíveis e atualmente em funcionamento na Justiça brasileira.

Os juízos poderão formular, entre si, pedido de cooperação para prática de qualquer ato processual (art. 68 do novo C.P.C.).

2. Espécies e Métodos de Execução de Cooperação Nacional

O pedido de cooperação nacional deve ser prontamente atendido, prescinde de forma específica e pode ser executado como: I – auxílio direto; II – reunião ou apensamento de processo; III – prestação de informações; IV – atos concertados entre os juízes cooperantes.

No auxílio direto o pedido de cooperação é feito diretamente no juízo solicitado, inclusive por iniciativa da parte, não sendo obrigatória eventual decisão preliminar do juízo solicitante.

O auxílio direto não depende de forma específica, podendo ser requerido através de sistema eletrônico de comunicações.

A reunião ou apensamento de processos tem por finalidade a junção para análise e processamento de processos que porventura estejam correndo em juízos diversos. Isso é muito comum diante da conexão ou continência. Nessas hipóteses, o juiz poderá simplesmente solicitar a redistribuição dos autos, sem outras formalidades.

Também poderá haver a reunião ou apensamento provisório de processos para o fim de colheita de prova ou para se apreciar com maior precisão o conteúdo documental de determinada causa, sem que haja necessariamente a conexão ou continência.

A prestação de informações referente a assuntos pertinentes à demanda, mesmo que sujeita a sigilo, poderá ser feita diretamente entre os juízos, sem necessidade de maior formalidade, podendo o pedido de informação ser solicitado por e-mail ou qualquer outro sistema informatizado. Evidentemente que esse sistema de cooperação deverá apresentar mecanismos de segurança contra fraudes.

A Câmara dos Deputados, por meio de emenda ao projeto do novo C.P.C., inseriu o *§2º ao art. 69,* indicando as seguinte hipóteses em que poderão consistir os atos concertados, além de outras:

> I – a prática de citação, intimação e notificação de atos; II – a obtenção e apresentação de provas e a coleta de depoimentos; III – a efetivação de tutela antecipada; IV – a efetivação de medidas e providências para a recuperação e preservação de empresas; V – a facilitação de habilitação de créditos na falência e na recuperação judicial; VI – a centralização de processos repetitivos; VII – execução de decisão jurisdicional.

Mediante atos concertados, os juízes poderão coordenar conjuntamente a forma de realização desses atos.

O artigo 275 da *Ley Orgánica del Poder Judicial espanhol* permite que os juízes realizem qualquer diligência de instrução (de natureza penal) em lugar não compreendido no território de sua jurisdição, quando o mesmo se achar próximo e isso resultar conveniente, dando imediata notícia ao juiz competente. Os juízes e tribunais de outras ordens jurisdicionais poderão também praticar diligências de instrução ou de prova fora do território de sua jurisdição quando não se prejudique a competência do Juiz correspondente e tal situação esteja justificada por razões de economia processual.

Estabelece o §1º do art. 69 do atual C.P.C. que as cartas de ordem, precatória e arbitral seguirão o regime previsto no novo C.P.C.

Por fim, estabelece o §3º do art. 69 do atual C.P.C. que o pedido de cooperação judiciária pode ser realizado entre órgãos jurisdicionais de diferentes ramos do Poder judiciário.

Assim, é possível a colaboração entre juízes estaduais e federais, entre juízes trabalhistas e estaduais, e assim por diante.

REFERÊNCIAS

ALVIM, J. E. Carreira. Comentários ao novo código de processo civil: Lei 13.105, de 16 de março de 2015. Vol. 1. arts. 1º ao 81. Curitiba: Juruá, 2015.

CARNELUTTI, Francesco. *Instituciones del proceso civil.* Trad. Santiago Sentis Melendo. Vol. I. Buenos Aires: Ediciones Jurídicas Europa-America, 1956.

ALLEGRETTI, Umberto. *L'imparzialità amministrativa.* Padova: CEDAM – Casa Editrice Dott. Antonio Milani, 1965.

ALVIM, Arruda. *Manual de direito processual civil.* 7 ed. São Paulo: Saraiva, 2001.

ARIOLA, Luca et al. *Codice di procedura civile oprativo. Annotato con dottrina e giurisprudenza.* Napoli, 2015.

BAPTISTA, José João. *Processo Civil I – parte geral e processo declarativo.* Lisboa: SPB Editores e Livreiros, 1997.

BOCHENEK, Antônio César; DALAZOANA, Vinicius. *Competência cível – da justiça federal e dos juizados especiais federais.* 4º ed. Curitiba: Editora Juruá, 2017.

CALAMANDREI, Piero. *Instituciones de derecho procesal civil.* Vol. I. Trad. Santiago Sentis Melendo. Buenos Aires: Ediciones Juridicas – Europa-America, 1973.

CARNEIRO, Athos Gusmão. *Jurisdição e competência.* 17ª ed. São Paulo: Editora Saraiva, 2010.

CARNELUTTI, Francesco. *Lecciones sobre el proceso penal.* V. 2. Buenos Aires, Bosh, 1950.

CARNELUTTI, Francesco. *Sistema de direito processual.* Trad. Hiltomar Martins Oliveira. Vol. I. São Paulo: Classic Book, 2000.

CHIOVENDA, Giuseppe. *Derecho procesal civil.* Vol. I, T. I. México: Cardenas, 1989.

CHIOVENDA, Giuseppe. *Instituições de direito processual civil.* Vol. II. 2ª ed. Trad. J. Guimarães Menegale. São Paulo: Edição Saraiva, 1965.

CINTRA, Antonio Carlos de Araujo; GRINOVER, Ada Pellegrini; DINAMARCO, Cândido Rangel. *Teoria geral do processo.* 28º ed. São Paulo: Malheiros, 2012.

COMOGLIO, Luigi Paolo; FERRI, Corrado; TARUFFO, Michele. *Lezioni sul processo civile.* Bologna: Il Mulino, 2006.

COUTURE, Eduardo J. *Fundamentos del derecho procesal civil.* 4ª ed. Buenos Aires: IBdeF, 2009.

COUTURE, Eduardo J. *Estudios de derecho procesal civil.* Tomo I. (La constitución y el proceso civil). Buenos Aires: EDIAR, Soc. Anón. Editores, 1948.

CRUZ, Rogério Schietti Machado. *Garantias processuais nos recursos criminais.* São Paulo: Atlas, 2002.

DIAS TOFFOLI, José Antônio; CESTARI, Virgínia Charpinel Junger. *Mecanismo de cooperação jurídica internacional no Brasil.* https://www.agu.gov.br/page/download/index/id/1070064

DIAS, Jorge Figueiredo. *Direito processual penal.* V. 1. Coimbra: Coimbra Ed., 1974.

FAGUNDES, Miguel Seabra. *O Controle dos Atos Administrativos pelo Poder Judiciário.* 4 ed. Rio de Janeiro: Forense, 1967.

DINAMARCO, Cândido Rangel. *Litisconsórcio.* São Paulo: Malheiros, 1997.

FAZZALARI, Elio. *Instituições de direito processual.* Trad. de Elaine Nassif. Campinas: Bookseller, 2006.

FERRAZ JÚNIOR. Tércio Sampaio. *Constituição de 1988: legitimidade, vigência e eficácia, supremacia.* São Paulo: Atlas, 1989.

GAGLIANO, Pablo Stolze; PAMPLONA FILHO, Rodolfo. *Novo curso de direito civil – parte geral.* São Paulo: Editora Saraiva, 2008.

GOLDSCHIMIT, James. *Derecho procesal civil.* Barcelona: Editorial Labor, S.A., 1936.

JARDIM, Afrânio Silva. *Direito processual penal – De acordo com a Constituição de 1988.* 4. ed. Rio de Janeiro: Forense, 1992.

LA CHINA. Norma giuridica (dir. Proc. Civ.), *In: Enciclopedia del diritto,* XXVIII, Milano, 1978.

LEAL, Victor Nunes. *Tribunais de Contas do Brasil: jurisdição e competência.* Belo Horizonte: Editora Fórum, 2003.

LIEBMAN, Enrico Tullio. *Manual de direito processual civil.* 2ª ed. Trad. Cândido Rangel Dinamarco. Vol. I. Rio de Janeiro: Forense, 1985.

LUCON. Paulo Henrique dos Santos. *Recuso especial: ordem pública e prequestionamento.* Revista da Procuradoria Geral do Estado de São Paulo, 30 anos do C.P.C., Jan-dez/03.

LYRA FILHO, Roberto. *Teoria e prática da promotoria pública.* 2. ed. 1. impr. Porto Alegre: Fabris, 1989, reimp. 2001.

MACEDO. Regina Maria; FERRARI, Nery. *Normas constitucionais programáticas.* São Paulo: Revista dos Tribunais. 1994.

MADRUGA, Antenor. *A diferença entre Auxílio Direto e Carta Rogatória,* https://www.conjur.com.br/2011-jul-13/auxilio-direto-carta-rogatoria-diferenca-nao-rotulo)

MANCUSO, Rodolfo de Camargo. *Recurso extraordinário e recurso especial.* 11ª edição. São Paulo: Editora Revista dos Tribunais, 2010.

MANDRIOLI, Crisante. *Diritto processuale civile. I nozioni introduttive e disposizioni generali.* 17ª ed., Torino: G. Giappichelli Editore, 2005.

MANGONE. Kátia Aparecida. *Prequestionamento e questões de ordem pública no recurso extraordinário e no recurso especial.* São Paulo: Editora Saraiva, 2013.

DIDIER JR. Fredi. *Curso de direito processual civil. – teoria geral do processo e processo de conhecimento.* Salvador: Editora: PODIVM, 2007.

DINAMARCO, Cândido Rangel. *Instituições de direito processual civil.* 4ª ed. rev. e atual. São Paulo: Malheiros, 2004.

MEIRELLES, Hely Lopes. *Direito administrativo brasileiro.* 29ª ed., São Paulo: Ed. Malheiros, 2004.

MELLO, Celso D. de Albuquerque. *Curso de Direito Internacional Público.* 15ª Ed. Rio de Janeiro: Renovar, 2004. p. 100.

MELO RIBEIRO, Maria Teresa de. *O princípio da imparcialidade da administração pública.* Coimbra: Almedina, 1996.

MOREIRA. José Carlos Barbosa. *Pode o juiz declarar de ofício a incompetência relativa?. Temas de direito processual* – Quinta Série. São Paulo: Saraiva, 1994.

MORELI, Gaetano. *Derecho procesal civil internacional.* Trad. Santiago Sentis Melendo. Buenos Aires: Ediciones Jurídicas Europa-América, 1953.

NERY JUNIOR, Nelson; ANDRADE NERY, Rosa Maria. *Código de processo civil comentado e legislação processual civil extravagante em vigor.* 3. ed. São Paulo: Ed. R.T.: 1997.

OLIVEIRA NETO. Olavo. *Conexão por prejudicialidade.* São Paulo: Revista dos Tribunais, 1994.

PEREIRA, Luciano Meneguetti. *A cooperação jurídica internacional no novo c.p.c. brasileiro.* http://iusgentium.ufsc.br/wp-content/uploads/2018/02/Reuniao-6-Leitura-complementar.pdf, p. 19. visualizado em 28.01.2018.

PINTO, Rui. *Notas ao código de processo civil.* Coimbra: Coimbra Editora, 2014.

PIRES, Júnior. O papel da cooperação jurídica internacional. *in: Manual de cooperação jurídica internacional e recuperação de ativos. Ministério da Justiça Secretaria de Justiça – Departamento de Recuperação de Ativos e Cooperação Jurídica Internacional,* Brasília, 2ª edição, 2012.

PISANI, Andrea Proto. *Lezioni di diritto processuale civile.* Napoli: Casa Editrice Dott. Eugeno Jovene, 1999.

PONTES DE MIRANDA. *Comentários ao código de processo civil.* 2ª edição. Tomo II. Rio de Janeiro, 1973.

REZEK, Francisco. *Direito internacional público.* 12ª ed. São Paulo: Editora Saraiva, 2010.

RIPERT, Georges; BOULANGER, Jean. *Tratado de derecho civil – segun el tratado de Planiol.* Trad. Delia Garcia Daireaux. Tomo I – Parte General. Buenos Aires. S.d.

RIPERT, Georges; BOULANGER, Jean. *Tratado de derecho civil – segun el tratado de Planiol.* Trad. Delia Garcia Daireaux. Tomo IV. Las Obligaciones (1ª Parte). Buenos Aires: La Leys. s.d.

RODRIGUES, Marcelo Abelha. *Ação civil pública e meio ambiente*. São Paulo: Forense Universitária, 2003.

ROSENBERG, Leo. *Tratado de derecho procesal civil*. Trad. Angela Romera Vera. Tomo I. Buenos Aires, 1955.

SARLET, Ingo W. *A eficácia dos direitos fundamentais*. 5ª ed. Porto Alegre: Livraria do Advogado, 2005.

___. *Código de Processo Civil – anotado, comentado e interpretado*. Vol. I, II e III. São Paulo: Editora Almedina, 2015.

___. *Das normas fundamentais do processo civil – uma análise luso-brasileira contemporânea*. São Paulo: Editora Almedina, 2015.

___. *Disposições finais e direito transitório – análise das normas complementares e do direito intertemporal no c.p.c.* São Paulo: Editora Almedina, 2016.

___. *Recurso extraordinário e recurso especial – pressupostos e requisitos de admissibilidade no novo c.p.c. de acordo com a lei 13.256, de 4/2/2016*. São Paulo: Editora Almedina, 2017.

___. *Recursos no novo c.p.c. – teoria geral de acordo com a lei 13.256/2016*. São Paulo: Editora Almedina, 2017.

___. *Resolução de demandas repetitivas – comunicação de demanda individual, incidente de resolução de demandas repetitivas, recursos repetitivos*. São Paulo: Editora Almedina, 2015.

___. *Tutela provisória – tutela de urgência e tutela de evidência*.2ª ed. Revista e Atualizada. São Paulo: Editora Almedina, 2017.

SOUZA, Artur César. *Conflito de atribuições entre o Tribunal de Contas da União e os órgãos administrativos luso-brasileiros de controle da magistratura: uma perspectiva democrática fiscalizatória (checks and balances)*, publicada na Série Monografias do Centro de Estudos Judiciários (CEJ) do Conselho da Justiça Federal (CJF), n. 19, 2015.

TARUFFO, Michele. *Páginas sobre justicia civil*. Madrid: Marcial Pons, 2009.

TARZIA, Giuseppe. *Lineamenti del processo civile di cognizione*. Seconda edizione. Milano: Dott. A. Giuffre Editore, 2002. p. 42.

TEIXEIRA, J.H. Mirelles. *Curso de direito constitucional*. Rio de Janeiro: Forense, 1991.

ÍNDICE

TÍTULOS DA COLEÇÃO

DAS NORMAS FUNDAMENTAIS DO PROCESSO CIVIL: Uma análise luso-brasileira contemporânea

RESOLUÇÃO DE DEMANDAS REPETITIVAS: Notificação da ação individual, incidente de resolução de demandas repetitivas, recurso especial e extraordinário repetitivo

TUTELA PROVISÓRIA: Tutela de urgência e tutela de evidência

RECURSO EXTRAORDINÁRIO E RECURSO ESPECIAL: Pressupostos e requisitos de admissibilidade

RECURSOS: Teoria Geral

DISPOSIÇÕES FINAIS e DIREITO TRANSITÓRIO

EXECUÇÃO E CUMPRIMENTO DE SENTENÇAS

DA PROVA

SENTENÇA – COISA JULGADA

DOS PROCEDIMENTOS ESPECIAIS

DO PROCESSO DE INVENTÁRIO

DA INTERVENÇÃO DE TERCEIRO

AÇÃO RESCISÓRIA